Hans-Jürgen Heinrichs

Fenster zur Welt

Positionen der Moderne

athenäum

CIP-Titelaufnahme der Deutschen Bibliothek

Heinrichs, Hans-Jürgen:
Fenster zur Welt : Positionen
der Moderne / Hans-Jürgen Heinrichs. –
Frankfurt am Main: Athenäum, 1989
ISBN 3-610-08602-5

Umschlaggestaltung Karl Gerstner unter Verwendung eines Bildes von Edward Hopper »People in the Sun«, 1960 (Ausschnitt)
Satz: Verlagskontor H. Kröcker, Wetzlar
Druck und Bindung: Bercker, Graphischer Betrieb GmbH, Kevelaer
Printed in West-Germany
ISBN 3-610-08602-5

Inhalt

Vorwort

... fähig, eine Falte wenigstens im Antlitz der Welt zu verändern. Michel Leiris

Mit jeder Interpretation mischt man sich in ein anderes Leben und Werk ein – in guter oder in böser Absicht, gefragt oder ungefragt. Gleich, ob es eine Liebeserklärung oder ein Pamphlet wird, immer stellt man eine empathetische Beziehung her; man überträgt Eigenes auf das Andere und läßt die Übertragung des Fremden auf das eigene Leben zu. In Identifizierung und Distanzierung nähert sich der Interpret seinem Subjekt an. Jede Fremd-Interpretation ist auch eine Selbst-Interpretation, ein Selbst-Porträt.

Die vorliegenden Essays versuchen den Anteil der Selbstdarstellung nicht zu verschleiern – im Gegenteil: ihn offenzulegen, ist ein programmatischer Bestandteil der praktizierten Vorgehensweise und deckt sich auch mit den Absichten der hier porträtierten Wissenschaftler und Künstler. Jeder von ihnen (bei Tolkien jedoch mit weitgehenden Einschränkungen) versucht, die eigene Position – den Ort, von dem aus er beobachtet, sieht, fühlt, schreibt – stets gegenwärtig und einsehbar zu halten. Schroffheiten und Unpassendes werden nicht geglättet, Gelenkstellen und Umbrüche nicht verborgen. Die Aufdeckung von Trugbildern und die Desillusionierung werden als lebenslange Selbstanalyse verstanden.

Die Wissenschaft, Kunst und Literatur, von der in diesem Band die Rede ist, lebt aus der Offenheit, mit der sich ihre Produzenten – die mit *Leidenschaft* und im »Banne persönlicher Gewißheiten« (Nietzsche) dachten oder noch denken – zeigen. Diese Offenheit, die sie ihrer Produktion gegenüber haben, gilt auch für ihre Auffassung von der Wirkung, der gewünschten *Rezeption* ihrer Arbeiten.

»Für wen schreiben Sie?« – »Für mich und ein hypothetisches alter ego.« (Igor Strawinsky) Das alter ego ist eine Abstraktion und Synthetisierung des eigenen Ich, eine ideale Kombination unterschiedlichster, auch gegensätzlicher Eigenschaften, eine Projektion in einen gesellschaftlichen und poetischen Raum, in dem es keine Hindernisse, keine Barrieren gibt.

Für wen schreiben Sie? – Nicht für »kaltblütige Seelen«, die immer schon wissen, wie es ›wirklich war‹ (Bachofen), nicht für die Feinde der Schönheit, der Imagination und des Imaginären, der Einbildungskraft und der Erfindungen, nicht für die Gegner der Wort-Artisten und Künstler-Magier (Saint-Pol-Roux, Victor Segalen, Michel Leiris, Jacques Lacan), nicht für die Verfechter nur einer realen Welt, in der »Zeit-Reisende« und »Subcreatoren« (Tolkien), Theoretiker des Zerfalls (Cioran) wie auch Überläufer in eine andere Kultur (Malinowski, Woolf) keinen Platz haben.

Bei den hier vorgestellten Autoren wird das Ich erkennbar als Umschlagplatz von Kulturen und Sprachen, Ideen und Utopien, Formen und Konzepten; als multiple Subjektivität. Die Suche nach der Wahrheit ist nicht (postmodern) abgeschrieben und nicht (konventionell szientifisch) abgesichert. Die hier vorgestellten Theorien gehören zu den »großen Erzählungen« (Lyotard). Ihnen liegt noch die Überzeugung von einer auffindbaren Wahrheit zugrunde, sie leben noch von den großen Symbolordnungen unserer abendländischen Kultur. Der menschheitsgeschichtliche Prozeß der Symbolisierung wird explizit in dem Essay über den »Instinktverwirrten Menschen« skizziert.

In ihren *Leidenschaften* kommt in einigen Fällen auch die Leidenschaft (das »besondere Besessenheitsmerkmal«, K.-H. Kohl) einer ganzen Generation oder gar Epoche zum Ausdruck.

Für wen schreiben Sie? – diese Frage ist, wird sie an den Schriftsteller gerichtet, aus der veräußerlichten Form verbaler und globaler Bekenntnisse zurückzunehmen in den Raum, in dem der Wort-Künstler arbeitet, in den Raum der Sprache und der Bezüge,

die er real, imaginär, projektiv herstellt, Bezüge, in denen sich sein Text formt. Für wen er schreibt, ist Teil des künstlerischen Prozesses und kann im Grunde nicht als fixe Größe vorab bekannt sein. Je nach der thematischen Ausrichtung, dem politischen und sozialen Selbstverständnis wird dieser Leser und Hörer mehr oder weniger veränderbar sein.

Die in diesem Band porträtierten Dichter haben ihre vor-bildhaften Leser im Verlauf des Schreibens immer wieder aufs neue konturiert, sich von dem Selbstverständlichen wegbewegt hin zum Spezifischen ihrer Erfahrungen und ihrer Poetologie. So haben Hans Henny Jahnn ebenso wie Hubert Fichte gegen das Mißverständnis von einer »homosexuellen Literatur« für homosexuelle Leser angeschrieben. Auch eine Literatur, die scheinbar deutlich begrenzte Sujets wie Homosexualität, Emanzipation, Reisen oder Kolonialismus hat, sucht sich erst im Schreiben ihre Leser. Gerade auch bei den Ethnologen, Reisenden und Dichtern Saint-Pol-Roux und Victor Segalen wird erkennbar, in welch einem weiten Spielraum zwischen realen Personen, Idealfiguren, Selbst-Entwürfen und erotisierten Beziehungen sich der Leser herauskristallisiert, für den ihre Texte gemacht sind. Die Frage »Für wen schreiben Sie?« wird schließlich auch vom Leser mitbeantwortet, der sich auf die Literatur einläßt, in diese Spielräume eintritt und mitspielt.

Nach Kierkegaard ist der Dichter eine ganz besondere Ausprägung eines unglücklichen Menschen, der trotz seiner tiefen Qualen im Inneren seine Lippen so zu formen vermag, daß »der Seufzer und der Schrei«, die über sie ausströmen, »wie eine schöne Musik« klingen. Darf man genießen, was ein anderer qualvoll hervorbrachte, kann die Lektüre eines Textes langweilig sein, der voll innerer Spannung und mit Leidenschaft geschrieben wurde? Ähnlich wie Kierkegaard betont auch Roland Barthes, daß die Lust am Text, die ich als Leser habe, nicht im Widerspruch zu den Klagen und dem Leid des Schriftstellers steht. Und die dem Schriftsteller eigene Lust beim Schreiben ist noch keine Garantie für die Lust des Lesers. »Den Leser muß ich erst suchen (ich muß ihn mir ›angeln‹), ohne daß ich weiß, wo er ist. Ein Raum der Wollust

wird geschaffen. Nicht die ›Person‹ des anderen brauche ich, sondern den Raum.« (Barthes, *Die Lust am Text*, 1974)

Der dichterische Text ist das Tableau der menschenmöglichen Beziehungen. Wir erschließen aus ihm, was in uns ist. Der Text ist, wenn er zu uns *spricht*, wie unser Gesicht und unser Körper.

Schriftsteller sind »Gründer eines eigenen Ortes«; Leser sind »Reisende, sie bewegen sich auf dem Gelände des anderen, wildern wie Nomaden in Gebieten, die sie nicht beschrieben haben, und rauben gar die Reichtümer Ägyptens, um sie zu genießen ... Der Leser ist der Robinson einer zu entdeckenden Insel.« (Michel de Certeau).

Schreiben heißt, ein Begehren auf sich ziehen zu wollen. *Lesen* heißt, dieses Begehren des anderen spüren zu wollen und die eigenen Wünsche in den Text zu projizieren. *Analysieren* heißt, diesem Begehren systematisch nachzugehen. Wenn Jacques Lacan einmal sagte, alles sei in eine Psycho-Analyse einzubringen, um den Analysanden zu der Selbsterfahrung »Du bist es« zu führen, so gilt dies, als Ideal, auch für die Text-Analyse: den Punkt zu erreichen, wo meine Projektionen dazu führen, daß der Text *spricht*, daß sich die Leidenschaft überträgt. In der Formulierung ›Mitleidenschaft‹ ist eine Versachlichung ausgedrückt: ein Bauwerk, ein Gegenstand, eine Sache wird durch ein Unwetter zum Beispiel, durch eine extreme Einwirkung von außen beschädigt, in Mitleidenschaft gezogen. Aber auch der Mensch kann durch ein »elementares Ereignis« in Mitleidenschaft gezogen werden und ihn herausreißen aus der distanzierten Beobachtung, aus der Position des unbeteiligten oder innerlich unberührt teilnehmenden Beobachters. Hans Erich Nossack hat in einer Würdigung des Werkes von Hans Henny Jahnn an Plinius erinnert, der im Jahr 79 aus sicherem Abstand über den Ausbruch des Vesuvs berichten wollte und dabei ums Leben kam. Ein elementares Ereignis, »ganz gleich welcher Art, zieht uns in Mitleidenschaft«.

Wenn der Text spricht, ver-rückt er den Leser ein Stück weit aus seinen Bezügen und Konventionen. Der Text greift um so entschiedener in den Anderen

ein, je fühlbarer der Autor gerade zu dieser Komposition »gezwungen« wurde (Bataille), je evidenter Buch und Autor identisch sind (»Mein Buch hat mich hervorgebracht«, Jules Michelet). Saint-Pol-Roux wünschte sich, seine Texte sollten auf die Seele des Lesers wie auf einen »Filmprojektor« treffen. Ich wünsche mir, daß Ihr Filmprojektor schon läuft.

I.
Von der Moderne zur Postmoderne

Das alte und das neue Interesse am Ursprung. – Johann Jakob Bachofen

Menschen, die jedesmal, wenn wir sie treffen, ein anderes Gesicht aufgesetzt haben, die Rollen spielen und Masken tragen, erscheinen uns suspekt; diejenigen aber, die stets nur ein Gesicht haben, also eine ebensolche Maske tragen, wirken eher langweilig. So geht es uns auch mit wissenschaftlichen Theorien: die eingesichtigen, eindimensionalen Theorien lassen uns schnell gleichgültig werden; die bunt und facettenreich schillernden aber scheinen uns verdächtig und unseriös. Hinter ihnen vermuten wir den Hochstapler und Tausendsassa. In keinem Fall entfaltet weder der eine noch der andere Typus eines Menschen oder einer Theorie seine Eigenart ohne das Zusammenspiel mit einem Gegenüber, ohne ein Wirkungsfeld von Ausstrahlen und Empfangen. Und in diesen Wirkungsfeldern entwickeln sich nun auch die vielfältigen und komplexen Mischformen. Für den Fortgang der Wissenschaft und die Weiterentwicklung unseres Bewußtseins sind nicht immer die Theorien entscheidend, denen man es gleichsam an der Nasenspitze von Anfang an ansieht, sondern oftmals Theorien, die bei ihrem Entstehen eher unscheinbar wirken, ihren Glanz und ihre Vielfalt noch nicht ausstrahlen können. Für solche Konzepte, die ›senden‹, aber kaum empfangen werden können, ist kein effektives Wirkungsfeld vorhanden; es muß sich erst entwickeln.

Johann Jakob Bachofens Werk *Das Mutterrecht* (1861) gehört zu dieser Art von Theorien. In einer mehr als 100jährigen Rezeptionsgeschichte hat es sich als überreich erwiesen und eine kaum übersehbare Vielfalt an Assoziationen, Perspektiven und Erkenntnissen gefördert. Sein Beitrag zur Geschichte der Wis-

senschaft und seine Bedeutung für unsere heutige Sicht der Menschheitsgeschichte liegen in seiner Grundthese von dem in früheren Gesellschaften herrschenden Mutterrecht sowie in der Komplexität seines Materials – und wie er es auszuwerten verstand – begründet. Bachofens Theorie hat sich als extrem vielgesichtig erwiesen, nachdem man zu Anfang kaum die Konturen eines Gesichts wahrzunehmen vermochte. Dieses Werk hat schon so viele Renaissancen gehabt, daß ihm nicht bange davor sein muß, auch in der Postmoderne-Diskussion noch einmal aufzuerstehen, kann es doch gerade für die hier favorisierte Stellung des Mythos reichhaltiges Material liefern.

Im Verhältnis zu uns aber hat sich Bachofen in großer Freiheit der Vergangenheit und der mythischen Welt zuwenden können. Unsere scheinbare Freiheit, alles tun und lassen zu können, alle Denk- und Bewußtseinsformen nebeneinander bestehen zu lassen, ist nur das trügerische Gegenbild des äußeren Drucks in unserer Gesellschaft: atomare und ökologische Bedrohung, Rationalisierung und Industrialisierung, Kosumzwang und Anpassungsmechanismen. Auch hat sich sowohl die regierungspolitische wie die allgemein kulturelle Stimmung mehr auf Oberflächen, auf Pragmatismus und Verdrängung eingeschworen, ohne Interesse am Erinnern (als eines wesentlichen Bestandteils des Mythos). So treffen sich auch z. B. auf ungewollte Weise weite Teile der gegenwärtigen alternativen Therapieszene, die das Hier und Jetzt, das »Du bist okay« fordern, die behaupten, was zählt, ist nur die Gegenwart, der Augenblick, in dem du lebst, mit der Forderung von Politikern, doch endlich die Erinnerung an unsere unheilvolle Geschichte abzubrechen und hier und jetzt zu leben. Das Interesse am Mythos (als eines exemplarischen Modells) entsteht also heute nicht über das Erinnern, sondern im Gegenteil auf einem Umweg über das Vergessenwollen.

Ähnlich verhält es sich mit unserer postmodernen Faszination für Fassaden, Zitate und Ruinen. Auch hier geht man Umwege über die Verdrängung des historisch Gewordenen. Bachofen war natürlich auch

in seine Zeitgeschichte verwickelt, aber er trat als Einzelner hervor, stellte sich abseits, schaute von einem außengelegenen Punkt auf Historisches, Gewesenes und Totes. Dem politischen Leben stand er eher fern, das Bekennertum war ihm verhaßt.

Bachofen als Prophet und Visionär – versunken in die Vergangenheit, fasziniert von Zerstörtem, von den Ruinen und den Gräbern.

»Als ich die Museen Italiens durchwanderte, trat mir aus der ungeheuren Fülle ihrer Reichtümer mehr und mehr ein Gegenstand hervor, in welchem sich das Alterthum von einer seiner schönsten Seiten darstellt, das Gräberwesen... Wahrheiten, wie sie aus dem innersten Gehalt der alten Naturreligionen sich ergeben. Für uns freilich ist das nur noch Poesie, deren reichste Quelle in der Aufdeckung der inneren Beziehung zwischen den Erscheinungen der leblosen Natur und unsern Empfindungen liegen dürfte.«

Auch hier, wie bei Georg Friedrich Creuzer: Mythologie und Altertumswissenschaft als Ersatz für ungelebtes Leben? Die Versenkung in die Ewigkeit, in das Reich der Toten, in das Überzeitliche aus nicht geglückten Beziehungsformen? Bachofen hat kaum nahe emotionale Beziehungen gehabt, und er hat sich in den Mythos, in Natur und gestorbene Kultur projiziert. Er hat Nicht-Gelebtes und verarmte Sozial- und Kommunikationsformen seiner Zeit in der Bewunderung für das Alte umgangen. Aber bleibt sein Blick darin befangen? Verfließt er mit dem Gegenstand in einer mystischen Vision?

Alle Beschreibungen seiner Gräber-Schau, seines Einswerdens mit dem Gegenstand, seiner Selbstaufgabe in der überwältigenden Wirklichkeit offenbaren einen ekstatischen Zustand. Für Gräbervisionen gilt sicher die Kennzeichnung, die der Ethnologe Fritz Kramer für Creuzers Symbolik gefunden hat: die »Verfremdung eines rauschhaft gesteigerten Selbsterlebnisses«.

Der »erhabene Augenblick«, der »Genuß ewiger Dauer«, »im Anblick der Natur und in Belebung geschichtlicher Erinnerung die schwindende Frische der Seele neu belebend«, die Rückführung des Religiösen ins mystische, ekstatische und symbolhafte Er-

fassen der Ganzheit, des Ewig-Menschlichen – das ist die Aura von Bachofens Rück-Schau. Benjamin, Kelles-Krauz u. a. haben die Punkte herausgearbeitet, an denen diese Sichtweise ihr revolutionäres Potential entfaltet; wo sie prophetisch wird.

Bachofens wissenschaftlicher und mystischer Praxis vergleichbar, mit einer ebenso hohen Bewunderung für das Abgestorbene, für die Reste, ist Constantin François Chasseboeuf Comte de Volneys Arbeit von 1791 *Die Ruinen oder Betrachtungen über die Revolution der Reiche*. Die Ureinheit, die er dabei beschwört, ist völlig von der Vernunft getragen. »Oh Ruinen, ich kehre zu euch zurück, um eure Lehren aufzufassen ...« – so beschloß Volney seinen »Anruf« an die Ruinen, an die Gräber und Mauern, in deren Einsamkeit er sich zurückzog. Inmitten des ehemals Prachtvollen und jetzt Zerstörten, in Erinnerung an Leben, Kämpfe und Verwüstungen wollte er lernen: »wie es dazu kam, welche Kräfte das bewirkten, ob darin nur Unvernunft war. Ich habe die alten Völker und ihre Werke gesucht und nur eine Spur von ihnen gesehen ...«

Wie knapp hundert Jahre später Bachofen, hatte auch er schon die Idee des »Urbildes«, der Gleichartigkeit in den menschlichen Mythologien und Religionen, in der Symbolik – beide zogen daraus gewaltige Konsequenzen, ohne eigentlich mehr als eine Idee, eine Vision als Grundlage angeben zu können. Georg Forster spricht von Volneys »Erleuchtung« und »Wahrheitsliebe«, der Berner Altertumswissenschaftler Thomas Gelzer stellte einmal in einem Gespräch dar, wie Bachofen liebevoll gegen Ende seines Lebens in der Anschauung von ein paar Grablampen »forschte«. Auf Volney trifft auch zu, was Bernoulli von Bachofen und Nietzsche sagte, sie hätten »unter dem Banne persönlicher *Gewissheiten* philosophiert«.

»Friedrich Nietzsche und Bachofen sind die großen Vollender und Überwinder der romantischen Naturphilosophie aus dem Geist einer neuen, wissenschaftlich orientierten Epoche. Sie erweisen sich als gründliche Kenner der menschlichen Psyche und als progressive Anthropologen.« Gegen diese hohe Wertschätzung (hier in den Worten von Heinz Friedrich, 1965)

hat bekanntlich Thomas Mann 1925 von »Nachtschwärmerei« und sogar vom »Joseph-Görres-Komplex von der Erde, von Volk, Vergangenheit und Tod« gesprochen. Die Nähe Bachofens zu Richard Wagners Mythos-Verständnis, das Thomas Mann so bewunderte, blieb außerhalb seines Blicks.

War Bachofens Theorie schon zu seiner Zeit und durch das 20. Jahrhundert hindurch Gegenstand der unterschiedlichsten Deutungen und Bewertungen, so steht es auch heute noch im Schnittpunkt weit auseinanderliegender Interessen, zwischen Zustimmung und Ablehnung. Wenn man einen Rückgang des Interesses vermerken will, so ist er am ehesten im Bereich der feministischen Forschung zu entdecken, wo ja phasenweise bis 1970/75 geradezu Heilserwartungen an sein Werk und dessen Botschaft geknüpft wurden.

Am weitestgehenden popularisiert hat Ernest Borneman (*Das Patriarchat*, 1975) Bachofens Thesen. Nach ihm ist vor allem zu prüfen, ob die Praktiken zur Errichtung des Patriarchats nicht auch für die Zerschlagung dieses verderbten Sozialsystems dienstbar zu machen sind. »Entweder befreien wir uns von der Tyrannei der Klassen und damit gleichzeitig von der der Geschlechter oder wir fallen zurück in die tierische Vergangenheit, aus der wir gekommen sind.« Als Historiograph der feministischen Bewegung wendet sich Borneman der fernen Vergangenheit zu; als Stratege den Möglichkeiten der Errichtung und Zerschlagung von Herrschaftssystemen; als Ideologe einer neuen Gesellschaftsordnung; als Sexualanthropologe der Befreiung der Menschheit von der Geschlechtlichkeit. Er erinnert an den »Garten Eden« als überregionalen Ort matristischer Lebensform und an den Umsturz des Mutterrechts als »weltgeschichtlicher Niederlage des weiblichen Geschlechts« (Engels). Das »Recht«, zum Patriarchat gehörig, gehe auf eine Negation der Natur zurück. Privateigentum, Klassengesellschaft, Erniedrigung der Frau und des Kindes gehören zusammen und sind nachträglich entstanden. Die Misere der neuzeitlichen Entwicklung zentriert sich um die Machtergreifung des Mannes.

Dieses »Kernstadium« des geschichtlichen Prozesses wollen Bachofen, Engels und Briffault, V. Gordon Childe, Thomson und Borneman – mit verschiedenartigen Methoden – analysieren.*

Gibt es ein ›eigentliches Forschungsgebiet‹ Bachofens? Ist es die Ethnologie, die Rechtsgeschichte, die klassische Philologie, die klassische Altertumswissenschaft, die Mythologie? Die Weite seiner Rezeptionsgeschichte läßt diese Frage müßig erscheinen; jeder kann ›seinen‹ Bachofen haben. Karl Kerényi hat außer den bekannten Zuordnungen noch den Humanismus Bachofens hervorgekehrt. Kerényi war wohl der letzte Gelehrte, der die geisteswissenschaftliche und geschichtsphilosophische Deutung noch einmal im großen Stil aufnahm und den Bogen von der klassischen Altertumswissenschaft über Nietzsches und Bachofens ›Ursprungs‹-Denken zum Humanismus der Zukunft spannte.

Vier Jahre später, im selben Geist, Lebens- und Weltgefühl, hält Walter Muschg 1949 seine Rektoratsrede *Bachofen als Schriftsteller.* Als äußeren Anlaß nimmt er ebenfalls das gerade begonnene Unternehmen, Bachofens Gesamt-Werk zu edieren. Seine Arbeit ist vor allem Klages-Kritik und Forführung der Bäumlerschen Perspektive, wobei er Bachofens Romantizismus in der immanenten »transzendenten Wahrheit« und im »frommen Gefühl« neu zu begründen sucht. Trotz der offenkundigen Schwächen (der »Breite und maßlosen Überladenheit« und der Formlosigkeit) ist Bachofen für ihn ein Schriftsteller hohen Rangs, der wie jeder bedeutende Historiker auch der Literaturgeschichte angehöre: »Bachofens Stimme bewegt sich in verschiedenen Tonlagen und Stärkegraden, ist aber im Grund immer dieselbe und besitzt einen geheimnisvollen Zauber, wie er keiner anderen deutschen Prosa eigen ist... Schlechthin genial entfaltet sich Bachofens Sprache, wenn er religiöse Erschei-

* Eine ausführliche Bibliographie der Primär- und Sekundärliteratur findet sich in dem Band: H.-J. Heinrichs, Hrsg., *Das Mutterrecht von J.J. Bachofen in der Diskussion*, Frankfurt/M. (Qumran) 1987.

nungen der Urzeit beschreibt. Seine schönsten Seiten sind den Stufen der mutterrechtlichen Frömmigkeit gewidmet.«

Die Reste des Maternitätssystems bei allen Völkern der Erde zusammenzusuchen, war sein erklärtes Ziel. Er war ein besessener Reisender auf der Suche nach mutterrechtlichen Kulturen, ein Reisender in Bibliotheken und Archiven, weit über das Erscheinen seiner großen Studie *Das Mutterrecht* hinaus.

Johann Jakob Bachofen wurde 1815 in Basel als Sohn einer wohlhabenden, alteingesessenen Patrizierfamilie geboren, war kurzzeitig Professor für Rechtswissenschaft, um sich dann ausschließlich der eigenen Forschungsarbeit zu widmen. Er war ein konservativer und religiöser Bürger. Er starb 72jährig und wenig bekannt.

Einer seiner großen Bewunderer, Joseph Kohler, nannte ihn in seinem Nachruf »den freundlichen Mann mit dem echt bürgerlichen Patrizierkopfe, mit dem hellen Auge und dem gewinnenden Lächeln. Seine geistige Regsamkeit war die alte geblieben. Mit der größten Freude verfolgte er das rasche Aufblühen der rechtsvergleichenden Wissenschaft; er hatte noch die Genugtuung, daß seine Ideen nach jahrelanger Mißkennung plötzlich zu vielseitiger Anerkennung gelangten.«

Friedrich Engels verehrte sein Werk: »Diese Wiederentdeckung der ursprünglichen mutterrechtlichen Gens als der Vorstufe der vaterrechtlichen Gens der Kulturvölker hat für die Urgeschichte dieselbe Bedeutung wie Darwins Entwicklungstheorie für die Biologie und Marx' Mehrwerttheorie für die politische Ökonomie.« Der Herausgeber der Bachofen-Gesamtausgabe, der Altertumswissenschaftler Karl Meuli, formulierte 1948 entschieden: »Was bleibt, ist die Entdeckung des Mutterrechts..., mit ihm beginnt die wissenschaftliche Geschichte der Familie als eine soziale Institution.« Und der Ethnologe Evans-Pritchard: »Erst um die Mitte des 19. Jahrhunderts entstanden die ersten systematischen Studien sozialer Institutionen, die um wissenschaftliche Akribie bemüht waren. In den zehn Jahren zwischen 1861 und

1871 erschienen die Bücher, die wir als unsere ältesten Klassiker betrachten: Maines ›Ancient Law‹ (1861), Bachofens ›Mutterrecht‹ (1861) u. a.«

Im Vergleich zu Morgans Idealtypus der Urgesellschaft, dem Irokesen, ist Bachofens Idealtypus, die mutterrechtliche Kultur, abstrakter, weniger empirisch. Er selbst war der Überzeugung, er habe ohne Vorgänger gearbeitet.

Wurden seine anfänglichen Vorträge, zum Beispiel »Über das Weiberrecht«, von den Fachkollegen in der Altertumswissenschaft und Archäologie, noch wohlwollend und auch zustimmend aufgenommen, vernichtete der 1859 publizierte *Versuch über die Gräbersymbolik* Bachofens wissenschaftlichen Ruf. Seine Betrachtungsweise, die auf Einfühlung in das Fremde, auf zusammenhängendes tiefes Verständnis und auf Sinngebung ausgerichtet war, stieß auf das Mißtrauen der Akademiker, die er entweder nicht respektierte oder die ihm in ihrer fachspezifischen Gelehrsamkeit keine Anregungen boten. Er zog es vor – im Dienste der Wahrheit –, »lieber antik als modern« zu sein.

Das betraf vor allem seinen Umgang mit der Zahlensymbolik, in der die für seine Arbeit zuständigen disziplinarischen Vertreter einfach nicht mehr wie er die »Wissenschaft aller Wissenschaften« sahen. In Bachofens symbolorientiertem Denken hat die Zahlensymbolik die höchste erklärende Funktion, zumal für die Entwicklung der Menschheit und die sie begründenden Prinzipien, während etwa die ebenso bedeutsame Symbolik der linken (der Mutter- und der Nacht-)Seite ihren Stellenwert weniger in der Gesamtkonzeption als in der Erläuterung eines Phänomenkreises hat. Diese Symbolik ist über weite Strekken in sich völlig schlüssig und auch aufschlußreich; was ihr jedoch zugetraut wird, kann nur – auch wenn wir die Abwehr, die wir gegen solche Erklärungsversuche entwickelt haben, gering zu halten bestrebt sind – als eine subjektiv verzerrende Fixierung, als die systematisierte Hoffnung auf eine durchgängige, objektive Erklärungsperspektive angesehen werden.

Der damaligen akademischen Welt erschien Bachofen weitgehend als Opfer symbolischer Verwirrun-

gen; man spottete über seine »Symbolwut« oder über seinen »höheren Blödsinn«, wie es seine Gegner formulierten. Die Wissenschaft, von der Bachofen einmal sagte, daß man sie nicht wähle, sondern von ihr auserkoren würde, stand ihm also nicht gerade bei. Im unveröffentlichten Nachlaß Bachofens findet sich vom August 1867 ein Brief von Prof. Gerlach, der Problematik und Zukunft dieses Teils seines Werkes umreißt: »Der Gedanke einer mythischen Darstellung eines geschichtlichen Ereignisses entspricht meiner eigenen Ansicht der Dinge... Ihre Grundanschauung ist ohne Zweifel die allein würdige Ansicht der alten Mythologie und der ihr entsprechenden Symbolik. – Es bleibt nur eins zweifelhaft, wie lange wir uns das Bewußtsein dieser ursprünglichen Anschauung selbst in den Gemütern der Höherstehenden lebendig denken dürfen...«

In dem Jahrzehnt zwischen 1920 und 1930 entfaltete sich die geisteswissenschaftliche und geschichtsphilosophische Rezeption des Bachofenschen Werkes, die Deutung seiner Symbolik und die durch ihn neu belebte Metaphysik und Mythologie der Alten Welt: so in seinen Werken *Das Mutterrecht*, *Versuch über die Gräbersymbolik der Alten Welt*, *Die Sage von Tanaquil*, *Griechische Reise* und anderen. Auch ging es vielen Forschern darum, ihn wieder als tiefreligiösen Menschen und als Religionsforscher zu begreifen. In diesem Sinn hat sein Biograph Carl Albrecht Bernoulli in seinem 700seitigen »Würdigungsversuch« dargelegt: »Bachofens Größe besteht in einem unmittelbaren Erleuchtetsein durch die antike (vorchristliche) Religion und die daraus entspringende Arbeit an einer neuen Religionsgemeinschaft.«

Bachofens lebensgeschichtliche Mutterbindung und religiöse bzw. religionswissenschaftliche Überhöhung ist, angesichts der von Projektionen nicht frei gebliebenen Behandlung des Mutterrechts, nicht bloß biographisch interessant. Wird solche lebensgeschichtliche Mutterbindung verallgemeinert und zum bestimmenden Moment der Geschichte gemacht, erwächst daraus das Bild der Magna Mater oder das gegenteilige des übermächtigen Phallus – daneben

gibt es natürlich eine Vielzahl vermischter, sich auch politisch auswirkender Mystifizierungen. Magna Mater: daran ist bei Bachofen romantische Mutterideologie, Erdgebundenheit und Vergötterung geknüpft. »Der Romantik war dieser Gedankengang, daß im Mittelpunkt die Mutter steht, ebenso wie die Natur, der gegenüber der Mensch das hilflose Kind bleibt, geläufig.« (Erich Fromm)

In den ältesten Kulturen entdeckte Bachofen die ergänzenden, von seiner Lebensgeschichte unabhängigen Momente eines anderen Mutterbildes als das der patriarchalischen Zeiten. Die Philosophen Ludwig Klages und Alfred Bäumler haben aus seinen verschiedenen Zügen und Perspektiven Figuren geformt, die mehr ihre eigenen extremen Abhängigkeiten (von ihren geistigen Traditionen und der patriarchalischen Vergangenheit bzw. Einstellung), ihre Systeme zeigen als *den* Bachofen.

Das Mutterrecht stellt für Bachofen eine geschichtliche Erscheinung dar, die einer noch weitgehend unbeachteten »Kulturperiode« und einer fremden »Gesittung«, ja noch viel umfassender: einer »ursprünglichen Kultur«, einem »Weltalter selbständigen Gepräges« angehört; es ist ein »Urrecht«. Dessen Fremdartigkeit – sowohl in unserem heutigen als auch bereits im hellenischen Bewußtsein – gilt es für Bachofen in dessen eigenen Grundgesetzen, in der eigenen Ordnung, zu beschreiben und aufzuklären. Geschichtlichkeit und Wesensbestimmtheit des Mutterrechts sind für Bachofen Basis und Ausgangspunkt für die Rekonstruktion der Vorwelt. Zusammenhalt gibt seine These: »Überall System«.

Bachofen macht es dem Leser nicht leicht, eindeutige Anhaltspunkte in diesen weiten Räumen und Dimensionen zu finden. Man hat sich immer wieder von neuem die Unterschiede zwischen Matriarchat, Gynaikokratie oder Frauenherrschaft und einzelnen rechtlichen sowie kulturellen Erscheinungen angenommener bzw. erforschter matriarchalischer und gynaikokratischer Gesellschaften und Strukturen zu vergegenwärtigen. Übersehen hat Bachofen die Differenz zwischen Verehrung und realer sozialer Stellung

der Mutter bzw. Frau keineswegs, wie dies meist gesagt wird, nur hat er sie nicht konsequent bestimmt und durchgeführt. Mutterrecht ist eine ethnologisch und ethnographisch beschreibbare Größe. Sie läßt noch keineswegs auf Frauenherrschaft schließen.

Wissen wir aber von einem Volk, daß es frauenherrschaftlich organisiert war, können wir auch annehmen, daß sich in dieser Gesellschaft typische Züge des Mutterrechts finden; das sollen sein: Liebe, Frieden, Freiheit, Gleichheit, Brüderlichkeit, Humanität u. a. Diese so idealen Merkmale verschwinden dann im Übergang von der Frauenherrschaft zur Männerherrschaft.

Die Frau ist Statthalterin und Pflegerin des Mysteriösen, das als das wahre Wesen jeder Religion angesehen wird. Die gesamte »gynaikokratische Gedankenwelt« denkt sich Bachofen generell als »Ausfluß« der »mütterlichen Weltperiode«. *Kosmischer* Träger des Muttertums sei die Erde, der des Vaterprinzips die Sonne und der der ehelichen Gynaikokratie der Mond. Diese Beziehung zwischen Geschlechterverhältnissen und kosmischen Erscheinungen versteht Bachofen als einen »Gedanken der Weltgeschichte«, als Ausdruck eines Gesetzes und einer Harmonie.

Im Ansatz ist Bachofens Untersuchung gleichermaßen spekulativ (in seiner Rede von »Weltalter«, »Weltperiode«, »Ausfluß« u. a.) wie deskriptiv (man vergleiche die Begriffe »Familienzustand«, »Matriarchat« u. a.). Er sagt, er betreibe »Empirie und Spekulation zugleich, eine in der gesellschaftlichen Entwicklung der Alten Welt selbst geoffenbarte Philosophie«.

Mit dem selben Anspruch und methodologischen Zugriff beginnt Bachofen auch seine 1859 erschienene Schrift *Versuch über die Gräbersymbolik der Alten*. Er weist nachdrücklich darauf hin, daß Verstehen im Verknüpfen von Allgemeinem und Besonderem geschieht und sich derart das Ganze, die Einheit, darzustellen habe, die in sich die Mannigfaltigkeit – noch erkennbar – aufgenommen hat. Bachofen denkt die eheliche Gynaikokratie als eine verbindende und vermittelnde Stufe zwischen stofflichem und geistigem Prinzip. In kosmischer Entsprechung heißt dies: zwi-

schen Erde und Sonne liegt das Paradies der Mondregion.

Aber alle Konstellationen sind Teil eines ursprünglichen, reichen Gesamtbesitzes, das die Völker des Altertums zu einem Ganzen vereinigte. Dort, wo »Geschichte nicht hinaufreicht«, setzt Bachofen die Mythenanalyse an und ist sicher, aus ihr die »wirklichen Erlebnisse des Menschengeschlechts« zu erschließen. Er unterscheidet jedoch einmal zwischen dem in der historischen Angabe vermittelten Geschehen und dem im Mythos Gedachten. »Beide, jedes in seiner Weise, offenbaren das gleiche Entwicklungsgesetz der Alten Welt und die gleiche Vollendung desselben...« Entsprechend Novalis: »Die Welt muß romantisiert werden«, heißt es bei Bachofen: »Die gynaikokratische Weltperiode ist in der Tat die Poesie der Geschichte.«

Die deutlich als Horizont der Betrachtung angesprochene »Entwicklung der Menschheit« wird leider nicht mit der die Vorrede auszeichnenden Entwurfsfähigkeit dargelegt. Offensichtlich war das »ungeheure Trümmerfeld«, das Bachofen für sein Forschungsgebiet immer wieder beklagt, zu übermächtig. Sein Bestreben, nicht nur zusammenzutragen, zu sichten und zu ordnen, sondern die Gesetzmäßigkeit des Ganzen aufzudecken, ist unverkennbar und hat auch Folgen für die Beurteilung der Sache: das sich selbst auferlegte, schrittweise und sich stetig weiterentwikkelnde Verfahren wird geradezu gefordert von dem großen historischen Prozeß.

Am Ende seiner ebenso berühmten Einleitung zu dem 1870 entstandenen Werk *Die Sage von Tanaquil* kennzeichnet er umfassend seine »naturforschende Methode« und wie sie mit den Resultaten seiner »historischen Forschung« verknüpft ist, wie er Natur und Geschichte, unter welchen Prämissen und mit welchen Zielen, zusammendenkt.

Bachofens Materialsammlung ist als Mythengeschichte und als Anfang familiengeschichtlicher und sozialanthropologischer Forschung zu lesen. Die weitere ethnopsychoanalytische und gesellschaftstheoretische Durchdringung dieses Stoffes dürfte zur Klärung der

Frage nach der Vorgeschichte der Menschheit, nach matriarchalischen und gynaikokratischen Gesellschaften beitragen.

Beweisführung, Selektion und Interpretation sind neu aufzunehmen. Bachofen: »Keine einzige geschichtliche Überlieferung ist je bewiesen worden. Wir horchen allein dem Gerüchte.«

Das vornehmliche Interesse an dem Ethnologen Bachofen galt lange Zeit nicht seinem Werk, sondern so delikaten, unter anderem durch ihn aufgeworfenen Themen wie Mutterrecht, Gynaikokratie, Promiskuität, Urkommunismus, Raubehe u.a. Fast unentwirrbar ist das Für und Wider. Die meisten, die sich in dieser Sache zu Wort meldeten, sind heute, außer bei Kennern dieser Materie, vergessen.

Nach der regen Diskussion Ende des 19. Jahrhunderts geriet der ethnologische Teil von Bachofens Forschung mehr und mehr in Vergessenheit, wurde in den 20er und 30er Jahren noch einige Male in Erinnerung gebracht, bis sich in den letzten Jahren einzelne Forscher in Bachofens unausschöpflichem Material vertieften und neu darauf aufmerksam machten. Ihre einhellige Meinung: »Wer es unternähme, die Nachwirkung des ›Mutterrechts‹ vollständig zu schildern, hätte gleich eine Geschichte der neueren Ethnologie und Soziologie zu schreiben. Das ›Mutterrecht‹ war nur ein erster Anfang der eigentlich ethnologischen Studien Bachofens« (Dörmann). Dies wird jedem klar, der nur einen Blick in den diesbezüglichen Nachlaß Bachofens wirft.

Erich Fromm hat 1934 vorsichtig die Schwierigkeit formuliert, die nach dem Stand der Ethnologie-Forschung besteht, will man entscheiden, was an Einzelbehauptungen von Morgan, Bachofen, Engels wahr, was verzerrt und widerlegt ist. Als gesichert sieht Fromm »matrizentrisch« geformte gesellschaftliche Strukturen an und betont ihre Bedeutung für das Verständnis der sozialen Struktur der Gegenwart und ihrer Wandlungen. Von hier ausgehend, entwickelte Fromm sozialpsychologische Überlegungen, die von Bachofens Werk wegführen, aber auch in der Bereitstellung von Kategorien für das Verständnis sozialer Strukturen weit darüber hinausgehen.

Er übt keine generelle Kritik an Bachofen, sondern ergänzt dessen Mutterrechtsforschung in der sozialpsychologischen Konfrontation mit der gegenteiligen Struktur. Seine Auseinandersetzung zählt zu den wenigen aktualitätsbezogenen Emanzipationsbeiträgen auf der Grundlage der Forschung zu Bachofen und Morgan. Ihr Mangel besteht meines Erachtens in der weitgehend idealtypischen und auch spekulativen Erörterung der matriarchalischen und patriarchalischen Prinzipien.

Malinowskis Werk, konzentriert auf die gleichen Fragestellungen mutterrechtlicher Kulturen und deren mythische Welten, zeigt exemplarisch eine ethnologische Methodik, entgegen Bachofens *Verarbeitung* ethnologischer Forschung. Seine Darlegung einer mutterrechtlichen Gesellschaftsordnung versucht gleichermaßen Familie, Wirtschaft, Recht, Ritual und Magie, Ehe und Verwandtschaft zu beschreiben und aufzuschlüsseln. Wichtig ist vor allem auch seine Neubestimmung des Verhältnisses von Vaterrecht und Mutterrecht und sein Ansatz ethno-psychoanalytischer Forschung.

Für Wilhelm Reich waren Bachofens Arbeiten eine Vorstufe in einer auf ethnologischem, klinischem und soziologischem Material aufbauenden Theorie der menschlichen Natur und Gesellschaft, für den Zusammenhang von »sexueller Misere« und autoritärer patriarchalischer Gesellschaft, von »geordnetem sexuellen Energiehaushalt« und mutterrechtlicher Gesellschaft. 1936 erschienen, von Max Horkheimer herausgegeben, die wichtigen Studien zu *Autorität und Familie*, die Bachofens Forschung forsetzten.

Die heute emanzipatorisch engagierten Frauen verstehen ihre Sache in den wenigsten Fällen als eine Sache des Mutterrechts. Ihr Kampf ist direkter, mehr orientiert an der ›brennenden‹ Aktualität und der Notwendigkeit gegenwartsbezogener Aktionen und Maßnahmen – zu Recht unterscheidend zwischen Mutterrecht und Frauenrecht, zwischen der Verehrung der Mutter und der sozialen Stellung der Frau. Ist wahre Emanzipation nur Emanzipation der Frau im Verbund einer gesellschaftlichen Klasse, also proletarische Emanzipation? Gibt es eine solche Klasse,

und wenn ja, wird sie sich jemals als ganze befreien können und unter welchen Bedingungen? Schließen sich bürgerliche (auf den Kampf einzelner Frauen zur Erreichung individueller Freiheiten bezogene) und proletarische Frauenbewegung aus? Ist die Frauenbewegung dann am Ziel, wenn alle Klassenprivilegien beseitigt sind, wenn die Frau gleichberechtigt ist oder dann, wenn sie herrscht? Genügt es, die Probleme des ›Klassenkampfs‹, der allgemeinen Unterdrükkung, in Angriff zu nehmen und zu lösen, um damit auch schon die Frauen zu emanzipieren? Müssen die Frauen, als Feministinnen, auch für sich allein, ohne die Männer, für die Beseitigung von bestehenden Herrschaftsstrukturen, kämpfen? Bebel hatte 1901 zuversichtlich geäußert: »Das Vorrücken der bürgerlichen wie der proletarischen Frauenbewegung bedeutet aber nicht bloß Eroberung neuer Positionen, sondern auch den Rückzug ihrer Gegner. Ein gut Theil derselben hat bereits die Waffen gestreckt und die anderen wehren sich nur noch im Bewußtsein ihrer schließlichen Niederlage, die ihnen sicher blüht.«

Die Perspektive, »daß die Mutterrechtstheorie die Relativität der bürgerlichen Gesellschaftsstruktur aufzeigte«, wie es Fromm formulierte, rechtfertigt auch eine positive sozialistische Wirkungsgeschichte des Bachofenschen Werkes. Es bleibt sein Verdienst, das »patriarchalische Vorurteil« aufgebrochen zu haben. Aber nicht nur dieses Resultat, sondern auch der Gang seiner Untersuchungen bleibt faszinierend. Walter Benjamin: »Bachofen übte die Wissenschaft wie ein Grand Seigneur aus.«

Er hatte sich abgesetzt von den Philosophen und Altertumswissenschaftlern seiner Zeit: »kaltblütige Seelen«, »Mikrologen... dürr und ideenfeindlich«, wie er sagte. Die Weite jedoch, in der er dann das Mutterrecht und die Gynaikokratie postuliert, bringt ihn in Konflikt mit der »Historischen Rechtsschule«, die ja eine historische, empirisch begrenzte Erkenntnis anstrebte. Das konnte Bachofen gar nicht leisten, da für die von ihm postulierten Zeiten keine ethnographischen und nur bedingt historische Quellen vorlagen.

In seinem *Geschichtsphilosophischen Entwurf* löst sich Bachofen von seiner rechtswissenschaftlichen Tradition. Die dadurch von ihm erreichte Weite des Blicks wird in verschiedenen Hinsichten aber wieder eingeengt, vor allem in der Rekonstruktion der Lebensverhältnisse über, wie Bloch kritisierte, »ausschließlich religiöse Reflexe«. Bloch: »Bei ihm ist der Blick nach rückwärts oder in frühe Zustände keineswegs darauf aus, kühl zu sein. Er ist vielmehr von längst entschwundenem Recht durchaus betroffen, ja besessen und trunken von dem Glauben, worin es vor Zeiten gebettet war. Für den konservativen Bachofen ist der Mensch ohnehin ein Erzeugnis seines angestammten Bodens, ein Kind seiner heimatlichen Sitten; die Familie, als Gründung und Reich der Frau, ist unberührbar.«

Dem Quellenmaterial selbst stand Bachofen großenteils texthörig gegenüber. Die dabei von ihm gemachten Fehler (vor allem bei der mythologischen und etymologisch-philologischen Auslegung und Generalisierung politischer und bloß religiöser mutterrechtlicher Elemente) sind zum Teil korrigiert worden. Die in dieser Vorgehensweise beschlossenen Gefahren sind entweder verzerrt (als sei sein Werk nur »Mythopoiie«, »phantastisch-synkretistisch«: das Produkt des »uranischen Bachofen«) oder des revolutionären Potentials entledigt worden: Geschichtsphilosophie, zumal wenn sie von einem Aristokraten wie Bachofen betrieben wird, sei, wie Bäumler meinte, von »kommunistischen Zuständen« frei zu halten; sie hat im Bannkreis »echt romantischer Anschauungen« zu verbleiben. Diese Angriffe waren gegen die Bachofen-Auslegung gerichtet, die von Kelles-Krauz, Engels und Lafargue initiiert wurde. Gemäß ihren Vorstellungen hatte Bachofen »unter der Schicht der bürgerlichen Renaissance« die kostbaren Elemente einer neuen gewaltig revoltierenden Renaissance hervorgegraben – der »Renaissance des kommunistischen Geistes«.

Die Geschichtswissenschaftler und die Wissenschaftler, die sich auf die Geschichte als das Medium ihrer Rekonstruktion und ihrer Entwürfe berufen, stehen

beständig in der Gefahr, Datenmaterial zu positivieren und sich, als historische Subjekte, aus dem Reflexionsprozeß herauszunehmen. Auch wenn es bei Bachofen eine (frühe) Prägung durch die »Historische Rechtsschule« und ein romantisches Mythologie-Verständnis gibt – wodurch alle Elemente immer im Sinne eines »Organismus« integriert und verständlich gemacht werden – und eine späte partielle Neigung zur Faktenaddition (»allein das Material bleibt«), wodurch die sonst durchgängig angestrebte Verstehens- und Auslegungsebene also aufgebrochen wird – trotz dieser beiden Einschränkungen betreibt Bachofen immer Geschichtswissenschaft im Sinne einer beständig neu aufzunehmenden Überprüfung des bereits ›Festgestellten‹.

Diese Perspektive hat Walter Benjamin fortgeführt. In seinem Bachofen-Aufsatz von 1934/35 charakterisiert er *Das Mutterrecht* als »wissenschaftliche Prophetie«, in der über das Bild und das Symbol das Denken und Leben der Antike und der Urgeschichte verständlich gemacht und auch der rechtliche Unterbau der Alten Welt erforscht wurde. In seiner letzten, 1940 abgeschlossenen Arbeit »Über den Begriff der Geschichte« schreibt Benjamin: »Vergangenes historisch artikulieren heißt nicht, es erkennen ›wie es denn eigentlich gewesen ist‹. Es heißt, sich einer Erinnerung bemächtigen, wie sie im Augenblick einer Gefahr aufblitzt.«

Ähnlich wie bei Bachofen gibt es auch in der großen Untersuchung von Norbert Elias *Über den Prozeß der Zivilisation* (in den 30er, 40er Jahren des 20. Jahrhunderts) den Versuch, Empirie und Theorie nacheinander abzuhandeln und so am Ende beiden gerecht geworden zu sein und das eine durch das andere bewiesen zu haben. Konnte von den Kritikern das Empirische Bachofens noch verhältnismäßig leicht in Frage gestellt werden, da es ja für die (›vorgeschichtliche‹) Zeit, bei der seine Rekonstruktion einsetzte, keine soziologischen oder ethnographischen Untersuchungen geben konnte, ist das empirische Material, das Elias heranzieht, scheinbar wirlichkeitstreuer; nachprüfbar. Die Quellen und die Zusammenhänge,

auf die er sich bezieht – die Entwicklung des abendländischen Selbst- und Nationalbewußtseins, der »Zivilisation« – sind aber nicht »Tatsachen«. Es sind *Diskurse*, entstanden in umgangs- und kunstsprachlicher, in wissenschaftlicher Tradition und in der Teilhabe an dem jeweiligen Geschehen. Und jeder Bericht, jede Erzählung, jeder Diskurs über politisches, gesellschaftliches Geschehen wirkt sich auch potentiell wieder auf das Geschehen und dessen weitere Beurteilung aus. Das Geschehen ist so immer das schon Erzählte und Gedeutete, das fiktional und projektiv Verzerrte. Geschichte muß auch semantisch analysiert werden. Die Zerlegung in Empirie und Theorie ist kategorisch nicht mehr möglich. An die Stelle der Vorstellung von einer erst empirischen, dann theoretischen Untersuchung tritt die strukturalistische Idee des *Modells* und des *Diskurses* und die historisch-materialistisch fundierte Idee der »Gestalt« (Benjamin).

»›Die Geschichte‹ ist in erster Linie eine Narration... der *Prozeß* der Geschichte äußert sich zu jedem Zeitpunkt als ein Doppeltes – *Handlung* und *Erzählung*... Geschichte gibt es, sobald diese lebendigen Körper [die Menschen] die Bedingungen ihrer Bewegungen und ihrer Reproduktionen *produzieren*: denn produzieren setzt voraus, daß man weiß, daß produziert wird... ›Geschichte‹ ist dieses *Wissen* in der Zeit... sie ist das, was der Wissende erzählt.«*

Die Kritik an Bachofens Theorie ist in den meisten Fällen nicht nur eine argumentative Auseinanderset-

* J.-P. Faye: Totalitäre Sprachen, 1972. – Elias' Größe besteht darin, weite geschichtliche Räume perspektivisch (orientiert an Kultur und Zivilisation) miterschlossen zu haben, wobei er entdeckte Veränderungen und Entwicklungen und sich darin zeigende Gesetzmäßigkeiten im Sinne der Erkenntnis und nicht eines Dogmas immer wieder neu aufeinander zu beziehen versuchte. Elias sieht die Basis seines »Entwurfs einer Theorie der Zivilisation« als eine empirische, außerdiskursive an. Nach der Bestimmung von »Tatsachenzusammenhängen« und des »Tatsachenkerns« möchte er sich abstrahierend, verallgemeinernd zur Erklärung und Systematik hocharbeiten. Sein Begriff der Empirie und speziell der Rekonstruierbarkeit von »Verhalten« ist problematisch. Vgl. zur Kritik an Elias auch H. P. Duerr, *Nacktheit und Scham*, 1988.

zung mit dem Ziel, eine andere Theorie zu stützen oder aufzubauen, sondern beinhaltet den Anspruch zu sagen, wie es denn nun »eigentlich gewesen ist«. Kommen schon die Naturwissenschaften nicht ohne Hypothesen aus, so sind die Geisteswissenschaften »ohne weiteres Auslegung«; »Mutterrecht« ist ein solcher exemplarischer Begriff, der »auslegen« will. Daß Bachofen der »Wissenschaft die Augen geöffnet hat« (so Eugen Fehrle), haben ihm die Wissenschaftler am wenigsten gedankt. In diesem Sinne rechtfertigt auch Otto Flake Bachofen und erinnert dabei an die sogenannten wissenschaftlichen Werke, etwa über den Ursprung der Ehe oder der Moral: »Welch ein Eiertanz zwischen widersprechenden Tatsachen. Bei Bachofen ist das alles mit feinfühliger Hand in großen Zügen geordnet. Der inneren Klarheit entspricht der Rang des Vortrags... Er hat damit zuletzt doch gesiegt.«

Einer der jüngsten Zweifel, die daran angemeldet wurden, stammt von Uwe Wesel (*Der Mythos vom Matriarchat*, 1980): Auch er will zeigen, wie es denn »nun wirklich« war, um erneut den Versuch zu machen, an diesem »einsamen Denkmal« (wie auch er anerkennend sagen muß) zu rütteln, wenn es schon nicht umzustürzen ist. Auch er sieht Bachofen im Schatten neuester archäologischer Ausgrabungen und ethnologischer Forschungen, die seine Entdeckung, die Matriarchatsmythen, als letztlich wenig ergiebig für die moderne Wissenschaft erweisen sollen. Das *Bild* der Wissenschaft ist der Maßstab, den auch schon die Kritiker zur Zeit Bachofens anlegten: »Strenge« Wissenschaft wolle keine Mythen mehr, sondern Geschichte (Geschichte aber ist, wie Wesel feinfühlig sagt, oft nur das, »was Historiker hervorbringen«); und Wesel unterstellt Bachofen noch einmal, er habe Mythos und Geschichte gleichgesetzt.

Als Ideal bleibt eine Geschichtswissenschaft, die beständig um die Tradition gegen den Konformismus und Positivismus kämpft, dabei das größtmögliche Wissen sammelt, ohne zu meinen, die Vergangenheit *zu haben*. Die »Gefahr« definiert sich beständig neu, unter der geschichtliche Rekonstruktion notwendig wird. Bachofens Geschichtsphilosophie ist *notwendig*,

weil sie in der Gewißheit einer Gefahr – der patriarchalischen Verfestigung von sozialen Strukturen und der Entfremdung von einer ehemals lebendigen Symbol- und Bilderwelt – um die Erinnerung einer Gegenwelt kämpft, auch um, laut Benjamin, »im Vergangenen den Funken der Hoffnung anzufachen«.

In diesem Sinn kann man Bachofen für eine Historismus-Kritik in Anspruch nehmen, die von Nietzsche über Benjamin bis Habermas führt. Nietzsche setzte gegen den Historismus eine Historie, die dem Leben dient, die aber nur von denen betrieben werden kann, die sich als an Lebenszusammenhängen teilhabende Subjekte verstehen und in den Reflexionsprozeß einbringen. Seine Kritik richtete sich gegen die Historie als Wissenschaft, was in dem Maße zu korrigieren ist, in dem Wissenschaft auch als immer schon verstrickt in Lebens-Erkennens-Zusammenhänge gesehen wird und aus dieser Stellung heraus einen selbstreflexiven Status gewinnt.

Walter Benjamin arbeitete gegen den Historismus – als Nacherleben der Vergangenheit, in Identifikationen mit dem Sieger und ohne Zukunftsperspektive* – das Konzept des Historischen Materialismus heraus: »Der Historismus stellt das ›ewige‹ Bild der Vergangenheit, der historische Materialismus eine Erfahrung mit ihr, die einzig dasteht. Er überläßt es anderen, bei der Hure ›Es war einmal‹ im Bordell des Historismus sich auszugeben. Er bleibt seiner Kräfte Herr: Manns genug, das Kontinuum der Geschichte aufzusprengen.« (Benjamin) Und Jürgen Habermas bezeichnet (in seinem Nachwort zu *Nietzsches Erkenntnistheoretischen Schriften*, 1968) den Historismus als die »Form, in der sich die Geisteswissenschaften gegenüber der Praxis verselbständigen und das letzte Band zwischen Erkenntnis und Interesse lösen«.

Bachofens Interesse am Ursprung, an der ältesten Vergangenheit der Menschheitsgeschichte, läßt sich für kein Ideal von Historie eindeutig reklamieren: Er war als konservativer Gelehrter an der Erforschung

---

* Vgl. auch Kracauer: Geschichte nicht als eine »Erfolgsgeschichte, *story*« zu konzipieren.

nicht gegenwartsbezogener Wirklichkeit interessiert und in diesem Sinne wird ihm, ebenso wie Klages, die Vergangenheit zum überragend Wirklichen mit einer intakten lebensverbindenden Symbolik und entsprechenden Rechtsverhältnissen. Aber daß er davon »betroffen, ja besessen« war und auch »romantisch-*anti*feudal« zu denken vermochte, wie Bloch schreibt, und letztlich doch die Zukunft als Horizont seiner Rekonstruktion einbringt – freilich auch im Sinne der romantischen Idee des Organischen und Ganzen –, hebt ihn aus der Tradition der damaligen Geschichtsschreibung heraus. Die von ihm anvisierte Zukunft sollte eine vom *geistigen Naturrecht* bestimmte sein, also eine Manifestation seiner Liebe zum Matriarchat und seines historischen Interesses am Patriarchat. Darauf verweisen Bloch und Benjamin gleichermaßen, Bloch jedoch entschieden skeptischer: »Das utopische Licht im Antiquariat ist doch zu vage, um auch nur einen Idealismus der Zukunft zu beleuchten, geschweige denn einen Realismus. Geschweige denn einen Materialismus ...«

Mit Sicherheit hat er an Bachofens Werk das, was Benjamin »wissenschaftliche Prophetie« nannte, für die *Abwehr* des Historismus (als eines flachen Materialismus bei Mommsen) und für den *Entwurf* von Gegenmodellen unterschätzt. Ein Materialismus, der diese Dimension der Historie vergißt, ist zu verarmt, um weit Vergangenes oder Zukünftiges erfassen zu können.

Nach Georg Friedrich Creuzer muß der Mythologe neben umfassendem Wissen und wissenschaftlichem Geist auch die Fähigkeit der »wissenschaftlichen Empfindung« besitzen. Goethe sprach von der »zarten Empirie« und Jules Michelet von der »zärtlichen Sympathie« für die Naturvorgänge und sah Lamarck (den »Genius der Metamorphosen«) als wegweisend an; so wie auch diejenigen Bachofen verstanden, die sein Werk nicht auf »objektive« Wissenschaft zu reduzieren versuchten: »... tastend rührte er unerschrokken an tausend Dinge, an welche die Klarsehenden sich noch nicht heranwagten.« Es sind dies die »wirklichen Erlebnisse des Menschengeschlechts«, auf die Bachofen zielte; es ist die »mythische Darstellung

eines geschichtlichen Ereignisses« (Gerlach an Bachofen), worin Gegner wie Starcke die »Rhapsodie eines kenntnisreichen Dichters« sahen. Dagegen haben Klages und andere Bachofens Interesse am Urbeginn, an seinem Ursprungsdenken hymnische Verehrung erwiesen. Die von Bachofen gedeutete chthonisch-matriarchale Welt des pulsenden Werdens und Vergehens wird von Klages zur »ozeanischen Urmacht« zugespitzt.

Ich will an dieser Stelle auf eine Parallele hinweisen, die, soweit ich sehe, bisher nie beachtet wurde: Zur gleichen Zeit als Bachofen *Das Mutterrecht* verfaßte, schrieb Jules Michelet *La mer* (Neuausgabe: *Das Meer*, 1987). Darin erhebt er die Meere zum »großen Weib des Erdballs, zum »mütterlichen Wasser«, in der Bedeutung, in der Bachofen im Nil die Gebärende allen Lebens (»Urzeugung«) sah. Das Meer ist bei Michelet die »etwas heftige Mutter« (bei Klages: »der immer schaffende Muttergrund«); er lauscht dem »Puls des Meeres« und dem »Puls der Strömungen«; er spürt »die Gärung, die Flut des Lebens«; er geht den »Schöpfungs- und Belebungskräften« des Meeres nach, seiner Widerstandskraft selbst gegen die größten Flüsse; er erlebt die dem Meer eigene Rhythmik (stürmisch an der Oberfläche sein zu können, während die Tiefe davon unberührt bleibt) und die unfaßbare Diversität von Leben, »die Geographie der düsteren unteren Wasserschichten«, auf das sich schließlich seine ganze Leidenschaft konzentriert. Er steigt gleichsam selbst hinab in den »wahren Abgrund des Lebens, der im Schoß des Meeres gärt«. Er verehrt die »Poeten des Meeres« und meint damit diejenigen, die Forschung und Poesie, Resultate und »Herzensstärke« zusammenzubringen vermochten.

Im »gallertartigen Wasser«, im »Schleim des Meeres« (gleich einer »Muttermilch«), in seinem »schleimigen, weißlichen, zähflüssigen Element« entdeckt er das Leben selbst, das »universelle Lebenselement schlechthin«. Die Art und Weise dieser Argumentation in gleitenden, fast unmerklichen Übergängen vom Konkreten und naturwissenschaftlich Faßbaren zum Synthetischen und Symbolhaften, zur Deutung

und kosmischen Auslegung ist derjenigen Bachofens verwandt. »Urschöpfung« und »Naturgesetz« sind dabei die Grundgegebenheiten der geschichtlichen Prozesse zwischen Leben und Tod. Und wie Bachofen vermittelt auch er sein evolutionistisches Modell mit demjenigen vom Kreislauf allen Lebens – »Die Sterbenden oder Toten hatten mit ihrem entweichenden Leben auf der Stelle eine Welt hervorgebracht... ›Alles ist Leben‹« – und dieses wiederum mit einem strukturalen Modell: »...dieses tiefsinnige symbolische Spiel vegetabilischen Lebens, ja allen Lebens schlechthin, ist das Werk eines Gedankens... Der Geist tritt allüberall als Sieger hervor...« Auch Michelet war als Historiker erfolgreicher denn als ›Kosmiker‹.

Die von Bachofen und seinen Zeitgenossen so umfassend erforschte Mythologie ist nicht Ablenkung von der Historie, sondern ihr Korrelat; die versuchte gedankliche Rekonstruktion früherer Gesellschaftszustände ist eine geschichtsbewußte, an Voraussetzungen unseres Lebens interessierte Reflexion. Aufgeklärte Wissenschaft kann sich nicht auf der Ignoranz des Nicht-Objektiven begründen.

Die Verachtung der »mythologischen Spekulation« korrespondiert – ohne daß dies die so Urteilenden bemerken – mit der Diskriminierung des »Wilden«. In Wahrheit drückt man sich vor der Auseinandersetzung mit einer anderen Logik, die an Lebenszusammenhänge gebunden ist, von denen wir heute weitgehend abgeschnitten sind. Die Mythologie war für frühere Gesellschaften der verbindliche Ausdruck ihres geistigen und sozialen Lebens; also ist das Verständnis ihrer Mythologie wesentlicher Teil historischer Wissenschaft. Unsere ›Modernität‹ verstellt uns oft den Blick für die Größe anderer und älterer Systeme, für die »zuweilen dramatischen Einbrüche des Heiligen in die Welt« (Eliade). Manche unserer Wahrheiten sind sicher nur, wie Spinoza einmal sagte, über Jahrhunderte hinweg gerettete Irrtümer. Bachofen hat in diesem Sinn am Abbau alter und am Aufbau neuer Irrtümer mitgearbeitet. Was er für solche Arbeit an Reflexion und Wissen einbrachte, ist wert, beachtet und fortgeführt zu werden.

Fritz Kramer hat einen Gedanken von Bachofen aufgenommen und in polemischer Absetzung von ihm weiter entwickelt: Der sich wörtlich auf eine Stelle im *Mutterrecht* beziehende Titel seiner Studie *Verkehrte Welten* (1977) benennt die Frage nach den Möglichkeiten des Fremdverstehens und behandelt sie im Sinne einer historisch-systematischen Ethnologieforschung, die über die Grenzen einer bloß historischen Rekonstruktion hinausblickt und damit aus kritischen und selbstreflexiven Perspektiven ihre Aufarbeitung entwickelt. Wie Creuzers Mythologie eine »amorphe Anhäufung, eine enthemmte Flut von Wort- und Bildphantasien« darstelle, die sich verhältnismäßig selbstgenügsam ausbreitete, hätten Bachofens Assoziationsketten und Imaginationen den Charakter eines versteckten Versuchs, die bürgerliche Gesellschaft zu retten, das Eigene gegen das Fremde und Gefürchtete zu schützen. Kramer nimmt bei dieser Interpretation einige Verkürzungen vor, die dem Entstehungs- und Wirkungszusammenhang von Bachofens Werk nicht gerecht werden. Er verkennt auch die Mehrdeutigkeit und Widersprüchlichkeit in Bachofens Darstellung der Sexualität in frühen Gesellschaften, nimmt einige Passagen zu wörtlich, zu punktuell, so daß er dessen Werk als »Satire eines Konservativen« liest. Insgesamt greift hier sein Begriff der »Imagination« zu kurz; er müßte durch den der Vision oder den der »wissenschaftlichen Prophetie« im Sinne Benjamins ersetzt werden. Bachofens Werk lebt aus den Widersprüchen, in die der Ethnologe und Mythologe solange verstrickt bleibt, wie er an dem Fremden in sich arbeitet, aus Identifikationen und Distanzierungen, Projektionen und Übertragungen heraus den Beruf des engagierten Wissenschaftlers ausübt.

»Nicht nach dem Resultat, sondern nach dem Streben möchte ich gerichtet sein«, lautete einer von Bachofens Grundsätzen.

Wahrheit bedeutet für ihn nicht eine für immer feststehende und gesicherte Endgültigkeit und Richtigkeit; und neben der Methode war es auch der *Weg* (im Sinne östlicher Philosophie und Weisheit), der für ihn zählte: das Unterwegssein und die Bewegung, das Öffnen anderer Räume. Es waren die Romantiker,

die sich den östlichen Religionen zuwandten; die in das eurozentristische Denken andere Modelle zu integrieren versuchten; die das Eigene öffneten und der Transformation zugänglich machten. Dieser damals eingeschlagene Weg des nicht rationalistisch, positivistisch und pragmatisch eingeengten Denkens und Lebens hat heute, nach einigen Umwegen, wieder Bedeutung erlangt, und damit ist das mythopoetische Denken Bachofens auch wieder modern und zeitgemäß geworden. Seine Sehweise hat Spuren hinterlassen. Seine Erneuerungsversuche des damaligen Bewußtseinsstandes haben spätere Erneuerungen vorbereitet und begleitet. Versuchen wir heute vor allem über außereuropäisches Denken, Wissen und Fühlen den Bezug zur Natur, zum Körper, zum Kosmos und zu den Energien wieder herzustellen, so ist es bei Bachofen der abstraktere Versuch gewesen, die eigene Symbol- und Mythenwelt generell zu erneuern, gleichsam eine mehrwertige Wahrheit und Logik zu entwickeln.

Daß der auf Technik und Fortschritt, auf Rationalität und Modernität vertrauende Mensch als der zeitgemäße oder sogar avancierte Typus galt, ist schon bald Jahrzehnte vorbei. Zu sehr haben uns diese Idole enttäuscht und uns ihre Schattenseiten, ihre katastrophale Rückseite gezeigt. Andere Werte sind in den Vordergrund getreten, andere Ideale und Idole haben sich durchgesetzt: alternative Lebens- und Produktionsformen, Wahrheiten früherer Zeiten und anderer Kulturen. In diesem Prozeß der Umkehr und auch Einkehr, der Rückwendung und Neuorientierung, der Nachahmung und Produktion paradigmatischer Gesten hat ein Werk wie dasjenige Johann Jakob Bachofens wieder aktuelle Bedeutung erhalten, hat doch kaum ein Wissenschaftler seiner Zeit so eindringlich die Besinnung auf eine radikal andere Gesellschaftsform gefordert und dafür alles damals zur Verfügung stehende Material herangezogen und ausgewertet. Im Vergleich zur heute modisch gewordenen Relativierung unserer Werte und der Einbeziehung anderer Kulturen ist jedoch Bachofen systematisch, umfassend, ja totalisierend vorgegangen.

Bachofen war der postmoderne »Affekt gegen das

Allgemeine« fremd, glaubte er doch nicht nur an allgemeine Strukturen und Prinzipien (mit dem Mutterrecht an der Spitze), sondern darüber hinaus an einen »verborgenen Plan der Natur« und an die Vernunft der Geschichte, der gegenüber unvernünftige Ereignisse als peripher und äußerlich erschienen. Zugleich betonte er den »subjektiven Faktor« in wissenschaftlichen und künstlerischen Entwürfen und steht damit wiederum der modernen Tendenz zum »eigenen Leben« und »Selbst« nahe.

»Jede Zeit folgt unbewußt, selbst in ihren Dichtungen, den Gesetzen des eigenen Lebens.« In diesem Sinn entsprach das Mutterrecht seiner Mentalität und seinen Wünschen, verband er (um es ganz vorsichtig zu sagen) die vielfach bezeugte »Frauengeltung« mit dem eigenen Pathos der Mütterlichkeit. Erich Fromm beobachtete ja auch in der heutigen Jugend eine »Regression auf den Matriarchalismus«: »Der gegenwärtige Kampf gegen die väterliche Autorität scheint das patriarchalische Prinzip zu zerstören und eine Rückkehr zum matriarchalischen Prinzip in regressiver und undialektischer Weise anzudeuten.«

Mit der Postmoderne verbindet Bachofen das Interesse am Anfang und Ursprung, an Mythen und anderen Schauplätzen; von der Postmoderne trennt ihn, daß er von der Geschichte dennoch nicht enttäuscht oder gelangweilt war, daß er nicht eklektisch mit den Mythen und Symbolen, der »heiligen Geschichte« umging, um das Eigene auf ganz Anderes hin zu transzendieren.

Ende des 19. Jahrhunderts – in der Zeit von Bachofens Spätwerk – hat sich eine Literatur entwickelt, die sich auf andere Werte und Kulturen bezieht, die – wie bei Walt Whitman oder Thoreau und später bei Victor Segalen – Entgrenzung und ethnopoetische Abenteuer wagt, fremde geistige Landschaften erforscht, eine Ästhetik des Diversen und eine poetische Geographie begründet, die ins Offene will, weg von allem, was schon (tausendfach tradiert und modifiziert) gewußt wurde, hin zum Nichtwissen, zur Stille und Leere, zum Ursprung und zur Wahrheit anderer Symbole, Mythen und Legenden – andere als diejenigen, die bei uns zum eindimensionalen Menschen führten.

Der gegen Bachofen am häufigsten erhobene Vorwurf der Methodenlosigkeit und die damit verbundene Kritik an einer zu wenig auswählenden und zu unvorsichtigen Benutzung der Quellen (vor allem der Mythen) hat an Brisanz verloren, seit der Nimbus der Methode als *der* Weg zur Wahrheit gelitten und der Mythos in seiner Aussagekraft wieder an Bedeutung gewonnen hat. Dennoch ist unser heutiger Zugang zur mythischen Welt sehr verschieden von derjenigen der Romantiker, haben wir uns doch erst über radikale Enttäuschungen im Leben, in der Lebenswelt, über totale Entfremdung und Mythenferne geradezu abrupt, übergangslos und in vielen Hinsichten künstlich und unvermittelt fernen Zeiten zugewandt. Der Fluchtcharakter und das Synkretistische, das Aussteigertum und die alternative Szene hängen in der Gegenwart eng mit dem neu erwachten Interesse am Ursprung zusammen. So haben für uns vor allem auch diejenigen Mythen wieder an Relevanz gewonnen, die unseren neuen Lebensidealen Stoff zu geben scheinen und auf die wir uns auch praktisch (in unzähligen Therapieformen von T'ai Chi und Yoga bis Feuerlaufen und innere Reisen) beziehen können. Waren es noch vor zwanzig Jahren neben dem feministischen Interesse an Bachofens Mytheninterpretation vor allem die gesellschaftstheoretischen und psychologischen Aspekte, die vermittelt über Horkheimer oder Bloch, Wilhelm Reich oder Erich Fromm weiterführen sollten, ist es jetzt mehr die Fülle des mythischen Materials, der zerstreuten und zum Teil schwer zugänglichen Quellen, die unser Augenmerk erneut auf Bachofen lenken. Dem kommt auch das modische Interesse an Ethnologie und Völkerkunde zugute, in der die Mytheninterpretation eine zentrale Rolle innehat. Bachofen selbst wandte sich mit zunehmendem Alter immer mehr der Ethnologie zu, hatte er doch schon bei der Erarbeitung des *Mutterrechts* und in einer lange Zeit kaum bekannten, zehnjährigen Forschungsperiode in ihr die Wissenschaft erkannt, die ihm das meiste Material für seine Theorie bieten konnte.

Der postmoderne Exotismus und die ihm zugehörige Zivilisationsflucht haben den Charakter der indivi-

duellen Revolte verloren und sind weitgehend in einer gesellschaftlich sanktionierten Stimmung aufgehoben. Der Weg nach Poona oder die Suche nach Atlantis sind gleichzeitig möglich. »Anything goes.« Gleich Atlantis tauchen mutterrechtliche Gesellschaften jetzt noch einmal am Horizont einer sich selbst zerstörenden Welt auf und künden von anderen, fernen, versunkenen Zeiten. Ein Mythos, ein Symbol für anderes Leben. Eine Utopie. Bachofens *Mutterrecht* erzählt von längst entschwundenem Recht; Atlantis von längst entschwundener ›Seligkeit‹.

»Das ›goldene Zeitalter‹, von dem die Menschen seit Jahrtausenden träumten und nach dem sie sich sehnten« – so verhieß August Bebel 1879 – »wird endlich kommen.«

Ohnmacht und Hoffnung. – J. R. R. Tolkien

...manchmal versammeln sich solche, die geheime sprachen sprechen; an geheimen orten treffen einander geheime leute mit geheimen sprachen.

H. C. Artmann

Es gibt seit einigen Jahren eine sich als avanciert verstehende Generation von Mythenadepten, die Hymnen auf die Fremde, die Wildnis und den Wahnsinn singen und gar von »subversiver Mythenguerilla« sprechen. Oft ist es gar nicht die Substanz, das inhaltliche Geflecht der Mythen, sondern es sind mehr einzelne mythische Figuren, die Aura und Atmosphäre des Archaischen, Ursprünglichen und Kosmischen, die mit den Mythen verbundenen Rituale und Zeremonien, die weiterwirken, die adaptiert werden, die man ins eigene Leben zu integrieren versucht.

Viele Feste und Kulte, die früher einen mythisch genau definierten Kontext hatten, leben nur noch als Relikte und Mechanismen in uns weiter und werden eher formal und synkretistisch erneuert und vermischt. Wenn etwa die Atombombe der »wirkliche Buddha des Westens« genannt wurde oder wenn sich manche als »Stadtindianer« verstehen, dann ist das nur aufgrund synkretistischer Sichtweisen und eines offenen Diskurses möglich geworden. Als der Religionswissenschaftler Mircea Eliade gleichsam den wissenschaftlich sanktionierten Startschuß für die Öffnung auf das ganz Andere hin gab, hatte er den Fortschritt, die Erweiterung, nicht Regression und postmoderne Beliebigkeit, die Lust an der Oberfläche, im Auge: »Eines Tages wird der Westen die existentiellen Situationen und die kulturellen Welten der nichtwestlichen Völker erkennen und verstehen müssen... Überdies verhilft diese Konfrontation mit ›den anderen‹ dem westlichen Menschen zu einem besseren Verständnis seiner selbst. Die Anstrengung, die wir aufbringen, um Denkweisen angemessen zu verstehen, die der westlichen rationalistischen Tradition fremd sind...,

wird mit einer wesentlichen Erweiterung unseres Bewußtseins vergolten.«

Neben einer solchen, heute modisch gewordenen Faszination am Mythos und der Produktion von Mythen des Alltags gibt es auch epische Entwürfe von Mythen, die den Alltag und die Gegenwart auf unermeßliche Räume der Vergangenheit und Gegenwart hin transzendieren, so z.B. im *Silmarillion* und im *Herr der Ringe* von Tolkien.* Eine Form der »Mythopoesie«, mit der man im 19. Jahrhundert etwa Johann Jakob Bachofens wissenschaftlichen Anspruch zu diskreditieren versuchte. Das Organisch-Ganze der menschheitlichen und der weltgeschichtlichen Entwicklung erfassen zu wollen, war beider Absicht.

Die für ein Volk weitgehend verbindliche Symbolik, ihre »heilige Geschichte«, wurzelt in den Mythen, die von einer Zeit Kunde geben, wo Geschichte (Historie, Geschichtsschreibung) nicht hinaufreicht, von einer primordialen Zeit, einer Zeit der ›Anfänge‹. Mythen sind Gestaltungen eines Ursprungsdenkens, unbewußter Konflikte und menschlicher Beziehungen; es sind Projektionen auf äußere Bedingungen und Verhältnisse, auf die Natur. Das physisch Elementare ist eine Grundlage der Mythen, Kulte und Religionen. Elemente sind: Wasser, Erde, Luft (Winde) und Feuer. Vergöttert wird das, was sich als lebensbestimmend erweist, z.B. das Wasser bei den Dogon oder bei den Ägyptern (in Gestalt des Nils). Den Elementen und Himmelskörpern wurden magische Kräfte zugesprochen; es entwickelten sich weiterhin Erd-, Sonnen- und Mondkulte, um nur einige der wichtigsten zu nennen. Gegenstand der Mythen sind

---

* Das Werk von Tolkien sowie die Biographie von H. Carpenter (*J.R.R. Tolkien*, 1979) werden nach den deutschen Ausgaben, Stuttgart (Klett-Cotta) und zum Teil München (Klett-Cotta und dtv) zitiert.

Der Herr der Ringe, 1986, *Der Herr der Ringe – Anhänge*, 1978, *Das Silmarillion*, 1978, *Der kleine Hobbit*, 1974, *Baum und Blatt*, 1982, *Nachrichten aus Mittelerde*, 1983, *Die Ungeheuer und ihre Kritiker*, 1987, *Fabelhafte Geschichten*, 1988, *Die Briefe vom Weihnachtsmann*, o.J., *Tuor und seine Ankunft in Gondolin*, 1988, *Die Geschichte der Kinder Hurins*, 1988.

die Uranfänge individuellen Seins und der gesamten Menschheitsgeschichte. Mythen erzählen, »auf welche Weise dank den Taten der übernatürlichen Wesen eine Realität zur Existenz gelangt ist... Es handelt sich also immer um die Erzählung einer ›Schöpfung‹... Der Mythos spricht nur von dem, was *wirklich* geschehen ist, von dem, was sich voll und ganz manifestiert hat.« In dieser so provokanten Formulierung Mircea Eliades (*Mythos und Wirklichkeit*, 1988) wird festgestellt, was den sogenannten Primitiven selbstverständlich ist, daß Mythen (im Unterschied zu Legenden) »wahre Geschichten« sind, daß sie von einer Wirklichkeit handeln, von dem, was sich umfassend manifestiert hat. Die »wahre«, »heilige« Geschichte eines jeden Mythos bezieht sich immer auf Realitäten: »Der kosmogonische Mythos ist ›wahr‹, weil die Existenz der Welt ihn beweist; auch der Mythos vom Ursprung des Todes ist ›wahr‹, weil die Sterblichkeit des Menschen ihn beweist, und so fort.« (Eliade)

Ich nehme den Griffel und gewisse Dinge stehn dann da. Gottfried Benn

Die Sprache der Bibel, der Sagen, Märchen und Mythen ist verlockend. Sie erhebt das Gedachte und Imaginierte auf die Ebene des Zeitlosen, in unermeßliche Räume. Was hier geschieht, ist erhaben, großartig oder niedlich klein. John Ronald Reuel Tolkiens Bücher leben zu einem Teil von der Faszination des »Es war einmal«, »Und es geschah« und »Da sagte Ilúvatar zu ihnen« und »Eru war da, der Eine«, »Und inmitten all der Wunder der Welt, ihrer weiten Hallen und Räume und kreisenden Feuer bestimmte Ilúvatar ihnen eine Stätte in den Tiefen der Zeit und inmitten der unzähligen Sterne zur Wohnung«.

Man hat verschiedentlich darauf hingewiesen, daß der Leser von Abenteuergeschichten, Legenden und Epen, von Erzählungen bedeutsamer Ereignisse aus der Zeit heraustritt, daß er die Zeit verdichtet oder gedehnt erlebt und daß sich die Literatur in dieser Funktion den Mythologien annähert. Eliade spricht

von »Resten eines ›mythologischen Verhaltens‹« und dem Wunsch, »die Intensität wiederzufinden, mit der man etwas *zum ersten Mal* erlebt oder erfahren hat, die ferne Vergangenheit, die glückselige Zeit der ›Anfänge‹ . . . , dieselbe Hoffnung, sich von der Last der ›toten Zeit‹ zu befreien, von der Zeit, die erdrückt und tötet«. (*Mythos und Wirklichkeit*, 1988) Edouard Glissant (*Zersplitterte Welten*, 1986) dagegen meint, das aktuelle literarische Werk könne nie an die Stelle des Mythos treten, da der Mythos »noch in die Dichte des Erlebens eintauchte«.

Tolkiens Sprache ist pathetisch und mythisch oder doch mythisierend; sie wagt sich in die Weite der Kosmologie und Seins-Metaphysik, in die »Zeit der Anfänge«, in eine »ruhmvolle Vergangenheit«. Mit ihrer Hilfe das Ganze, das Organisch-Ganze zu erfassen, ist eine romantische Idee, die sich bei Tolkien weitgehend durchgesetzt hat. Die Romantiker (Creuzer, Schelling, Müller, Welcker und später Bachofen) besaßen ein universales Wissen von der Geschichte des Altertums, der Mythen, Symbole, Religionen und Kulte (durchaus auch für Tolkien ein Ideal), und sie hatten das, was Creuzer »Sinn und Tact«, eine »wisschenschaftliche Empfindung« nannte. Auch wenn Creuzer *(Symbolik und Mythologie der alten Völker)* eine Abgrenzung von den Mythologen vornimmt, die Kulte, Mythen und Symbole auf »kindische Märchen und Possen« oder auf bloß ästhetische Gebilde reduzieren wollen – was heute viele auch auf Tolkien beziehen mögen –, so ist doch entscheidender eine *Distanz*, die die Romantiker und Tolkien gleichermaßen gegenüber den Rationalisten (oder »Neologen« und »verstandesstolzen Neuerern«, die das religiöse Leben der Alten nicht mehr zu würdigen wissen) einnehmen. Wenn Creuzer meint, daß die Mythen »von selber in die schönen Seelen« gekommen und entsprechend nur von verwandten Seelen wiederum zu erfassen seien – eine »philologisch-mythologische Ethnographie« –, dann kann man Tolkiens Werk als Versuch ansehen, dieser Akkommodation der Seelen nachzuhelfen: der Übertragung in die schönen Seelen Brücken zu bauen. Dafür setzt er an die Stelle des ethnographisch Bestimmten (was sich bei Creuzer in

Assoziationsketten und »Ideenreihen«, in Selbsterlebnissen auflöst) das phantasmagorisch Unbestimmte, an die Stelle der Mythenanalyse die Mythenproduktion. Tolkien führt die Linie der »imaginären Ethnographie« (Kramer) fort.

»Dort, wo Geschichte nicht hinaufreicht, setzt die Mythenanalyse an und kann die wirklichen Erlebnisse des Menschengeschlechts erschließen.« (Bachofen) Aber Tolkien will noch weiter »hinauf«, in verschollene und erdachte Sprachen, in die Reiche der Fiktion und der Phantasie.

Anders als seine Zeitgenossen Lord Dunsany, Joy Chant oder MacDonald ist er weit eher ein mythen-, sprach- und geschichtsbewußter Konstrukteur. Er baut in ganz anderen Dimensionen, er erzählt modellhafter und konzeptueller: *gestaltet* noch die ohnehin geschlossenen und hermetischen Welten der Mythen. In *Silmarillion* beschreibt er – wie es die Mythen aller Völker tun – die Erschaffung der Welt: »Ea! Es Sei! Und ich will die Unverlöschliche Flamme in die Leere hinaussenden und sie wird im Herzen der Welt brennen, und die Welt soll sein; und wer von euch will, mag in sie hinabsteigen... Ea, die Welt, die ist. So kam es, daß manche der Ainur bei Ilúvatar blieben, jenseits der Welt; andere aber, darunter manche der Größten und Edelsten, nahmen von Ilúvatar Abschied und stiegen in die Welt hinab... alles war noch ungestalt und wollte erst beginnen, und es war dunkel. Denn die Große Macht war nur ein Blühen und Wachsen der Gedanken in den zeitlosen Hallen gewesen und das Gesicht nur ein Vorgesicht...«

Tolkien-Leser sind Liebhaber oder Konsumenten phantastischer oder mytho-poetischer Literatur, mit dem Wunsch, initiiert zu werden in eine umfassende, unbekannte Welt. »Mythopoeia« – der Titel eines Gedichts von Tolkien – war Ende des 19., Anfang des 20. Jahrhunderts ein zentraler Punkt, an dem sich die Geister schieden: »Historiosophie«, »Mythopoiie«, »phantastisch-synkretistisch«, das waren die Vorwürfe gegen Johann Jakob Bachofen, und sie galten später auch Ludwig Klages.

Kann man zugleich Geschichtsphilosoph, Mythologe, Altertumsforscher und Philologe sein? Entspricht allein die dichterische und synthetische Darstellung dem Wesen der alten Mythologie und Symbolik? Schließen die Leidenschaft für das »pulsende Weltgeschehen« und die »Erdwendezeiten«, für den »bildgefesselten Menschen« (gegen eine »völlig ›entzauberte‹ Bildungsmenschheit«) und die »unterirdischen Quellen« (Klages) – schließen diese Leidenschaften die Strenge des historischen oder historisierenden Denkens aus?

Tolkien versucht, Deskription und Spekulation zusammenzubringen, aber er ist – weil er weniger: nämlich Unterhaltungsschriftsteller, Märchenerzähler sein will – »phantastischer« und freizügiger im Umgang mit den Sprachen und Ideen als Geistesverwandte um 1900. Mythopoeia verwandelt er auch in »Misomythos« oder »Philomyth to Misomyth«. Er erfindet sich eigene Alphabete, Geheimsprachen und Geheimsysteme. Er ist Sprachenkenner und Sprachenspieler, Mythenliebhaber und Mytheningenieur: die Welt offenbart sich als phantasmagorisch gesättigte Sprache.

Die Autoren der phantastischen, mythologischen und mythopoetischen Literatur sind Besessene der Anordnung, des Kalküls und der Komposition. Sie sind, als große Fiktionalisten, Phantasten und Komponisten, zumeist auch ernsthafte Dokumentaristen. Sie haben ein Gespür für die Spannung in den Objekten. Sie beweisen sich in der Durchdringung des Stoffs ihre persönlichen Gewißheiten und Intuitionen. Sie spannen den Bogen von den Uranfängen bis zum kosmologischen Ende. Sie sind Liebhaber des Symbolischen.

Die Technik, gleichermaßen auf bestehende und auf erfundene Sprachen und Verwandtschaftssysteme, Dokumente und Karten Bezug zu nehmen und dem Text durch Anmerkungen einen ironisch-scheinwissenschaftlichen Status zu verleihen, die Durchdringung der uns vertrauten Lebensbereiche und Ordnungen durch fiktive andere Systeme des Raums und der Zeit, der Charaktereigenschaften, der Werte und der Topographie, sind für den *Herrn der Ringe* bestimmend. Tolkien spekuliert mit dem, was uns in unserer

Kultur lieb und teuer und was anstößig geworden ist.

Ad absurdum – ist es bewußte Ironie oder blinde Konstruktion? – werden diese Stärke und Leidenschaft von Tolkien in »Anhänge« zu *Der Herr der Ringe* (»Annalen der Könige und Herrscher / Zeittafel der Westlande / Familien-Stammbäume / Auenland-Kalender / Schriftzeichen und Buchstaben«) geführt: ohne Poesie wird das Gerüst historisierender Nonsense, stupider Zahlen- und Namenfetischismus.

»Dem Markt entgeht keine Theorie mehr.« (Adorno) Man müßte hinzufügen: kein Modell oder Arrangement, kein Spielzeug und kein Verhaltensmuster; und jedes Konzept oder Projekt ist erfolgsträchtig. Und dennoch ist der Erfolg nur begrenzt lancierbar. »Schlagartige« Erfolge, die – anders als etwa 1968 Habermas' *Erkenntnis und Interesse* oder 1972 Richters *Die Gruppe* – nicht auf das aktuelle Erkenntnisinteresse im Zusammenhang einer zugespitzten politischen, sozialen oder kulturellen Situation zurückzuführen sind, treffen genau die nichtbewußten, konflikthaften Schnittpunkte zwischen Vernunft und Unvernunft, Ratio und Mythos, Technologie und Alchemie, Hygiene und Exorzismus, Horror, heiler Welt und Wunderheilung, Entfremdung und Kollektivgeist.

Da das Spektrum, in dem diese Neigungen und Normierungen, Prozesse und Strukturen in jedem einzelnen und in der Masse sich vereinen und einander widerstreben, unermeßlich ist, werden die Super-Erfolge der Bücher, Ausstellungen und Zeitschriften in der Größenordnung von »Götter, Gräber und Gelehrte« bis zu den »Kelten«, von »Geschichte« bis »Meine Geschichte« nicht ausbleiben. Tolkiens Erfolg ist auch hier anzusiedeln. War sein Erfolg kalkulierbar? Die Handlungen in Tolkiens Welt und das Beziehungsnetz der Personen sind auf den ersten Blick kaum zu durchschauen. Ablauf und Entwicklung der Geschichten sind durch Namen und multiple Bezüge verstellt und verschoben. Und dennoch fehlt dieser Literatur die Dimension der den Leser vorstrickenden *lebens*komplexen Bezüge. Angedeutete

»Lebens«-Konflikte lösen sich in wechselseitiges Wohlgefallen auf. Man hat sich letztlich doch »unerhört gern«.

Die immer wieder aufkommende Kinderfeststimmung (ohrenbetäubender Beifall, Unsichtbarmachen, Wiederauftauchen und Mit-Zwergen-Losziehen) durchkreuzt das Gefühl, es bei Tolkien mit einer phantastischen Literatur vom Range Lovercrafts zu tun zu haben. Andererseits entwickelt Tolkien auch aus dem (szenisch gut arrangierten) Schabernack und Spiel, etwa im *Herr der Ringe*, Situationen, in denen eine weitreichende Symbolik um den so bedeutungsvollen Ring, seinen Besitz und seine Aufgabe entfaltet wird.

Es ist verführerisch, sich jenseits oder unterhalb der Sozial- und Lebensgeschichte Geschichten auszudenken. Die darin agierenden Figuren sind göttlich groß oder pseudo-mittelmäßig. Sie spielen entweder mit der Aura des »ganz Anderen«, das in Details durchaus lebensnah sein kann (wie bei Tolkien), oder mit der des »ganz Vertrauten« (wie »Heidi« oder Malpass' »Gaylord«). Beide sind unwirklich auf Gut oder Böse getrimmt. Ihre Konflikte, ihre Sexualität sind, wo sie vorkommen, nur Dekor. Tolkiens Erzählungen sind zum Teil Märchen, heroische Romanzen und Mädchen- oder Jungenträume von Edelstein, Macht und Reichtum, von Kriegern, »Schwarzen Reitern«, Königen und Hexenkönigen. Verwandtschafts-Puzzles und Schicksalsspiele, die seine Fans zur ›ersten Realität‹ überhöhen. Die Identifikation mit den »großen Schicksalen«, mit dem fernen Leben und Sterben der Völker und Ur-Rassen (wie den Hobbits, »Halblingen« oder »Höhlenbauern«, den Elben, Drachen, Balrogs und Orks, Trollen, Ents und Zwergen) überspielt die aktuellen Konflikte.

Tolkiens Schauplätze »Mittelerde«, »Erstes Zeitalter«, »Zweites Zeitalter« und »Drittes Zeitalter«, »Großer Strom«, »Feuriger Berg«, »Großes Meer« und andere korrespondieren mit dem Wunsch: weg von den konkreten Schauplätzen der modernen Industriewelt und ihren ausgedienten Namen für Alltagsweltliches. Die Verschworenen der Tolkien-Gemeinde brauchen sich für ihr Triebleben, ihre Konflikt-

neigungen und Aggressionen, die sich ja selbst bei aller Weltgewandtheit nicht zum Schweigen bringen lassen, nicht unbedingt andere Aktionsfelder zu suchen: Tolkiens Welt ist vor allem auch eine der großen Kriege, der Kämpfe und der versteckten Perversionen. Das Chaos und die Organisation der Triebe werden nach außen verlegt in mythische Welten und Weltlandschaften, und sie werden in unermeßlichen Kämpfen, »Ring«-Kämpfen ausgetragen.

Joy Chant hat mit *Roter Mond und schwarzer Berg* das Gigantische solchen Geschehens (in Tolkiens *Herr der Ringe*) ebenbürtig nachgestaltet – und dazu noch ausschließlich mit unscheinbaren Akteuren, mit Kindern. Fabelhaft und traumhaft und magisch. Versuche, innere Bilder auf kosmologische Räume zu projizieren, ihrem Wesen nach kollektive Mythen individuell neu zu schöpfen. Faszination an einer gigantischen Welt mit anderen Gesetzen und Lebensgefühlen – heute konkurrierend zu der des »Weißen Hai« und des »Krieg der Sterne«, von »Enterprise« und »Superman«. Rettung, Glück und Verderben von außen!

Der »Erzmagier Tolkien« hat seit den sechziger, siebziger Jahren eine Gemeinde, die heute so situiert sein muß, daß es ausreicht, als Interessentenkreis für die Tolkien-Biographie nur lapidar anzugeben: »Tolkien-Gemeinde«. In den USA bildete sich um 1965 (als *Der Herr der Ringe** mit etwa einer Million verkauften Exemplaren ein Super-Erfolg wurde) die »Tolkien Society of America«, die sich nach ihrer massenhaften Ausbreitung »Mythopoetic Society« nannte. Die Tolkien-Fans und Fanklubs veranstalteten »Hobbit-Picknicks« und produzierten Anstecknadeln mit Parolen wie »Come to Middle-earth« oder »Frodo for President« (Frodo ist der gute Held und Ringträger); in Nordborneo wurde eine »Frodo-Gesellschaft« gegründet; Zeitschriften orientierten sich

* Die Weltauflage von *The Lord of the Rings* beträgt mehr als 50 Millionen Exemplare; in England allein wurden seit 1954 über 10 Millionen verkauft. Von *Silmarillion* waren gleich zu Beginn des Starts 1977 in den USA eine Million Bände abgesetzt. Bei uns hält sich die Gesamtauflage aller Tolkien-Bände noch im Bereich der ›Hunderttausender‹.

an Tolkiens Sprache; die BBC drehte einen Film über ihn, und »United Artists« verfilmte den »Herrn der Ringe« unter der Regie des Trickfilmers Ralph Bakshi, nachdem Kubrick vor dem Mammut-Drehbuch kapituliert hatte. Tolkien sagte dazu, daß er es nicht liebe, zu Lebzeiten Gegenstand eines Kults zu sein; aber »auch die Nase eines sehr bescheidenen Idols bleibt nicht ganz ungekitzelt vom süßen Duft des Weihrauches«.

Tolkien wurde 1892 in Birmingham geboren, war ein anerkannter Professor für englische Sprache, Literatur und Angelsächsisch. Er starb im Alter von 81 Jahren, nach einem gutbürgerlichen Leben. Er war Konservativer und Antidemokrat.

Mit 18 Jahren hatte er begonnen, Gedichte und Prosa zu schreiben, in Anlehnung an mystische, mythologische und sagenhafte Literatur; er studierte Latein, Griechisch und Französisch, Altnordisch, Alt-, Mittel- und Neuenglisch, auch Sanskrit, Altbulgarisch, Litauisch, Russisch, Altsächsisch, Alt- und Mittelhochdeutsch, Walisisch und Finnisch. Er arbeitete an einem englischen Dialekt-Wörterbuch, und nach und nach entstanden Namen und Reiche für seine neuen Sprachen.

Zuerst hatte er sich, nach dem Vorbild des »Animalischen« (einer Kinder-Geheimsprache seiner Cousinen), das »Nevbosh« oder »New Nonsense« erfunden, dann, nach dem Vorbild des Spanischen, das »Naffarin«, schließlich ein fiktiv erweitertes Gotisch und das dem Finnischen ähnliche »Quenja« (die Sprache aller Elben) und »Sindarin« (die Sprache der Grau-Elben). Er interessierte sich auch für das Ägyptische und die Hieroglyphen; er entwickelte ein eigenes »›historisch‹-grammatisches Schema« und fand seine Namen besser als die Swifts.

Er begnügte sich nicht mit der (literarisch keineswegs neuartigen) mythisch klangvollen Neubildung von Wörtern; vielmehr haben viele Namen noch Entsprechungen in einer anderen, ebenfalls fiktiven Sprache und sind durch Verwandtschaftsbeziehungen festgelegt (etwa: »Einst lebte Sauron der Maia, den die

Sindar in Beleriand Gorthaur nannten...«). Nach seinem Biographen Carpenter – der sich zuweilen unerträglich devot dem Meister unterstellt – soll sich die gebastelte fremde, synkretistische Kultur auch in seiner Gestik und Sprechweise niedergeschlagen haben.

Tolkien wollte eine mythologische, legendenhafte und märchenhafte Sammlung schaffen, ein Werk, »das ich einfach England widmen könnte, meinem Land... Es sollte den Ton und Charakter besitzen, den ich wünschte, ein bißchen kühl und klar, an unsere ›Luft‹ erinnernd... und... die helle, entrückte Schönheit besitzen..., die manche keltisch nennen.« »Erhaben« und »vom Niedrigen gereinigt« sollte es sein. Die Reinigung nimmt er aber nicht begrifflich, sondern geschickt erzählend vor: Seine Lieblingsfiguren sind in ihrer Fremdheit und Durchschnittlichkeit geeignete Projektionsfiguren für gemütliche »Alternatives Leben«-Phantasien:

»Die Hobbits sind ein unauffälliges, aber sehr altes Volk... sie lieben Frieden und Stille und einen gutbestellten Boden... kompliziertere Maschinen als einen Schmiede-Blasebalg, eine Wassermühle oder einen Handwebestuhl verstehen oder verstanden oder mochten sie auch nicht, obwohl sie mit Werkzeugen sehr geschickt umgingen... Schuhe trugen sie selten, denn ihre Füße hatten zähe, lederartige Sohlen... Früher sprachen sie die Sprache der Menschen auf ihre eigene Weise und hatten ziemlich dieselben Vorlieben und Abneigungen wie die Menschen...«

»Wie die Menschen« – von Tolkien als Fixpunkt, als Konstruktionshilfe gebraucht, ist die Grenze seines Entwurfs; für seine Fans aber ist es viel mehr: das Verfallsmoment! Sie machen aus Imagination Trägheit, aus dem experimentellen Umgang mit Geschichte und Geschichtsdeutung Ahistorizität und aus der Totalitätssuche die Totalisierung eines Entwurfs, der sie als Akteure außerhalb läßt. Sie machen sich das regressive und repressive Moment aus Tolkiens Figuren zu eigen.

»... immer hatte ich das Gefühl, etwas aufzuzeichnen, was schon ›da‹ war, irgendwo, und nicht etwas zu ›erfinden‹.« »Irgendwo« – in der Vergangenheit, vor

der durch Geschichtsschreibung übermittelten Welt. Weil er es schließlich nicht schafft, den Bogen zu dieser Welt, aus der heraus er schreibt, zu spannen, wird die andere Welt beliebig (wenn auch in sich, in der gedanklichen und sprachlichen Strukturiertheit konzise), ein Schauplatz für gedanklich einsetzbare Prinzipien des Guten und des Bösen (als nicht erfüllbarem Sein).

Protagonisten seiner »Ideologie« sind die Elben, sympathische, hochbegabte, vortreffliche und unsterbliche Menschen vor dem Sündenfall, »und ihr Wille bewirkt direkt, daß Vorstellungen und Wünsche sich erfüllen«. Das so entstandene Werk ist ein Wunscherfüllungsmodell, jenseits des eigenen Lebens und dem der anderen.

Tolkien begann, sein Leben in seinen Geschichten zu verbergen, und doch zeigt es sich auch in der Wahl seiner Figuren und Handlungsorte, der Bestimmung ihrer Funktionen und ihrer Wunschökonomie. Das Gerüst seiner Kunst-Welt ist *Das Silmarillion* (genauer »Quenta Silmarillion« oder »Die Geschichte von den Ringen«), das er um 1917 begann, liegenließ und immer wieder neu aufnahm; es erschien erst nach seinem Tod, in einer Bearbeitung seines Sohnes. »Völlige Stimmigkeit (sowohl innerhalb des ›Silmarillion‹ selbst als auch zwischen diesen und anderen veröffentlichten Schriften meines Vaters) ist nicht zu erwarten.« Die von Christopher Tolkien zusammengestellte »stimmige Erzählung« hat ihren Kern in dem Mythos von den »Ältesten Tagen oder dem Ersten Zeitalter der Welt«. Darum gruppieren sich andere Erzählungen (von der Anfertigung der »Silmarilli«, der drei großen Edelsteine der Elben oder »Langlebigen«, von dem Raub durch Morgoth, dem ersten »Dunklen Herrscher« und den folgenden Kriegen mit den Elben) und auch der erstmals 1954/55 publizierte *Herr der Ringe*. Das sind ursprünglich als Fortsetzung des Kinderbuchs *Hobbit* gedachte Erzählungen vom Ende des »Dritten Zeitalters«, jener Epoche, mit der das *Silmarillion* in der jetzt vorliegenden Fassung schließt: Damit ist, schreibt Christopher Tolkien, »die gesamte Geschichte umspannt, von der Musik der

Ainur, mit der die Welt begann, bis zur Ausfahrt der Ringträger aus den Anfurten von Mithlond am Ende des Dritten Zeitalters«. (Aus dieser Sicht erscheint unsere Welt deutlich als späte Fortsetzung, »Viertes Zeitalter«, in einer Verfallsentwicklung.)

Es ist der Versuch, ein widerspruchsfreies System zu bauen. Der Wunsch der Leser-Gemeinde, in diese hermetische Welt einzudringen, sie mit Tolkien zu bewohnen, hat etwas mit dem Wunsch eines Initianten zu tun, in eine andere Welt aufgenommen zu werden. Es ist eine kosmologische Einweihung oder Weihe, die man sich wünscht. Die Einweihung auch in die Natur: das Große Meer, die Blauen Berge, die Täler und Flüsse, Nord und Süd und Ost und West, Jahreszeiten und Elemente.

Man kann Tolkiens Erzählungen auch als Variationen des immer gleichen Themas lesen: der Heimatlosigkeit und der Suche nach einer Wohnstatt, am besten in der Ewigkeit eines »endlosen Tages ohne Wechsel«, nach Erschaffung der Welt und der geschlagenen Schlacht. (»Der Eine«, der regiert, ist »Gott« und auch nur Baustein eines Gedankensystems und eines imaginierten Lebens.) Tolkien, der vorwiegend betont maßvoll, vernünftig und unauffällig auftrat, reiste wenig – er nannte sich einen »Zeitreisenden« – und fand seinen Stoff am wenigsten in der Natur und der ihn umgebenden Kultur vor; seine »erfundenen« Sprachen empfand er als mindestens ebenso wirklich wie die aktuell gesprochenen Sprachen.

Eine Geschichte wie die des »Herrn der Ringe« »wächst wie ein Same im Dunkeln aus dem Blätter-Humus des Geistes: aus all dem, was man gesehen, gedacht oder gelesen hat, aus längst Vergessenem, das man aus den Tiefen heraufholt«.

Tolkien verstand sich als christlichen »Subcreator« (Unter-Schöpfer), der sich, neben Gott und nach seinem Vorbild, eine Welt des Geistes baut, die den daran Glaubenden bannt. Tolkien, der sich am Ende seines Lebens als einsam, melancholisch und pessimistisch (seit dem Tod seiner Mutter) darstellte, suchte seine Hoffnungen zwischen den Buchstaben. Sein Wunsch war es, aus deren Kombination eine Welt zu

erschaffen, in der man in Glück, Frieden und Reichtum leben kann.

In der Art, wie er für unglaublich viele Sprachen nicht nur offen, sondern durchlässig war, zeigt sich seine Stärke des assimilatorischen und kombinatorischen Denkens, und es zeigt sich die Schwäche seiner Identität. Sein Ich war Umschlagplatz für Kulturen. Den »Beowulf«, andere altenglische und nordische oder angelsächsische Dichtungen konnte er mühelos als Teile seiner Welt verstehen und weiterdichten. Seine größten Bewunderer haben ihn mit Ariost verglichen, seine Gegner von einem »Brauerei-Biblisch« und der Ausmalung einer »Knabenwelt« gesprochen.

Die Kindlichkeit seiner Entwürfe entspricht einer tiefen Liebe und kreativen Verbundenheit mit Kindern. Die *Briefe vom Weihnachtsmann* sind als privater Text für die eigenen Kinder, für bestimmte Situationen geschrieben. Jedes Jahr zu Weihnachten malte Tolkien für sie eine ferne Welt aus, bis ins letzte Detail: mit eigener Briefmarke, eigener Schrift. Ein Erwachsener nimmt über zwanzig Jahre seine Phantasie und die der Kinder gleichermaßen ernst und weiß eine Welt zu gestalten, die die Realität dieses Spektrums überzeugend, fein und klug zeichnet. Es gelingen ihm ebenso apokalyptische Naturbilder, Vergangenheits- und Zukunftsutopien wie die Vergegenwärtigung von Kinder-Alltagswelten und die gestalterische Synthese von Wissen (etwa über Felsmalerei) mit der Empfindung für kindliche Freude und kindliches Unglück. Diese Aufzeichnungen sind wie eine Beschwörung der Aussagekraft, die im Brief (in dieser Form der »Korrespondenz«) steckt.

Es ist eine Welt des Erhabenen und Göttlichen (in Hesses *Demian* heißt es einmal »auf Knien vor Göttern«), des Großen, Geehrten und Geliebten – Leerformen für narzißtisches Begehren; es ist eine Welt, die frei ist von den Angst und Konflikt bereitenden Zügen der Sexualität. Man ist in ihr von sich (als Gemeinschaftswesen) weit weg, und man ist nahe bei sich (als abstraktem Selbst). Die hier mögliche Selbst-Findung ist so elementar und so abstrakt wie es die Ergebnisse der alchimistischen Gold-Produktion sind. Natur und Kultur sind darin nicht mehr kategorial

unterschieden. Tolkiens Welt will Natur – als Gegenbild zur technischen Welt der Moderne – zeigen und zeigt ein nach den Bedingungen seiner Kultur produziertes Bild der Natur. Die von der Kultur auf die Natur projizierte dominierende Erfahrung ist die des Verwirkens von Gunst, der Macht des Bösen, der Gewalt und Tyrannei.

Tolkien fing in den Jahren nach 1910 zu schreiben an, die, nach Henri Lefebvre, charakterisiert sind durch: Brüche im tonalen System und im Raum-Zeit-Verständnis, im System der Natur und Kunst, des Wirklichen und der Wahrnehmung. Tolkien wuchs in die Moderne hinein, ohne daß er sie direkt thematisiert hätte.

Weder der Erste noch der Zweite Weltkrieg scheinen für seine Produktion eine direkte Bedeutung gehabt oder gar einen Einschnitt und Schock bewirkt zu haben. Sein Protagonist des Verderbens ist Melkor oder Morgoth, der nach der Herrschaft über die Reiche seiner Brüder strebte: »Aus seiner Herrlichkeit verfiel er, anmaßend, in Verachtung für alles, was nicht er selbst war, ein räuberisches und gnadenloses Wesen...«

Die reale Erfahrung des Schreckens, die eine »traumatische Neurose« verursachenden Kriegsereignisse (Freud) werden von Tolkien durch die Kreation eines gegenteiligen Prinzips beiseite geschoben: »Doch mitten im Krieg kam ein Geist von großer Stärke und Kühnheit dem Valar zu Hilfe, der im fernen Himmel gehört hatte, daß man sich im Kleinen Königreich schlug; und Arda erklang von seinem Gelächter. So kam Tulkas der Starke, dessen Zorn wie ein mächtiger Sturm ist, der Wolken und Dunkelheit vor sich wegbläst, und Melkor floh vor seinen Fäusten und vor seiner Lache; Arda verließ er, und für ein langes Alter war Frieden.«

Tolkiens poetische Kraft zeigt sich darin, wie er für diesen Krieg, den zwischenzeitlichen Frieden, den wieder aufflammenden Kampf und den Niedergang Melkors einen eigenen Vorstellungsraum schafft: »...und die Schönheit der Erde in ihrem Frühling erfüllte ihn (Melkor) um so mehr mit Haß...

Also stieg er mit seinem Troß über die Mauern der Nacht... und Ardas Frühling war verdorben... Und zu dieser Zeit konnten ihn die Valar nicht besiegen, denn größtenteils brauchten sie ihre Kraft, um den Aufruhr der Erde zu bändigen... und später waren sie immer besorgt, die Erde nicht noch einmal zu zerreißen, solange sie nicht wußten, wo die Kinder Ilúvatars wohnen würden, welche kommen sollten zu einer Zeit, die den Valar verborgen blieb.«

Zurück bleibt am Ende ein Gefühl der Hoffnung und Ohnmacht gegenüber dem Gang der Geschichte.

Überdimensionalität, Unendlichkeit und Ewigkeit und die Schöpfung aus den Gedanken – das sind die großen Faszinationspunkte in Tolkiens Modell: Die ersten Wesen waren »Sprößlinge seiner (Erus oder Ilúvatars) Gedanken«, und »ein jeder verstand von Ilúvatars Gedanken nur jenen, aus dem er selbst stammte«.

Erst langsam begann man – ein jeder mit der »Unverlöschlichen Flamme angefacht« – einander zu hören, zu verstehen und eine gemeinsame, harmonische »Große Musik« zu spielen. Diese (nie wieder gehörte) die Leere erfüllende Musik solle (in vielleicht noch erhabenerer Gestalt) erst wieder »vor Ilúvatar nach dem Ende aller Tage erklingen... Dann werden die Themen Ilúvatars rechtens gespielt werden und das Sein erlangen.« – Die Schöpfung aus den Gedanken und die Gestaltbildung der ersten Wesen »aus dem Wissen von der sichtbaren Welt..., nicht aus dem Sichtbaren selbst«. Das macht diese Welt so wandelbar, übermenschlich.

Ihr Unendlichkeitscharakter wird wesentlich durch die »Ring«-Symbolik bestimmt. Der Ring ist das Symbol des Geschlossenen und des zu Bewahrenden, der Unendlichkeit und Ewigkeit – sowohl in magischen Zirkeln wie in der utopischen Literatur, etwa die von der Vergangenheit »sprechenden Ringe« in H. G. Wells' *Die Zeitmaschine* oder die »Ringträger« in der mythopoetischen Literatur Tolkiens. Man haßt die Macht der Ringe und man liebt sie, man will sie gebrauchen und man fürchtet sie.

Der Kampf um die Ringe spielt in unermeßlichen

Dimensionen. Der überdimensionale Kampf ist charakteristisch für Vergangenheits- und Zukunftsvisionen. Man kann nur vermuten, daß die von Tolkien angestrebte Spannweite seines »Weltentwurfs« und seiner Visionen (vor allem deren erzählerische und poetische Ausweitung in die Vergangenheit) noch viel größer gewesen wäre, wenn er das Fragment gebliebene Buch der Verschollenen Geschichten (1916/17; dtsch. 1986/87) vollendet hätte.

Das neuzeitliche Subjekt lokalisiert sich zwischen der ehemals in Kollektivität aufgehobenen Individualität und einer bevorstehenden, im Stumpfsinn aufgehobenen Individualität. In einer Pause der Wettkämpfe zwischen der Natur (als Beginn der Schöpfung) und Natur (als zerfallender Schöpfung) an einem kurzzeitigen Ruhepunkt, zwischen den Zeiten, mit dem bis zu allem Ende sich durchhaltenden Wunsch, sich eine Welt nach dem eigenen Bild zu bauen, eine Welt, die erst einmal einem selbst gehört, ein Gebilde, in dem Subjekt und Objekt wunsch-eins sind. Was sich dem entgegenstellt – Widerstände des Subjekts und Widrigkeiten der Natur –, soll dem Vergessen anheimfallen.

Unsere moderne Welt wird immer eindeutiger und gleichgeschalteter, konformer, homogener. Das Problem derer, die diese Welt als modern, fortschrittlich, zukunftsträchtig und reich an Lebensmöglichkeiten anbieten, ist es, eine Freizeitgestaltung zu projektieren, in der jede »Leidenschaft« und »vitale Lebensfreude« auf irgendeinem Weg zu ihrem Recht kommt. So entsteht die »Komplexität« unseres Unterhaltungsangebots, zu dem längst die Sparte des *Mytho-Tourismus* – Gruppenreisen, ob zu den magischen Orten der Kelten oder der Atlantider – gehört; Reisen zum geheimen Wissen und in die »Anfänge der Zeit«, Initiationen.

Der Mytho-Tourist ist ein Reisender, der die Defizite der katastrophalen Moderne, der historischen und individuellen Endzeit am weitestgehenden personifiziert. Er läuft einer imaginären Geschichte auf den Spuren einer mythischen Geschichte, einer Traumzeit hinterher. Die Ruinen-Leidenschaft des Wanderers

Seume, des Altertumsforschers Bachofen, des Philosophen Volney oder des Prinzen von Preußen, der sich im 18. Jahrhundert künstliche Ruinen bauen ließ, wird wieder lebendig. Die gigantische, mythische Welt, die Tolkien in seinen Büchern erbaut, ist der gigantischen modernistischen science-fiction-Welt und ihrer Verehrung des Heldischen vergleichbar. Auch die Erfinder dieser Welt und ihrer zeitgenössischen Helden wollen noch einmal eine kollektive Kraft beschwören (und in der Figur des Helden vollenden). Sie verlagern die menschlichen Konflikte in »ferne Welten«.

Der Mytho-Tourist und der Volkskunde-Freak, die sich auf die Ruinen-Suche und den Okkult-Trip machen, fotografieren die Orte des Todes und der Wiedergeburt, als wollten sie auf dem Weg der technischen Verdopplung die Toten zu neuem Leben erwekken. Die Objekte haben ihre sakrale Macht, die Symbole ihre Mehr-Bedeutung bruchstückhaft erhalten, und so ist der Mytho-Tourist noch stärker als seine Vorfahren *(aus der beginnenden Zeit)* darauf angewiesen, Zeichen in authentische und authentifizierbare Bilder und Mythen zu transformieren.

Intellektuell und spirituell anspruchsvolle Verlängerungen in entfernte Wunschwelten sind Castañeda und Tolkien. Ich kann mir Tolkiens Welt auch als Baukastensystem und Castañedas Stationen auf der Schießscheibe eines Automaten im Spielsalon vorstellen. Nichts geht in unserer Welt mehr verloren – außer am Ende vielleicht wir alle.

Die Lehre vom Zerfall. – E. M. Cioran

E. M. Cioran trägt eine Maske. Es ist sein literarisches und essayistisches Werk. Er bevorzugt den Aphorismus, der immer so aufgebaut ist, daß er den Lesenden erschüttert, ihn in seinen Gewißheiten irritiert. Es sind Pointen des Ungeheuerlichen, bei denen derjenige, der sie sich ausgedacht hat, mit dem Schrecken der anderen spielt, denn er selbst hat den Schrecken schon hinter sich. So genießt Cioran seinen Ernst und seine Heiterkeit.

E. M. Cioran trägt eine Maske. Es ist sein Werk. Aber was ist dahinter? Sein wahres Gesicht? Welch ein Irrtum zu glauben, man könne den »wahren« Cioran sehen, wenn man sein Werk (lesend oder ignorierend) beiseite schiebt und sich den »Menschen« vornimmt. Er ist selbst unablösbarer Teil von *Leben und Werk*. Hinter der Wörter-Maske ist die Gesichts-Maske. Einmal Schau-Spieler, immer Schauspieler; Verstellung und Verschiebung, Verdichtung und Übersetzung prägen uns auch im Zustand unserer Nacktheit. Das Unbewußte und die Schrift, die Maskerade (um der Wahrheit oder der Lüge willen) entlassen uns aus keiner unserer Handlungen und Haltungen.

Schade. Man könnte sich sonst im Vorteil wiegen, Cioran gekannt zu haben. Nein. Das Werk bleibt »real« und »wahr«, auch wenn der Mensch so ganz anders scheint. Sie sind nicht gegeneinander auszuspielen, nur aufeinander zu beziehen; vielleicht korrigieren sie vorschnelle Deutungen. So legt die Kenntnis der Person Ciorans die Frage nahe: Warum stellt sich dieser Mensch als das einsamste und verlorenste Wesen dieser Welt dar, wo er doch offensichtlich so aufgehoben wie kaum einer seines Alters ist: seit

vielen Jahrzehnten lebt er mit einer (schönen) Frau zusammen. Warum stilisiert er sich derart, daß kaum ein Leser seiner Bücher in ihm einen Menschen vermutet, der in »geordneten Verhältnissen« lebt; gute, lebendige Beziehungen zu vielen Freunden und Bekannten hat? Aber macht das den Ausdruck seines Leidens unglaubwürdig? Muß nicht doch die konstante unbewußte »Spur« ein extremes Gefühl von Einsamkeit sein, wenn es sich literarisch ein Leben lang durchhält – und sei es nur als Fixierung? Unser Eindruck vom Leben eines Menschen kann nicht unsere Einschätzung seines Werkes widerlegen. Es kann uns allerdings darauf aufmerksam machen, daß jeder Satz immer auch das Gegenteil bedeuten (bzw. verdecken) kann.

Ein Held des Schwankens

> *Existieren ist ein ungeheures Phänomen – das keinen Sinn hat. So würde ich die Verblüffung definieren, in der ich Tag für Tag lebe.* Cioran*

Vor den Menschen, die ihre Ängste vor sich und den anderen verbergen, muß man Angst haben. Wer dagegen so unverhohlen wie der 1911 in Rasinari bei Hermannstadt geborene Schriftsteller und Philosoph E.M. Cioran über seine Ängste (auf sein Leben und

---

* Zitate und Mottos gehen zu einem Teil auf Äußerungen Ciorans in einem persönlichen Gespräch zurück. Das Werk Ciorans wird nach den deutschen Ausgaben zitiert. Die in Klammern angegebenen Daten benennen die *deutschen* Erstausgaben.
Lehre vom Zerfall, 1979 (1949[1]), *Geschichte und Utopie*, 1979 (1965[1]), *Der Absturz in die Zeit*, 1980 (1972[1]), *Dasein als Versuchung*, 1983. Diese Bände sind im Klett-Cotta Verlag, Stuttgart, erschienen. Bei Suhrkamp (Frankfurt/M.) liegen vor: *Syllogismen der Bitterkeit*, 1979, *Die verfehlte Schöpfung*, 1979 (1973[1]), *Vom Nachteil geboren zu sein*, 1979 (1977[1]), *Über das reaktionäre Denken*, 1980, *Gevierteilt*, 1982, *Von Tränen und von Heiligen*, 1988, *Widersprüchliche Konturen*, 1986, *Der zersplitterte Fluch*, 1987, *Auf den Gipfeln der Verzweiflung*, 1989. Außerdem wurden die französischen Ausgaben benutzt, die bei Gallimard (Paris) erschienen sind.

das aller Menschen bezogen) spricht, ist wie der innere Seelenbruder, der das Schlimmste ahnt. Die Begegnung mit Cioran hat, trotz aller Verhaltenheit, sofort etwas Leichtes, Vertrautes. Auch wenn sein radikales Denken, das in allen Windungen nur immer auf das Katastrophale zusteuert, die eigenen geheimsten und vielleicht noch unberührten Neigungen zur Abkehr von jedem hoffnungsbezogenen Denken und Handeln zu zwingen scheint, bleibt doch eine eigenartige Heiterkeit zurück. Geradezu heilsame Wirkung übe er auf Selbstmörder aus, sagt Cioran, nicht ohne Ironie, froh darüber, mitten in den Paradoxien zu sein, die sein Leben ausmachen, denen er sein »mißratenes Leben und Werk« widmet.

Es gäbe einen »Effekt Cioran« (sagt Sanda Stolojan in ihrem Nachwort zu *Von Tränen und Heiligen*, 1988), der in einem »seltsam euphorischen Gefühl«, einer »gemeinsamen Obsession« und dem Sicheinlassen auf ein Abenteuer bestünde. Dieser Effekt bewirke, daß der vom Selbstmord besessene Cioran – »so jung schon ein Spezialist des Todes« – andere zum Leben erwecke und ihnen inmitten eines Bombenhagels zu Glücksgefühlen zu verhelfen vermöge. Selbst ein Meister der Verneinung und ein »Höfling der Leere«, wirkt er doch stimulierend, lebensbejahend. Er bleibt seiner Liebe zu den Paroxysmen treu. Wenn er sagt, die Tränen seien Ausdruck der tiefsten Empfindung (und gleichsam mit der Musik identisch), zugleich aber erkennt, daß sie sich in seinem Leben »in Gedanken verwandelt« haben, dann gibt er einen weiteren Hinweis auf die Wirksamkeit und Effektivität seiner Lehren, seiner Traktate und seines Temperaments: Stets ist er konzentriert auf das Zentrum menschlichen Leidens, auf Verfall, Krankheit, Leid und Tod und hat sie doch schon transformiert, übersetzt in das Faßbare des Gedankens. »Auf den Gipfeln der Verzweiflung« (so der Titel eines Jugendwerkes) heißt bei ihm auch: auf den Gipfeln des Intelligiblen. Zwar sei er nur der »Sekretär« seiner eigenen Empfindungen (also lediglich ein Sprachrohr des Erlittenen und eigentlich kein von Begriffen geleiteter Denker), aber dies ist zugleich nur eine Variante seiner masochistischen Lust, sich stets als Opfer, als Ausführenden, als Untergeordneten und Diener darzustellen.

Es ist auffällig, welch starken Sog diese Selbstdarstellung auf andere ausübt: sie folgen ihm zu geradlinig und sehen ihn »ganz allein« im Ringen mit sich selbst, mit Gott und der Schöpfung, während er sich selbst schon immer in guter Nachbarschaft mit den großen Denkern aufhält. Auch wenn er ein »Privatdenker« ist, so ist er doch nicht allein. Einzigartig – darin sich von allen Vor-Denkern abgrenzend und insofern auch einsam und allein – ist der »Ton« (eine »ererbte Gnade«), den er für sein »Temperament« gefunden hat.

In Gedanken an (imaginäre) Spaziergänge mit Nietzsche in Sils Maria, mit Kafka in Prag oder mit Benn auf den Inseln von Palau, durch das nächtliche Paris mit Cioran. Er ist ein leidenschaftlicher Nachtschwärmer, der so oft seine Umgebung abgeschritten hat, in den schlaflosen Nächten, mit der Lust am Paris der Sinne. Die Einsamkeit und Enttäuschung haben ihn dabei begleitet und ihn schließlich immer wieder auf seine Welt der *gedachten* und *beschriebenen* Laster zurückgeführt. Am Rande der Verzweiflung ist er alt geworden, ein junger Denker, immer die Katastrophe im Auge, den Zerfall und seinen eigenen Niedergang beschwörend. »Mit 50 sollte man die Leute umbringen…, ich seh's an mir.«

Wenn Künstler Paris, Rom, Venedig oder New York als ihren zweiten Wohnsitz angeben, verführt sie der imaginierte Glanz eines weltmännischen Lebens; sie entziehen sich ein Stück weit dem Elend ihrer eigenen Lebenswelt und demjenigen dieser Städte. Als der Philosophiestudent E. M. Cioran 1937 von Rumänien nach Paris ging, suchte er nicht das Strahlende dieser westlichen Kulturmetropolen, sondern die »Nachtseite der Dinge« – wenn auch verführt vom *ruchvollen* Glanz dieser »Stadt der Huren und Bordelle«: der Aufbruch eines sich schon früh als unstet und nutzlos begreifenden Geistes. Das literarisch verklärte Paris eines Henry Miller zog Cioran ebenso an wie das romantische Paris des jungen Rilke.

Nach einem kurzen und von den gemachten Erfahrungen her katastrophalen Aufenthalt in Berlin, lebt Cioran in Paris, nahe Place de l'Odéon. Seine Dachwohnung – zwischen Himmel und Hölle – in einer

guten Gegend, aber an einigen Stellen niedriger, als der Mensch gewachsen ist, als müsse Cioran die Bedrückung tagtäglich so real erleben; zugleich hat ihn die amtlich attestierte »unmenschliche Raumhöhe« vor dem Rausschmiß verschont. Außer einigen Ausflügen in die Normandie und Provence lebt und arbeitet er hier als der *bricoleur* seiner Form von Einsamkeit.

Ein zurückgezogen lebender Literat und Denker außerhalb akademischer Fakultäten, ein komischer Kauz, der den Ruhm als die größte Strafe des Menschen empfindet, ein Besserwisser, der alle Denkpositionen in großzügiger, subjektiver Manier eines besessenen Gedankenspielers verwirft, vertritt, verspottet, verdreht; ein um sein Können und Versagen wissendes Genie wider Willen, ein großstädtischer Einsiedler und lustvoller Asket (des Lebens und des Denkens); meditierender Ekstatiker und begieriger Mönch, ein das Wort verachtender Artist des Wortes und das Reden verachtender Rhetoriker, ein winkelzügiger Dialektiker und ein in Sackgassen verliebter Langstreckenläufer, ein das Absolute suchender und fliehender Oberflächenbeschrifter und Tiefenanalytiker; ein Gegner jeder Form von Therapie, der sich ununterbrochen selbst therapiert und sich Mut zur Hoffnungslosigkeit zuspricht; ein Denker auf dem Hochseil, der das einfache Leben preist, ein kosmischer Geist aus der Provinz, ständig wechselnd in der Pose des Helden und des Opfers, des Henkers und des Gehenkten, verliebt in eine lustvolle Marterung und Geißelung seines Körpers und Geistes und dabei das Kind, das seiner Mutter immer zurufen möchte, »Schau, was ich wieder angestellt habe!«

E. M. Cioran, Philosoph, Schriftsteller, Essayist, Kulturkritiker; ein Autor, der alle Kategorien (solche, die das Leben, das Denken oder die Moral als Normen setzt) sprengen, zumindest auf Herz und Nieren prüfen möchte. Auch wenn er sich der einfachen Zuordnung entzieht, bestimmen doch auch ihn Charakterzüge, Vorbilder und Werte, seien sie auch noch so disparat und gegensätzlich.

Denkend entzieht er sich der Festlegung seiner Beziehungen durch die Verteidigung des Wider

spruchs und durch das Prinzip der Ironie und Selbstironie. Selbst seine Verzweiflung erhält nie das Kategorische eines Existentials; sie ist Bestandteil eines Lebens-, Sprach- und Denk-Experiments. Er sagt: »Ich weiß nicht, welch diabolischer Durst mich daran hindert, den Vertrag mit meinem Atem zu kündigen.«

Sobald der Mensch anfängt zu sprechen, wiegt er sich schon im Klang der schönen Wörter, im Rhythmus der Satzmelodien. Er kokettiert mit dem Nachhall des obszönen Wortes, mit dem Unterton des beleidigenden Wortes, mit dem Überdimensionalen des Monströsen, mit dem Rebellischen des bösen, des Gott-und-die-Welt-beleidigenden Wortes. Wer sich so weitgehend wie Cioran in dieses Universum von Mensch und Sprache einläßt und in diesem Spiel so eifrig die Karten mischt und ausspielt, chargiert zwischen Lebemann und Einsiedler. Jede Stimmung und jede Äußerung sind ihm Anlaß zur daseinsanalytischen Bestimmung – als ewiger Sieger oder als ewiger Verlierer. So gesehen, relativiert sich Ciorans »große Einsamkeit« als Haltung und Habitus.

Cioran nennt sich auch einen »Zweifler in Aufregung, in Trance, ein Fanatiker ohne Credo, ein Held des Schwankens« – täglich aufs neue verblüfft über das ungeheure Phänomen des sinnlosen Existierens, immer aufs neue verstrickt in eine endlose Selbstbefragung. Seine Freunde sind »verkrachte Existenzen«, »Müßiggänger und Dilettanten, die übermäßig viel Zeit haben und sie für subtile Nichtigkeiten und inszenierte Bedeutungslosigkeiten verwenden«. »Ein Fragmentmensch, selber nur ein Fragment.«

Ist dieser Mann und sein Werk nur eine singuläre Gestalt von Dekadenz? Projiziert er sein individuelles Mißglücktsein nur auf das Leben und die Geschichte, oder ist er, nach Nietzsche und Spengler, der philosophisch empfindlichste Seismograph des Untergangs und der Untergangsstimmung? Aus welchen Traditionen nährt sich sein Denken? Was bedeutet es für die Erkenntnis unserer Welt, für die Charakterisierung der Moderne? Cioran selbst sieht den entscheidenden Schnittpunkt seiner subjektiven Erfahrung und der Weltgeschichte im Mißlingen, im Scheitern: neben

dem Paradox das oberste »Universalgesetz des Lebendigen«. Daß er sich der Substanzlosigkeit und Widersprüchlichkeit in allem (was er denke und mache) bewußt sei, nur das unterscheide ihn von anderen.

Cafard oder »Verzweiflung« nennt Cioran die Grundstimmung seines Lebens, aus der heraus er sein Werk geschrieben habe. Zwar habe er auch in vielen Hinsichten ein glückliches Leben geführt – vor allem preist er seine Kindheit –, aber die durchgängige Erfahrung sei doch Verzweiflung und Verdammtsein. Das sei der Impuls seines Schreibens, das dadurch zugleich zur Therapie werde und ihm Erleichterung verschaffe.

Seine Bücher könnten für die Leser auch insofern zur Therapie werden, als das Buch »Wunden aufwühle, sogar welche verursache«. Natürlich könne es das nur, wenn es ganz aus dem Erlebten heraus geschrieben sei. Die Gefahr eines Buches, von der Cioran spricht, kann darin bestehen, auf einer außerhalb des Buches nie zu erreichenden Ebene der Wahrheit, der Askese und der Rückhaltlosigkeit über die Welt, den Menschen und seine Geschichte zu sprechen – da er es in der Beherrschung der Sprache zur Meisterschaft bringen und er sich weitestgehend von jeder sozialen und politischen Rücksichtnahme entfernen kann. Das Buch ist ein Freiraum des Denkens, der Erfahrungen, des Verhaltens. Und es gibt nach Nietzsches Werk kaum eines, das diesen Freiraum, diesen geistigen Spielraum so weitgehend ausschreitet wie dasjenige Ciorans. Ciorans Werk lebt von der physiologischen und intelligiblen *Präsenz* seines Autors, von der Sinnlichkeit und der Theorie sowie deren *Negation*.

Cioran redet und favorisiert das Schweigen, er anerkennt Gott gleichsam als Gesprächspartner und hält die Welt für eine des Satans; er versteht sich selbst als verfehlt und schreibt mit äußerster Präzision über die Verfehlungen der Menschheitsgeschichte. Er schließt von sich auf das Allgemeine, und er sieht umgekehrt in der Weltgeschichte dieselbe Tragik, die auch sein Leben bestimmt. Über die Erfahrung des Scheiterns stellt er sein Leben in den Kontext einer allgemeinen Geschichte, und er versteht das Allgemeine aufgrund seiner subjektiven Selbst-Analyse. Die Geschichte ist

der *Inbegriff des Betrugs*. Das Ende der Geschichte ist in ihren Anfängen vorgezeichnet.

»Als ein ununterbrochenes Ungleichgewicht, als ein Sein, das unablässig auseinanderfällt, ist die Zeit an sich ein Drama, dessen hervorragende Episode die Geschichte ist. Ist die Geschichte im Grunde etwas anderes als ebenfalls ein Ungleichgewicht, ein rasches, intensives Auseinanderfallen der Zeit selbst, ein Hasten zu einem Werden, wo nichts mehr wird? ... Der Mensch ist ihr Urheber und Objekt, wirkende Kraft und Opfer. Er glaubte bisher, sie zu beherrschen, er weiß jetzt, daß sie ihm entgleitet, daß sie sich im Unlösbaren und Unerträglichen entfaltet: ein irrsinniges Epos, dessen Ende eine Zielvorstellung impliziert. Wie ihr ein Ziel setzen? Wenn sie eines hätte, würde sie es nur erreichen, wenn sie einmal zu ihrem Ende gelangt wäre.«

Ein unwillentlich produktiver Geist

Der Mensch zieht mich an und schreckt mich ab, ich liebe und ich hasse ihn, mit einer Heftigkeit, die mich zur Passivität verdammt.

Cioran

Mensch und Geschichte,
Ich und Gott,
Die Tränen und die Heiligen
Gott und die Welt,
Gott als die Erfindung der Einsamkeit;
Mann und Frau,
Geburt und Tod,
Schicksal und Verdammtsein,
Vom Nachteil geboren zu sein,
Ecartèlement (Gevierteilt/Schwindelig werden)
– das sind die Angelpunkte eines Denkens und Lebens, wie sie Cioran vorführt oder auch, wie er selbstkritisch sagt: »wiederkaut«. Seine Ideen, so betont er immer wieder, seien in sich kohärent und schlüssig, aber durch sein Leben, abseits der intellektuellen und kulturellen Bewegungen, habe er sich nicht selbst

zensuriert, habe er sein Denken und Reden nicht geglättet. Ciorans Texte sind nie ausschweifend oder dekorativ. Geschult in philosophischem Denken (vor allem auch dem des deutschen Idealismus und der Lebensphilosophie) hat er eine präzise Poesie und eine essayistische Schreibkunst entwickelt.

Die Produktion dieses, wie er sich selbst einmal nennt, »unwillentlich produktiven Geistes« umfaßt philosophisch-spekulative und kulturkritische Schriften. Die Titel seiner Bücher benennen sein Programm: »Lehre vom Zerfall« – die theoretische, die allgemeine Perspektive seines Denkens – und »Vom Nachteil, geboren zu sein« – der persönliche Aspekt seiner Reflexionen. Cioran knüpft an Nietzsche, Freud (trotz Verachtung der Psychoanalyse als Therapie) und andere radikale Kritiker des traditionellen kultur- und Ich-bewußten Denkens und Schreibens an. »Philosophie wird zum gemarterten Denken. Ein Denken, das sich selbst verschlingt – und trotz (oder vielleicht wegen) dieser wiederholten Akte des Selbst-Kannibalismus unbeschädigt fortbesteht und sogar gedeiht. Im Passionsspiel des Denkens spielt der Denker ebenso die Rolle des Protagonisten wie die des Antagonisten. Er ist zur gleichen Zeit der leidende Prometheus und der ungerührte Adler, der dessen unablässig erneuerte Eingeweide verzehrt« – so charakterisiert Susan Sontag das Vorgehen eines »der feinsinnigsten Geister des kraftvollen Schreibens«. ›Mit power‹ geschrieben sein großer Essay »Über das reaktionäre Denken« (1957) – ein diskursives Pamphlet für den »Ungeheuerlichen« und den »exaltierten Geist« Joseph de Maistre, eine Aufschlüsselung des Revolutionären im Reaktionären und umgekehrt. Noch mit poetischer Kraft geschrieben: sein Bekenntnis für die Entrückten (*Von Tränen und von Heiligen*, 1937) – Ausdruck des Wunsches, von den Heiligen geküßt zu werden, sich in ihren Tränen zu spiegeln, die »Glut ihrer Seele« zu spüren und ihr Leid zu erahnen; im Ton anschließend an die Schrift *Auf den Gipfeln der Verzweiflung* (1934) und deren »lyrisches Potential der Subjektivität«.

Der Leser kann mit der Lektüre von Ciorans Werk nicht voraussetzungslos beginnen, und er darf sich

nicht bloß rezeptiv verhalten. Er muß auch auf das Trapez steigen und Ciorans schwindelerregende Kunststücke des Denkens und der Marterungen probeweise mitmachen. Gemütlich geht es nicht zu – im Laboratorium dieser Entwürfe und Verwürfe, Spekulationen und Gedankensplitter auf Leben und Tod.

»Das Altern ist letzten Endes nur die Strafe dafür, daß man gelebt hat. Es ist sinnlos zu behaupten, der Tod sei das Ziel des Lebens. Aber was läßt sich sonst sagen? Der Tod ist das Solideste, was das Leben bisher erfunden hat.

Wenn der Tod nicht eine Art Lösung wäre, hätten die Lebenden gewiß irgendeinen Weg gefunden, ihn zu umgehen. Man ist und bleibt so lange ein Sklave, bis man vom Hoffnungswahn geheilt ist.«

1949 (und 1953 auf deutsch) erscheint die programmatische Schrift *Lehre vom Zerfall* (»in jener Zeit waren Shakespeare und Shelly meine Götter«), die Cioran kurzzeitig ins Gerede der Pariser intellektuellen Gesellschaft bringt. Wissend um den Ruhm als »die größte Strafe des Menschen«, zieht er sich schnell aus der künstlichen Welt des kulturellen Lebens zurück.

In Deutschland hat der Rowohlt Verlag über einige Jahrzehnte hinweg nur 300 Exemplare von der *Lehre* verkauft und war froh, den Ladenhüter loszuwerden. 1979/80 haben der Suhrkamp und der Klett-Cotta Verlag gleich sechs Cioran-Titel publiziert – als sei die Zeit für eine solche Art von Botschaft reifer geworden. Öffentliche Institutionen laden Cioran ein, er lehnt ab. »Man braucht mich als Zweifler vom Dienst.« »Man ist an mich herangetreten wegen eines Colloquiums im Ausland, weil man offenbar mein Schwanken und Zögern benötigt ... Der Skeptiker vom Dienst einer untergehenden Welt.« Im November 1988 will man Cioran den mit 300000 Franc dotierten Literaturpreis »Grand Prix Paul Morand« der Académie Française verleihen; er lehnt ab. »Die Ehrung ist unvereinbar mit dem, was ich geschrieben habe, mit meiner Sicht der Dinge. Mein Werk ist ein Werk der Verneinung.«

In den Jahren 1954 bis 1956 publiziert Cioran Essays über den Roman und das Denken wider sich selbst, über den Einzelgänger, die Sackgassen und das Dasein als Versuchung.

»Es gibt kein Werk, das sich nicht gegen seinen Urheber wendet« – dieses beharrliche Aufbegehren Ciorans gegen das Schaffen (und Vernichten), gegen das sich übersteigernde Ich, seine Wichtigtuereien und seine Verquickung mit der Gewalt beherrschen sein Denken, das sich über Jahrzehnte hinweg eingerichtet hat in diesem verzweifelten Auflöcken gegen das *Wollen* und in der Sehnsucht nach *Seelenruhe*. Die darin enthaltenen Widersprüche hat er nie zu glätten versucht. Mit Tao und Zen-Buddhismus zu liebäugeln, heißt für ihn nicht, der Zerstörung und Verzweiflung, der Disharmonie und Zerrissenheit nicht das Wort zu reden.

Cioran im Spannungsfeld zwischen Religion, Mystik und Geschichte

> *Die Gewißheit der Nutzlosigkeit fällt dir als Erbschaft zu: sie ist ein Gut, das deine Vorfahren für dich im Schweiße ihres Angesichts und zum Preis unzähliger Demütigungen erworben haben.*
>
> Cioran

Ciorans Denken und Schreiben ist geprägt von seiner beständigen Auseinandersetzung mit dem Erbe des Christentums (des Geißelbruders, den wir in uns mit uns herumschleppen) und der unerreichbaren fernöstlichen Weisheit des Sichfallenlassens und der Entrückung. Es ist sein rücksichtsloses Fragen nach der Geschichte (als Zerfallsgeschichte und als verallgemeinerter Sucht zur Steigerung des Ichs). »Nicht nur der Körper, ebenso auch der Geist zahlt die Kosten des ›gesteigerten Lebens‹. Meister in der Kunst des ›Denkens-wider-sich-selbst‹ (wie Nietzsche, Baudelaire und Dostojewski) haben uns beigebracht, mit unseren Gefährdungen zu spielen, den Wirkungskreis unserer Übel zu erweitern, gerade durch die Spaltung innerhalb unseres Seins eine Daseinsform zu erlangen. Und was in den Augen des großen Chinesen Verfallszeichen und Fehlverhalten war, zeigt uns den einzigen Weg, uns selbst zu gehören und uns selbst zu begegnen.«

Wir können nicht hinter unsere Geschichte, Kultur, Zivilisation zurückgehen. Uns bleibt nur, Widerspruchsfreiheit gerade als *Freiheit* zum Widerspruch anzustreben. Das »reine Sein« bleibt uns versperrt.

Die Ekstase der Unausgeglichenheit ist für Cioran Produktivkraft und Quelle der Einsichten. Insofern seien wir in gewisser Weise alle »Gewaltmenschen«, »Rasende, die den Schlüssel zur Seelenruhe verloren haben und nur noch zu den Geheimkammern unserer Zerrissenheit Zugang finden. Immer geht man durch das Ich zugrunde, das man sich zulegt. Einen Namen tragen heißt auf eine ganz bestimmte Art von Zusammenbruch Anspruch erheben.«

So wie der Psychoanalytiker Jacques Lacan Freuds Forderung an die Analyse »Wo Es war, soll Ich werden« umdrehte, um die darin beschlossene Anpassung an die gesellschaftlich und individuell normierten Trugbilder zu brandmarken, um das Ich gerade als Zentrum des Falschen und Verdrehten, des Verkennens, zu entlarven, demaskiert auch Cioran das blinde, tausendfach enttäuschte und getäuschte Vertrauen der Rationalisten und Behavioristen in das Ich als idealisierte Instanz des Vernunftmenschen. Er erkennt die dialektische Macht dieser Instanz: das Geschaffene wendet sich immer auch gegen den Schöpfer. Dennoch ist es uns westlichen Menschen nicht möglich, entsprechend der östlichen Maxime »Nur der Mensch, der nichts liebt, wird unverwundbar sein« zu leben. Cioran nennt sie eine »ebenso tiefsinnige wie unanwendbare Maxime. Wie sollen wir den Gipfel der Gleichgültigkeit erreichen, wenn schon unsere Apathie selbst Spannung, Konflikt, Aggressivität ist?«

Cioran betont immer wieder, sein Ziel sei die gedankliche Aufhebung all dessen, was dem Menschen durch die Geburt aufgebürdet worden sei. Wollte man seine Haltung auf einen Begriff bringen, könnte man ihn einen *Mystiker des pränatalen Lebens* nennen: Mit der Geburt beginnt das furchtbare Schicksal. Die Erfahrung des Zerfalls und der Einsamkeit läßt die Sehnsucht nach dem Zustand des Vorgeburtlichen aufkommen.

Cioran versteht sich als einen Christen wider Willen, als einen auf Gott bezogenen, aber nicht an ihn

glaubenden Menschen, als einen verhinderten Buddhisten.

Wenn Cioran betont, die Sprache sei für ihn das beste Mittel zum Überleben gewesen, so könnte man hinzufügen: weil es ihm – wie allen Zivilisationsgeschädigten – verwehrt war, das Mittel der Meditation zu ergreifen und konsequent, mit Leib, Seele und Geist zu praktizieren. Man hat den Eindruck, daß das von ihm als durchgängiges Prinzip herausgestellte Diktum der Negation, das Nein, nur einem Impuls folgt, nämlich dem zur absoluten Erlösung, zum Urzustand, zu einem reinen, vorgeburtlichen Zustand, zu einem (wie er selbst einmal sagt) »definitiven, ausweglosen Ja« – wider jedes bessere Wissen.

Wenn die Negation in der konsequentesten Form erreicht werden könnte, wäre das Schreiben überflüssig; dann wäre der Zustand des absoluten Zusammenfalls von Sein und Nichts oder das Nirwana erreicht. Es gäbe auch nicht mehr das Problem, eine zerfallende Welt zu beklagen. In diesem Sinne sagt Cioran, er sei von sich enttäuscht, sein Leben sei ein Fiasko.

Diese Gedanken zu einer allgemeinen und individuellen Geschichte des Mißglückten und des schicksalhaft bestimmten Unglücks durchziehen, in der Form des Traktats, des Essays und des Aphorismus, alle Bücher Ciorans: seine *Lehre vom Zerfall* oder die neueren Bände *Vom Nachteil geboren zu sein*, *Gevierteilt* oder *Dasein als Versuchung*. In diesem Band stehen daneben auch programmatische Aufsätze zur Ästhetik und Poetologie, die den gelungensten Arbeiten französischer Kritiker und Theoretiker, von Paul Valéry bis Michel Leiris, Michel Butor und Roland Barthes an die Seite zu stellen sind und die Bewunderung der Essayisten Susan Sontag oder Jean Améry für Cioran verständlich machen.

Unter dem Titel »Der Stil als Abenteuer« zeigt Cioran, wie der Dichter die »Kapazität der Worte bis zum Äußersten ausbeutet«, wie seine Schreibweise physiologisch bedingt und charakterisiert ist, wie sich »hinter einem gut gebauten Satz, wohlgefällig in seinem Gleichgewicht oder aufgebläht von seiner Klangfülle, allzuoft das Leiden eines Geistes verbirgt, der unfähig ist, auf dem Wege der *Sinnesempfindung* zu einer eigenständigen Welt zu gelangen. Staunt man

also, wenn Stil gleichzeitig Maske und Geständnis ist?«

Ciorans Überlegungen »Jenseits des Romans« sind von einer den modernen Erzähler entlarvenden und zersetzenden Kraft, die selbst den Liebhaber »selbstentblößender« Literatur von Grund auf zu irritieren vermag. Bei aller Idealisierung des *Jenseits vom Geschriebenen* – das ist das Gelebte oder (im äußersten Fall) das »ergriffene Dasein« – gelingt Cioran doch aufgrund dieser Polarisierung eine definitive Bestimmung des »Falschen« am Roman: »Das Gesicht des Romans wird durch einen vulgären Zug, eine Emporkömmlingsmiene geprägt: das Verhängnis ist abgewetzt, das Schicksal wird klein geschrieben, das Unglück überzeugt nicht, die Tragödie ist deklassiert.«

Mit unvergleichlicher Präzision und apodiktischer Gewißheit trägt Cioran auch seine »kleine Theorie des Schicksals« vor, charakterisiert das Heroische, die Höhenflüge und Erfolge, das Tragische und Schicksalhafte des russischen und des spanischen Volkes, demonstriert die Evidenz, mit der der Franzose sich seiner selbst vergewissert, eine Evidenz, die jede andere Nationalität als exotisch erscheinen läßt und zu der rhetorischen Frage verlockt: »Wie kann man nur Perser sein?«

Für Cioran war es die Frage: Wie kann man Rumäne sein, Bürger einer »belanglosen Nation«, eines »Kollektivs Besiegter«, über deren Ursprung ihm keine Illusion erlaubt gewesen sei. Er habe immer geglaubt, sein Volk sei aus der »Hefe der Barbaren« gemacht, dem »Bodensatz der großen Invasionen«, erstarrt in Stumpfsinn und einem »geologischen Halbschlaf«; mehr Mineral als die »Spur von einem Affen«; nicht die Spur auch nur einer »Grimasse der Revolution«.

Cioran verfluchte den Zufall, unter diesen Menschen geboren zu sein, und verachtete das Land, dessen bloßes Dasein ihm als »Resumée des Nichts« erschien, bis er sich dem *Schicksal* dieses Landes öffnete. Das Sich-Fügen ins Unvermeidliche, die Fehlschläge, Niederlagen und Sackgassen eines ganzen Volkes benutzt er fortan als Rechtfertigung für sein persönliches Schicksal. So könne er sich erniedrigen, ohne sich allzusehr bloßzustellen.

»Ich verdanke diesem Land nicht nur meine schönsten, meine sichersten Niederlagen, sondern auch die Gabe, meine Feigheit zu überschminken und meine Gewissensbisse zu horten. ... Man vergißt zu leicht, daß es gar nicht so einfach ist, ein Leben zu verpfuschen: dazu bedarf es einer langen Tradition, eines langen Trainings, der Arbeit mehrerer Generationen. Wenn diese Arbeit getan ist, geht alles ganz wunderbar. Die Gewißheit der Nutzlosigkeit fällt dir dann als Erbschaft zu.«

Das ist der lebensgeschichtliche Hintergrund von Ciorans Hauptsatz: »Der Mensch macht die Geschichte; die Geschichte ihrerseits entmachtet ihn.« Daß die geschichtliche Zeit *nicht* »zerplatzt«, hält Cioran für ausgeschlossen, möglich scheint ihm nur, daß sich das Unglück »weniger rasch ereignet, als wir hoffen«.

Zerrissen zwischen Trauer, Ironie, Wut und Apathie gegenüber dem Schicksal dieser Welt, resümiert er sein Bild von Europa: »Europa bewahrt mich vor dem Ungefähren, es rechtfertigt, entfacht und verwöhnt meine Ängste, es erfüllt für mich die Funktion, die in der Meditation des Mönches dem Leichnam zukommt.«

Aber keine Station seines Denkens ist Cioran wichtig genug, um nicht sogleich wieder gegen sie aufzubegehren. Bei aller exzessiven Wahrheitssuche ist er doch auch ein Spötter solcher Aktivitäten. Letztlich haben seine frühen, »instinktmäßig« verfaßten, ja herausgeschleuderten Schreie »Auf den Gipfeln der Verzweiflung« den Ton für alle weiteren Formulierungen und Gedankengänge festgelegt. Er hat hier, wie er sagt, nicht auf den Stil geachtet. Aber von welch einheitlichem Stil sind diese Aphorismen und Diskurse geprägt! Es sei das »philosophischste« seiner Bücher, aber was bedeutet solche Definition schon angesichts eines derart unsystematischen und jeder philosophischen Methode abholden Werkes? Er verachtet das begriffliche, zergliedernde Denken und favorisiert die Durchdringung von Sein und Denken – aber wievieler Zergliederungen und Analysen bedarf es, um zu derart komplizierten Synthesen und Synthetisierungen zu gelangen!

Alle Gedanken und Empfindungen sind bei ihm in Spannung; aus dieser Verfassung heraus nimmt er die

Menschen wahr und wendet sich den verwandten Geistern zu. In seiner näheren Umgebung der letzten Jahre waren dies vor allem Samuel Beckett (jener *»abgesonderte* Mensch«), Henri Michaux (»Durch Vertiefung den Taumel erreichen«, »ein wirklicher und dennoch unverwirklichter Mystiker«) und mit Einschränkungen Roger Caillois (dessen »grundsätzliche Zersplitterung« ihn anzieht und dessen sprachspielerisch-formale Virtuosität ihn befremdet), Mircea Eliade (dessen dualistisches Denken ihm fernsteht, dem er sich aber darin verbunden fühlt, daß auch er ein »ehemaliger Gläubiger« gewesen sei: »wir alle sind religiöse Geister ohne Religion«).

Cioran sagt, er interessiere sich für die Gebrechen anderer, weil er die Gemeinsamkeiten herausfinden wolle; er habe das Gefühl, »alle Qualen derer zu teilen, die ich bewundere«. Unter seiner Feder werden sie zu »phantomhaften Erscheinungen«, stets geprägt vom Ausdruck der »Verlorenheit« und »Ausgrenzung«. Man könnte ihn auch mit Thomas Bernhard (»daß jeder Mensch auf jeden Fall versagt hat«) oder Hermann Burger (meine Bücher sind »Urkunden der äußersten Verzweiflung«) vergleichen, aber Cioran ist listiger. Die Art, wie er seine Kultur in sich vitalisiert hat, scheint ihn auch immer wieder zum Sieger über seine »Verstörung« und sein selbsttherapeutisches Schreiben zum Meister seines Lebens zu machen. Daß das Leben keinen Sinn hat, erheitert ihn eher und ist ihm Grund genug zum Leben.

Cioran verzehrt sich in der objektivierenden Analyse und in der selbstbezogenen Wahrnehmung des Niedergangs und ist ein Spötter solchen Tuns. Er ist ein sich existentiell verantwortlich fühlender und ein letztlich fröhlicher Dokumentarist und Chronist des Verfalls. Künstler und Intellektuelle betrachtet er auf deren »Widersprüchliche Konturen« hin und sieht in jedem Widerspruch nur einen Schatten seiner selbst.

Das Unbewußte und das Fremde. Die Einflüsse von Psychoanalyse (Jacques Lacan) und Ethnologie (Michel Leiris) auf das moderne Denken

Neue Lehren schüchtern ein und lassen gleichgültig, verängstigen und erheitern, verbreiten Hoffnung oder Hoffnungslosigkeit. Niemand kann sich jenseits dieses Machtpotentials der Theorien stellen. Einen solchen Sog übt auch die augenblicklich weitverbreitete Stimmung der Ereignislosigkeit aus und das für manche in der Postmoderne undramatisch gewordene »Spiel mit der Apokalypse«.

Betrachtet man die moderne Ethnologie von diesem Blickwinkel aus, so zeigt sich in ihr doch eine gänzlich andere Haltung: Bei aller Skepsis gegenüber dem Gelungenen in der eigenen Kultur, bei aller Enttäuschung in den fremden Kulturen hat der Ethnologe gerade seine gesellschaftliche Ungebundenheit nicht zu einem *Spiel* mit dem Ende und der Endzeit verkommen lassen. Trotz aller Desillusionierung blieb er aus Profession und Leidenschaft neugierig; die Ereignislosigkeit proklamiert er nicht abstrakt, wohl aber hat er sie oft genug praktisch erfahren.

So schreibt der 1901 geborene Michel Leiris in seinem berühmt gewordenen Tagebuch *Phantom Afrika*: »Die Reise verändert einen nur momentan. Die meiste Zeit bleibt man auf triste Weise dem gleich, was man schon immer gewesen ist [...] Kein faderes, bürgerlicheres Leben als das unsere. Und die Arbeit unterscheidet sich auch nicht wesentlich von irgendeiner Fabrik-, Büro- oder Schreibarbeit [...]«*

---

* Ausführliche Bibliographien der Primär- und Sekundärliteratur finden sich in: H.-J. Heinrichs: *Sprachkörper. Zu Claude Lévi-Strauss und Jacques Lacan.* Frankfurt/M. (Qumran) 1983.
H.-J. Heinrichs: *Ein Leben als Künstler und Ethnologe. Über Michel Leiris.* Frankfurt/M. (Qumran) 1981.
Der vorliegende Text geht in einigen Teilen auf diese beiden Bände zurück.

Die ethnologische Erfahrung destruktiver Prozesse (und auch die Totalzerstörung) bleibt immer kulturbezogen. Der Ethnologe ist durch die Reisebewegung, durch den sich immer wieder erneuernden Impuls und Wunsch zum Aufbruch und durch seine sich stets einzigartig gestaltende Konfrontation mit der fremden Kultur vor dem bloß klischeehaften Gefühl der Ereignislosigkeit geschützt. Sein täglicher Umgang mit den kulturbedingten Formen eines jeden Bildes von Apokalypse, sein Wissen um das breite Spektrum zivilisatorischer Prozesse (in ihrer Progression, Regression und Vermischung) erlauben ihm nicht das leichtfertige Spiel mit apokalyptischen Visionen.

Das Spiel und die Spielregel des Michel Leiris sind von anderer Art. Sie gründen ganz in der Eigenverantwortlichkeit und im versuchten Eingriff in die Entwicklung anderer Kulturen; im Engagement, das er sein Leben lang durchgehalten und problematisiert hat. So schreibt er 1980 im Rückblick auf das Tagebuch seiner Afrikareise von 1931–33: »Schon nur mehr ein Phantom für mich im Jahre 1934, entzieht sich das Afrika von 1980 erst recht meinem Blick. Wären nicht dieses Tagebuch und einige andere Schriften, die aus jenem mehr noch geistigen als körperlichen Abenteuer hervorgegangen sind, meine erste Erfahrung Afrikas behielte für mich nur so wenig Realität, daß die Erinnerung daran nicht schwerer wöge als so mancher versunkene Traum, dem allein noch die Aufzeichnungen, die ich fast mein ganzes Leben über von meinen Träumen angefertigt habe, einen gewissen Zusammenhalt verleihen. Soll ich dies nun beklagen, wissend, daß Afrika mich nicht braucht, daß ich in einer immensen Illusion befangen war, wenn ich annahm, meine, des Europäers Reaktionen auf das, was der Kontinent mir von seinem Glanz und seinem Elend entdeckt, möchten zusammengenommen eine materielle Grundlage darstellen, um ein nützliches Zeugnis abzulegen?«

Jedes ethnologische Denken würde sich selbst aufheben, würde es nur eigene Stimmungen reproduzieren; es lebt gerade aus der Differenz des Ich und des Anderen, der eigenen und der fremden Kultur. Es kommt nicht ohne Neugierde, Wunsch und Utopie aus.

Sein Ziel bleibt ein Erkennen, die Unterscheidung von Wesen und Erscheinung. Oberflächen *provozieren* den Ethnologen und schläfern ihn nicht ein. Die postmoderne Favorisierung der Oberfläche (die nicht generell als neokonservativ einzustufen ist) rechtfertigt den Common sense; stabilisiert die Wahrnehmung, statt sie zu irritieren, ist doch gerade der Oberfläche in der Moderne nicht mehr zu trauen. Der Oberfläche, z.B. der sauberen, hygienischen Atmosphäre in der Umgebung eines Atomreaktors, zu mißtrauen, nennt der Kulturphilosoph Günther Anders (*Die Antiquiertheit des Menschen*, 1956; »Die strahlenden Salatköpfe«, Essay, 1986) ein unabdingbares Axiom seines Denkens: »Das Unsichtbare und Übersinnliche ist nichts religiös Verbrämtes mehr, sondern Zentrum unserer Gefährdung; das Nichtsichtbare (wie etwa Radioaktivität) oder das Zum-Teil-Sichtbare (die Gegenstände scheinen weniger als sie sind, das ist die falsche Bescheidenheit von Atomreaktoren) hat in unserer Wahrnehmung noch nicht den Rang einer Wirklichkeit (wie in der entsprechenden religiösen Erfahrung) eingenommen und verzerrt unsere Wahrnehmung ständig und grundlegend. Wir können und wollen uns die von uns in Gang gesetzten sichtbaren und unsichtbaren Zerstörungsmaschinerien nicht vorstellen. Unser Wahrnehmen ist ein ›Falschnehmen‹.«

Es fällt nicht schwer, sich der Aufklärung weiterhin verpflichtet zu fühlen – selbst wenn man das Apokalyptische mit in Betracht zieht –, wenn man beides so philosophisch-sprachbezogen-gestisch sieht wie Jacques Derrida, der Apokalypse nicht als Katastrophe, sondern als Idee und Geste des Entblößens oder des Zeigens definiert und Aufklärung (les lumières) als »unser Gesetz und unser Geschick« bezeichnet, als ein »rätselhaftes Verlangen nach Wachsamkeit, nach hellsichtiger Aufmerksamkeit, nach Erhellung.«

Derrida setzt an die Stelle der Spekulation den Diskurs und den Text. Selbst der Atomkrieg wird textuell verstanden, insofern man sich seiner nicht als Wirklichkeit, sondern als »Nicht-Ereignis« sprechend, schreibend vergewissert. Im Gesprochenen

und Geschriebenen hat die Apokalypse schon stattgefunden. Bei Baudrillard, Lyotard, Glucksmann und ihren Adepten hat diese »Grammatik des Weltuntergangs« (»es wird geschehen sein«) Züge einer banalen Ästhetisierung und Simulationsspielerei angenommen, in denen der »Affekt gegen das Allgemeine« nicht mehr nur wirkliche Vermischungen von Realem und Fiktivem beschreibt, sondern sie zunehmend als Vermischungen produziert und sich selbstgefällig darin einrichtet. »Der Tod der Moderne« erscheint bei ihnen als nachgespielte Liquidierung der Aufklärung und als Vorwand für selbstinszenierte Ereignis-Werke.*

Vergleicht man solche Positionen mit einem ethnologischen Modell wie demjenigen von Michel Leiris – das hier nur exemplarisch herausgestellt wird –, werden sie in ihrer philosophischen Bedingtheit und kulturellen Enge noch deutlicher. Als exemplarisch kann Leiris' Werk gelten, insofern es die auch trügerische Faszinationskraft der Ethnologie zeigt und reflektiert. Die in der Postmoderne unternommenen Aufbrüche, wie z. B. die Zivilisationsflucht, haben den Charakter einer individuellen Revolte, eines risikoreichen Gegenentwurfs und einer gewagten Utopie verloren und gehen eher konform mit einer gesellschaftlich sanktionierten Stimmung. Aussteigen wird heute von einem entsprechenden öffentlichen Klima und den Medien getragen. Der individuelle Impuls zum Aussteigen findet bereits eine derart breite öffentliche Basis, eine durch Katastrophen, Katrastrophen-Ahnungen und gesellschaftliche Fehlentwicklungen so weitgehend legitimierte Form, daß Aussteigen geradezu wie ein Wohnungs- oder Berufswechsel auf Zeit erscheint. Natür-

---

* Vgl. J. Baudrillard, *Agonie des Realen*, 1978; *Der symbolische Tausch und der Tod*, 1982; Baudrillard u. a., *Der Tod der Moderne*, 1983; J. Derrida, *Apokalypse*, 1985; A. Glucksmann, *Philosophie der Abschreckung*, 1984; J.-F. Lyotard, *Das postmoderne Wissen*, 1982; G. Bergfleth et al., *Zur Kritik der palavernden Aufklärung*, 1984; J. Habermas, *Der philosophische Diskurs der Moderne*, 1985; ders., »Der Eintritt in die Postmoderne«, 1983; L. Baier, »Glucksmanns Macht des Schwindels«, 1984; H.-J. Heinrichs, *Die katastrophale Moderne*, 1987; A. Huyssen und K. R. Scherpe (Hrsg.), *Postmoderne*, 1986.

lich waren Zivilisationsflucht und Zivilisationsmüdigkeit schon immer ein Motiv der Ethnologen, der Reisenden, Abenteurer und Überläufer (in eine andere Kultur), aber ein solcher Impuls mußte von ihnen individuell getragen und durchgesetzt werden und war meist nur ein Moment einer komplexen Einstellung zur eigenen Kultur und einer Neugierde auf fremde Kulturen.

Daß Kultur und Natur, Mensch und Umwelt nicht miteinander harmonisieren, ist die Voraussetzung für die moderne massenhafte Flucht in andere Kulturen und Utopien. Aber war dieses Verhältnis je stimmig, gab es in der Praxis je den Hegelschen *Weltgeist*, der in Batesons *Ökologie des Geistes* als *Mind* wiederkehrt und ein allumfassendes Ökosystem begründen soll? Bedeutet eine Rückkehr zum ökologischen Gleichgewicht, den Schritt vor die Industrialisierung (oder vor die neolithische Revolution) und damit den Schritt zurück in vorindustrielle Zeiten zu machen, in denen sich der Mensch noch nicht als radikaler Störenfried betätigt hat? Der Ethnologe Thomas Bargatzky hat in seiner *Einführung in die Kulturökologie* (1986) gezeigt, daß die Kulturökologie nicht in solcher Idealisierung befangen bleiben darf und daß der einfache Rückgriff auf einen Ur-Zustand in die Irre geht. »Man kann nicht quasi auf Beschluß naiv, spontan, fröhlich, verliebt etc. sein und genauso wenig kann man auf Beschluß wieder fromm werden und den neuen Mythos schaffen, der uns helfen soll, uns wieder in die geordnete adaptive Struktur (Natur-Kultur) einzupassen. Diese Lösung wäre aber nicht nur paradox, sondern ganz einfach falsch. Sie beruht nämlich auf einer falschen Voraussetzung: der Vorstellung vom umfassenden sich selbst regulierenden Ökosystem.«

Das Vertrauen in die Selbstregulierung und in das Vorbild umweltbewußter fremder Kulturen ist der desillusionierenden Einsicht in die totalen, weltweiten Zerstörungen gewichen. Der aufgeklärte Zivilisierte und der edle Wilde sind nur noch *Bilder* von Gegenwelten. Hatten wir jahrzehntelang gegen die kolonialistisch geprägte Diskriminierung der »Naturvölker« und der »Wilden«, gegen das ihnen unterstell-

te prälogische und minderwertige Denken zu kämpfen, gilt es heute auch, angesichts von Ethno-Tourismus, survival und Alternativszene, der Romantisierung der Wilden entgegenzutreten. Sie sind keine »Umweltheiligen«; ihre Verfallenheit an die Werbekampagnen und die Produkte von Bayer und Höchst ist grenzenlos. Wo Richard Wagner noch überschaubare Auswüchse der Zivilisation beklagte – »je wilder die Gegend, um so üppiger die Pensionen« –, haben sich längst zivilisatorische Produkte ausgebreitet, die nichts mehr von der Gastlichkeit der Pensionen haben: DDT und Co.

Waren auch die Künstler zu Beginn des Jahrhunderts noch nicht mit dieser Realität konfrontiert, wie wir es heute sind, so lesen sich doch viele ihrer Texte als vorweggenommene Gegenentwürfe zu diesem Verfall.

Ist auch der *Wunschcharakter* der Reise eher darauf aus, das Gelungene der fremden Kultur zu entdecken und zu feiern, sich im Gefühl des Diversen und des Exotischen auszubreiten und wohlzufühlen, so ist doch das Reisen immer auch gebunden an Konfrontation, Desillusionierung und Enttäuschung.

Ökologische Vorbilder gibt es in der »III. Welt« kaum noch als reale Praxisformen. Sie lassen sich nur in uns selbst aktivieren. Man kann versuchen, sie durchzusetzen und nach außen zu tragen, was an Bildern des Alternativen, des Besseren, des Gelungeneren in uns ist.

»Die Reise verändert einen nur momentan. Die meiste Zeit bleibt man auf triste Weise dem gleich, was man schon immer gewesen ist«, so lautete ja das oben angesprochene Fazit von Michel Leiris. Vergleichbar offen und desillusionierend haben vom sogenannten Abenteuer des Reisens vor dem Ethnologen und Dichter Michel Leiris nur wenige gesprochen. Zu ihnen gehört der Reisende Robert James Fletcher, der 1912 während seines Aufenthalts auf den Neuen Hebriden in seinem Tagebuch notierte: »Ich vergesse langsam, wie man geht, wie man denkt, und sogar wie man ißt...« So wie die Ethnologen in ihrem Exotismuswunsch fast immer radikal enttäuscht wurden – also einer Illusion und einem Miß-

verständnis aufsaßen –, so hat die heutige Aussteigerszene und survival-Bewegung dieses Mißverständnis noch potenziert, indem sie die von den Ethnologen beschriebene grundlegende Desillusionierung stets ignoriert haben und so tun, als könnten sie den Wilden und die alternative Gesellschaft ganz neu entdecken. So ist die postmoderne Aktualität der Ethnologie zu einem Teil ein bloßes Mißverständnis. Glücks-Utopien haben sich längst als Schreckbilder-Utopien erwiesen.

Der Tod und die Verzweiflung, die Enttäuschung und die Zerstörung jeder Illusion sind die großen Konstanten in den Protokollen und Erzählungen der reisenden Dichter und Ethnologen: Der Reisende als derjenige, der vergeblich versucht, das Verschüttete, das Alte neu zu beleben. Leiris notiert schon 1932 während der Dakar-Djibouti-Expedition: »Kein Ort der Welt, der nicht zumindest unter dem Einfluß der maroden Nationen stünde. Mechanik, Waffen und Haudegen überall.«

Während Reisende wie Robert James Fletcher, die diese Erfahrung schon zu Ende des 19. Jahrhunderts machten, die von ihnen gesehenen Inseln der Illusion rücksichtslos beschreiben konnten, falls sie dazu individuell in der Lage waren, mußten Wissenschaftler wie Lévi-Strauss oder Leiris ihre Erfahrung gegen den Konsens der Wissenschaft und des wissenschaftlichen Clans durchsetzen. Nicht zufälligerweise veröffentlichte Lévi-Strauss den Bericht seiner Reise zu den Indianern Brasiliens erst 20 Jahre danach; während er seine wissenschaftlichen Berichte von 1936 an regelmäßig ablieferte, benötigte er für die poetische Darstellung einen Abstand, eine Distanz zu sich als dem Erfahrenden und zu den zu erwartenden Vorwürfen seiner Kollegen. Als Michel Leiris unmittelbar nach der zweijährigen Afrikaexpedition, an der er als Archivar und unausgebildeter Ethnologe teilgenommen hatte, sein Tagebuch in dem renommierten Verlag Gallimard veröffentlichte, tat er dies mit der Direktheit des Dichters, der sich zuvor vor allem in surrealistischen Aktionen hervorgetan hatte. Seine wissenschaftliche Bewährung stand ihm noch bevor, und so hatte er einen viel größeren Spielraum für das

Ausprobieren nichtwissenschaftlicher Erfahrungs- und Darstellungsformen.

Inzwischen hat die Ethnologie die Funktion einer Ersatz-Utopie erhalten: Material und Information zu liefern für eine andere, bessere Lebensform. Eine paradoxe Funktion angesichts der desillusionierenden ethnologischen Berichte über das Leben in außereuropäischen Gesellschaften. Zielorientierte, pragmatische Wissenschaften verlieren an Sinn, wenn die wirtschaftliche Entwicklung stagniert und ihrer Ausübung der Boden entzogen wird. In solch einer Situation bietet sich eine Wissenschaft geradezu an, die erst gar keine soziale Sicherheit verspricht, sondern vielmehr das Gegenteil: »Aussteigen« aus der eigenen Kultur als Voraussetzung des Verstehens. Die Ethnologie aber hat das Fremde zum Gegenstand, das ist das Gegenteil jener Werte, die in einer funktionierenden modernen Gesellschaft gelten und wirksam sind: Werte wie Heimat, Besitz, Sicherheit, »In«-Sein. Die gesellschaftliche Entwicklung vor allem der letzten zehn, zwanzig Jahre hat zu einer so weitgehenden Infragestellung der technologischen, ökonomischen und konsumindustriellen Expansion und der politischen Entscheidungen geführt, daß sich die seit Jahrhunderten betriebene Entdeckung und Erforschung fremder Kulturen als verlockendes Opium zur Vorspiegelung einer besseren Welt anbot.

Wenn eine Gesellschaft innerhalb ihrer eigenen Grenzen die Spielräume der Phantasie und der Flucht, des Ausweichens und des Sich-Zurückziehens, also der alternativen Lebensmöglichkeiten immer weitergehend verengt, wächst die Sehnsucht nach anderen Kulturen. Eine Sehnsucht, die sich, da sie in den meisten Fällen von einem Unbehagen in der eigenen und nicht auch von einem Wissen um die andere Kultur genährt ist, als illusionär, anfällig für das Ideologische und Tendenziöse erweist. So hat der Wunsch »Zurück zu den Wilden« eine gesellschaftliche Grundlage, die sich in der Nichtbeachtung der Geschichte der anderen Gesellschaften ad absurdum führt. Die eigene konflikthafte und vielleicht ausweglose individuelle und allgemeine Situation glaubt man

der Bearbeitung entziehen zu können, weil man sich ein geschichtsloses Bild von der außereuropäischen Kultur macht und die verzweigte Geschichte der Begegnung europäischer Kulturen außer acht läßt.

Gerade am Beispiel des von Gerd Bergfleth herbeigesehnten »Opfertodes« wird eine modische Adaption der Ethnologie in der heutigen Philosophie deutlich: Was in einer traditionalen Gesellschaft einen fest umrissenen sozialen Stellenwert hat und rituellen Gesetzmäßigkeiten unterworfen ist, wird in der Postmoderne (Bergflethscher Couleur) zum kitschigen, melodramatischen Wunschbild eines sich hochstilisierenden Theoretikers: »Ist nicht der Opfertod derart jenseits und entzogen, daß alles, was das Überleben dazu sagt, falsch wird, und kommt es nicht zuerst und vor allem und eigentlich nur darauf an, inständig auf dieses Entzogene zu blicken und unser Leben auszurichten nach dem Heiligen, das sich hier ereignet [...] Es wird hier also die moralische Pflichtübung im Dienst des Systems verweigert: es wird nicht vor dem Selbstmord gewarnt. Es wird aber auch nicht dazu ermuntert, sondern es wird ein dritter Weg beschritten, der in dem Ja zur heiligen Todesleidenschaft besteht.«

War es Michel Leiris' bedeutsame Idee, den Begriff des Heiligen zum einen innerhalb traditionaler Gesellschaften stringent und kulturimmanent zu gebrauchen und zum anderen ihn gerade auf unsere Gesellschaft, und hier speziell auf das Alltagsleben anzuwenden, macht Bergfleth beides wieder zunichte: Das Heilige wird seiner Kulturbestimmtheit entleert und aus dem Alltagsleben abgehoben: in pseudoreligiöse, scheinarchaische Sphären.

Als Michel Leiris im Collège de Sociologie seinen Aufsatz über ›Das Heilige im Alltagsleben‹ vortrug, tat er dies bereits als Ethnologe, der seine Sichtweise in die soziologisch neu definierte Arbeit an »Gegenstandsbeziehungen«, an wechselseitigen Beziehungen von Mensch und Gesellschaft, einbringt. Leiris strebte die Erfassung des »ganzen Menschen« an, ausgehend von der Erinnerung an die eigene Kindheit mit den ihr eigenen sinnlichen und sprachlichen Sensationen und dem, was im Verlauf des Lebens sich davon

in der Wahrnehmung und Rede erhalten hat, was magisch, *heilig* geblieben ist und als Abweichung weiterlebt und was sich verschliffen hat – versunken bleibt oder in einer Assoziation wieder erinnert wird. Das Heilige – wie Leiris in einem Brief an Georges Bataille sagt, möchte er es jedoch in der angestrebten neuen Soziologie nicht übermäßig exponieren – sei ein »subtil nuanciertes System des *Distinguo*«, das von jedem Einzelnen mit dem ihm eigenen Eifer und der Aufrichtigkeit und Selbstbezogenheit, derer er fähig sei, zu erforschen ist.

In dem mit Bataille und Roger Caillois gemeinsam angestrebten »bedingungslosen Fragen« (auch bezüglich der Konflikte und Aktionen: der Dynamik in der eigenen Gruppe), in dem Versuch, die »*totale* Aktivität des Seins« zu erfassen – »ausgehend von gewissen seltenen, flüchtigen und heftigen Augenblicken«, von »Berührungsmomenten« –, sah Leiris eine Tätigkeit, die er in der Folge von Emile Durkheim und Marcel Mauss als Soziologie bestimmen wollte, für die er aber auch eine wissenschaftlich nicht so festgelegte Kennzeichnung wünschte.

Man sieht, daß der in der Postmoderne artikulierte »Affekt gegen das Allgemeine« in Leiris' Formulierung der »Berührungsmomente« auch vorkommt; zugleich aber setzt er dagegen die Totalität und den Glauben an den »totalen Menschen«: »Der totale Mensch soll derjenige sein, für den real und imaginär eins sind, der seine Zugehörigkeit zur Natur erkannt hat und die natürlichen Produktionen nicht mehr von den seinen getrennt sieht.«

Selbstverwirklichung als Opfertod und: Streben zum Heiligen – diesem unverbindlichen postmodernen Pathos einer an Aufklärung müde gewordenen Generation steht das äußerst verbindliche und individuell verbürgte Pathos eines Michel Leiris gegenüber, dessen Erkenntnisinteresse, ebenso enttäuscht von der Aufklärung, sich in den zwanziger, dreißiger Jahren der Magie und Alchemie zuwandte –, aber mit welch anderem Ziel und Impetus! Immer fühlt er sich dem Ideal der Ethnologie verpflichtet – »Ethnologie ist eine Wissenschaft, in der sich der Forscher viel-

leicht persönlicher verbürgt als in jeder anderen Wissenschaft« –; er wünscht sich, sein ethnologisch erweitertes Bewußtsein auf seine Dichterkollegen übertragen zu können: »daß sie reisen, und zwar nicht als Touristen (was heißt, ohne Herz zu reisen, ohne Augen und Ohren), sondern als Ethnographen, und daß sie dabei in einem allgemeinen Sinne menschlich und offen genug werden, um ihre mittelmäßigen kleinen ›Manien der Weißen‹ (wie bestimmte Neger sagen) zu vergessen und auch das zu verlieren, was sie sich unter ihrer Identität als Intellektuelle vorstellen«.

Leiris' Ideal: die Revolte mit literarischen Mitteln, findet ihre Begrenzung in den Konventionen der Sprache, einem der erdrückendsten und festgelegtesten Systeme. Der »Zugriff des Dichters auf das Universum« mit den Mitteln der Wörter erweist sich deswegen als illusorisch und lächerlich. »Lebt er in einer Zeit in einem Land, wo er noch an die Kraft der Magie glauben kann, so wird er Hexenmeister oder Schwarzkünstler werden und einen Pakt schließen mit den höllischen Mächten, um der irdischen Welt seine Herrschaft aufzuzwingen.«

Verwehrt ihm die »Aufgeklärtheit« seiner Zeit eine solche »Lösung«, wird er sich gegen die Gesetze der Gesellschaft, deren Sklave er ist, wenden. Solange er dies in individueller Revolte tut, gibt er sich einer Utopie hin, denn er wird selbst »fatalerweise von den Gesetzen zerbrochen, ohne daß er auch nur im geringsten ihre Starrheit hätte antasten können. Wenn er dann die individuelle Revolte aufgibt, weil ihm klar geworden ist, daß sie nur zu seiner eigenen Zerstörung führen kann, ohne daß er an der Welt auch nur das geringste verändert, d.h. zerstört hätte, dann wird er sich der sozialen Revolution zuwenden, dem einzigen wirksamen Weg, seine Revolte zum Tragen zu bringen, dem einzigen Mittel zur Umwertung der Werte [...] Wo es vorher vage und abstrakt sein mochte, wird es jetzt präzise und greifbar werden: fähig, eine Falte wenigstens im Antlitz der Welt zu verändern. Allein die Revolution kann uns von der schändlichen toten Last des Überlebten befreien. Eine vollständige Erneuerung der Beziehungen der Menschen untereinander muß aus ihr erwachsen. Das

ganze alte, faulende Gerüst des zeitgenössischen Denkens wird durch sie zum Einsturz gebracht werden. Gründe genug, meine ich, mehr als genug, damit jeder wirkliche Dichter sich ihr mit Leib und Seele verschreibt.«

Wie für den »frühen Leiris« die Tauromachie – in ihrer Dissonanz und Überschreitung – ein existentielles Modell im Kleinen, gleichsam im Nahkampf abgibt, so markieren Astrologie und Magie Linien und Bezüge des persönlichen Geschicks im Großen, im Makrokosmos. Gegen die Verlockungen der alles ordnenden Ratio, dem »Brackwasser der Logik«, den »erniedrigenden Netzen ihrer Doktrinen«, lenkt er den Blick auf das Universum, von dem er allerdings kein Heil erwartet, das ihn gerade nicht in Ruhe läßt, das ihn anstachelt. In seiner Sichtweise erscheinen Magie und Revolution als zwei Seiten eines revoltierenden, gegen die eingetrockneten Wege aufbegehrenden Subjekts.

Wenn Leiris auf das Universum, auf das Ganze zu sprechen kommt, stützt ihn kein mystischer Glaube mehr – höchstens der Rest eines verblaßten Wunsches, mit der Welt einen Pakt geschlossen zu haben –, er sieht den Konflikt, die Krise, das Tiefe und Erbärmliche des menschlichen Schicksals, der menschlichen Mühen. Die Tragödie ist dafür der augenfälligste Ausdruck. Leiris schreibt als besessener Poet, als Chronist seiner Zeit und Umgebung und als Ethnologe, der andere Kulturen mit in seine Reflexionen einbezieht. Er zeigt seine Vorlieben, Neigungen und Idealismen und wie er sich kontinuierlich im Laufe der Jahre von so mancher Illusion trennen mußte.

Die europäische Kultur setzt dem Menschen Illusionen, Trugbilder und entstellende Prismen in den Kopf. Der Wunsch, »das Joch unserer Kultur abzuschütteln« und die Irritation der eigenen Identität – das waren erste Motivationen für Leiris, Ethnologe zu werden. Er wurde der Profi, der das darin beschlossene »Lächerliche« und die, wie er auch sagt, »naiven Teufeleien« nicht verbannte.

»Sich in eine Perspektive der Totalität stellen«,

»aus jedem Holz Feuer machen«, aber in dieser Totalität die eigene Subjektivität radikal erfahren zu wollen und als das konkrete, humanistisch verstandene Moment der Totalität durchzusetzen: das ist, in Leiris' Sinne, die Chance dessen, der sich auf die ethnographische und die poetische Praxis einläßt.

So wie Leiris in seiner ethnologischen Tätigkeit immer bemüht war, Phänomene des Fremden in einer im Ansatz sozialpsychologischen, ethnopsychoanalytischen und linguistischen Analyse verstehbar zu machen, so verschrieb er sich in seiner literarischen Arbeit – vor allem in *L'Age d'homme* und in *La Règle du jeu* – ganz der Eigenanalyse. Sein Bezug zur Wissenschaft Psychoanalyse – wie auch zur Soziologie – ist dadurch gekennzeichnet, daß er deren methodische Vorgehensweisen anerkennt, deren Terminologie jedoch nur äußerst zurückhaltend anwendet. Sein Zugang zu Psychoanalyse und Soziologie ist insofern als elementar zu charakterisieren, als er die Analyse der Strukturen und Mechanismen des Traums, der Assoziationen und des Schreibvorgangs, des Sozialen, der Mythen und Riten, gleichsam als eine selbstverständliche, aber auf steter persönlicher Überprüfung aller Voraussetzungen und Bedingungen gründende Arbeit versteht. Er versäumt nie, Phänomene, denen er sich in wissenschaftlicher Arbeit gewidmet hat, auch selbstanalytisch, in der Rekonstruktion frühkindlicher Bezüge und Sensationen nachzugehen, bzw. der privaten Darstellung eine allgemeinere folgen zu lassen.

Psychoanalyse und Soziologie haben Michel Leiris' Denken als Ethnologe und als Schriftsteller geprägt, aber sehr viel unbestimmter als die Philosophie und Linguistik das Werk des Psychoanalytikers Jacques Lacan. Und fragt man nach der Wirkung, die beider Denken auf die heutige Philosophie (und im weitesten Sinn auf die gegenwärtige Geistesgeschichte) hat, muß man sagen, daß sie insgesamt doch eher bescheiden ist. Gerade die offene Schreibform von Michel Leiris läßt seine Arbeiten mehr als ein singuläres Werk erscheinen, das keine Schule gebildet hat, sondern nur als fernes Idealgebilde besteht. Leiris hat nie

an einer Universität gelehrt, und seine Tätigkeit am Musée de l'Homme hatte immer mehr den Charakter des Archivierens denn den der Kommunikation. Lacan dagegen hatte stets, wenn auch unter erschwerten Bedingungen, einen Raum, einen Ort für seine Lehre. Er war sogar, wenn auch auf äußerst unkonventionelle Weise, ein Didaktiker.

Der 1901 geborene und 1981 gestorbene Jacques Lacan verstand sich durchaus als einen Lehrenden und als einen Philosophen, der zunehmend daran Gefallen fand, seine Spekulationen zu systematisieren. Den »philosophischen Trieb« umschrieb er dabei ironisch als philosophischen *Ausschlag*; ein andermal spricht er von den Grundlagen der Psychoanalyse und verwendet dabei das zwielichtige Wort »fondements«, was auch Hintern heißen kann. Das ist der generelle Ton seiner Schriften: er nimmt sich so ernst, als könne sein Diskurs den Gang der Welt mitbestimmen, und er lacht über sich, über die eigenen Albernheiten, Torheiten und den Größenwahn – alles, was sich als Objektivität aufbläht und doch nur eine Körperfunktion, ein Ausschlag ist.

Wollte man seine vielfältigen Ambitionen und sein komplexes Werk auf die Perspektive reduzieren, die ihm selbst am wichtigsten war, so müßte man die Sonderstellung und den Vorrang der Sprache nennen, die diese in seinem Denken einnehmen. Lacan verstand sich als Sprachenentzifferer, er dachte aus der Sprache heraus; Kultur läßt sich in seinem und in Claude Lévi-Strauss' Sinne wesentlich auf Sprache reduzieren. Sie treffen sich in einem Punkt, der für das sogenannte strukturalistische Denken grundlegend ist.

Die »strukturalistische Tätigkeit« (wie es Roland Barthes nannte) hat sich der Aufgabe verschrieben, eine Ordnung in den Dingen und im Geist zu entziffern. Strukturalismus ist ein Begriff, unter dem die Forschungen der unterschiedlichsten Autoren eingereiht werden, die aber alle den Strukturcharakter von Phänomenen hervorheben, ihn logisch und linguistisch (auch poetisch) beschreiben. Sie arbeiten an einer Geschichte der Strukturen, der Diskurse, der Schriften, in der das Subjekt nicht mehr im Mittelpunkt steht.

Während Lacan von einer für alle Menschen verbindlichen »symbolischen Reihe [...], noch ehe Geschichte gewoben ward«, spricht, für ihn also entscheidende psychische Strukturen *vor* der Geschichte anzusiedeln sind – was zu dem pauschalen Vorwurf des strukturalen Idealismus, der Verabsolutierung invarianter Strukturen geführt hat –, hat Roland Barthes betont: »Was mich betrifft, so habe ich immer versucht, Formen zu schaffen, die der Geschichte entsprechen.« Barthes setzt sich damit gegen die Positionen des Soziologismus und Historismus ab, die zu Unrecht Geschichte auf die Geschichte der Berichterstatter reduzierten: »Es gibt eine Geschichte der Strukturen und der Schriften [...] und der Mensch ist nicht mehr das Zentrum dieser Strukturen«, oder wie Foucault schreibt: »Ich suche wie ein Archäologe die konstitutive, historische Schicht des Wissens (so etwas wie dessen Unbewußtes).«

Zwar ist der Strukturalismus vor allem eine Kategorie derer, die nicht dazugehören, wie Foucault einmal richtig sagte, und dennoch gibt es eine Bewegung innerhalb dieser »Kategorie«: von dem gemeinsamen *Bezugspunkt Sprache* aus zu differenzierten Detailanalysen und anderen Gegenständen. Barthes hat schon 1967 deutlich gesehen: »Die Differenzen, die zum Beispiel Lévi-Strauss und Lacan trennen und trennen werden, sind von heute an abzulesen in jeder Art, in der sie schreiben, daß heißt in ihrer ideologischen und methodologischen Beziehung zur Schrift.«

Das Verbindende dieser strukturalen Ansätze ist der Blick auf einen *sprachlichen Ort* (im Gegensatz zu sprachlichen Verläufen) als die allgemeinste Bestimmung einer analytischen Ausrichtung, unter die sich Lacan und Lévi-Strauss ebenso wie Barthes und Foucault vereinen lassen. Ob die *Klinik* oder die *Familie*, der *Mythos* oder der *Traum*: immer entfalten sie an diesen Systemen das Modellhafte, das sich sprachlich strukturiert. Der Begriff des *Diskurses* soll diese räumliche Dimension verdeutlichen: Der Charakter der räumlichen Ausdehnung, der immer schon mitschwingt, wenn man etwa vom »Feld« der Wissenschaft oder von deren »Gegenständen« spricht, wird

als Charakter des Textes selbst ausgewiesen. Das Diskursive (discurrere, auseinanderlaufen) bezeichnet die Organisation und die Anordnung. Roland Barthes: »*Dis-cursus* – das meint ursprünglich die Bewegung des Hin- und Herlaufens, das ist Kommen und Gehen, das sind ›Schritte‹, ›Verwicklungen‹.«

Neben der poetisch-souveränen Verfahrensweise von Roland Barthes steht der extrem mehrdeutige Diskurs von Lacan. Die Ordnung im Text ist bei Lacan und Barthes immer auch an Unvernunft und Bedeutungslosigkeit, an der Eigenbewegung der Sprache und der Selbst-Beschreibung orientiert; bei Lévi-Strauss und Foucault hingegen immer nur am Ideal der Ratio. Das ist darin begründet, daß Lévi-Strauss und Foucault an einem *Objekt* (das nicht in die imaginären Bildungen des Subjekts unlösbar verstrickt ist) festgehalten haben, während für Lacan das Objekt nicht ohne Bezug zum Imaginären (und zum Bedeutenden) denkbar ist.

»Ich brüste mich nicht damit, Sinn zu machen. Mit dem Gegenteil ebensowenig«, schreibt Lacan 1980. Wer sich auf diese Bewegungen nicht einläßt, in wem die Lektüre des aus seinen Bewegungen lebenden Textes nicht ein Gefühl der Leidenschaft hervorruft, wer keine Lust an diesem sprachgeleiteten »Denken auf Leben und Tod« empfindet, wird den Stukturalismus nur als komplifizierend, selbstbespiegelnd und abstrakt erfahren, als körperlose (technokratische, ideologische oder reduktionistische) Kunst und Wissenschaft. Dann teilt sich dieses Denken in Rechts- und Links-Lacanismus, in Prä- und Poststrukturalismus, in antifeministische oder mystifizierende Anthropologie und Psychoanalyse usw. auf. Der Strukturalismus ist eine objektive Denkbewegung und die Geschichte vieler individueller Besessenheiten und Idiosynkrasien der Beteiligten. Lévi-Strauss verteidigt sich stellvertretend für seine Mitstreiter: »Vielleicht berechtigt mich aber gerade diese mir eigene Idiosynkrasie, auf etwas hinzuweisen, was gültig ist.«

Lacan bewunderte Leiris' Umgang mit den Verschlingungen der Sprache (keiner kenne sich hier besser aus als er), und Lévi-Strauss nähert sich über Leiris'

Besessenheitsstudien dem Exzessiven im Umgang mit dem Körper und der Sprache, der Ordnung und der Überschreitung, der »règle du jeu« in jedem Ritual, auch dem, welches das eigene Leben strukturiert. Über die psychoanalytische und ethnologische Beschäftigung mit dem Exzessiven und dem Entrückten, den Bildern und Fakten des Paranoiden und Wahnsinnigen, den existentiellen und zeremoniellen Inszenierungen versetzen sie sich in die Beschreibung, Analyse und Entblößung des eigenen Ichs. So wie auch Leiris die Wissenschaft als soziales Korsett gebraucht hat – eine Position, aus der heraus er sagt: »Lieber wäre ich besessen als über die Besessenen zu schreiben« –, so haben Lacan und Lévi-Strauss darüber hinaus die Wissenschaft zu ihrem Leben und ihrem Ideal gemacht: ihr Ideal-Ich ist gleichsam die grammatisch-mathematische Ordnung, die strukturale Ordnung, das linguistische Modell geworden. Lacan hat sich jedoch keine sprachlichen Konstruktionen aus wissenschaftlicher Rücksicht versagt; er hat mit seinen Idealen immer auch gespielt, in der offenen (tragischen und komödiantischen) Verliebtheit in seine eigene Person.

Für Lacan bestimmende Gegensatzpaare sind vor allem solche der Linguistik und Logik, die aber immer auf die Benennung einer Struktur – das Unbewußte – zulaufen. In seiner Vorstellung vom gleitenden Diskurs werden sie vor ihrer Verfestigung bewahrt. Lacans Forschung läuft nicht auf eine möglichst eindeutige Darstellung der Wahrheit hinaus.

Roland Barthes sprach einmal vom »Üppigen des Signifikanten« (des Zeichens, der Wörter) und von der »Störung der Diskursivität«. Lacans Texte sind gekennzeichnet durch diese Störung und durch Brüche; der Bruch geht sozusagen quer durch seine Schrift. Die unausgeschmückte »poetische« Struktur zerstört nun aber gerade nicht die wissenschaftliche Substanz und die thematische Beharrlichkeit, sondern will die Ebene freilegen, er-örtern, sich ihr annähern, anstatt sich von ihr wegzureden – das »Poetische« ist nicht das Gegenteil des Logischen. Es gibt zwischen beiden eine Strukturähnlichkeit. Das »genaue Maß«, die »richtige Zuordnung«, die »Tatsachen«anordnung

und -bewertung stellen sich in Lacans Texten immer erst her.

Lacans Werk zeigt durch diesen Umgang mit der Sprache, wie Wissenschaft »auf einen Diskurs stößt und von da an alles beginnt«. Für viele ist Lacan ein schlechter Wissenschaftler, »weil er schreibt, anstatt einfach ›aufzuschreiben‹«. Das ist der »Überschuß« oder »Schwung«, das »Üppige« des Signifikanten.

»Nur noch beim Signifikanten finden sie Lust. Aber dieser Herren-Signifikant bleibt [...] abgelöstes Objekt [...]. O Signifikant, du furchtbarer Archaismus des Despoten, in dem man noch die leere Grabstätte, den toten Vater und das Mysterium des Namens sucht.« Den Vorrang der Sprache, der symbolischen Ordnung, der Signifikanten haben Deleuze und Guattari den »Imperialismus des Signifikanten« genannt. Lacan nimmt das Unbewußte als *die* Struktur und die Linguistik als erste Strukturtatsache. Auf der Suche nach der Wahrheit – für Lacan eine der verbindlichsten Forderungen – müsse man vor allem auch lernen, solche Konzepte zu erkennen, derer man sich nie bedienen darf, und das sind immer ideologische Figuren (wie z. B. die Opposition von Affektivem und Intellektuellem). Gegen sie muß man sich den Weg zur analytischen Erfahrung bahnen. Nicht das autonome und identische Subjekt spricht in der Analyse, sondern das gespaltene und fremd-bestimmte; es spricht durch seine Verfehlungen, Lücken, Brüche und Leerstellen. Es ver-spricht sich. Ich denke – ich lüge.

Eine so verstandene Psychoanalyse paktiert mit dem »Mangel«, der Zerrissenheit und der konstitutiven Fremdheit des forschenden Subjekts. Das Unbewußte gibt es nicht als einen vorstellbaren und reflexiv einholbaren Gegenstand, vielmehr ist es immer nur als Ereignis, als eine sich im Sprechen einstellende Dimension zu erfahren. Es geht in der psychoanalytischen Kur um die Geschichte des Subjekts. Was kann der Analysand davon rekonstruieren? Kann er seine Geschichte noch einmal »schreiben«? Das wird, nach Lacan, nicht im Sinne traditioneller »Ich«-fixierter Psychoanalyse gelingen, denn das Ich ist im »Inneren des Subjekts« nur ein »privilegiertes Symptom, [...] die Geisteskrankheit des Menschen«.

Lacan sagt: »Alles ist in einer Analyse einzubringen.« Er weiß, daß alle lebensgeschichtlichen, sozialrelevanten, gesamtgesellschaftlichen und politischen Fakten und Einstellungen im psychoanalytischen Prozeß zum Tragen kommen müssen. Auch das gestische Zusammenspiel und alle Momente des praktischen Verlaufs – auch die, die sich auf überhöhte Hoffnungen der Identität und des Ichs beziehen – übersieht Lacan nicht. Es geht ihm jedoch um eine Formulierung der *Prinzipien* für die Ausrichtung der Kur.

Die Schriften der französischen, strukturalistisch vorgehenden Schriftsteller, Psychoanalytiker, Philosophen und Anthropologen sind verführerisch. Sie verführen zur Nachempfindung einer Ordnungs- und Strukturbesessenheit, eines sprachgeleiteten Assoziierens und Reflektierens. Man soll sich an den Ort versetzen, an dem sich etwas wortwörtlich, ja buchstäblich ausspricht. Ist man ihnen gefolgt, so hat man sich auch in die Ordnung »eingeschrieben«, die sie re-konstruiert haben und als deren Teil sie sich interpretieren.

Der Diskurs, den Lévi-Strauss, Foucault, Lacan, Derrida oder Leclaire (vor-)führen, ist darauf fixiert, die Geschlossenheit, die Gesetzmäßigkeit, die Ordnung der Dinge im Bereich des Mythischen und Unbewußten, der Grammatik und der Lust auszumachen und zu inszenieren. Sie sind die Lehrmeister und die Opfer ihrer Exerzitien; sie sind die Entschleierer der Mythen des Alltags, der Psychoanalyse und der Anthropologie, und sie sind die Produzenten monumentaler subjektiver Mythologien. Sie sind es als Meister der Selbst-Reflexion, der Selbstbezogenheit und des Stils. Ihre Wollust ist ihr Umgang mit der Sprache und die Entdeckung und Ausnutzung deren Offenheiten.

Ihre originären Arbeiten – anders als die der bloß wiederholenden Schüler – sind alle insgesamt Beiträge zur Weiterentwicklung von Theorie und Praxis ihrer Gegenstandsbereiche und Disziplinen, und es sind Ausschreitungen des sprachlichen Raums. Erliegt man nicht der Eitelkeit und Ironie in den »Pub'ellikationen« (Publikation/Mülleimer) der Struktura-

listen – »Poniert man das Geschriebene wie ich, muß man bemerken, daß man's in der Pointe erreicht hat, ja, daß man seinen Status draus machen wird« –, dann führt deren Sprachbesessenheit näher an »Strukturen« heran als der sprachlose Konkretismus oder die scheinrationale Theorie. Aus dieser Überzeugung heraus erscheinen mir heute etwa Serge Leclaires Abstraktionsabenteuer nicht mangelhafter als die Unterlassungen in »objektiven Strukturanalysen«. Sein konsequentes Motiv ist es, gegen das Falsche, das Verzerrende im Verständnis von *der* Realität anzuschreiben.

»... Was einem Philosophen am schwersten erreichbar ist: der Realismus des Unbewußten« – diese an Paul Ricœur gerichtete Klage Lacans will auffordern zur Anerkennung des Unbewußten als: »Lücke, Einschnitt, Bruch, sich niederschreibend in so etwas wie einem Fehlen«. Wie radikal dieser »Realismus« ist, wie wenig er mit so vielen »ähnlich« scheinenden Modellen (etwa Alfred Lorenzers Theorie) zu tun hat, kann nicht genügend herausgestellt werden.

Vergegenwärtigt man sich Lacans »Realismus des Unbewußten«, die Mangel- und Wunschkonzeption, wie sie von ihm und seinen Schülern entwickelt wurde, erscheint so manche »idealistische« oder »abstrakte« Theorie anderer Psychoanalytiker als Verhaltenspsychologie und versteckter Realismus.

Daß die symbolische Ordnung für den Menschen konstitutiv sei – diese Idee hat Lacan aus Freuds Werk herauskristallisiert und systematisiert. Er tat dies als Theoretiker und Praktiker einer wissenschaftlich neu organisierten Psychoanalyse. Daraus haben manche Vertreter einer konservativen Psychoanalyse und Sprecher der »Avantgarde« (wie etwa Baudrillard) die irrige Konsequenz gezogen: »alle Koordinaten der Freudschen Ordnung gehen dabei vollständig verloren.« Die »Koordinaten der Freudschen Ordnung« waren ja Koordinaten zur Bestimmung des Unbewußten, und jede Präzisierung ist in deren Sinn, wobei die Radikalität Lacans im Beharren auf der Irreduzibilität des Unbewußten und in der von dieser Überzeugung geleiteten Signifikantentheorie bestand. Seine Bestimmung des Unbewußten ist nicht

ahistorisch – wie ihm Kritiker vorgehalten haben –, aber auch nicht historisch. »Das Unbewußte ist Geschichte. Gelebtes trägt die Marke primärer Geschichtlichkeit.«

Vor der Geschichte war für Lacan jedoch immer die »symbolische Kette«, die für den Menschen schon vor seiner Geburt und noch nach seinem Tod »eine Abstammung begründet, noch ehe Geschichte gewoben ward«. Die Geschichtlichkeit des Menschen ist eine sprachlich, eine symbolisch vorbestimmte. »Dezentrierung des Subjekts« meint bei Lacan nicht Ahistorizität oder, wie Sartre sagte, »Diskreditierung der Geschichte«, sondern ›nur‹: Vorrang der symbolischen Ordnung.

Bei aller Leidenschaft für die Linguistik, die Zahlen- und Zeichensymbolik konzentrierte sich Lacans Blick doch auf die menschliche Existenz, das Sein und das »Seinsverfehlen«, die Exzentrizität und Heteronomie, das Nichts, den je eigenen Tod, das »eigene Universum« (Rank) – und daran bricht sich auch Lacans Glaube an die Logozität. Inwieweit ist Lacans Signifikanten-System auch Ausdruck der Entfremdung in der Moderne – neu aufgehoben in einer ontologischen und linguistischen Ordnung? Die Radikalität in seinem Denken korrespondiert einem exklusiven Ordnungsbedürfnis und einer verfeinerten Ritualisierung.

Der Bogen von Lacan zu einigen Positionen im postmodernen Denken läßt sich zwar über die folgenden Ideen und Begriffe schlagen: die Exponierung der Sprache und des Textuellen, die Störung der Diskursivität und das Üppige des Signifikanten, die problematische Stellung des Subjekts in der Objekt- und Zeichenwelt, das Mißtrauen gegen Rationalität und Aufklärung. Aber die Individualität von Lacans Denken und Werk steht gegen das Modische, Nivellierende, Stimmungsgemäße und zu schnell Verallgemeinernde, die jeder kulturellen Bewegung eigen ist.

Auch wenn Lacan erkannt hat, daß sich dem Psychoanalytiker die Objekte immer entziehen, insofern er es mit dem Imaginären zu tun hat, so haben sich für ihn doch deswegen noch nicht alle Objekte in Luft aufgelöst. Das Imaginäre wird als Objekt der Wissenschaft Psychoanalyse neu situiert.

Baudrillards Diktum aber, wir lebten voll und ganz in der Simulation, will gerade alle Unterscheidungen verwischen, das Verschiedene und Diverse nivellieren. Wenn dies das Kennzeichen eines »theoretischen Terrorismus« ist, wie Baudrillard sagt, dann braucht man keine Angst zu haben, daß Lacans Denken eines Tages des Terrorismus verdächtigt wird.

Das im Denken der Psychoanalytiker und der modernen Ethnologen beschlossene Moment der Desillusionierung, der Aufdeckung von Trugbildern und von falschem Dekor steht gegen die postmoderne Tendenz zum Ornamentalen, eine Tendenz, die allerdings auch gebrochen wird durch die Begeisterung für die elektronischen Medien, wie ja überhaupt die Postmoderne immer auch inhaltlich und formal an die Moderne gebunden bleibt und deren Ziele und Widersprüche weiterträgt. Noch ist die Postmoderne nicht weltweit in Gegenaufklärung, Mythos-Anbetung, Katastrophenstimmung und no future erstarrt; in ihr sind auch Tendenzen zur Entmystifizierung – nicht zuletzt von falscher Rationalität und geschichtlich längst überholtem Schein-Rationalismus – beschlossen. Auch hat man zu Recht immer wieder auf den Bezug zur Protestbewegung hingewiesen, so z.B Andreas Huyssen in dem von ihm und Klaus R. Scherpe herausgegebenen Band *Postmoderne* (1986): »Obwohl sich die Postmoderne heute häufig als eklektizistische Fassaden-, Pastische- und Zitatkunst ausweist, besitzt sie doch eine historische Tiefendimension, die sie kulturell und politisch als mit den amerikanischen Protestbewegungen der sechziger Jahre verknüpft erscheinen läßt. Gewiß ist davon in der heutigen Postmoderne-Diskussion nur selten noch etwas zu spüren, dennoch dürfte eine Besinnung auf Anfänge und Entwicklung der amerikanischen Debatte von Nutzen sein, wenn man sich nicht mit blinder Apologetik oder vorschneller Polemik zufriedengeben will. Vieles von dem, was sich in den siebziger Jahren als oppositionell und oft als nicht-postmodern versteht, hat ja bezeichnenderweise seine Wurzeln in jenen Jahren, in denen der Begriff der Postmoderne zuerst geprägt wurde. Postmoderne, so meine These, ist

mehr und auch anders als das, was heute unter diesem Slogan Konjunktur hat.«

Das allgemeinste verbindende Glied zwischen Lacans Theorie und der Postmoderne ist die Vorrangstellung, die beide der Linguistik gegenüber Ideologiekritik und Kritischer Theorie einräumen. Während die französische Postmoderne durchaus konform mit Lacan in der Ablehnung des Ursprungsdenkens geht, neigen die deutschen Apologeten mehr zum Essentiellen und Ursprünglichen. Einen sehr äußerlichen und vorschnellen Gegensatz würde man hingegen konstruieren, wenn man den fragwürdigen Vorwurf der Ungeschichtlichkeit in Lacans Denken aufrechterhielte und dagegen die geradezu naive Freude an Geschichtlichkeit, an Mythen und Mittelalter in der Postmoderne stellte; der in dieser Tendenz beschlossene Konservatismus der Postmoderne ist nicht identisch mit Lacans apolitischer Haltung und grundsätzlich unterschieden von Leiris' revoltierender Haltung.

Lacans Relativierung von ›Sinn‹ hat einerseits Ähnlichkeit mit der entsprechenden Tendenz in der Postmoderne, andererseits bleibt Lacan doch an einem hohen Ideal von Wahrheit und an der alles bestimmenden symbolischen Ordnung orientiert. So ist auch seine Rede vom »Seinsverfehlen« und einem fundamentalen »Mangel« in diesem hermetischen System gleichsam sicher aufbewahrt und läßt sich nicht in Übereinstimmung bringen mit irgendeiner Form spiritueller Selbstwerdung im breiten Spektrum des postmodernen Ausschwärmens und Abdriftens, des systemlosen »Nomadismus«. Lacans Theorien gehören sicher noch zu den »großen Erzählungen«, im Sinne von Lyotard; das Geist-volle seiner Psychoanalyse erscheint in Deleuzes und Guattaris Verständnis nur noch als »äußerst geisttötende Droge«: sie verhindere gerade das freie Reden, das Fließen der Wunschträume – »General Freud« beherrscht den Diskurs.

Wenn es sich eine Gesellschaft wie die unsere derart hoch anrechnet, daß sie rational, pragmatisch, durchsichtig und vom Prinzip der Gleichberechtigung und Humanität geprägt sei, müssen sich die gegenteiligen Tendenzen und Merkmale Nebenwege, subkulturelle

Terrains und Schlupfwinkel der Abweichung, des Untergründigen und Menschlich-Allzumenschlichen suchen. Zuweilen brechen dann diese Energien mit Macht durch, überschwemmen die glatten Oberflächen. Neben eruptiven Durchbrüchen gibt es die in den Alltag integrierte Sehnsucht nach dem ganz Anderen, etwa in Form von Alternativtourismus und Freizeitkultur. Die »Expedition in den letzten dunklen Kontinent der Erde« – wie Freud die Psychoanalyse einmal nannte – wird heute gleichermaßen von Reisebüros, Therapiegruppen und Gurus angeboten. Lacans Psychoanalyse war sicher der letzte Aufbruchversuch, der die Kennzeichnung »Expedition« verdiente, ein Aufbrechen der Fesseln von Medizin und gesellschaftlich sanktionierter Krankenversorgung, von krankenkassengemäßer Fürsorge. Psychoanalyse als survival-Training in der Wildnis – und auch in der Ordnung der eigenen Psyche, fern der Scheinordnung unserer Welt und der Scheinobjektivität von Wissenschaft.

Unseren heutigen Bezug von Lacanscher Psychoanalyse und Leirisscher Ethnologie zur Postmoderne positiv zu formulieren – also nicht nur in Termini der Devianz –, heißt, eine Freiheit auszudrücken, eine durch zeitliche und ideologische Distanz gewonnene Ungezwungenheit und Offenheit gegenüber diesem Denken. Je genauer wir die moderne Psychoanalyse und Ethnologie daraufhin betrachten, was sie an postmodernen Denkweisen enthalten, desto unerheblicher erscheinen *inhaltliche* Bezugspunkte.

Faßt man postmoderne Merkmale zu Charakteristika des Postmodernen zusammen, gehen wieder die Unterschiede verloren, die man mühsam angesichts der so verschiedenen Traditionen und Entwicklungslinien etwa in den USA, in Frankreich und Deutschland herausgearbeitet hat. Es ist also mehr eine formale Konsequenz, eine Einstellung und Verhaltensform, die sich positiv formulieren läßt: als Zuwachs an innerer Freiheit. Zur Zeit von Lacans Wirken und einbezogen in seinen Wirkungskreis war es höchstens möglich, sich ketzerisch gegen einige Thesen des Meisters zu äußern, aber man konnte nicht gleichzeitg Lacanianer und – sagen wir – Sanyassin oder Sufi sein. »Mind«

und »spiritueller Weg« schlossen sich aus. Das perfekte Struktur-(Wahn-)System konnte vom Standpunkt spiritueller Erfahrung nur als ›Verstopfung‹ des Bewußtseins angesehen werden. Die postmoderne Liberalität – die ja längst in unseren Köpfen und Körpern wirksam ist, auch ohne, daß wir dies situativ immer wissen oder bedenken – gibt uns die Freiheit, viel weitgehender auf mehreren Ebenen des Bewußtseins gleichzeitig zu operieren. Letztlich entspricht dies sogar dem durch Lacan erweiterten Feld der Psychoanalyse, wie dem durch die Ethnologen erweiterten Feld der Kulturen, Ethnien, Sprachen. Allgemeiner gesagt: Der Diskurs hat alte Grenzen aufgelöst, verschoben, und sich selbst verändert, er »rinnt«. Und wir ri/ennen mit.

Der instinktverwirrte Mensch. – Harold Lincke

1.

Es gibt Fragen, die der Einzelne im Verlauf seines Lebens vergißt und nie wiederaufnimmt, und solche, die immer wiederkehren – bewußt vergegenwärtigt oder ohne daß er von dieser Kontinuität ein Bewußtsein hat. In der *Menschheitsgeschichte* sind es die *epochalen* Fragen, die auftauchen und verschwinden oder sich durchhalten. Fragen nach dem Sinn des Lebens oder nach der Entstehung der Erde, nach der Stellung des Menschen in der Welt oder nach den Wesensunterschieden zwischen Mensch und Tier: darin drücken sich die Unsicherheit und Neugierde, die Wißbegierde und Ahnungslosigkeit, die Hoffnung und Verzweiflung aus, also Strebungen und Emotionen, in denen Menschheits- und Lebensgeschichte zusammenfallen.

Harold Linckes Werk ist Ausdruck des Wunsches, an diesen Schnittpunkten weiterzudenken, für sich und für die Psychoanalyse weiterzukommen. Er hat als praktischer Psychoanalytiker gearbeitet und theoretisch das psychoanalytische Modell von jenen Fragestellungen her besser zu fundieren und zu erweitern versucht, die anthropologischer Natur sind. Psychoanalyse und Biologie sind die beiden Disziplinen, aus denen und mit deren Instrumentarium er denkt. Ist seine Forschung interdisziplinär?

Wir haben uns daran gewöhnt, interdisziplinäre Forschung als das Bemühen zu begreifen, entzweite Disziplinen aus ihren institutionellen und theoretischen, ja terminologischen Versteifungen zu lösen oder gar zu befreien, um die Möglichkeiten einer kooperativen Zusammenarbeit und eines Zusammen-

denkens (des systematisch und methodisch anders Erarbeiten) zu entdecken und zu formulieren. Linckes Arbeit scheint mir jedoch elementarer, gleichsam in einem originären Sinn interdisziplinär zu sein: Er denkt von den Punkten aus, die in ihrer Fragestellung selbst schon mehrdisziplinär sind.

Mehrdisziplinär ist in einem exemplarischen Sinn die »Organisationseinheit des menschlichen Organismus«: zugleich naturgesetzlich und über kulturelle Leistungen geregelt; einerseits biologisch begreifbar, andererseits sich den rationalen, logischen und empirischen Denkformen und den entsprechenden Methoden entziehend. Interdisziplinäre Forschung im originären Sinne heißt hier: das »Operationsniveau« menschlichen Verhaltens zu erreichen und in einer biologisch und psychologisch fundierten Methode zu rekonstruieren. Wenn das eine »Metaphorik der Sprache« notwendig mache, so meint Lincke damit nicht den Stil seiner Darstellung, sondern seine Denkweise, die in das Labyrinth menschlicher Entwicklung vordringt. Wie nähert sich Lincke seinem wissenschaftstheoretischen Ziel, das »missing link« zwischen Natur- und Geisteswissenschaften über das Verständnis der Symbolfunktion und der Bedeutungsträger zu finden?

Lincke geht von den Ereignissen der Biologie und Evolutionsforschung aus, um die Bedeutung und Einmaligkeit in der Entwicklungsgeschichte des Lebens, die im »letzten großen Schritt« zur »Neuformulierung der Verhaltensorganisation« führte, in ihrem ganzen Ausmaß vor Augen zu führen. Dieser Prozeß, der zur Ausbildung der humanspezifischen Verhaltensorganisation führte, war nicht nur mit Vorteilen, sondern auch mit Gefahren verbunden: Welche Sicherheiten hat der Mensch innerhalb der ihn bestimmenden *Kultur* gegenüber den *natur*verbundenen Wesen eingebüßt, und welche neuen Sicherheiten, Orientierungen und Fähigkeiten hat er entwickelt?

Es ist zuallererst die Fähigkeit, »eine uns eigene, subjektive Wirklichkeit« zu schaffen, in der wir Bedeutungen und Bedeutungszusammenhänge übernehmen, korrigieren und neu festlegen, über die wir uns

mit anderen verständigen und zerstreiten. Mit der Entwicklung seiner Kultur und der sie tragenden Fähigkeit zur Sinn- und Bedeutungsgebung, zur Symbolbildung, Theorie- und Ideologiebildung »versetzte sich der Mensch aus der kreatürlichen Ordnung in die ›Freiheit‹«. Dieser Neuerwerb bedeutete einen radikalen Bruch mit der ursprünglichen »biologischen Verhaltensorganisation« und eine Neugestaltung der Realitätsbeziehung, die sich fortan durch Produktivität und Kreativität und auch durch illusionäre, neurotische, psychotische, magische und ideologische Bildungen bestimmte. Als maßgebliche Gefahr stellte sich die »Instinktreduktion« heraus, als Folge des Bruchs mit der naturgegebenen Anpassung. »Instinktverlust« beschreibt die Folgen eines Prozesses, in dem sich die, wenn man das so sagen kann, »biologische Sinngebung aus ihrer Bindung an genetisch bestimmte Schlüsselreize gelöst hat... Mit dem Erwerb der Symbolfunktion also verlor unser Verhalten den sicheren Boden genetisch verankerter, instinktiver Angepaßtheit an die Umwelt... Die in der Instinktorganisation festgelegte Koordination zwischen Reiz und Antwort verlor in der Überfülle belebbarer Vorstellungsbilder ihre ursprüngliche Bestimmtheit, und es kam zu dem, was Whitman (1898) als ›Instinktreduktion‹ bezeichnet hat: der Zerfall der ursprünglichen Reiz-Reaktionsgefüge und die Bildung neuer Kombinationen zwischen auslösenden Reizen und ausgelösten Bedürfnissen oder Handlungen.«

Das ist der Ausgangspunkt für Linckes Konzeption, deren entscheidender zweiter Schritt das Verständnis der »Es-Aufträge« beinhaltet.

Linckes Konzept der Es-Aufträge (oder des angeborenen Motivationssystems) ist eine anthropologische Neufassung der psychoanalytischen Libidotheorie. Polemisch formuliert könnte man sie eine biologische Reduktion nennen; ihr folgend ist sie hingegen als eine der Entwicklungsgeschichte des Menschen gerecht werdende interdisziplinäre Erweiterung der Libidotheorie zu bezeichnen. Das Problem besteht in der Frage, inwieweit die von Lincke vorgenommene kategoriale Zuordnung der Es-Aufträge zur biologi-

schen Struktur und der Symbolfunktion zur psychischen und geistigen Struktur zulässig ist, ob diese evolutionsgeschichtliche Perspektive den Einsichten gerecht wird, die uns vor allem die Psychoanalyse von der Struktur des Unbewußten vermittelt hat.

Lincke geht davon aus, daß es biologische Motivationen gibt, die unser Verhalten über Jahrtausende hinweg gleichbleibend im Sinne der Arterhaltung geprägt haben. Die biologische Motivationsebene des Verhaltens konstituiert sich über die Es-Aufträge – Aufträge also, die vom Es an das Verhalten weitergegeben werden.

Diese genetisch bestimmten Aufträge orientieren sich in Inhalt und Form an den Phasen der Libidoentwicklung und stellen vier Hauptforderungen an das Individuum, im Sinne seiner psychobiologischen Entwicklung: Objektbeziehungen, Selbsterhaltung, Fortpflanzung und soziale Anpassung. Bestimmten Objekten und Dingen können über die Es-Aufträge emotionale Qualitäten verliehen werden. Diese auftragsspezifischen Qualitäten entstammen also unserem phylogenetischen Erbe.

Dagegen setzt Lincke den Vorgang der Instinktreduktion und der Bildung *neuer* Bedeutungsträger oder Symbole ab. Dieser Prozeß der illusionären Bedeutungsgebung, der sich auch fundamental vom Lernprozeß unterscheidet, nimmt bei höheren Tieren seinen Anfang. Die Fähigkeit aber, jedes beliebige Objekt zu einem Bedeutungsträger zu machen, ist spezifisch menschlich. Diese Objektbesetzungen sind in der Folge nur noch zu einem Bruchteil »biologisch sinnvoll«.

Lincke unterscheidet also die biologische Ebene der Es-Aufträge und die psychologische Ebene der Symbolbildung. Die Klärung dieser Unterscheidungen sowie die kulturanalytischen und linguistischen Bestimmungen des Symbols und der Symbolfunktion legen den weiteren Gang seiner Untersuchung fest. Außer dem Wunsch, auf diesem Weg das »missing link« zwischen Natur- und Geisteswissenschaften zu finden, zeigt sich dabei auch sehr eindringlich Linckes Betroffenheit von einer blinden Fortschrittsgläubigkeit und technokratischen Regression in der Moderne.

Ich möchte an diesem Gedankengang einige Punkte problematisieren und Bezüge zur allgemeinen Diskussion dieser Thematik herstellen.

Lincke sieht den Symbolbildungsprozeß in engem Bezug zur genetisch festgelegten Struktur des Menschen: Die dem Symbol eigene emotionale Bedeutung stammt von einem Es-Auftrag, »der aus der genetischen Steuerung ausbrach, gewissermaßen frei flottierend wurde, und sich nun an ein nicht vorbestimmtes Objekt heftet. Dieses Objekt wird damit zu einem neuen emotionalen *Bedeutungsträger*...«

Das Symbol ist Repräsentant; es ersetzt oder vertritt das Objekt und irritiert damit die »genuine emotionale Besetzungsordnung«. Der Mensch vermag mittels der Symbole die Instinktorganisation, die instinktgemäß besetzte Objektwelt, zu verändern, variabel zu gestalten, neu zu strukturieren. Damit wurde der »biologischen Realitätsinterpretation« der sichere Boden entzogen.

Lincke geht von einer *Realität* aus, die *biologisch* oder *symbolisch* interpretiert werden kann. Sie ist dem Tier und dem Menschen über die Instinktorganisation und zudem nur dem Menschen über ein ausgebildetes Symbolsystem zugänglich. Die emotionale Bedeutungs*verschiebung*, die dem Menschen in der Realitätsinterpretation und in seinem Leben über das symbolorientierte Realitätsverständnis möglich ist, kann sehr gering sein (und damit weitgehend naturgesetzlich bleiben) oder in hohem Maße der Kulturordnung entsprechen. Im entwicklungsgeschichtlich ersten System, also auf der biologischen Ebene, ist der *eigentliche* Sinn- und Bedeutungszusammenhang hergestellt; dagegen ist das Symbolsystem eine Folge von *Abweichungen* und Verschiebungen von biologisch indifferent Gewordenem. Was evolutionsgeschichtlich als Einbruch und Irritation erscheint, setzt lebensgeschichtlich beim einzelnen Menschen die Fähigkeit voraus, ein Objekt auch in dessen Abwesenheit in der Vorstellung bzw. in einem Vorstellungsbild festzuhalten. Hier setzt Linckes Versuch an, die Ausbildung der *Symbolfunktion* auf die Entwicklung des *Vorstellungsvermögens* psychoanalytisch konkret zu bezie-

hen. Sein Symbolbegriff ist damit definitiv als ein biologisch abgeleiteter gesetzt.

Grundlegend für die Symbolfunktion und das Vorstellungsbewußtsein ist die (menschliche) Fähigkeit der emotionalen Bedeutungsverleihung. Nur was emotionale Qualität und Bedeutung erlangen kann, ist bewußtseinsfähig. »Mit dem Überfließen emotionaler Bedeutungen auf beliebige psychische Inhalte ergab sich daher eine vollständig *neue Bewußtseinslage*.« Lincke versucht den Bogen von der Genese bis zu den möglichen Formen der Erweiterung – in der Wahrnehmungs- und Bewußtseinserweiterung – zu schlagen. (Die Bewußtseinsveränderung unter Drogeneinfluß führt er dabei, ganz im Sinne seines Konzepts, auf eine »erhöhte Mobilität im Verteilungsfluß emotionaler Qualitäten« zurück.)

Der Vorgang der emotionalen Bedeutungsverleihung wird von Lincke entwicklungspsychologisch anhand der Prozesse »Stimmungsübertragung«, »Imitation«, »Prägung«, »Lernen« und »Identifikation« nachgezeichnet, bevor er die semantische oder semiotische Seite des Symbols analysiert.

»Semiotische Strukturen haben kein Vorbild in der Natur. Sie repräsentieren eine dem Menschen eigene subjektive Wirklichkeit.« Über die Definition der Symbolsysteme als »Schöpfungen« soll verständlich werden, daß die Symbolsysteme zur »axiomatischen Basis« oder »›Verfassung‹ der emotionalen Bedeutungsgebung« werden konnten, obwohl sie doch allererst im Zuge der emotionalen Bedeutungsneuverteilung entstanden sind.

Liest man Linckes Studien als Geisteswissenschaftler bzw. als jemand, der in den biologischen, kommunikationstheoretischen und linguistischen Forschungen nicht zu Hause ist, hat man sich erst einmal damit vertraut zu machen, daß der Mensch und seine Sprache zugleich ihrer Einzigartigkeit beraubt werden – indem ihr Stellenwert evolutionsgeschichtlich eingeordnet und erklärt wird –, zugleich aber in ihrer Besonderheit wissenschaftlich exakt und detailliert neu sichtbar werden. Fühlt man sich hingegen mit den

Naturwissenschaften vertrauter, wird es einem anfangs schwerer fallen, den Bezug zu den kulturanalytischen und psychoanalytischen Betrachtungen nachzuvollziehen. Linckes Symbolbegriff liegt genau an diesen Schnittpunkten. Das Symbol oder genauer die Symbolfunktion ist biologisch fundiert und wird geisteswissenschaftlich definiert. Die Symbolfunktion wird als Sonderfall einer emotionalen Bedeutungsverschiebung und als eigene psychische und semiotische Struktur beschrieben. Der *Begriff der Bedeutung* wird dabei – so wie es in der natur- und humanwissenschaftlichen Diskussion weitgehend üblich ist* – sowohl für die Kommunikationsfähigkeit und Objektbeziehung der Tiere als auch der Menschen wie in seiner Spezifität beim Menschen gebraucht. In der Folge von Tinbergen und anderen spricht Lincke von angeborenen und geschaffenen Bedeutungen. Das Symbol ist evolutionsgeschichtlicher *Sonderfall* und humanspezifische *Schöpfung*.

2.

Die genetisch verankerten vier Es Aufträge, die den Reifungsphasen der Libido entsprechen, dienen biologisch wichtigen Zielen. Dieser für das Tier festgelegte Bezug kann vom Menschen variiert werden: Die *Symbol*funktion ist in diesem Sinne ein Sonderfall der emotionalen Bedeutungsgebung und -verschiebung. Die neuen Voraussetzungen für den Symbolgebrauch – der nicht aus dem Lernvermögen (Konditionierung, assoziatives Lernen, Versuch-Irrtum-Lernen) ableitbar war – sind die individuelle Erfahrung,

* Vgl. zur Beziehung zwischen Informationskommunikation, Laut-Patterns, bedeutungstragenden Verlautbarungen und Zeichen, Bedeutung und Interkommunikation: B. F. Skinner: *Verbal behavior*, 1957; L. Carmichael: »Das frühe Wachstum der Sprachfähigkeit beim Individuum«, in: E. H. Lenneberg: *Neue Perspektiven in der Erforschung der Sprache*, 1972. In einem Beitrag zu diesem Band erörtert Lenneberg zusammenfassend die auch für Lincke fundamentale Frage, ob es im Menschen »biologische Anlagen geben könnte, die die menschliche Form der Kommunikation einzig und allein für unsere Art möglich machen«.

die Denkfähigkeit, die Autonomie unseres Vorstellungsvermögens und die Verfügung über die Sprache.

Von den Objekten aus gesehen sind zu unterscheiden: Objekte, die, genetisch festgelegt, durch die Instinktorganisation ihre emotionale Bedeutung gewinnen; solche, die durch Lernprozesse eine instinktmäßig nicht festgelegte, aber geleitete emotionale Bedeutung erhalten; und schließlich solche, denen neue, psychisch, geistig und semantisch bestimmte Bedeutungen zugesprochen werden. Dies ist ein Vorgang, der die Instinktreduktion und die Variabilität der Es-Aufträge, sich an beliebige Objekte zu heften, zur Voraussetzung hatte. Diese neue Bedeutungsgebung wurde psychisch möglich durch eine beim Menschen verfeinerte Fähigkeit der »Prägung« und »Imitation«, die sich als ein spezielles Sozialverhalten entwickelte und als »Identifikation« bezeichnet wird. Das System der Bedeutungsträger gestaltete sich nach den Mustern der sozialen Vorbilder und der Angleichung an sie.

»Der Verlust an sozialer Stabilität, die enorme Variabilität der Vorbilder und der rasche soziale Wandel führen also zu einem Zustand, der es dem Einzelnen erschwert, sein System an Bedeutungsträgern so zu gestalten, daß es als ein weitgehend in sich geschlossenes, widerspruchsfreies Ganzes wirkt und gleichzeitig stabil und elastisch bleibt, um den wechselnden Anforderungen zu genügen.«

Lincke spricht auch von einer »Verhaltensgrammatik«, um den einer Grammatik vergleichbaren Aufbau, die Regelhaftigkeit und Normierung des Sozialgefüges zu bezeichnen; das angepaßte Verhalten ist wie eine verständliche Sprache. Das Kind gewinnt aus den ihm angebotenen Formen und Inhalten ein Verhaltens- und Sprechvermögen – eine allgemeine Kompetenz, die es für sein eigenes Leben transformieren, auswählen und neu strukturieren muß. Werden in den ersten Lebensjahren aus den identifikatorisch übernommenen Mustern und Modellen eigene Entdeckungen und Konstruktionen, ist die Grundlage für einen »Selbst-Entwurf« geschaffen. Die in der Konfrontation von Selbstentwurf und sozialem Regelsystem möglichen psychischen Grundkonstellationen

und Verhaltensstörungen versucht Lincke im einzelnen aufzuschlüsseln. Der von ihm dabei geprägte Begriff der »Selbstkonstanz« (genauer »Selbstentwurfskonstanz«) liefert weiteres begriffliches Material für die aktuelle Diskussion der Narzißmustheorien.

Linckes Frage: »Welches Illusionäre, Wahnhafte hat als normal zu gelten, und wo beginnt der krankhafte Wahn?« – diese das starre Bezugssystem von normal/anormal unterlaufende Frage wird von ihm im Rahmen seines Modells von der symbolisch-illusionären Realität beantwortet. Was von Freud als Triebsublimierung, als Verschiebung des ursprünglichen Triebziels auf kulturell wertvollere Ziele beschrieben wurde, erörtert Lincke als »Folge der Notwendigkeit, die Realität neu zu bewerten und zu interpretieren«. Die so entstandene »illusionäre Realitätsinterpretation« ist, entsprechend dem bestimmenden sozialen Gefüge, an »kollektive Kriterien« gebunden.

»Zwar kann die Gesellschaft nichts zur Verbesserung unserer natürlichen psychobiologischen Bedürfnisse beitragen, aber sie kann uns dennoch, nämlich über unser Verlangen nach sozialem Erfolg (vierter Es-Auftrag), dazu bringen, ihr System anzuerkennen. Sie kann also die Bedingungen stellen, unter denen gute Objektbeziehungen, autonome Strebungen und sexuelle Befriedigungen möglich sind. Diese an sich einfachen Dinge, die vermutlich einem Affen weniger zu schaffen machen als uns, sind nun nur noch um den Preis der Anerkennung der kollektiven illusionären Bedeutungen zu haben.«

Mit dem vierten Es-Auftrag »kauft« die Gesellschaft den Einzelnen. Lincke beantwortet letztlich die Frage nach dem normalen und dem krankhaften Illusionären vom Gesichtspunkt des Integrationsniveaus der Es-Aufträge aus.

Für die Diskussion vor allem von Linckes Studie *Instinktverlust und Symbolbildung* (1981) innerhalb der Epistemologie wird seine am Schluß aufgestellte Hypothese von Bedeutung sein: Das »Prinzip, auf dem die Organisation des Psychischen von der Symbolstufe an beruht, (ist) identisch mit demjenigen,

das die Wissenschaft zum Aufbau ihres Weltbildes benutzt«. Für die an Linckes Arbeit interessierten Naturwissenschaftler wird vor allem die *grundsätzliche* Konfrontation mit einem »spekulativen« Symbolbegriff wichtig sein, während die Psychoanalytiker diesen Begriff *im einzelnen* daraufhin prüfen müssen, was er für ihre Theorie und Praxis erbringt.

Wenn man, wie Lincke, Symbole in einem biologisch strukturierten Entwicklungskonzept sieht, werden die vielfältigen Bedeutungen der Symbole verständlicher, und es werden Bezüge zwischen Ontogenese und Phylogenese stärker berücksichtigt. Aber gibt sein Modell auch hinreichend darüber Aufschluß, wie Symbole ihren Charakter der Evidenz und Notwendigkeit, des Erkenntnispotentials und der sinnlichen Qualität erhalten, wenn sie nachträglich sind: die Folge eines »Ausbruchs«?

In den letzten Jahren haben vor allem zwei Modelle in der psychoanalytischen Theorie von sich reden gemacht: das strukturale Jacques Lacans und seiner Schüler sowie das hermeneutische Alfred Lorenzers. Geht Lacan davon aus, daß die symbolische Ordnung für den Menschen konstitutiv ist und seine psychischen Möglichkeiten und Fehlbildungen umgreift, meint Lorenzer, daß Teile der psychischen Organisation desymbolisiert werden können, aus der symbolischen Ordnung herausfallen und erst über den analytischen Prozeß resymbolisierbar, reintegrierbar sind. Sind für Lacan Symbole Grundgegebenheiten, hinter die nicht zurückgegangen werden kann, arbeitet Lorenzer den Sozialisationszusammenhang ihrer Entstehung und ihres potentiellen Zerfalls heraus.* Beiden ist eine Herleitung der Symbole, wie sie Lincke unternimmt, fremd.

---

* Vgl. dazu eingehender: H.-J. Heinrichs, *Sprachkörper. Zu Claude Lévi-Strauss und Jacques Lacan,* 1983. »Wahrheit – ein Entwurf. Zu einer neuen Studie von Alfred Lorenzer und zur gegenwärtigen Psychoanalyse-Diskussion«, in: *Psyche*, Heft 1, 1976. K. Menne, M. Looser u. a., *Sprache, Handlung und Unbewußtes.* Mit einem Beitrag von Ernest Jones [Die Theorie der Symbolik, 1919], 1976. D. Sperber, *Über Symbolik*, 1975.

Demonstrieren diese Positionen (nur noch aufeinander zu beziehende) Teile *einer* Symboltheorie oder die Unvereinbarkeit des strukturalen, des hermeneutischen, des entwicklungspsychologischen und des biologischen Denkens; die reale Vielfalt möglicher Ansichten dessen, was das Symbol ist?

3.

Der Mensch ist ein instinktverwirrtes Lebewesen. Er muß immer wieder seine ganzen Kräfte aufbieten, um selbstverschuldete Katastrophen und Fehlentwicklungen zu korrigieren. Seine höchsten Errungenschaften sind auch seine größten und gefährlichsten, lebensbedrohenden Feinde. Die kulturellen, technologischen und allgemein zivilisatorischen Leistungen betreffen in ihren Potentialen des Fortschritts *und* der Vernichtung unserer Erde jede Gesellschaft und jeden Einzelnen. Niemand kann den Folgen der Atomenergienutzung und des Waldraubbaus, der Luft-, Meeres- und Flußverseuchung entgehen. Das intelligenteste Lebewesen orientiert seine Leistungen nicht mehr wie das Tier an seinen biologischen Bedürfnissen, hat aber gleichzeitig nicht genügend Vernunft und Verstand, um sich in den selbstgeschaffenen Ordnungen nur im Sinne seines Lebens und das der anderen zu verhalten. Die Instinktverwirrung hat weltweite Bezüge und Konsequenzen, und sie ist im Alltag jederzeit gegenwärtig.

Die Instinktorganisation, ihre Reduktion bzw. Verwirrung und die für den Menschen typische Fähigkeit des Sprechens und der Symbolbildung – das sind Stadien einer Entwicklung oder Evolution, die man immer wieder von seiten der Natur- und der Geisteswissenschaften aufzuklären versucht hat.

So wie die Instinktverwirrung sowohl evolutionsgeschichtlich als auch alltagsanalytisch zu verfolgen ist, so hat auch der Prozeß der Symbolbildung und Bedeutungsverschiebung eine Frühgeschichte und die Aktualität von Gegenwartsgeschichte. Die von Lincke beschriebene Instinktverwirrung, die Ablösung feststehender Bedeutungen von den Objekten – als

dem entscheidenden Bruch in der Evolution –, wiederholt sich als qualitative Verschiebung innerhalb der menschlichen Kultur am auffälligsten noch einmal im 19. und im beginnenden 20. Jahrhundert. Die technisch-industrielle Revolution verändert bis dahin manifeste Relationen in der Sinneswahrnehmung radikal. Die natürliche Welt »schrumpft«, Raum und Zeit werden »industrialisiert«.

»Die funktionellen und technischen (oder die dafür gehaltenen) Objekte ersetzen die traditionellen Objekte. Einfacher ausgedrückt, die Herrschaft der Elektrizität, des elektrischen Lichtes, der elektrischen Signalisierung, der elektrisch bewegten und kommandierten Objekte beginnt um 1910. Diese bedeutende Neuerung berührte nicht nur die Industrieproduktion, sie drang in die Alltäglichkeit ein; sie veränderte die Beziehungen zwischen Tag und Nacht, die Wahrnehmung der Konturen. Diese Veränderung ist bei weitem nicht die einzige.«*

Die Landschaften und die Waren verlieren durch die neue Reise- und Transportbewegung ihre »Aura« (Benjamin). Die ehemalige Echtheit des Gegenstandes wird aufgehoben. Diesen Prozeß der »Denaturalisierung«, »Entsinnlichung«** und Gewinnung bis dahin unbekannter Erfahrungs- und Benennungsmöglichkeiten könnte man die industriell erzwungene Instinktverwirrung und Ausbildung neuer Bedeutungsträger nennen.

---

* H. Lefebvre, *Das Alltagsleben in der modernen Welt*, 1972.

** Vgl. Schivelbusch, *Geschichte der Eisenbahnreise. Zur Industrialisierung von Raum und Zeit im 19. Jahrhundert*, 1977, und G. v. Wysocki, *Peter Altenberg. Bilder und Geschichten des befreiten Lebens*, 1979. Wysocki beschreibt die Dichtung Altenbergs als einen der kühnsten Versuche, mit den »freigewordenen Bildern« umzugehen: »Oberflächen« der neuen Wirklichkeiten, Bilder und Entwürfe zu arrangieren. Altenberg, als »Afrikaforscher der Alltäglichkeit« (Anton Kuh), verhilft den »geheimen Passionen« und noch unentdeckten Kräften und Verbindungsmöglichkeiten dazu, zum Vorschein zu kommen. Er arbeitet mit der »neu gewonnenen Kraft der frei flottierenden Bilder, der momentanen Impressionen; dem alltäglichen Abenteuer, zu leben... Beschreibungen des in der Emanzipation der Bilder befreiten Potentials«.

»Zur gleichen Zeit wie das räumliche (der euklidische und Newtonsche Raum) und das zeitliche Absolute verliert das Praktisch-Sensible die Eigenschaften eines festen Referentiellen.« (Lefebvre)

Außer in der Alltagserfahrung findet dieser Vorgang in der Kunst und vor allem in der Dichtung seinen augenfälligsten Niederschlag. Nichts erscheint unwichtig; festhalten, was im »Bewußtseinsstrom« oder im Schreibprozeß aktualisiert wird: Ausschnitte, Impressionen; Schreiben als Ausprobieren von Wirklichkeit, von Bildern und Bedeutungen; »Splitter« der Wirklichkeit oder der Mythen des Alltags festhalten, aneinanderreihen. So wie die Dinge mehrdeutig geworden sind, lernt der Dichter, sich seiner perspektivischen und multiplen Subjektivität bewußt zu werden.

Für die Analyse der Moderne – die sowohl die Phänomenologie und Analyse des Alltags in seiner Faktizität als auch in seinen Besetzungen und Überhöhungen durch Kunst und Wissenschaft, Werbung, Magie und Pseudomagie, Leistungs- und Profitideologien beinhaltet – wird es vor allem darauf ankommen, diesen Prozeß in seinen Potentialen und in seinen unersetzbaren Verlusten zu beschreiben. Der Symbolzerfall in der Moderne, der »Verfall des Referentiellen« (Lefebvre), trägt dem Psychologen, Psychoanalytiker und Soziologen, dem um die Vermittlung von Natur- und Geisteswissenschaften bemühten Forscher ganz neue Probleme auf.

Das Fremde verstehen. – Ethnopsychoanalyse, Ethnopsychiatrie und Antipsychiatrie

Das Gefüge von *Normal und Anormal* ist durch Ethnopsychoanalyse, Ethnopsychiatrie und Anti-Psychiatrie entscheidend problematisiert und zum Teil in sein Gegenteil verkehrt worden. Diese Wissenschaften und ihre entsprechende Praxis haben die wichtigsten Zugänge zum Verstehen des Fremden eröffnet.

In den zwanziger, dreißiger Jahren dieses Jahrhunderts wurden Ethnopsychoanalyse und Ethnopsychiatrie begründet, die innerhalb der Universitäten ein Randdasein führten, aber für die medizinische und therapeutische Praxis von unermeßlicher Bedeutung gewesen sind: Hier wird über Gesundheit und Krankheit, über Normalität und Anormalität von Millionen Menschen entschieden.

Der Ethnopsychoanalytiker versucht mit seinem westlichen analytischen und therapeutischen Modell, Mitglieder außereuropäischer Gesellschaften zu verstehen, einen Einblick in die psychische Struktur (in ihrer Allgemeinheit und in ihren Besonderheiten) eines anderen Volkes zu gewinnen. Während er mehr Theoretiker und Beobachter bleibt, greift der Ethnopsychiater direkt in das Gesundheitssystem eines anderen Volkes ein; er will den Medizinmann und Magier ersetzen, er diagnostiziert und behandelt.

Wurden in den Jahren um 1986 – im Anschluß an die Kritische Theorie, nach den skandalösen Enthüllungen in der hiesigen psychiatrischen Praxis und der Ausbildung der Anti-Psychiatrie – Ethnopsychoanalyse und vor allem Ethnopsychiatrie öffentlich diskutiert und kritisiert, scheint sich im Verlauf der letzten Jahre diese Aufmerksamkeit wieder gelegt und zum Teil nur auf unsere eigenen Verhältnisse konzentriert zu haben. Dieses Versäumnis läßt die Sehnsucht nach

alternativem Leben, nach dem »Leben der Wilden« noch abstrakter erscheinen.

Gemeinsames Thema ist die Frage nach dem Allgemeinen und dem kulturell Bedingten in dem, was wir normal und anormal nennen. Es ist die Frage nach den Möglichkeiten der Erkenntnis und der therapeutischen Behandlung; nach der Notwendigkeit eines neuen Selbstverständnisses in den Wissenschaften sowie einem anderen Verständnis von Alltag.

1.

Ethnopsychoanalyse ist in ihrem Kern Ethnologie, unter Einbeziehung der Psychoanalyse. Sie ist Analyse der fremden Kultur und bezieht sich mit Notwendigkeit auch wieder auf die eigene Kultur zurück.

Was könnte mich als Ethnologen, Soziologen oder einfach nur als Liebhaber fremder Kulturen dazu bringen – so kann man sich fragen –, Ideen und Konzepte, Argumentationsformen und Methoden aufzugreifen und eventuell in mein Vorgehen zu integrieren, die mich und meine Objekte als Menschen sehen, deren »Ich nicht Herr in seinem eigenen Haus« sein soll? (Freud)

Das psychoanalytische Geschehen rührt an den »Kern unseres Wesens«. Der Einsatz des Analytikers: das sind seine Person, seine Wörter und seine Technik. An dem versuchten Prozeß der Wahrheitsfindung, der Entbergung und Entmystifizierung sind beide, Analytiker und Analysand, beteiligt. Sie sind beide ›Betroffene‹ – nur vorübergehend zurückgezogen auf Couch und Sessel. Was sie dort aushandeln, hat sich ›draußen‹ zu bewähren. Praktische Ethnopsychoanalyse geht von der Voraussetzung aus, mit dem psychoanalytischen Setting auch in Afrika oder Neuguinea operieren zu können.

Psychoanalyse ist – in Theorie und Praxis – ein Aufklärungsmodell, an dem sich, im Idealfall, beide Seiten als gleichermaßen Beteiligte an einer kollektiven Störung verstehen. Anders als in der Psychoanalyse geht es in der sozialpsychologischen und ethnologischen Deutung ›normaler‹ und verzerrter Bewußt-

seins- und Sprachformen jedoch nicht um therapeutische Eingriffe und Veränderungen.

Die Ethnopsychoanalyse ist eine Sozialwissenschaft, insofern sie die gesellschaftlichen Verhältnisse und ihre Umsetzung in der Lebensgeschichte der Einzelnen zu erfassen versucht. Konflikte und Widersprüche der Gesellschaft sind von der Ethnopsychoanalyse als Konflikte und Widersprüche im Subjekt analysierbar. Da der psychische Apparat nicht den Regeln und Gesetzen des gesellschaftlichen Apparats gehorcht, konnte für die Analyse der verinnerlichten Konflikte, der subjektiven Strukturen auch nicht die polit-ökonomische Analyse-Technik in Anspruch genommen werden. Dazu bedurfte es vielmehr der Psychoanalyse-Technik und -Theorie.

Während Ethnopsychiater in Kliniken organisiert und zielorientiert auf eine ›Verbesserung‹ des Krankheitszustandes hinarbeiten, bleiben Ethnopsychoanalytiker in der Regel Beobachter im Alltagsleben der fremden Kultur. Sie versuchen gerade, das gesellschaftliche Gefüge von Normalität und Anormalität in bezug auf das Leben des Einzelnen zu entziffern, während Ethnopsychiater fast durchweg ihre Formeln für den »geistig Kranken« unbefragt aus ihrer Kultur in die andere hinüberretten: Geistig krank ist, wer nicht »funktioniert«, »psychisch schwer leidet« und dessen Verhalten von den anderen als »störend« empfunden wird (Wittkower). Ihre Analyse der unterschiedlichen »kulturellen Faktoren« stellt ihre Behandlungsmethode und ihr Krankheitsbild dabei nicht oder kaum in Frage.

In den Texten vieler Ethnopsychiater häufen sich bewußte oder unbewußte Diskriminierungen des Anderen und bombastische Aufladungen einer diagnostizierten Krankheit zu sogenannter »psychiatrischer Pathogenität« oder gar zur »klinischen Gestaltung der Geistesstörungen«. Glanzstücke sind dabei immer die erstellten Tabellen und Statistiken über die Verteilung der Normalen und der Wahnsinnigen. Lageberichte des Elends für den (pseudo-)akademischen Haushalt.

»Ja, wieso haben denn die ›Wilden‹ auch Nerven-

zusammenbrüche?« Manche ›weltoffenen‹ Psychiater setzen sich ernsthaft mit dieser Frage auseinander und finden, daß die Antwort »aus psychiatrischer Sicht nicht leicht« sei. Manch einer bedauert, daß es noch keine Methodologie gibt, mit der man den »Anfall an psychiatrischen Erkrankungen« in wissenschaftlich ernstzunehmender Weise erfassen könne oder auch, daß man die soziale Toleranz gegenüber Geisteskrankheiten noch nicht gemessen (!) habe, obwohl dies mit »Behaviour-Rating-Scales« möglich sei.*

Die Psychiatrie erscheint selbst bei Georges Devereux als unproblematische Besserungsanstalt, die unter dem Banner einer »kulturell neutralen Psychotherapie« in allen Fällen, in allen Kulturen »gleich erfolgreich« werden solle.** Fritz Morgenthaler (*Technik*, 1978) hat solche Ideale als Verinnerlichungen gesellschaftlicher Normen beschrieben.

Erich Wulff versucht der Ethnopsychiatrie – entgegen der faktischen ›Forschungslage‹ – eine einheitliche, weitgehend progressive Tendenz zuzuschreiben. Das trifft so generell sicher nicht zu. Auch er selbst kann diesen Anspruch nicht in allen Beiträgen des von ihm herausgegebenen Bandes *Ethnopsychiatrie* einlösen. Wulff hat sich in verschiedenen Arbeiten (»Psychiatrie und Klassengesellschaft« und »Psychoanalyse als Herrschaftswissenschaft?«, beide 1972) als Kritiker der Psychoanalyse profiliert: Freud und seine Nachfolger, vor allem in der »Frankfurter psychoanalytischen Schule«, betrieben »Herrschaftswissenschaft«. Auch sein ethno*psychiatrischer* Ansatz geht von einer vergleichbaren Kritik der Psychiatrie aus und versucht dagegen, in materialistischer Analyse, »Persönlichkeitsstruktur und Pathologie vietnamesischer Kranker... aus der Produktionsweise« herzuleiten,

---

* Die vorstehenden Zitate sind Beiträgen in dem Band: E. Wulff (Hrsg.), *Ethnopsychiatrie*, 1978, entnommen.

** Diese Position – dargelegt in: G. Devereux, *Normal und Anormal*, 1974 – hat er selbst korrigiert in: »Es gibt eine kulturell neutrale Psychotherapie«, in: H.-J. Heinrichs (Hrsg.), *Das Fremde verstehen*, 1982.

im Vergleich und in Abhebung von der kapitalistischen Produktionsweise. Außerdem verfolgt er auch ein praktisches Ziel, nämlich »Handlungsanweisungen… für die Errichtung eines psychiatrischen Versorgungssystems« zu liefern. Dabei ist zu fragen, ob diese »Handlungsanweisungen« nicht auch »herrschaftswissenschaftlich« motiviert sind.

Wulffs Auseinandersetzung mit der klassischen Psychiatrie ist ein Kampf gegen den Ethnozentrismus, die scheinbare Überlegenheit unserer Kultur. Wird diese Anstrengung aber nicht verspielt, wenn man mit Begriffen hantiert, die geradezu kennzeichnend für den Rassismus sind: das »psychisch Abnorme« oder die »psychische Andersartigkeit«? Er schreibt ja selbst: »Psychiatrische Institutionen… bringen eine bestimmte psychiatrische Perspektive hervor, die eine eigene, für sie charakteristische Begriffssprache gebiert.« In *Ergriffenheit und Besessenheit* (1972) betonte der damalige Herausgeber und Präsident des »Weltverbandes für Psychiatrie« Jürg Zutt zu Recht, eine »terminologische Besinnung könnte der Psychiatrie überhaupt nicht schaden«.

Hans Bosse (*Diebe, Lügner, Faulenzer*, 1979) wendet sich in seiner Studie über Abhängigkeit und Verweigerung in der Dritten Welt nicht nur emphatisch gegen den »Rassismus der Psychiatrie« und das Symptome-Registrieren der Ethnopsychiatrie; er formuliert darüber hinaus einen politischen Auftrag: Möglichkeiten und Sinn von Auflehnung und Gegenkultur zu beschreiben. Die von ihm in Anlehnung an den Begriff der Ethnopsychoanalyse als »Ethno-Hermeneutik« bezeichnete Technik des Verstehens fremder Kulturen geht von dem alltäglichen (nicht dem hospitalisierten) Leiden aus und konkretisiert es: exemplarisch in der Analyse des Sozialisations- und Bildungsbereichs.

Die reale Vernichtung von Lebensmöglichkeiten kann so nicht auf individuelle pathologische Fehlentwicklungen abgeschoben werden. Sie ist Alltagswirklichkeit der »abhängigen Gesellschaften«, der »Dritten Welt«. »Die Kolonialisierung der äußeren Natur der Menschen in der Dritten Welt ist heute weitgehend abgeschlossen… Eine von Mission und kolonia-

ler Kulturpolitik begonnene, jedoch noch nicht abgeschlossene Arbeit der Fortschrittsbringer liegt in der Kolonisierung der ›inneren Natur‹, in der Enteignung des Bewußtseins... Die Ethno-Hermeneutik untersucht die subjektive Seite dieser inneren Kolonialisierung, nachdem sie dessen objektive Seite, die Transnationalisierung der kapitalistischen Kultur, soziologisch erfaßt hat.«

Aber man mache sich keine Illusionen. Man kommt in die fremde Kultur, immer auch, um für sich zu profitieren; um anthropologisch, psychiatrisch, ethnopsychoanalytisch »interessantes« »Material« auszuwerten. Ethnologen reisen meist in institutionellem Auftrag; sie müssen sich ausweisen.

2.

Die Ausbildung eines wissenschaftlichen Status der Psychoanalyse muß die durch *Introspektion* gewonnenen Erkenntnisse Freuds nicht verleugnen – da diese Aufklärungsarbeit der immer wieder von neuem zu leistende, nur im Analytiker/Analysand-Verhältnis erweiterte psychoanalytische Prozeß ist –, während die Ausbildung eines wissenschaftlichen Status der Anthropologie ihre anfängliche Ausgangsbasis immer entschiedener, wie in Häutungen, zum Verschwinden zu bringen versuchte.

War Psychoanalyse schon im Ansatz Aufklärung zur Veränderung (Erinnern/Wiederholen/Durcharbeiten) und Aufhebung der Selbsttäuschungen, so mußte sich die Anthropologie als Instrument der Aufklärung erst in einem langen Prozeß entwickeln. Die Psychoanalyse kann ihren Gegenstand – das Unbewußte – nicht direkt beobachten. Das ist ein entscheidendes Kriterium bei der wissenschaftstheoretischen Bestimmung der Psychoanalyse. Mit der Erforschung der Bewußtseinsformen, die mehr und mehr ins Blickfeld der Psychoanalyse gerückt ist, haben sich die Bilder vom Gegenstand und vom Status der Psychoanalyse auch wieder verändert. Insofern haben sich Psychoanalyse und Anthropologie angenähert. Ursprünglich schien der Gegenstand der Anthropologie,

der Mensch, direkt beobachtbar, beschreibbar. In dem Maße, in dem Beschreibungs- und Klassifikationsmodelle aufgegeben wurden, sich entwicklungsgeschichtliches Denken durchsetzte, der Gegenstandsbereich und das Kontextverständnis sich erweiterten, wurden auch die eindeutig naturwissenschaftliche Basis und das Selbstverständnis des Forschers irritiert.

Die Veränderungen in Theorie und Praxis der Psychoanalyse, die Überprüfung ihrer ideologischen und wissenschaftstheoretischen Voraussetzungen sowie die unterschiedlichen Versuche, eine theoretische Authentifizierung praktischer Erfahrung zu erreichen, setzten einige Jahrzehnte nach Freuds fundamentalen Entdeckungen ein.

Die psychoanalytische, künstlerische oder lebenspraktische Selbstanalyse und die ethnographische, ethnopsychoanalytische Fremdanalyse – das ist das seit Freud sichtbar gewordene Spektrum analytischer Beschreibung. Bleibt die Selbsterfahrung dialogisch und korrigierend an Fremderfahrung und Austausch gebunden, kann sie sich in bessere Praxis vermitteln.

Die Psychoanalyse hat es mit dem Kranken in uns zu tun: das ist das Abgespaltene und Verdrängte, das Auflösende, Destruktive, uns zur Verzweiflung oder Regungslosigkeit Bringende. Mit wieviel Geduld und Mut, aber auch mit angstbesetzter Abwehr und vielen starren Begriffs- und Vorstellungsmustern begann man sich dem zu Beginn des 20. Jahrhunderts zu nähern! Das ist die Verlockung und die Enttäuschung der Psychoanalyse: Im Lichte ihrer Konzepte fühlt man sich verstanden und aufgehoben, und aus ihren Erklärungsnetzen zurückgekehrt in die eigene oder die fremde Lebenspraxis muß man erkennen, daß die Knoten des Lebens enger und undurchsichtiger gewoben sind, daß das Fremde letztlich doch uneinnehmbar ist und daß man sich von den traumatisierenden Erfahrungen in der eigenen Kindheit immer noch unendlich weit entfernt fühlt.

Die Psychoanalyse ist höchstens eine gut sortierte Reparaturwerkstätte, kein Austauschlager, partiell (was die Arbeit der Rekonstruktion, der Erinnerung und Assoziation, die Arbeit am defekten Symbol-

system betrifft) ist sie eine Produktionsstätte. Psychoanalyse ist entwicklungsgeschichtlich die Emanzipation von biologischen Vorstellungen, von der Psychiatrie und Neurologie. Vielleicht kehrt sie eines Tages (unter dem Druck naturwissenschaftlicher und technologischer Resultate und Ideologien) wieder mit mehr Erfolg dazu zurück.

Psychoanalyse ist kein Rezept, das man, als Ethnologe, sich oder den ›Wilden‹ ausschreibt. Die Psychoanalyse dem Ethnologen einfach zu empfehlen, ist absurd und dumm. Freud und Jung formulierten bei der Ankunft in Amerika das Aufzehrende, Existentiell-Irritierende der Psychoanalyse: »Sie wissen nicht, daß wir ihnen die Pest bringen.«

3.

Die sakrale Welt ist lange Zeit außerhalb des Menschen gesucht worden: in der Gestalt eines oder mehrerer Götter und Dämonen, in den universellen Prinzipien des Guten und Bösen oder in der beseelten Natur (Animismus). Die psychoanalytisch geschulten Ethnologen erklären das magische Universum nicht in erster Linie aus dem bewußten Verständnis der Mitglieder dieses Volkes und aus den beobachtbaren und beschreibbaren Verhältnissen, sondern aus der Ordnung des Unbewußten. Die Psychoanalyse als Instrument zur Kulturinterpretation anwenden heißt, primär nicht von Geschichte, objektiven kulturellen Verhältnissen und empirisch feststellbaren Lebens- und Arbeitszusammenhängen ausgehen, sondern von der kulturerzeugenden und kulturbestimmenden Macht des Unbewußten.

Die Diskussion anthropologischer Themen im Bereich der Psychologie und Psychoanalyse war bis zu den Arbeiten von Géza Róheim darauf beschränkt, die These von der Allgemeingültigkeit psychoanalytischer Theorie zu erproben. Nach Wundts *Völkerpsychologie* (1906), Freuds Spekulation von der Urhorde, der Tötung des Urvaters und damit der universellen Geltung des Ödipuskomplexes (in *Totem und Tabu*, 1912/1913), nach C. G. Jungs Annahme eines kultur-

übergreifenden »kollektiven Unbewußten« (in *Wandlungen und Symbole der Libido*, 1912) und nach den Studien von Riklin, Rank, Reik und Abraham, Rivers und Seligman entwickelte sich eine erste Diskussion zwischen Psychoanalytikern und Anthropologen. Grundlage war vor allem die Rezeption von Freuds *Totem und Tabu* und die elementare Diskussion zwischen Malinowski und Jones: Ist der Ödipus-Komplex universell? Mit Róheim und Devereux begann dann die Tradition psychoanalytisch geschulter Ethnologen.

Bosse (*Diebe, Lügner, Faulenzer*, 1979) hat die Rezeption der frühen Auseinandersetzung so zusammengefaßt: »Das Thema der Kulturspezifität psychodynamischer kollektiver Vorgänge hat sich seit den Auseinandersetzungen zwischen dem Anthropologen Malinowski (1932) und dem Psychoanalytiker Jones (1924) bis heute unglücklicherweise weitgehend als Thema der Universalität des Ödipus-Komplexes gestellt... Es ging dabei immer um den Versuch, universale Strukturen kollektiver Psychodynamik nachzuweisen, in den letzten Jahrzehnten zunehmend in Form von Rückzugsgefechten, bis sich schließlich die Universalität in einige Restbegriffe der Psychoanalyse geflüchtet hat, die in der Kulturanthropologie überleben. Arbeiten, die sich mit den Variationen des Ödipuskomplexes in nicht-bürgerlichen Gesellschaften befassen, stellen im Grunde Fragen an die bürgerliche Gesellschaft, nicht an diejenigen, die sie zu untersuchen vorgeben. Der Ödipuskomplex ist die psychoanalytische Version des bürgerlichen Familiendramas und daher kein vordringliches Thema nicht-bürgerlicher Gesellschaften.«

Róheims Ausgangspunkt war die These, daß es in ganz unterschiedlichen Kulturen gleiche Kulturleistungen, Symbole und mythische Gestalten gibt, ebenso in Märchen wie in Träumen, in rituellen Handlungen wie in künstlerischen Produktionen. Bewußte Kultur- und Institutionszusammenhänge können also nicht – wie die von Róheim attackierten Kulturalisten meinten – für Träume oder Mythen determinierend sein, wenn sich die gleichen Strukturen und Bilder unter ganz unterschiedlichen Bedingungen wieder-

finden und z.T. ohne daß die Produzenten (etwa die Träume oder die Mythen) über ihre aktuale Kultur davon wissen können. Róheim (*Psychoanalyse und Anthropologie*, 1977) nahm eine »potentiell universale Symbolik« an und einen psychischen Apparat, durch den sie umgesetzt und in vielfacher Weise zum Ausdruck gebracht wird. In diesem Sinne hat die Magie einen »subkulturellen« Ursprung. Róheim sah jeden Menschen, jede *Persönlichkeit* (verstanden als persona, als Träger einer Maske, die Vater und Mutter zeigen, Persönlichkeit als Ich-Ideal) durch Magie bestimmt an, die zum Teil unbewußt bleibt, zum Teil ritualisiert und bewußt wird. Hexen und Zauberer repräsentieren Mutter und Vater und sind damit Bestandteil der Persönlichkeit; auch die in der sozialen Realität liebevollen Eltern werden unbewußt von den Kindern anders erlebt.

Róheim wendet in dieser Hinsicht außer Freuds Psychoanalyse-Theorie – allerdings zum Teil mißverstanden als ›Komplex naturwissenschaftlich abgesicherter Gesetzesaussagen‹, den man ungeprüft zur Erklärung übernehmen könne – auch speziell Melanie Kleins Erkenntnisse über die »Körperzerstörungsphantasien« der Kinder an: In Grimms Märchen will die Hexe Hänsel und Gretel fressen. Als sie versucht, Gretel »wie einen Laib Brot« in den Ofen zu schieben, gelingt es dem Mädchen – unter dem vorgetäuschten Wunsch, die Hexe möge ihr den Vorgang erst als solchen zeigen –, *sie* in den Ofen zu stoßen. Als Hänsel und Gretel nach Hause kommen, ist die Mutter tot. Die Mutter ist in ihrer Vorstellung eine kannibalische Hexe, die den Jungen mästet und die Schwester hungern ließ, also oral frustrierte. Aufgrund oraler Aggression *projizierten* die Kinder die Mutter als kannibalischen Dämon. Die Zerstörungsphantasien sind häufig gegen die schwangere Mutter gerichtet.

Das dem zugrundeliegende psychoanalytische Konzept ist inzwischen vielfach verändert und erweitert worden, und Róheims Kampf gegen die Anthropologen, die subjektive kulturelle Ausdrucksformen auf gesellschaftliche Konditionierung beschränken wollten, hat ihn selbst blind gemacht für die gesellschaftliche Konstituierung des Subjekts und der Kultur.

Alfred Lorenzer (*Über den Gegenstand der Psychoanalyse*..., 1973) bringt diese Kritik im Sinne seiner materialistischen Sozialisationstheorie vor:

»Die jeweilige Kultur entsteht – Róheim zufolge – als kollektive Neurose, in der sich die Phänomene, zwingender noch als bei der individuell-neurotischen Symptomatik, auf das Gefüge von infantilen Krisen als Folgeerscheinungen biologischer Prozesse, gebrochen von Umwelteinflüssen, zurückführen lassen. Der Subjektivismus des psychoanalytischen Konzepts wurde so verstärkt – die Verallgemeinerung psychoanalytischer Befunde zur allgemein-menschlichen Anthropologie wurde nun offen vorgebracht. Zwar wurde hier nicht mehr [wie in seiner Theorie *vor* den Feldforschungen seit 1929] ein transkulturell gleichbleibendes Bedürfnismodell unterstellt, wohl aber für die Kulturbildung ein gleicher *Plan* angenommen. Und an die Stelle der einmalig zufälligen Traumatisierung trat nun das traumatische Gefüge *typischer Eingriffe*, die das Verhalten der jeweiligen Kultursubjekte modellieren. So wurde auch die Frage nach den Bildungsbedingungen von Kultur erneuert und erneut beantwortet: Kultur ist nach Róheim die Frucht traumatischer Einbrüche – eine Lösung von Krisen ... die Vollendung der Theorie zu einem geschlossenen biologischen Kultursystem wirft Róheim hinter die offenen Möglichkeiten der Freudschen Konzepte zurück.«

Es gilt – gegen Lorenzers allzu schematisches rationalistisches Abtun der mißverstandenen und verkürzten Psychoanalyse –, ob bei Róheim, den Kulturalisten, den Freudo-Marxisten oder Ich-Psychologen – dennoch festzuhalten, daß Róheim der erste ›Feld‹-forscher war, der die praktischen Erfahrungen seiner Analyse (bei S. Ferenczi) und das psychoanalytische Interpretationsverfahren für die Deutung fremder Kulturen nutzbar gemacht hat. Es ist der Schritt von der Deskription und Katalogisierung sozialer Tatsachen zur verstehenden Deutung, zur Erkenntnis der »verborgenen Bedeutung des anscheinend Bedeutungslosen«, (Róheim, »Psychoanalyse und Anthropologie«, 1974) Wenn Róheim – in Abkehr von Freuds phylogenetischer Urhordentheorie – eine

»ontogenetische Kulturtheorie« entwickelt, in der Kultur auf die »verlängerte Kindheit des Menschen«, auf den Kampf mit den »Trennungstraumen« zurückgeführt wird, dann geht er von einer »universalen Entwicklungsstruktur« aus, die er nicht sozialanalytisch abgeleitet hat. Hier aber ist die psychoanalytisch orientierte Anthropologie nicht stehengeblieben, sondern ist im Sinne einer materialistisch verfahrenden Ethnopsychoanalyse weiterentwickelt worden. So hat man inzwischen die sozialisationsgebundene Mutter-Kind-Situation analytisch untersucht und damit das psychoanalytische Verfahren nicht nur allgemein für eine Kulturtheorie, sondern für die Frage nach der Bildung geschichtlich konkreter Subjektivität nutzbar gemacht.

4.

»Ich glaube..., daß es darauf ankommt, daß der Analytiker während der ganzen Analyse eine Atmosphäre gesellschaftskritischer Offenheit herstellt. Dies kann nur erreicht werden, wenn er die Kritik der Gesellschaft, die auf seinen Analysanden einwirkt, in das assoziative Spiel seiner frei schwebenden Aufmerksamkeit aufnimmt. Das ist möglich, wenn er die ökonomischen Gesetze und Machtverhältnisse ähnlich gut kennt wie die Gesetzmäßigkeiten der frühkindlichen Entwicklung und der unbewußten Prozesse, die ihm das Gerüst für jede Deutung abgeben.« (Parin, *Der Widerspruch im Subjekt*, 1978)

Im Idealfall hätte der Analytiker auch seine gesellschaftliche Situation, die unbewußte Bedeutung seines ›Welt‹-Verständnisses und die auch in ihm wirksamen, klassengebundenen Tabus, Ideale und Idole ebenso offen einzubeziehen. Es liegt an ihm, das *suggestive* Moment, das im Einbringen dieses Wissens besteht, in *Einsicht*, auf seiten des Analysanden, überzuleiten. Die in der Analyse eingebrachte Gesellschaftskritik soll der Bearbeitung von Konflikten dienen, die sonst außerhalb der Analyse blieben.

Beschreibt man das Ziel der Analyse als »Funktionswandel der Abwehr« – »eine in der Kindheit

notfallmäßig entstandene Abwehrorganisation in eine altersadäquate und zweckmäßigere Funktionsweise des Ich umzuwandeln« (Parin) –, dann trägt die gesellschaftlich nicht blinde Deutungsarbeit dazu bei, auch die gesellschaftlichen und sozialen Verhältnisse als veränderbare zu zeigen. Die Ideologie des Analysanden und die der Gesellschaft können als erschütterbar erfahren werden.

Eine so verstandene »Psychoanalyse gesellschaftlicher Prozesse« löst ihr eigenes Instrumentarium aus der begrenzten psychoanalytischen Situation heraus, wendet es auf gesellschaftliche Prozesse an und bezieht zugleich das Verfahren der dialektisch-materialistischen Gesellschaftstheorie als beispielhaft für prozeßhaftes Verstehen und Erkennen in die Analyse mit ein.

»Der Widerspruch in der Gesellschaft ist zum Widerspruch im Subjekt geworden. Das Ich erscheint nun nicht mehr allein als Widerpart der gesellschaftlichen Umwelt; es trägt auch die gesellschaftlichen Widersprüche als Rollen-Identifikationen in sich. Die Aufklärung der Subjektivität kann die gesellschaftlichen Verhältnisse enthüllen; erst das von seinen inneren Widersprüchen befreite Ich gewinnt jene Stärke und Autonomie, die es braucht, um seine Bedürfnisse wahrzunehmen.« (Parin, ebd.)

Diese Analyse gewinnt ihre Prägnanz im Blick auf andere Kulturen und Gesellschaften. So zeichnen sich vorkapitalistische Sozietäten durch verhältnismäßig wenige Rollenzuschreibungen aus, die aber in genauer definierbaren Verhaltensschemata aufgehoben sind; das richtige soziale Verhalten ist abgesicherter. Dafür ist der Anteil der Frustration und Versagung in den anderen sozialen Beziehungen größer.

Innerhalb der kapitalistischen Gesellschaft haben sich in der Entwicklung zum Spätkapitalismus die allgemein verbindlichen Institutionen vermehrt und sind differenzierter ideologisch ausgestattet worden. Das Rollen-Angebot muß weitgehend angenommen werden, damit der Einzelne zu seinen narzißtischen Ersatzbefriedigungen gelangt. Das Rollen-Angebot im Kontext der Industrialisierung und Automatisie-

rung hat sich in den Einzelnen eingeschrieben. Das erkenntnistheoretische Modell, das solche Bestimmungen – auf der Basis von Kulturvergleichen – erlaubt, ist die *Ethnopsychoanalyse*. Morgenthaler, Parin und Bosse versuchen, verschiedene Aspekte des politischen und gesellschaftskritischen Auftrags der Psychoanalyse und, davon ausgehend, der Ethnopsychoanalyse darzustellen. Parin hat dabei das ethnopsychoanalytische Modell – zur Analyse der fremden Kultur – auch wieder auf die eigene Kultur zurückbezogen.

Exemplarischer Gegenstand der eigenen Kultur sind für ihn der Psychoanalytiker und die Psychoanalytische Gesellschaft. Sein Interesse besteht darin, die Schwierigkeiten, die der klassische oder »integrale« Analytiker mit dem politischen und gesellschaftskritischen Engagement hat, zu beschreiben und zu analysieren. Er wählt dazu das ethnologische oder genauer das ethnographische Erkenntnismodell, um das in diesem Gegenstand spezifisch *Fremdartige* vorstellbar zu machen.

Ethnopsychoanalyse ist Kulturanalyse und Kulturkritik. Das psychoanalytische Verständnis subjektiver Strukturen ermöglicht eine andere als nur soziologisch oder ökonomisch orientierte Gesellschaftsanalyse. Ethnopsychoanalyse kann klären helfen, was sich im Einzelnen an objektiven Strukturen und Gewaltzusammenhängen niedergeschlagen hat und nach welchen Mechanismen sich Konformität und Ausschließung, Gemeinschaft und Solidarität bzw. Pseudosolidarität herstellen.

Die ethnologisch erweiterte Psychoanalyse hat unter anderem die Beschreibung von drei Anpassungsmechanismen erbracht: das »Gruppen-Ich«, das »Clan-Gewissen« und die »Identifikation mit der Rolle«. Wie sie aufgebaut sind und wie sie funktionieren, hängt von dem gesellschaftlichen Bezugssystem ab. Ihre konstruktiven und destruktiven Bedeutungen werden in Prozessen hergestellt, die kooperativ von Psychoanalyse, Ethnologie und Gesellschaftstheorie verstehbar gemacht werden können.

Vermittlungsort der Dynamik zwischen objektiven Verhältnissen und subjektiven Strukturen ist die

Familie, genauer die familiale Sozialisation. Das verlangt eine psychoanalytisch und soziologisch operierende Ethno-Hermeneutik, die auch zugleich ihre Theorien daraufhin reflektiert, was in ihnen nur für die eigene Gesellschaft Gültigkeit hat.

Setzt sich also eine fremde Herrschafts-Gesellschaft – vor allem mit ihren Idealen und Produktionsweisen – in einer ›wilden‹ oder abhängigen Gesellschaft durch, führt dies zu Prozessen der Desorientierung, der Anpassung und des Widerspruchs. Die industrielle, die peripher-kapitalistische oder die sozialistische Gesellschaft ist mit der Übergangsgesellschaft in jedem Fall unvereinbar. Die Dynamik dieser strukturellen Heterogenität ist kulturkritisch, psychoanalytisch und soziologisch aufzuschlüsseln.

In dieser politischen Haltung treffen sich (bis auf wenige Ausnahmen) Ethnopsychoanalyse, Ethno-Hermeneutik, Ethnopsychiatrie und Anti-Psychiatrie.

So wie die Ethno-Hermeneutik Widerstandspotentiale in einzelnen Kulturen entdeckt hat, hatte die Anti-Psychiatrie in den siebziger Jahren damit begonnen, den Widerstand im Einzelnen stark zu machen, um seine auch noch so ver-rückte Struktur gegen die der Institution durchzusetzen. Der argumentative Kampf mußte in erster Linie der Medizin gelten, die als Garant der konservativen Psychiatrie fungierte.

5.

»Es gibt keine geachtetere oder gar sakrosanktere Zerstörungsmethode als die, die den Segen der medizinischen Wissenschaft hat.« (Cooper, *Psychiatrie und Antipsychiatrie«*, 1971) Aus dieser unseligen Befangenheit die Psychiatrie zu befreien, war die theoretisch begründete und zu Teilen praktisch erprobte Idee Ronald D. Laings, David Coopers und ihrer Mitarbeiter. 1967 veröffentlichte Cooper die Ergebnisse einer 1962 (auf der Basis der »therapeutischen Gemeinschaft«) begonnenen Arbeit in einer »Anti-Clinic« innerhalb eines psychiatrischen Krankenhauses:

Schizophrenie ist nicht eine nosologische, krankheitsspezifische Einheit, die kausal mit biochemischer Anormalität, Virusinfektion, strukturellem Hirnschaden usw. zu begründen ist. Schizophrenie ist »eine ›mikro-soziale‹ Krisensituation, in der die Handlungen und das Erleben einer bestimmten Person durch andere aus verständlichen kulturellen und mikrokulturellen (gewöhnlich familialen) Gründen zunichte gemacht werden, bis ein Punkt erreicht ist, an dem der Mensch als in irgendeiner Weise ›geisteskrank‹ identifiziert und schließlich (mittels einer spezifizierbaren, aber höchst willkürlichen Abstempelung) in der Rolle eines ›schizophrenen Patienten‹ von medizinischen oder quasimedizinischen Gremien bestätigt wird«.

Die Praxis, von der Cooper berichtete, war der Versuch einer »nicht-ausbeuterischen, nicht-zerstörerischen Behandlungsstrategie«, in deren Mittelpunkt eine familienorientierte Therapie und eine sozialpsychologische Praxis standen, in der Therapeut und Pfleger als Helfer und Kommunikationspartner, nicht als verordnende Ärzte und Wächter auftraten. Das Ziel war, »eine Situation zu schaffen, in der Menschen in der Weise miteinander leben, daß sie einander auch tatsächlich allein lassen können«. Die angestrebte Desorganisation und Freiheit mußte täglich neu errungen werden und war immer in Gefahr, total ins Gegenteil verkehrt zu werden. Anti-Psychiatrie war und ist nur unter Aufgabe zentraler Ideen institutionalisierbar.

Die von Ronald D. Laing, Esterson, David Cooper u.a. initiierte Gegenbewegung zur traditionellen Psychiatrie hat sich seitdem insgesamt mit dem (teils abwertend gebrauchten und verschlissenen) Titel »Anti-Psychiatrie« (oder auch bezüglich Basaglia: »Meta-Psychiatrie«) zu begnügen, obwohl sie gerade nicht nur Destruktion, sondern Neuaufbau, konzeptuelle Veränderung will und partiell durchgesetzt hat. Ihr Arbeitsfeld erstreckt sich von Untersuchungen zu »Schizophrenie und Familie« und einer Psychologie der interpersonellen Wahrnehmung bis zu praktischer Neuorganisation der Klinik. Die Diskussion der zu-

grundeliegenden Idee einer Psychiatrie als Kommunikationsmodell wird konsequent seit etwa 1950/60 geführt und hat auch zu einer vereinzelten Annäherung zwischen Psychiatrie, Soziologie und Psychoanalyse geführt. Andererseits ist die Psychoanalyse auch partiell von der Psychiatrie als »Ergänzungtechnik« vereinnahmt worden, »weit davon entfernt, eine subversive Funktion« zu erfüllen. (Mannoni, *Scheißerziehung*, 1976)

In den Jahren seit 1950 entstanden die wegweisenden Arbeiten von Bateson, Jackson, Haley, Weakland, Wynne, Laing (*Schizophrenie und Familie*, 1969 u. a.). Ihr Kampf galt der konservativen, medizinisch-naturwissenschaftlich ausgerichteten Psychiatrie, die seit Griesinger in Variationen behauptet: Geisteskrankheiten sind Gehirnkrankheiten, Resultate naturhafter Schicksalsschläge. Gegen diese biologische Verzerrung setzen die Autoren Begriffe und Vorstellungen, die Psychiatrie als ein Kommunikationsmodell ausweisen, in dem an den sozial bedingten Störungen kommunikativ und psychogenetisch gearbeitet wird.

Der zentrale Begriff des »Bezugssystems« wird seitdem wechselnd an Mustern der sprachlichen Kommunikation, der interpersonellen Wahrnehmung, des Verhaltens Einzelner, der Gesellschaft und deren Institutionen konkretisiert. Cooper hat am entschiedensten darauf bestanden, daß »die Verrücktheit nicht ›in‹ einem Menschen, sondern in einem Bezugssystem (ist), an dem der als ›Patient‹ Bezeichnete teilhat«. Nach Cooper ergibt sich das Verhaltensbild eines sogenannten Schizophrenen aus der Gesamtheit der Kommunikationsverhalten aller Bezugspersonen. Die soziale Struktur der konventionellen Anstalten weist in vieler Hinsicht gerade die gleichen »verrücktmachenden Absonderlichkeiten« wie die Familie des Patienten auf; es wird ein ähnliches interpersonales Spiel wie zu Hause gespielt, bei dem der Patient versagte: ein funktionales System der Bedürfnisse, Deformationen und administrativen Muster. Die Folgen sind, daß ein einmal als schizophren eingesperrter Mensch kaum mehr aus diesem Teufelskreis herauskommt, so daß er entweder in einer geschlossenen

Station endet oder zwischen Familie und Aufnahmestation hin- und herpendelt.

Das Versagen sieht Cooper an die Persönlichkeitsentwicklung des Einzelnen gebunden, die entscheidend von der Fähigkeit der Mutter abhängig ist, ein wechselseitiges Handeln auszubilden, d.h., daß das Kind sich als autonom, selbständig und selbsttätig begreifen lernt. Mißlingt dies, können andere Familienmitglieder zerstörend einwirken, ihre Fähigkeit dazu benutzen, die sich entwickelnde Freiheit des Anderen zu ersticken. Diese Gewaltausübung setzt dann die psychiatrische Anstalt nur fort, mit einer Strategie, die durch die wissenschaftliche Tradition perfektioniert und durch die Bindung an staatliche Gewalt sanktioniert worden ist. »Dieses heimliche Einverständnis zwischen der Familie und den Agenturen der Gesellschaft ist die Basis realer (im Gegensatz zu mythischer) Gewalt in der Psychiatrie... der Mensch, den seine Familie, den die Gesellschaft ›ausgespien‹ hat, wird vom Krankenhaus ›geschluckt‹, dann ›verdaut‹ und dem ›Stoffwechsel‹ überantwortet, bis er als Person unkenntlich geworden ist. Das, so meine ich, muß als Gewalt betrachtet werden.« (Cooper, ebd.)

In *Der Tod der Familie* (1972) ist Coopers Angriff auf die Familie noch radikaler: auf die Familie als dem »Kern der heutigen kapitalistischen Gesellschaft«, als »ideologischer Einrichtung und einer mächtigen, zerstörerischen Abstraktion, als perfektionierter Form der Nicht-Begegnung und einer äußerst kontrollierbaren Form, deren Macht in ihrer sozialen Mittlerfunktion« liege: Wahnsinn als Wahnsinn der Gemeinschaft und die den vermeintlichen Wahnsinn diagnostizierenden Psychiater als »nicht einmal richtige Prostituierte«; das Ganze: die »Schmierenoper der zeitgenössischen Psychiatrie«.

Als etablierte soziale Gewalttätigkeit werden in diesem Zusammenhang vor allem Familie und Psychiatrie, aber auch Psychoanalyse verstanden; denn auch die Psychoanalyse hat die gleiche kapitalistische Basis: den Ausführenden bleibt die »Verrücktheit«, mit der sie täglich umgehen, in der Regel ein subjektives Problem, das sie selbst nicht (mehr) zu fürchten

brauchen. Dies wird durch die Grenze »gut dotierter Beruf« manifestiert. Das zweite Element dieser kapitalistischen Basis ist das schichtenspezifische Auswahlprinzip bei den Patienten. Es gilt, von Fall zu Fall abzuwägen, ob es dem Einzelnen gelingen könnte, sich auf »natürliche Weise durch seine Erfahrung hindurch(zu)arbeiten« oder ob die Gefahr, in eine Nervenklinik oder in ein Landeskrankenhaus eingeliefert zu werden, nicht zu groß ist. Und dieses Problem vergißt auch Cooper bei seinen teilweise globalen Attacken nicht.

Sein Verständnis der Familie hinterläßt einen doppeldeutigen Eindruck; das Problem bleibt: Verdammt man die Familie generell, ist zu bedenken, daß sie in unserer gegenwärtigen Gesellschaft doch wohl potentiell noch immer die größte Möglichkeit hat, geistige und seelische Krisen des Einzelnen (auch ohne psychoanalytische Behandlung oder während einer solchen) aufzufangen, wobei es ja nicht die elterliche Familie sein muß. Verdammt man die Familie dagegen nicht von vornherein als Ganzes, sondern strebt eine Veränderung zu einer wahrhaft offenen, freien familiären Struktur an, und zwar nicht nur als Theorie, sondern von Fall zu Fall, in der fordernden Praxis, dürfte solche Veränderung, wo sie existentiell notwendig ist, noch am ehesten durch die Analyse des am meisten gefährdeten Familienmitgliedes – im besten Fall der ganzen Familie – gelingen.

Coopers Bild vom »Neuen Menschen« als »pragmatischem Revolutionär« ist zu schön und zu unverbindlich. Und für das Angebot, glücklich aus sich heraus zu werden, »in die Natur seines Seins zu blicken«, alle schöpferischen Impulse und Energien, die sonst durch Verkrampfung und Zwänge blockiert sind, freizusetzen, haben auch etwa der Zen-Buddhismus und die Verbindung zwischen Zen und Psychoanalyse Wege anzubieten.

Cooper und Laing haben im Laufe der Zeit immer mehr eine bekenntnishafte und essayistische bzw. poetische Darstellungsform für ihre Erfahrung und ihr Wissen über Gesundheit und Wahnsinn des Einzelnen und der Gesellschaft gewählt. Vor der Publikation

von *Die Sprache der Verrücktheit* äußerte jedoch Cooper, daß er wieder sachlicher schreiben werde, nachdem die Sprache in *Der Tod der Familie* als »brillant, jedoch wild-chaotisch« kritisiert worden war und man sich damit über die Problematik hinweggesetzt habe.

Laing ist nach seinem entschiedenen Eintreten für ›Selbstverwirklichung‹, Ekstase und fernöstliche Techniken wieder zu einer im weitesten Sinne psychoanalytisch orientierten Therapie zurückgekehrt. Beide sind in ihren Studien nicht bewußtlose Sprachrohre einer wissenschaftlichen Bewegung oder Schule. So ist Wissenschaft nicht die institutionalisierte Arbeit mit Ordnungsschemata, sondern eine methodologische Auslegung der Erfahrung des Selbst und der Anderen. Ein solches ›offenes‹ Verständnis von Wissenschaft fordert andere sprachliche Ausdrucksformen geradezu heraus. Wissenschaft und Literatur werden zu Bereichen der Erfahrung, der Erprobung und des Exerzitiums, die sich durchdringen und voneinander profitieren. Solcher ›Profit‹ steht nicht im Dienst der Entfremdung.

So sind Coopers und Laings Arbeiten nur zu einem Teil der Familien- und Schizophrenie-Forschung zuzurechnen. In der Bemühung um Selbsterkenntnis und Erkenntnis des ›Ganzen‹, um die Bestimmung des In-der-Welt-Seins eines jeden Einzelnen bleiben die ›Unmittelbarkeit‹ des Verstehenwollens und der Versuch einer neuen offenen Begrifflichkeit bei Laing reflektierter als in Coopers Traktat *Der Tod der Familie*.

Die traditionelleren wissenschaftlichen Arbeiten von Ronald D. Laing sind zum Teil in Kooperation mit Psychiatern bzw. Psychologen an der Londoner »Langham Clinic«, am »Tavistock Institute for Human Relations« und an der »Tavistock Clinic« entstanden. (Über die ganz unakademische Praxis informiert äußerst eindringlich der 1972 von Peter Robinson gedrehte Film »Asylum«.) Die 1960 und 1961 erstmals publizierten Studien *Das geteilte Selbst* (dt. 1972) und *Das Selbst und die Anderen* (dt. 1973), ebenso wie die bereits 1969 übersetzte Schrift *Phänomenologie der Erfahrung* (engl. 1967) zeigen außer Ansätzen einer neuen Psychiatrie auch Positionsbestimmungen

im Bereich zwischen persönlicher Erfahrung, Literatur, Psychologie und Philosophie. Die 1970 publizierte Gedichtsammlung *Knots* und der mit Cooper gemeinsam verfaßte Kommentar zu Sartres Philosophie (*Vernunft und Gewalt*, engl. 1964) fordern ebenfalls dazu auf, ein differenzierteres Bild als das eines Anti-Psychiaters zu zeichnen.

Angesichts der verhältnismäßig uneffektiven Weiterentwicklung (mit Ausnahme der Praxis von Maud Mannoni) der Modelle Laings und Coopers – etwa im Gegensatz zu ausschließlich praxisbezogenen Modellen wie denen der Gemeindepsychiatrie – muß man annehmen, daß es vor allem personenbezogene Realisationen von Wunsch-, Erfahrungs- und Erkenntnisstrukturen waren, die in dieser Ausprägung weitgehend an Laing und Cooper, an ihren Einsatz auch mit ihrem Körper gebunden sind. Sie sind Theoretiker, die ihre Denkmöglichkeiten leben, und Praktiker, die ihre Modellvorstellungen soweit einbringen, wie es ihre Körperlichkeit und Erfahrungsweite erlaubt. Deswegen sind sie aus der Sicht der Praktiker Phantasten und aus der Sicht der Theoretiker Mystiker.

Der Prozeß der Selbst-Erfahrung, Inter-Aktion und somit ganzheitlichen Erfassung der menschlichen Existenz hat sich von der Einsicht leiten lassen, daß man sich das Wissen über den Anderen *erschließen* muß.

Was ich über den Anderen und das Andere sage, sind »Zuschreibungen«, auf dem Hintergrund »meiner Welt«. Was von Laing (*Das Selbst und die Anderen*) phänomenologisch und existentialistisch begründet wird, hat Devereux ethno-psychoanalytisch für eine Neuformulierung des Verhältnisses von Beobachter und Beobachtetem in den Wissenschaften vom Menschen ausgeführt.

Laings an Phänomenbeschreibung, Selbstbeobachtung, Auslegung von Erfahrung, Interaktion und Existenz orientierter Ansatz einer Wissenschaft vom Menschen ist heute in einem komplexen wissenschaftstheoretischen Rahmen zu sehen: als entscheidende Korrektur zur Verhaltenswissenschaft, die ›einfach‹ beschreibt; als Vermittlung von Existential-Philosophie, Phänomenologie und Psychologie in der

Dimension praktischer, an Handlung orientierter ›offener‹ Wissenschaft; als interaktionspsychologischer Ansatz, der mit materialistischer Sozialisationstheorie zu vermitteln ist, sofern es die Frage zu entscheiden gilt, inwieweit die je meine Welt und die je meine Sprache (als Privat-Welt und Privat-Sache) Merkmale der Persönlichkeit oder Produkte von Abspaltung und Sprachzerstörung, im Kontext konkret-geschichtlicher Verhältnisse, sind.

J. Gleiss (»Der konservative Gehalt der Anti-Psychiatrie«, 1975) meint, daß Laing *Sozialisationsprozesse* auf *ideologische* Prozesse verkürze, insofern er das abweichende Verhalten des sogenannten Geisteskranken und die von dem sogenannten Normalen vorgenommenen Ausgrenzungen nicht auf die materielle Grundlage: die Form der Produktion der eigenen Lebensbedingungen beziehe. Vielmehr enge er die jeweiligen gesellschaftlichen Verhältnisse auf Familienzusammenhänge und Interaktionsbeziehungen ein, aus denen heraus Geisteskrankheit im Prozeß einer Stigmatisierung entstehe.

Gleiss hat recht, wenn sie die sozialen Kontrollinstanzen über die Interaktionsbeziehungen (und deren familialistische und behavioristische Deutung) hinaus von materiellen gesellschaftlichen Verhältnissen abhängig sieht. Nur besagt diese Einsicht noch nichts über einen effektiveren Umgang in (anti-)psychiatrischer Praxis; und wie sich die Widersprüche (zwischen Individuum und Gesellschaft) im Kapitalismus anders als im Sozialismus auswirken, bleibt auch noch völlig offen. Gleiss' Interesse an den bestimmenden kapitalistischen Verhältnissen versperrt ihr den Blick dafür, daß eine »negierende Haltung«, die sich nicht bedingungslos im historisch-materialistischen Sinn auf Gesellschaft bezieht, noch lange nicht eine nutzlose »abstrakt negierende Haltung« sein muß.

In den Jahren von 1958 bis 1968 hatte Laing zum Teil zusammen mit Esterson Familienuntersuchungen (*Wahnsinn und Familie*, 1975) durchgeführt und immer eindringlicher den krankmachenden Faktor »Familie« herausgearbeitet: die Familie als Instanz und Agentur der Gesellschaft, die Konformität und Gehorsam fordert und fördert. Während Cooper (*Der*

Tod der Familie, 1971) seine Anklage schließlich mehr in einem Pamphlet artikulierte, legte Laing, mit Esterson zusammen, Fallstudien und Deskriptionen des familialen schizophrenen Umfeldes vor. Es geht nicht um die Etikettierung der unverständlichen Anteile in der Rede der sogenannten Schizophrenen, sondern um den aufklärbaren sozialen Hintergrund dessen, was den Begriff Schizophrenie eher verdeckt.

Inzwischen gibt es allerdings auch eine, von der Sozialpsychologie ausgehende, systematisch betriebene Familienforschung, mit der diese frühen Arbeiten zu vermitteln sind. Unbestreitbar bleibt ihr Engagement für den sogenannten Verrückten und die initiatorische Leistung: »Nicht das Individuum, sondern die Familie ist die Einheit der Krankheit.« Laings Vorträge und Aufsätze in *Die Politik der Familie* (1974) sind eine gute Einführung in diese Sicht der Krankheit und des Wahnsinns, und sie erbringen auch weitere Differenzierungen des Familien-Begriffs, der Darstellung von sogenannten »Fallgeschichten« und zeigen deutlich Laings Übereinkunft mit bzw. seine Absetzung von der Psychoanalyse und Psychiatrie. Laing: »Wir alle müssen ständig lernen, viel von dem, was wir gelernt haben, zu vergessen; wir müssen lernen, das zu lernen, was uns nicht beigebracht worden ist. Nur so können wir und unser Fachgebiet wachsen«. Francis A. Macnab hat in *Entfremdung und Interaktion* (1975) versucht, die Schizophrenie-Forschung im Sinne Laings und einer *religiösen* Ausrichtung der Therapie weiterzuentwickeln. Obwohl die Arbeit in Laings Reihe »Studies in Existentialism and Phenomenology« mit einem Vorwort von ihm erschienen ist, muß man sie als das eklatanteste Beispiel für die Gefahr anführen, die in einer existentialistisch geprägten Anti-Psychiatrie beschlossen liegt. Macnabs »existentielle Psychotherapie« verkürzt Ontologisierungen, wie man sie Laing vorgeworfen hat, unhaltbar. Für Macnab ist *Interaktion* einfach zwischenmenschliches Zusammensein, und Enfremdung ist die Lösung vom Selbst, von der normalen Welt und von Gott. Er möchte durch Intensivierung der Gruppen Interaktion und der Beziehung zu Gott die Entfremdung der

Schizophrenen, ihr »chaotisches Irresein«, ihre »seltsame Existenzweise« aufheben. Von der »christlichen Botschaft« verspricht er sich für diese aus der ›Seins- und Sinnmitte entrückten‹ Menschen »Linderung und Heilung«.

In der *existentiellen* Dimension, in der Laing »soziale Phantasiesysteme« diskutiert, ist eine Bezugnahme zu Maud Mannonis Studien aus der Lacan-Schule von Interesse. Seit selbst ausgesprochen konservative Medien ›ihren‹ Beitrag zur modernen Psychiatrie bringen, droht die wahre Problematik und umfassende Reformbedürftigkeit der psychiatrischen Anstalten in salonfähiger Rede, in selbstgenügsamen Einzelansichten und Appellen eher noch verschleiert zu werden: für den Irren (!) muß besser gesorgt (!) werden. Die Anti-Psychiatrie hat dagegen ein umfassenderes Konzept entworfen, wobei man immer beachten sollte, daß gerade im sozialen Bereich die Nennung Einzelner nur teilweise berechtigt ist, da die vielen Initiatoren und Experimentierenden meist ohne Publicity tätig sind. Mannoni, durch ihre Forschungen über *Das zurückgebliebene Kind* (1972) bekannt geworden, bezieht die anti-psychiatrische Entwicklung der letzten Jahre in ihre, aus praktischer und theoretischer Arbeit in Psychiatrie und Psychoanalyse gewonnenen Überlegungen mit ein.

Mannoni beruft sich auf Laing und Cooper, wenn sie die traditionelle Psychiatrie in ihrer medizinischen Allwissenheit angreift, wenn es ihr – im Sinne des Patienten – um eine »Entpsychiatrisierung« geht; denn die alten »Behandlungsmethoden« ersticken Rede und Sein des Psychotikers (Mannoni, *Der Psychiater, sein Patient und die Psychoanalyse*, 1973). Daß in seiner Existenz auch Wahrheit des Selbst und Wahn der anderen ist, will die Psychiatrie auf keinen Fall wahrhaben. Anliegen der Anti-Psychiatrie ist es, Bedingungen zu schaffen, die es dem als Psychotiker etikettierten Menschen erlauben, ›seinen‹ Wahn zu artikulieren; ohne die »Behandlung«, die auch verschleierte »Strafe« ist. Seine Rede soll dem Psychiater nicht als Beweis für die Verrücktheit gelten, sondern der Psychiater soll daraus lernen und Einsichten in die Wahrheit des Wahns gewinnen.

Daß es aber mit einer bloßen Umkehrung des Verhältnisses Arzt/Kranker noch nicht getan ist, zeigt Mannoni sehr deutlich. Denn der Hospitalisierte kann ebenso leicht zum Objekt einer modernen Theorie und Praxis werden, von einer »barmherzigen Institution ›rehabilitiert‹« und dabei in seinem ›So-Sein‹ vernichtet werden. Die »Fürsorge« darf sich nicht verselbständigen, sonst verhindert sie eher noch eine Veränderung der gesamten psychiatrischen Organisation. In diesem Sinn hat auch Laing von einer Lüge der Fürsorge gesprochen. Bei unterschiedlichen methodischen und begrifflichen Ansätzen treffen sich die Forschungen Laings, Coopers, Mannonis oder Foucaults in der Neuformulierung des *Wahnsinns* als eines gesellschaftlichen Problems und der *Psychiatrie* als Arbeit im Sinne des Patienten und als Gespräch mit ihm.

Der Status der sogenannten Geisteskranken und der Debilen ist nicht nur einer des individuellen Ausgegrenztseins, sondern des (in unserem Fürsorgesystem) institutionalisierten Außenseiterseins. Die kollektive Ausschließung hat sich in einer Weise selbstsicher manifestiert, daß deren Anderssein gar nicht mehr in Frage steht. Das in Pflege- und Reedukationssystemen, in Diagnosen und Ratschlägen erstickte ›Objekt‹ ist seiner Möglichkeiten, als Subjekt, das *Anderes* aussagt, zu leben, weitgehend beraubt worden. Jeder theoretische Angriff auf diese Diskriminierung wird als Angriff auf funktionierende gesellschaftliche und administrative Strukturen wirksam abgewehrt. Es geht nicht darum, das Vorhandensein mentaler Zurückgebliebenheit oder der Psychose zu leugnen. »Aber es muß die Art und Weise kritisiert werden, mit der in unserer Gesellschaft dieses Problem technisch angegangen und durch die Technik der Behandlungen noch verschlimmert und in Entfremdung verwandelt wird.« (Mannoni)

Mannoni hat eine Bewegung in Frankreich mitinitiiert, die eine elementare Neuorientierung in Institutionen, in der Fürsorge und in der Schule versucht, in engstem Kontakt zur Theoriebildung, die wesentlich von Lacans Konzept (jeden Patienten, auch den Psychotiker, als sprechenden Menschen zu verstehen,

der sich mitteilen kann und der etwas zu sagen hat) geprägt ist. Der gegen Lacan erhobene Vorwurf der Esoterik wird in dieser Hinsicht nichtig, denn die *konzeptuelle* Stärke ist die einzige Waffe in diesem Kampf mit den Institutionen. Wirkliche Solidarität kann nur ein Resultat, nicht der Ausgangspunkt sein. Mannoni hat in langjähriger Praxis versucht, den Status der Ausgestoßenen: die ihnen von anderen aufgezwungene Fixierung auf ihre ›Krankheit‹ – und damit verbundene ›irre‹ Verhaltens- und Sprechweisen als Erfüllung der an sie gerichteten Erwartungen – dadurch rückgängig zu machen, daß sie auf sie als *Subjekte* hören lernte. So begannen sie, ihre Entfremdung aufzubrechen, ihr ›verlorenes‹ Leben zu entdekken, gegen ihr ›Schicksal‹ und ihre ›unwiderrufliche Verurteilung‹ anzukämpfen. Natürlich läßt sich für den »Geisteskranken« und »Debilen« nicht ein ganz neuer Platz in der leistungsorientierten Gesellschaft schaffen; aber wir können diese Institutionen in Frage stellen, die sich dermaßen der Produktion von Krankheit unterstellt haben, und können dem von seinem Wunsch und seinen Existenzmöglichkeiten Entfremdeten helfen, ein sprechendes Subjekt zu werden, das in der Sprache immer auch mit anderen verbunden ist.

»Es ist der zentrale Gedanke dieses Buches, den ich aus meiner analytischen Erfahrung ableite, daß man das *Kind* zurückweist, wenn man nur das *Symptom* behandeln will.« (Mannoni 1972) Dies gilt ebenso für die ›Behandlung‹ des sogenannten Geisteskranken. Symptombehandlung ist Vereinnahmung des Anderen unter medizinische und administrative Macht, gegen die Lebensmöglichkeiten.

Das Verdienst der Anti-Psychiatrie besteht darin, »daß sie sich gegen jegliche Vorstellung einer Verwaltung des ›Wahnsinns‹ aufgelehnt und so einen Freiraum für die verschiedenartigsten Experimente geschaffen hat, die erst sinnvoll werden, wenn sie jeder Planung entgehen«. (Mannoni 1976) Ziel ist die *»gesprengte Institution«*, das Aufbrechen der mißbrauchten Macht in Familie und Medizin.

II.
Künstlerisches und wissenschaftliches Verstehen

Der fremde Blick oder Vom Hören und Sehen in Psychoanalyse, Ethnologie und Kunst

Der Psychoanalytiker, Ethnologe und Maler Fritz Morgenthaler erzählte einmal die Geschichte eines Patienten, der für seine gesellschaftlich untragbare Perversion, Häuser anzuzünden und in der Glut des Feuers seine höchste Lust und Befriedigung zu finden, eingesperrt worden war und den Morgenthaler aus dieser Isolation in eine psychoanalytische Behandlung führen konnte. Nach jahrelanger Arbeit kam der Patient eines Morgens frohgelaunt und mit einer Blume im Knopfloch in die Praxis. Der Analytiker sah darin das sichere Zeichen einer gelungenen Heilung und wollte dem (ehemals) Perversen in den folgenden Stunden vorschlagen, die Therapie zu beenden. Der Patient verabschiedete sich anscheinend fröhlich – und verübte Suizid.

Die therapeutische Kunst war am Ende. Die Perversion hatte in dem Menschen die Funktion einer Plombe; als sie aufgelöst wurde, war der Patient nicht mehr lebensfähig. Das ihm Eigenste sollte offensichtlich das Fremde bleiben, es konnte von ihm nicht integriert werden.

Die Formulierung »Der fremde Blick« soll einige Aspekte der ungeheuren, unfaßbaren und disharmonischen, aber auch der erfüllten und harmonischen Dynamik zwischen dem Eigenen und dem Anderen, dem Selbst und dem Fremden andeuten. Der *fremde Blick* kann ja nur der eigene sein, aber eben nicht der Blick, der sich als gesättigt, als selbstbegrenzend und ethnozentristisch begreift.

In einem Roman von Zola ist ein Angeklagter bereit, über die Fakten eines von ihm begangenen Lustmordes zu sprechen, schämt sich aber zuzugeben, daß er

früher einmal den Strumpf einer Frau geküßt hat. Ihm fällt es also leichter, über eine Perversion als über eine zärtliche Empfindung zu sprechen. Beobachtet man sich selbst auf solche Diskrepanzen hin, wird man feststellen, daß es oft Nebensächlichkeiten und Trivialitäten des Alltagslebens wie auch des Traumgeschehens sind, die man nicht preisgeben möchte und die man insgeheim für unwichtig und überflüssig erklärt. Versprecher und Fehlleistungen sind die populärsten Beispiele für das ›eigentlich Nicht-Gesagte und Nicht-Getane‹, für das Latente. Das Unbewußte entläßt uns aus keiner unserer Handlungen. Diese von Freud so apodiktisch bezeichnete unsichtbare Klammer unseres sichtbaren Tuns vereint das Kriminelle und das Zärtliche, die Haupt- und Nebensachen, das Manifeste und das Latente und beraubt jedes Geschehen seines objektiven Scheins.

Was der Psychoanalytiker Theodor Reik (*Hören mit dem Dritten Ohr*, 1976) vom Schauspieler forderte – er solle »den wesentlichen Teil des Affekts wiedererlangen, der ihn erstmals dazu veranlaßte, Schauspieler zu werden« –, ist z. B. auf den Ethnologen übertragen eine Zuspitzung der Selbstanalyse des Forschers zur Bewußtwerdung seiner eigenen Emotionalität, der psychischen Bedingungen in seiner Fremdwahrnehmung, in seinem fremden Blick: Man schaut und hört nicht nur auf das Äußere, das scheinbar Objektive, sondern wendet sich – in seinem sozusagen professionell verunsicherten Selbst – mit dem »dritten Ohr« und dem »inneren Auge« auf sich zurück, in Selbstbeobachtung und Selbstanalyse, in Introspektion. Das ist die Erinnerung des eigenen Lebens, die Erkundung grundlegender Affekte, die Verlebendigung, die Vitalisierung lebensentscheidender Angelpunkte. Entscheidend für den Ethnologen sind die Erfahrung der *Differenz* zwischen eigener und fremder Kultur, eines dabei empfundenen *Defizits* in der eigenen Kultur und die Wünsche nach anderen Werten, Idealen und Gesellschaftsentwürfen, nach einer anderen Körperlichkeit, Ästhetik und Sinnlichkeit, nach anderen Lebens- und Kulturformen.

Die elementare desillusionierende Erfahrung ist jedoch, daß man, trotz Kulturüberschreitung, kein An-

derer wird, daß man sich auf lächerliche und unbarmherzige Weise gleichbleibt und daß man in anderen Kulturen der Außenseiter, der Fremde, der Unwissende, das Kind ist. »... Ich war *ma-chich*, eine Un-Person. Ich kam aus der Wildnis, und Tugen nannten mich ›Affe‹. Um mit ihnen ins Gespräch zu kommen, mußte ich zuerst einmal den Bereich der Wildnis verlassen und *chich*, eine Person, werden. So wie sie die Entwicklung einer Person im Lauf des Lebens durch neue Namen markieren, so konnte auch ich meine Entwicklung von einer Un-Person zu einer Person an den Namen erkennen, die sie mir nach und nach, dem Grad meiner Domestizierung entsprechend, gaben. Sie nannten mich ›Affe‹, solange ich wie ein kleines Kind weder ihre Sprache sprechen, noch verwandtschaftliche Beziehungen zu ihnen aufweisen konnte, noch die Regeln der Höflichkeit kannte. Später nannten sie mich ›Ding‹. Sie sagten: ›Das Ding kommt immer wieder.‹ Nachdem ich an *sohro*, einem ›großen‹ Ritual, teilgenommen hatte, sagten die Ältesten zu mir: ›Jetzt bist du groß geworden.‹ Und lachten.« (Heike Behrend: *Die Zeit des Feuers*, 1985)

Wenn das Bild, das man von sich selbst hat und das die Fremden von sich haben, sehr weitgehend zur Deckung kommen, *verschwindet* der Ethnologe in der anderen Kultur mehr, als es seinem wissenschaftlichen Ideal recht sein mag. Manche haben die Illusion, dieses Verschwinden »im Anderen« würde sie der eigenen Konflikte weitgehend entledigen. Im Gegenteil: Ihr Unbewußtes bedrängt sie viel heftiger, fern des aktuellen gesellschaftlichen und sozialen Drucks, fern der kulturspezifischen alltäglichen Konflikte und Spannungen. Der Selbstbetrug hat nur weniger Masken und Verschleierungsformen, weniger Alltägliches und Vertrautes um sich; er tritt offener zutage.

So wie man in seine eigenen Selbsttäuschungen und Selbstzensurierungen verstrickt ist, verstecken sich erst einmal auch die anderen vor sich selbst und dem Eindringling. Das eigene Auge will alles sehen und das Ohr gerade auch das Nichtgesagte hören und verstehen (dies ist der methodologische Ansatz der Ethnopsychoanalyse). Aber sehen Blinde nicht viel-

leicht besser? Auf diese paradox klingende Formel lassen sich die Anregungen bringen, die der Ethnologe Horst Cain in einem Essay »Feldforschung eines Blinden in Westsamoa« gibt. Diese ungewohnte Sicht auf die Tätigkeit eines Ethnologen, dem sich die Angehörigen der anderen Kultur nicht unterlegen fühlen, die also weniger versucht sind, sich besonders zu exponieren und vielleicht ein vertrauensvolleres Verhältnis zu dem Eindringling entwickeln, nimmt der Metapher vom *Auge des Ethnographen* etwas von ihrem Glanz. Die Menschen fühlen sich vom blinden Forscher weniger beobachtet und begutachtet und verzichten deswegen darauf, sich in bezug auf ihre Kultur protektionistisch zu verhalten.

In Malinowskis Formel vom »Auge des Ethnographen« als einer Art Filmkamera steckt noch viel von der traditionellen Beobachtersituation – *hier* der Beobachter, *dort* das Objekt – und dem aktiven, hierarchisch strukturierten Sehen. Aus diesem Grund hat Fritz Kramer (*Der rote Fes*, 1987) an eine andere Tradition erinnert, die gerade den *Blick von außen* favorisiert: Julius Lips hat versucht, ein »primitives« Bild des Weißen zu zeichnen, ein Bild des »Zivilisierten« aus der Sicht der »Wilden« zu entwerfen. Auch dies ist eine Form der Enthierarchisierung, der Einschränkung ethnographischer Autorität,* eine grundlegende Modifizierung des Sehens in der Ethnologie.

Gleichzeitig muß man bedenken, daß es genügend Hinweise darauf gibt, daß sich die Angehörigen traditionaler Gesellschaften keineswegs dem weißen Fremden unterlegen fühlen – das zuvor zitierte Beispiel der Tugen in Ostafrika, die den Fremden als »Kind« verstehen, mag dafür exemplarisch stehen. Prinzipiell herrscht stets – in der Kommunikation, im verbalen und nonverbalen Austausch, im gestischen und diskursiven Verhalten – ein Ungleichgewicht, eine Verzerrung, eine Kulturdifferenz, die nie aufhebbar ist.

Selbst da, wo sich der Reisende, der Ethnologe oder der Überläufer weitgehend der anderen Lebenswelt unterordnet, verhält er sich herrschaftlich. Nie

---

* Vgl. auch S. 158ff. in diesem Band.

kann er sein Selbstbild, die eigenen Ansprüche, Interessen und Erwartungen verleugnen. Selbst wenn es für Augenblicke gelingt, fühlt er und fühlen die anderen die unüberbrückbare Fremdheit und Distanz.

Imperatorisch verhält sich nicht nur der im Auftrag einer Regierung Reisende, sondern auch der Reisende, der eine neue Lebenswelt für sich sucht; denn auch er verändert die Lebensverhältnisse von außen, greift gebieterisch in sie ein, okkupiert die Situationen, da er schon allein vom Status dessen, der sich seine Umwelt aussucht, der sich sein Leben frei gestaltet, überlegen ist. Nie wird er ein Gleicher unter Gleichen; immer verleihen ihm seine Präsenz und die Aura seiner Gesellschaft eine exponierte Stellung. So verändert sich in der Praxis alternatives Leben zu einem hierarchisch strukturierten Leben.

Und diejenigen, die außereuropäische Kulturen nur als Vorbild für nicht-profitorientiertes und natürliches Leben nehmen möchten, verkennen die Armut und die Widersprüche, in die diese Gesellschaften geraten sind, seit sie von der Konsumindustrie und deren Verlockungen verführt wurden; seit sie (ebenso naiv) von einem besseren Leben hörten. Die Idee, außereuropäische Kulturen lebten alternatives Leben vor, ist ebenso abstrakt und falsch wie die Sehnsucht derjenigen, die sich für ihre Sandwege und Hütten schämen und von einer Zukunft schwärmen, in der sie nur noch in Autos über Betonstraßen in ihre Hochhäuser fahren.

Die außereuropäischen Gesellschaften sind in Entwicklungsprozesse verstrickt, die ihren Angehörigen weder einen politischen Freiheitsspielraum lassen – zumeist sind es ja Militär- oder Ein-Mann-Diktaturen – noch den einer individuellen oder sozialen Entwicklung: das, was nicht politisch *diktiert* wird, ist ebenso bindend durch die schon verinnerlichten Ideale westlichen Lebens *vorgegeben*.

Setzt sich eine fremde Herrschafts-Gesellschaft – vor allem mit ihren Idealen und Produktionsweisen – in einer ›wilden‹ oder abhängigen Gesellschaft durch, führt dies zu Prozessen der Desorientierung, der Anpassung und des Widerspruchs. Die »Dritte Welt« ist heute ein Umschlagplatz für Ideologien, Waren, Gifte

und Menschen (Organ- und Menschenhandel). Also ein Ort der Gegenutopie.

Wenn ich von meiner persönlichen Erfahrung ausgehen darf, so ist die tiefe Empfindung der unüberbrückbaren Differenz, der unfaßbaren Unterschiede in der Wahrnehmung und im Beurteilen, im Habitus und im Sprechen, im kulturellen und sozialen Hintergrund für mich immer ebenso präsent gewesen wie das gegenteilige Gefühl des Untertauchens und Eindringens, der Identifizierungen und Gleichsetzungen. Es gibt keinen sich durchhaltenden ausgeglichenen Diskurs, in dem eine Individualität gleichberechtigt gegen eine andere Individualität stünde. Entweder man bleibt mehr »draußen«, auf Distanz, oder verstrickt und identifiziert sich – in beiden Fällen sind es eigene Entscheidungen, auch Positionen der Macht, der Ich-Stärke.

Ich habe als Vorbedingung meiner Fremderfahrung immer die Offenheit dieses Spielraums erfahren, wobei ich glaube, daß der standesbewußte, prestigeorientierte, sich institutionell definierende und dementsprechend auftretende Ethnologe unendlich viel schwieriger die Oberflächen der anderen Gesellschaft durchdringt als der Ethnologe und Reisende, der die Gabe hat zu verschwinden und unterzutauchen, der nicht so gebunden ist an seinen Clan und dessen Forderungen. Sich zeitweise gleichsam unsichtbar machen, sich verwandeln: sich zum Beispiel den Kindern annähern, mit denen man ›spielend‹ in ein abgesperrtes Flüchtlingslager der Nomaden eindringt – das habe ich stets als eine Fähigkeit angesehen, die so etwas wie eine Grundeigenschaft des Ethnologen sein sollte.

»Das Auge des Ethnographen« und der »fremde Blick«, das »Hören mit dem Dritten Ohr« (das Hören auf das Unbewußte, beginnend mit der Selbstbeobachtung, Selbsterkenntnis und Selbstanalyse), die Erfahrung der Differenz und das »Untertauchen« – das sind also erste Markierungspunkte in diesem weiten Feld des Hörens und Sehens. Dabei ist die *Uneinlösbarkeit* eines ›identischen Selbst‹, einer ›idealen Identität‹ (»Nie triffst du dich / Dir gleich zu sein / Treibst Wolken weit von dir«, Carl Einstein) das, was die meisten heute nicht wahrhaben wollen, wenn sie selbstanalytisch an sich arbeiten.

Die ideale Identität: das wäre ein unterschiedsloses und spannungsloses Einssein, die Aufhebung von Polaritäten und Dynamik. Wenn auch Psychotherapie, Meditation und das Ideal des Höheren Selbst darauf zielen, die neurotische Spannung, die angstvolle Zerrissenheit im Einzelnen aufzuheben, so wollen diese Bewegungen und Fixierungen doch keinen Zustand *jenseits* menschlicher Existenz, *außerhalb* des Lebens, sondern inmitten des Lebendigen.

»Der fremde Blick« lebt von einem solchen Vitalismus und der ihm innewohnenden Spannung: Es ist der eigene Blick, der aber Fremdes in sich aufgenommen und sich damit gesättigt hat, es ist eine durch Fremderfahrung und deren Potentiale hindurchgegangene Wahrnehmung.

Man kann sich auch andere, verwandte Wortprägungen und Formeln ins Gedächtnis rufen, in denen Eigenes und Fremdes vergleichbar aufeinander bezogen sind: »Ich ist ein Anderer«, das »Alter Ego« und das »innere Ausland« (wie Freud die Seele nannte). Zuweilen sind *zuerst* solche Formulierungen da, leuchten wie Leitsterne und Blitzlichter auf, zeigen Richtungen an, in die sich das Denken entwickeln und ausbreiten kann, an denen sich ein Sujet konturiert. »Der fremde Blick« – diese Formulierung kann wie ein focus wirken: wie nehme ich einen Gegenstand wahr, wie erfasse ich ihn und wie sind der Blick des Künstlers und Kunsttheoretikers, des Psychologen und des Ethnologen aufeinander zu beziehen? Nur unsere kulturelle Verfassung und Konditioniertheit (wie wir heute sagen) bestimmt doch, was »fremd« und was »eigen« ist. Der Gegenstand selbst »weiß« davon erst einmal nichts. In diesem Sinn habe ich zu Anfang die Schwierigkeit angesprochen, die ein Angeklagter in einem Roman von Zola empfindet, als er über eine zärtliche Empfindung sprechen soll, während es ihm so leichtfällt, eine Perversion zu beschreiben. Die Zärtlichkeit war das ihm Fremde.

Der Ethnologe Georges Devereux berichtete einmal von einem Experiment, bei dem ein Film über einen afrikanischen Stamm vorgeführt wurde und die Anwesenden, jeder für sich alleine, zusammenfassen

sollten, was sie gesehen hatten. Man konnte den Eindruck gewinnen, es seien mehrere Filme vorgeführt worden – so stark differierten die Beschreibungen. Einige hatten einen bestimmten Vorgang, bei dem eine lebende Kuh angestochen wurde und man das Blut trank, einfach nicht wahrgenommen. Sie hatten aus ihrer Wahrnehmung ausgeblendet, was ihnen (emotional) unerträglich erschien, was sie sich nicht zumuten konnten.

Angst bestimmt die Wahrnehmung des Forschers ebenso sehr und so grundlegend wie die Methode. Der Blick kann das Fremde nur bis zu einer bestimmten Grenze der Erträglichkeit zulassen. Der fremde Blick ist also immer per se auch ein kulturell und emotional begrenzter Blick. Deswegen lautet eine Grundforderung an die Human- und Verhaltenswissenschaften, den Beobachter in seiner konstitutiven Funktion zu berücksichtigen.

Sind das Fremde und der Fremde anders als nach den Maßstäben des eigenen Lebens und der eigenen Kultur zu verstehen? Können wir, wenn wir uns in eine fremde Kultur versetzen, das Andere auch immanent begreifen, oder bleibt uns nur die Möglichkeit, das Andere so weit und so gut zu erfassen, wie wir uns selbst verstehen?

Diese Frage beschäftigt die Ethnologen, seit sie aus der Befangenheit positiver, empirischer und spekulativer Erforschung anderer Gesellschaften heraustraten; seit sie sich selbst als Beobachter reflektierten.

Die Selbstanalyse ist, als Bestandteil der Ethnologie, eine originär psychoanalytische Perspektive, in der die Fremdanalyse und die Eigenanalyse aufs engste miteinander verknüpft sind; ohne Introspektion ist kein Fremdverstehen möglich. Am konsequentesten wurde der Vorrang der Introspektion im Sinne einer methodologischen Durchdringung der Ethnologie von Devereux formuliert: Jede Wahrnehmung ist eine Wahrnehmung am Beobachter.

Als die Ethnologen zu Beginn des 20. Jahrhunderts diese Zusammenhänge entdeckten und sie systematisch auf ihre Disziplin anwendeten, stellten sie die Forderung auf, jeder Ethnologe habe im Rahmen seiner Ausbildung auch eine Psychoanalyse durch-

zuführen. Ist die psychoanalytische Selbsterfahrung und Schulung des Ethnologen die Vorbedingung und auch die Garantie für die Vermeidung ethnozentristischer Verzerrung, also für die der fremden Kultur adäquate Beurteilung?

Der Ethnologe hat sich Grenzen gesetzt, um eine Forschungssituation herzustellen, wie der Analytiker die psychoanalytische Stiuation, in der er nicht ißt, trinkt, liest oder ausgelassen ist. Der Rahmen schafft den Raum für kontrollierbare Gegenübertragung; man weiß, was man sich leisten kann, man sieht sich zu, man überwacht die eigenen Wünsche und Ängste. Man versucht, die projektiven Verzerrungen bei der Analyse des Fremden (im Unbewußten und im Sozialen) gering zu halten. Man will verstehen, interpretieren, Aussagen machen. Man weiß: Der ›umstandslose‹ Ansatz beim ›Selbst‹ oder beim ›Fremden‹ mißlingt. Wir konstruieren *Modelle*, um uns das ›Nächste‹ und das uns ›Fremdeste‹ begreifbar und veränderbar zu machen.

In ethnographischer ›Feld‹-Forschung beobachten wir, ebenso wie in ethnopsychoanalytischer und psychoanalytischer Praxis, immer unseren *Nächsten*. Die Rede vom Fremden, vom Wilden, vom Kranken ist eine angstabwehrende Verschleierung. Und die Konzepte, mit denen wir arbeiten, signalisieren nicht nur unsere Stärken, sondern vor allem auch unsere Schwächen, unsere Schwierigkeiten; sie sind ein Hilfsmittel, die »eigenen Konfliktneigungen... unter Kontrolle zu halten«. (Morgenthaler, *Technik*, 1978) Der Analytiker kann seine Technik, die Metapsychologie und das analytische »setting« (das »in erster Linie eine Absicherung für den Analytiker darstellt«), zur Stärkung, zur gewollten Veränderung des Anderen einsetzen, wenn er sie der sich entfaltenden Beziehung und ihren aufdeckenden Einsichten unterordnet. In der räumlich und zeitlich begrenzten Beziehung mit dem Analysanden wird unter Zuhilfenahme technischer Strategien an den Narben der Vergangenheit gearbeitet: so konstituiert sich Psychoanalyse. Dafür verwendet Morgenthaler auch die Metapher: Der Analytiker ist der zu spät gekommene Gast; er sitzt am leergegessenen Tisch, vor den Resten.

Angesichts der sich auflösenden traditionalen Gesellschaften – und wir müssen uns klarmachen, daß dieses Faktum mit dem Auftreten der Kolonialisten und Ethnographen zusammenfällt – gilt diese Metaper natürlich ebenso für den ›Feld‹-Forscher. Anders als in der Psychoanalyse geht es in der sozialpsychologischen und ethnologischen Deutung ›normaler‹ und verzerrter Bewußtseins- und Sprachformen jedoch nicht um therapeutische Eingriffe und Veränderungen. Die Ethnopsychoanalyse ist eine Sozialwissenschaft, insofern sie die gesellschaftlichen Verhältnisse und ihre Umsetzung in der Lebensgeschichte der Einzelnen zu erfassen versucht. Konflikte und Widersprüche der Gesellschaft sind von der Ethnopsychoanalyse als Konflikte und Widersprüche im Subjekt analysierbar. Insofern ist das politische Engagement der Psychoanalyse und Ethnopsychoanalyse zugehörig.*

Die Forschung des Ethnologen wird nicht dadurch objektiv, daß er sich als Teil der Beobachtungs- und Erkenntnissituation ignoriert, sondern in dem Maße, wie er diese Abhängigkeiten thematisiert, ausdrücklich mit in die Untersuchung einbezieht. Der Abenteurer dagegen lebt unmittelbarer in den Situationen, in die ihn seine Sehnsüchte führen; er forscht nicht, wohin ihn seine Pflicht ruft.

Der ins Unbestimmte Reisende – von Ibn Battuta, der 1325 nach Mekka aufbrach und 27 Jahre unterwegs blieb, von den ersten, für Gold, Religion und den Staat kämpfenden Entdeckern und Raub-Seefahrern des 15. und 16. Jahrhunderts (Heinrich der Seefahrer, Cadamosto, Columbus, Nunnez, Magellan, Cortez, Drake u. a.), von den ersten Entdeckern und Kolonisations-Gehilfen, Ausführenden machtpolitischer Programme und Forschern in Kooperation zu

* Zur Kritik am Begriff der ›Feld‹-Forschung vgl. K.-H. Kohl, *Exotik als Beruf*, 1986; zum Verhältnis von Kolonialismus und Ethnologie vgl. Leclerc, *Anthropologie und Kolonialismus*, 1973; zur sozialpsychologischen und ethnologischen Deutung von Bewußtseins- und Sprachformen vgl. Leithäuser und Volmerg, *Anleitung zur empirischen Hermeneutik*, 1979, und die Arbeiten von Parin/Morgenthaler; zur Bestimmung der Ethnopsychoanalyse als Sozialwissenschaft vgl. Parin, *Der Widerspruch im Subjekt*, 1979, und Bosse, *Diebe, Lügner, Faulenzer*, 1979.

Ende des 18. Jahrhunderts (Bougainville, Cook, Banks, Forster u. a.) bis zu den Einzelreisenden der folgenden Jahrhunderte –, es sind Menschen mit der Lust am Exotismus (je mehr sie sich dem kolonialistischen Auftrag unterordneten, desto mehr wehrten sie diese Lust bis in ihr Gegenteil ab). Sie alle sind in der Regel eingefleischte Philobaten, immer unterwegs, stolz darauf, der erste gewesen zu sein, vielleicht sogar so weit vorzudringen, wie es überhaupt menschenmöglich ist. Zivilisationsflüchtlinge, Verachter der »erkünstelten Bedürfnisse«. Battuta: ». . . und verließ meine Heimat, wie der Vogel sein Nest verläßt«.*

Die Metapher »aus dem Nest fallen«, das Nest oder den Hafen verlassen, verweist auf die Schwierigkeit, mit der alle konfrontiert wurden, die eines Tages zurückkamen und sich nicht wieder einleben oder anpassen konnten. Ihr Eskapismus ins Primitive ließ sich nicht einfach rückgängig machen oder umkehren. Selbst wenn sie nicht wirklich Mitglieder einer anderen Kultur geworden waren, sondern nur ihre Lebensformen ausgetauscht hatten, so war doch ein Riß entstanden, der kaum noch überbrückbar schien. Zudem war in vielen Fällen die Travestie der Lebensformen in einer entsprechenden sexuellen Wunschvorstellung von Travestie, Transvestitismus und anderen in der bürgerlichen Gesellschaft öffentlich verpönten Sexualpraktiken begründet. Das Unbehagen in der eigenen Kultur in einen gelebten Exotismus in der fremden Kultur umzuwandeln, zieht sich durch die Jahrhunderte als eine Utopie, die von allgemeinen Idealen und dem eigenen individuellen Triebschicksal genährt wird. Der fremde Blick des Abenteurers und Reisenden ist direkter an seine »Wunschmaschine« angeschlossen, so würde man heute sagen.

Aus der eigenen Kultur die fremde erfahren und von der fremden Kultur Zugänge zu noch nicht gesehenen oder abgespaltenen Anteilen der eigenen finden. In der Tätigkeit des Entdeckens und Erfahrens, der Konstruktion und Systematisierung, der Modell-

* Vgl. unter anderem Ibn Battuta, *Reisen ans Ende der Welt*, 1974, und F. Salentiny, *Das Lexikon der Seefahrer und Entdecker*, 1974.

entwürfe und der Verwerfungen leben. Wünsche, Mythen und Ideologien der Menschen selbst- und fremdethnographisch entdecken, beschreiben, dechiffrieren und die (eigene) Subjektivität als eine begreifen, die sich vorab nicht als Vernunftwesen weiß und vergewissert hat, sondern ihre Vernünftigkeit allererst in Selbstethnographie und Fremdanalyse gewinnt. Der Einzelne hat nicht mehr die Allgemeinheit vernünftiger Bezugsrahmen und Kategorien zur Verfügung – nach den Entdeckungen der Ordnung des Unbewußten durch die Psychoanalyse, den kulturrelativierenden Erfahrungen der Ethnologen und den Erkenntnissen der Ethnopsychoanalyse über die verzerrende Rolle des Beobachters –, die es ihm gestatten könnte, vom Standpunkt aufgeklärter, rationaler Intelligenz das Verdorbene, das Verfehlte szientifisch aufzuschlüsseln.

Das von Michel Leiris, Claude Lévi-Strauss und Georges Devereux in den 30er bis 60er Jahren benannte und erforschte Moment der Emotionalität und Angst im Prozeß des Forschens wurde in den letzten Jahrzehnten wieder entdeckt (vor allem von Ronald D. Laing und Hubert Fichte), aber auch verniedlicht und vermarktet. Was sich als eine sozialwissenschaftliche und ethnologische Korrektur des positivistischen Denkens entwickelt hatte, wurde zunehmend im Zusammenhang mit neuen Körpererfahrungen, mit Sinnlichkeit, Innerlichkeit und Subjektivität gedacht und verwertet. Die Entdeckung des subjektiven Faktors wurde Teil einer Erforschung des Körpers und des Selbst.

Carlos Castañeda formulierte ähnlich wie Michel Leiris (in *L'Afrique fantôme*) seinen Versuch einer »subjektive(n) Version dessen, was ich während des Erfahrungsablaufes wahrnahm ... Ich wollte den emotionalen Effekt, den ich erfahren habe, so vollständig wie möglich beschreiben«. Die Verteidigung des emotionalen Effekts in der Wissenschaft – das ist die Verteidigung des *emotional* bestimmten fremden Blicks.

Die ethnologische Poetologie, Ethnopoesie oder ethnoesthétique – eine der künstlerisch avanciertesten Formen des fremden Blicks – geht noch einen

Schritt weiter in der Organisation und Komposition, in der Beachtung des sprachlichen Verhaltens und der sprachlichen Correspondance. Empirie und Ästhetik werden neu aufeinander bezogen.

So stellt Victor Segalen, in dem die Ethnopoesie zu Beginn dieses Jahrhunderts einen ihrer frühesten Repräsentanten hatte, keine typische Forschungssituation mehr her, wie es das klassische ethnographische oder psychoanalytische Setting will, für die Distanz, Trennung von Subjekt und Objekt (und nicht Identifizierung und Vermischung) grundlegend sind.

Segalen erschließt sich die andere Kultur dynamisch: er ist in Bewegung, er geht auf die Gegenstände zu, umkreist sie, beschreibt und vermißt, wägt ab, ergreift Partei, ist zornig, bissig und begeistert – und entfernt sich wieder. Seine Augen folgen den Spuren in der Schrift, im Stein, in der Landschaft. Das Schreiben nennt er, mit Vorliebe in Anlehnung an die kaiserliche Kunst des Schreibens im Palast von Peking und in Abhebung von der ebenfalls in China so ausgeprägten und in den großen Steinplastiken sichtbar gewordenen *Kunst des Meißels*, die *Kunst des Pinsels*. Er spricht davon, daß ›dem Pinsel Worte entfallen‹ seien.

Der Meißel reduziert den unbehauenen Steinblock, gibt ihm Gestalt durch Wegnehmen; am Schluß des Schreibvorgangs ist es dasselbe: man läßt weg, reduziert, verknappt; aber der Sprachblock ist nicht gleichermaßen überschaubar, materialhaft gegenwärtig, sondern imaginär verschlungener, immaterieller, latenter, nicht so manifest und präsent; historisch besetzt, in einem System von Notationen und Konnotationen, in denen der Dichter labyrinthhaft umherirrt, bevor er diesen Weg zur Gestaltung durch Reduktion findet, dem Vorgefundenen seine Form aufdrückt.

Den Pinsel und den Meißel hält er in der Regel in der rechten Hand; das ist die Verlängerung seines Körpers in den Text oder in den Stein. Der Pinsel und der Hammer vor allem werden umgangssprachlich gerne als Umschreibung für das männliche Glied verwendet, abfällige Ableitungen davon sind: eine Frau »pudern« oder »stoßen«. In einem Text über »Schreiben und Onanieren« fragt Guyotat nicht danach, was die schreibende Hand tut, sondern die andere, die

scheinbar untätige, und er bekennt, daß sie bei ihm immer onaniere und gleichsam die Schreibimpulse liefere, hier also die Verlängerung vom eigenen Körper in den Text sich gleichsam seitenverkehrt vollziehe. Entsprechen die Sinnlichkeit, die Erotik und die Sexualität, wie sie im Text in Zeichen verwandelt und gestaltet werden und sprachkörperhaft da sind, den Formen der Sinnlichkeit, der Erotik und Sexualität des Autors: wie er sie lebt und auf welche Weise er sie in den Text verlängert, ob mit der einen oder der anderen Hand?

Nimmt man zum Ausgangspunkt dieser Fragen den Textkorpus von zwei Autoren, die geradezu als die Klassiker des literarischen pornographischen Textes gelten, Marquis de Sade und Georges Bataille, ist man sogleich in die Beziehungsvielfalt zwischen Person und Werk, in das Netzwerk von Umkehrung, Verkehrung, Aussparung und Erfindung verstrickt. Ist der Ich-Erzähler in Batailles *Obszönem Werk* der 1897 in der Auvergne geborene und als Bibliothekar sich nahezu zeitlebens verdingende Autor; hat der von Michel Leiris als Snob und Dandy beschriebene Bataille neben seinem Bibliothekarsdienst, seiner redaktionellen Arbeit als Zeitschriftenherausgeber und als Schriftsteller die von ihm beschriebenen Exzesse erlebt, gelebt? Man weiß, wie müßig und klischeehaft diese an jedem großen Werk wiederholten Fragen sind, wie wenig sie in ihrer Pauschalisierung weiterführen, und doch sind sie als Fragen da, müssen – vom Autor und vom Leser – präzisiert, eingeengt werden. Sie dienen der Selbstverständigung und drängen sich auch dem Autor im Rückblick auf das von ihm Geschaffene auf. So notiert Bataille in der ersten Fassung der »Reminiszenzen« zur »Geschichte des Auges« zum Verhältnis von Erzähler und Autor: »Im Verlauf der Niederschrift dieser teilweise imaginären Erzählung fielen mir einige Koinzidenzen auf, die mir indirekt den Sinn dessen, was ich da schrieb, hervorzuheben schienen... Ich begann ohne bestimmte Zielsetzung zu schreiben, getrieben vor allem von dem Wunsch, zu vergessen, jedenfalls vorläufig zu vergessen, was ich persönlich sein könnte oder tun möchte. So glaubte ich anfangs, daß der Erzähler, der

in der ersten Person spricht, in keinerlei Beziehung zu mir steht.«

Im Vorwort seines Romans *Das Blau des Himmels* nennt er »Raserei« und »exzessive Möglichkeiten« Eckpunkte des Schreibens von Büchern, die den Leser für Augenblicke aus seinen Konventionen losreißen. Nur Bücher, zu denen der Autor »fühlbar *gezwungen* wurde«, vermöchten dies.

Das Werk ist nicht Zeichen, sondern Bedeutungsknoten, hat Jacques Lacan gesagt und diese These exemplarisch in Leiris' Texten realisiert gesehen. Leiris zeigt sich in seinen frühen Texten als Herr und Opfer einer Leidenschaft und eines Wunsches auf Leben und Tod: das Ungetüm Sprache zu packen, im Strudel der Wörter zu sprechen, den Schwindel als Trug und als Besessenheit mit Lust und Angst festzuhalten und ihm zu entweichen.

Schwindel und Taumel der Wörter – das sind seit dem Surrealismus und Expressionismus immer wiederkehrende Bilder für den ekstatischen Bezug des Dichters zur Sprache, seine über die sprachliche Vielfalt wahrgenommene chaotische Vielfalt der Dinge. Dieser im Kopf erzeugte Schwindel der Wörter verlangt zugleich nach Besänftigung und Strukturierung. Das heißt Unordnung- und Ordnung-Schaffen in den (Ur-)Elementen der Sprache, eine Evokation von privat- und allgemein-mythologischen Bezügen, ein Ausschöpfen des in den Worten enthaltenen Repertoires an Um-deutungen, Verschiebungen und Verdichtungen, Ritualisierungen, Verknappungen. Äußerste Verknappung und eine »Ästhetik des Diversen«: das sind auch die Pole in Victor Segalens Schreiben. In seiner Produktion kommt es zu einer immer weitergehenden Auflösung der Grenzen zwischen dem Realen und dem Imaginären, zwischen Empirie und Poesie. Die Sprache ist hierbei vorgeprägt von der Liebe zur »ursprünglichen, uralten Schönheit«.

Der fremde Blick des Künstlers ist an Schönheit, Form und Komposition gebunden. Der »visionäre Apparat«, von dem die Surrealisten sprachen, und die Imagination werden auf die Ebene des Textes und der Leinwand oder in ein anderes Material trans-

formiert. Die Grenze zwischen Abhandlung und fiktivem Entwurf löst sich auf. Forschung und dichterisches Erfassen, Kommentar, Essay und Bericht werden neu aufeinander bezogen; andere Stilkriterien (zum Beispiel »Rhythmus« oder »Vibration«) werden auch für den sogenannten wissenschaftlichen Text geltend gemacht.

Dichter wie Victor Segalen oder Leonard Woolf wollten – um dies zu erreichen – eine fremde Kultur gleichsam von innen, aus der Perspektive der anderen, aus ihrer Sicht und Erlebnisweise beschreiben. Der Fremde ist dann nicht mehr Objekt, Versuchsobjekt, sondern »menschlicher Sprecher«.

Inzwischen ist verschiedentlich versucht worden, das Aufbrechen der autoritären Position des Berichterstatters, des Schriftstellers und vor allem des Ethnologen nachzuzeichnen. Man hat dabei literarische Kriterien und literaturtheoretische Begriffe herangezogen und eine Sichtweise herausgearbeitet, die einerseits derjenigen von Segalen und Woolf entspricht – den Anderen als »menschlichen Sprecher« ernst zu nehmen –, die andererseits aber gerade nicht die Travestie in die andere Lebensform, ein Verhalten als Ceylonese oder als Trobriander anstrebt. Am weitesten exponiert hat sich Clifford Geertz (*Dichte Beschreibung*, 1983), wobei aber auch sein Verständnis der Kulturanalyse als Textanalyse kein voraussetzungsloser neuer Denkansatz ist. Er führt vielmehr nur die bekannten Erweiterungen des sprachbezogenen Textbegriffs auf nichtsprachliche Formationen (wie zum Beispiel der Traum bei Freud und den modernen französischen Psychoanalytikern und Philosophen) im Sinne der Ethnologie fort. Geertz bestimmt Kultur auch als »Montage von Texten« und sein Verfahren als »gesellschaftliche Semantik«. Die Befreiung des Text-Begriffs von der Schrift führt ihn zur Systematisierung kultureller Formen als Text-Formen. Kulturanalyse als Textanalyse versucht, das »selbstgesponnene Bedeutungsgewebe« des Menschen zu lesen. Da die Sprache ein gesellschaftliches Phänomen ist, läßt sich die Aufgabe der kultur-interpretierenden Wissenschaften umfassend als »Deuten gesellschaftlicher Ausdrucksformen« bestimmen.

Immer deuten und erklären wir schon, wenn wir noch glauben, im Stadium des Datensammelns zu sein. Das meiste dessen, was wir zum Verständnis eines Ereignisses oder Gedankens benötigen, hat sich bereits als »Hintergrundinformation« eingeschlichen, bevor die Untersuchung überhaupt beginnt. Geertz bezeichnet die Ethnographie als ein »kompliziertes intellektuelles Wagnis der ›dichten Beschreibung‹« und vergleicht diese Tätigkeit mit dem Lesen eines fremdartigen unvollständigen Manuskripts (im Sinne von »eine Leseart entwickeln«).

Ethnologie und Ethnographie machen Ereignisse, Verhaltensweisen und Institutionen im Zusammenhang ihrer Kultur beschreibbar. »Das berüchtigte ethnologische Interesse am (für uns) Exotischen – Berber zu Pferd, jüdische Händler, französische Legionäre – ist daher im Grunde ein Ersatz für die abstumpfende Wahrnehmung des Vertrauten, durch die das Rätselhafte unserer Fähigkeit, uns perzeptiv aufeinander zu beziehen, verdeckt wird. Der Blick auf das Gewöhnliche an Orten, wo es in ungewohnten Formen auftritt, läßt nicht, wie oft behauptet, die Willkürlichkeit menschlichen Verhaltens zutage treten..., sondern das Maß, in dem seine Bedeutung entsprechend den Lebensmustern, von denen es bestimmt ist, variiert. Das Verstehen der Kultur eines Volkes führt dazu, seine Normalität zu enthüllen, ohne daß seine Besonderheit dabei zu kurz käme.« (Geertz)

Das Operieren mit einem Begriff wie dem der Normalität folgt bereits selbst kulturellen Mustern und Unterscheidungsformen derjenigen Kultur, der der Wissenschaftler angehört. Zieht man das Interpretative und Vor-Urteilhafte ab, bleibt die wichtige Erkenntnis, daß ein Großteil unserer Fehlinterpretationen dadurch zustande kommt, daß wir das *uns* als fremdartig *Erscheinende* auch als fremdartig deuten und es in seiner Normalität verkennen.

Die ethnographische Erfahrung ist singulär und trägt das ethnologische Wissen. Die spezielle Erfahrung in einer außereuropäischen Gesellschaft bestimmt die eigene Neugierde und das Erkenntnisinteresse, die Selbstbeobachtung und Selbsteinschätzung, um die Möglichkeiten und Grenzen der Ethno-

logie richtig bewerten zu können: als erweiternde, korrigierende, zugleich aber auch ihrer Verzerrung bewußte Anwendung europäischen Denkens und Anschauens auf eine andere Kultur.

Der Ethnologe kann nur versuchen, von *seinem* Standpunkt aus den Anderen zu begreifen. Verglichen mit der erfahrungs*nahen* Sprache der Angehörigen einer fremden Kultur drückt sich der Ethnologe in erfahrungs*fernen* Begriffen aus. Will er sich weder in Imitationen und Scheinidentifizierungen verlieren – indem er seine Erfahrungen möglichst so formuliert wie die Menschen, unter denen er lebt – noch in Abstraktionen und im Fachjargon seine lebendige Umwelt bis zur Unkenntlichkeit verzerren, muß er die Übergänge zwischen beiden Sprachebenen beherrschen lernen. Geertz hat dies so formuliert: »Um zu intimen Kenntnissen der von mir untersuchten Kulturen zu gelangen, habe ich also nicht jeweils versucht, mich als jemand anderen – als Reisbauern oder Scheich eines Stammes – vorzustellen und dann herauszufinden, wie ein solcher denkt. Ich suchte und untersuchte vielmehr die symbolischen Formen – Worte und Bilder, Institutionen, Verhaltensweisen –, mit denen die Leute sich tatsächlich vor sich selbst und vor anderen darstellen.« Als Ethnologe wende ich mich interpretierend, deutend einer anderen Kultur und ihren symbolischen Formen – die Sprache ist dabei eine der wichtigsten Ausdrucksformen – zu.

In den »fixierten Lebensäußerungen«, im Text-Korpus, im Ensemble von verbalen und nonverbalen Äußerungen der fremden Kultur, in der Verdichtung zu einer textähnlichen Gestalt, *liest* der Ethnologe. Er läßt sich in der fremden Kultur vor allem da nieder, wo er eine andere Gesellschaft zu erfahren und zu verstehen glaubt, wo ihm eine *dichte Beschreibung* möglich erscheint.

Ist in einem solchen Verständnis von Beschreibung zu Beginn der modernen Ethnologie noch zu einem Teil ein Diskursbegriff prägend, der die fremde Kultur *verhandelt*, sie interpretatorisch *abschließt*, soll dagegen im Sinne von Geertz, James Clifford, Vincent Crapanzano, Jeanne Favret-Saada und anderen gerade die offene Situation des *Dialogs* stark gemacht

werden, der Hierarchie die Vielgestaltigkeit, der Autorität der Perspektivenreichtum entgegengestellt werden. Der »Autor« – das »Ich« der Beschreibung und Erzählung – ist nicht mehr nur der Ethnologe, sondern auch »der Trobriander« und »der Dogon«, »der Nuer« und »der Balinese«. Dieser »fremde Autor« wird nicht mehr in das Tagebuch abgedrängt und nicht als vorläufiger Informant (und damit letztlich als »Nicht-Person«) nach und nach aus dem repräsentativen Text gestrichen, sondern schreibt diesen mit. Der Informant verliert die ihm fälschlicherweise zugeschriebene Rolle als »Zulieferer«; er ist (wie es schon bei Griaule, Boas oder Leenhardt deutlich wird) *Transkriptor*, indigener *Autor*.

Die Autorität des Ethnologen als Erzähler und Interpret (der den »Standpunkt« der anderen erörtert) löst sich in einer Hermeneutik der »Verwundbarkeit«, in einer »Dialogik der Ethnologie« (Kevin Dwyer), im »Weben« des Textes auf. Die Illusion des neutralen Beobachters und der einfachen Übertragbarkeit von Aussagen der anderen in eigene Aussagen wird zerstört. »Es gibt keine ›neutralen‹ Wörter und Formen – Wörter und Formen, die zu ›niemandem‹ gehören.« (M. Bakhtin) Jede Aussage ist usurpiert von dem, der sie macht, sie ist immer schon Interpretation. Auch der »Empiriker« erklärt nicht »Fakten«, sondern schon »Erklärungen«, die er von anderen Forschern nichtwissend übernommen hat oder die bereits in seiner eigenen Einstellung enthalten sind. Ein solches Verständnis hat jedoch nicht mit Notwendigkeit zur Folge, daß der Ethnologe fortan seine Darstellung der dialogischen Form (ob dokumentarisch oder fiktional)* unterwirft. »In jeder Ethnographie sind auf Erfahrung gegründete, interpretatorische, dialogische und polyphone Prozesse – durchaus im Widerspruch zueinander – wirksam. Aber eine einheitliche Präsentation (Kohärenz) setzt einen kontrollierenden

* Vgl. etwa die auf dem psychoanalytischen Dialog gründenden Arbeiten der Ethnopsychoanalyse, Griaules *Schwarze Genesis*, 1980, oder Crapanzanos *Tuhami*, 1983, sowie den Essay von James Clifford, »Ethnographische Autorität«, 1988. Vgl. auch im vorliegenden Band S. 32, 91ff., 139f. und 145.

Autoritätsmodus voraus.« Dessen Auflösung strebt die moderne Ethnologie aber gerade an, und James Clifford sagt zu Recht, daß es eine Frage der »Strategie« sei, wenn man einem im Grunde »unlenkbaren Schreibvorgang« Kohärenz auferlege.

Die Ethnologie ist nicht da am weitesten fortgeschritten, wo sie am kohärentesten empirische Daten und Theoriebildung aufeinander beziehen kann und eine fremde Kultur als ein Gebilde, als eine Gestalt und ein System vor uns errichtet, sondern gerade da, wo sie die *Abweichungen* des Erfahrenen von herrschenden Theorien oder eigenen Voraussetzungen und Postulaten herstellt. Auf den Wissenschaftler bezogen heißt dies, daß sein Erfolg nicht mehr sozial definiert werden kann, denn er spielt mehr die Rolle des *Querulanten*. Er ist dem Aufbau eines *einheitlichen* Gebäudes nicht dienlich. Er ist ein Spielverderber, denn er macht das wissenschaftlich eingeübte Spiel nicht mit, daß jede neue Forschung – die Gewinnung neuer Daten und Informationen – die bisherigen Begriffe und Definitionen stetig erweitert, auf eine breitere Basis stellt, sie universalisiert, ihr eine größere Tragweite verleiht. Traditionelle Forschung will das Ensemble *vereinheitlichender* Aussagen und Abstraktionen vergrößern. Dagegen hört sich Geertz' Behauptung (*Religiöse Entwicklungen im Islam*, 1988) geradezu ketzerisch an, daß solches Vorgehen auf die Vermehrung von Klischees ziele, daß solche Anpassungsverfahren Schritte der Denaturierung seien. Konkrete Erfahrungen mit religiösen Phänomenen sollen gerade nicht einer begrenzten Anzahl allgemeiner Typen zugeordnet werden; ihre Verschiedenheit soll nicht klassifizierend aufgelöst, sondern als lebendige Vielfalt, als Ausnahme verstanden werden. Geertz verhilft damit den Phänomenen und den Situationen zu einer neuen Bedeutung. Es ist eher der künstlerische als der traditionell wissenschaftliche Blick, der ihn leitet. Er könnte sich auch auf eine französische Tradition in den 30er Jahren berufen, als Georges Bataille, Michel Leiris, Roger Caillois und andere das »Collège de Sociologie« gründeten und forderten, daß der Soziologe und Ethnologe von »Berührungsmomenten«, von der subjektiven,

auch emotionalen Konfrontation auszugehen habe, ohne diese im weiteren Verlauf seiner Theoriebildung zu glätten.

Geertz nennt die Ethnologie eine »in Wirklichkeit listige und trügerische Wissenschaft«, denn gerade dann, wenn sie sich – um es bildlich auszudrücken – am weitesten aus dem Fenster lehnt, schaut sie am tiefsten in die eigene Behausung und umgekehrt. Das scheinbar Ferne enthüllt viel vom Eigenen, und das für die eigene Kultur Gesagte gibt die weitestreichenden Hinweise auf fremde Kulturen. Das Exotische und das Provinzielle vermischen sich unter der Hand, ohne daß der Ethnologe es zumeist merkt. Ebenso ist es mit dem, was er als allgemeines Wissen ausbreitet und was im Grunde nur eine Ansammlung partikularen Wissens ist, während das bewußt als räumlich und zeitlich begrenzt ausgegebene Wissen oft die universalen Wahrheiten beinhaltet, wenn auch sicher in zum Teil verschlüsselter und verborgener Form. Im Detailwissen von vielen Einzelfällen in fremden Kulturen nähern wir uns unbemerkt (und weniger von uns selbst zensuriert) den eigenen Traditionen, der scheinbar vertrauten Kultur und ihren Mechanismen.

Darüber hinaus aber hat diese Sichtweise noch weitreichendere Konsequenzen: Nicht nur die gesellschaftlichen Prozesse sind übertragbar, sondern auch unsere Theorien. Was die Ethnologie in diesem Jahrhundert als eine ihrer großen Entdeckungen feierte – die Definition des »wilden Denkens« –, gab weniger Aufschluß über die Wilden als über unsere Art, sie zu sehen und zu verstehen. So zeigt denn auch die leidenschaftliche Kontroverse zwischen dem »primitiven Pragmatismus« von Malinowski und der »primitiven Mystik« von Lévy-Bruhl vor allem die Spannweite der uns zugänglichen Interpretationsmuster. Diese beiden Exponenten europäischen Denkens polarisierten nur, was jeder in unserer Gesellschaft als Verstehensform mehr oder weniger rein und geschieden in sich trägt: Manche sehen die Welt eher pragmatisch und suchen nach praktischen Lösungen; manche unterwerfen diesen Common-sense-Standpunkt der affektiven Haltung und erstreben emotionale Lösun-

gen. Die Zuordnung des wilden Denkens zu einer dieser Positionen ist also in erster Linie der Versuch einer Selbstbestimmung, einer Distinktion dessen, was in jedem Individuum zu jeder Zeit lebendig ist. So sind die Aussagen, die der Sozialwissenschaftler trifft – und keiner hat dies so deutlich und grundlegend wie Georges Devereux formuliert –, Aussagen, die der Beobachter an sich selbst macht.

Daß man immer vom eigenen Standpunkt aus sieht und bewertet und insofern eine andere Kultur letztlich nicht »von innen« erleben kann, bedeutet jedoch nicht, daß man – als Religionswissenschaftler, Soziologe und Ethnologe – nicht danach fragen sollte, wie z.B. der religiöse Glaube den Gläubigen, die Trance den Besessenen, die Kunst den Künstlern selbst ›erscheint‹. Der Ethnologe sieht sich dabei jedoch einer gundlegenden Schwierigkeit gegenüber: selbst der gutwilligste, ehrlichste und gefühlsmäßig offene Informant kann zu dem Fremden nicht so sprechen wie zu einem Stammesangehörigen. Und auch in diesem Fall trägt er bereits Übersetztes, vernünftig Formuliertes, vor, während es in seinem Erleben – ähnlich wie im Traumgeschehen – ungeordnet, chaotisch, weitgehend unaussprechlich war. Das affektive Erleben und dessen Verbalisierung dem anderen gegenüber sind verschiedene Ebenen, und die Transformation geht mit Reduzierungen, Veränderungen, Verzerrungen einher.

Der Gläubige zum Beispiel macht seine religiösen Erfahrungen in der Regel inmitten des Alltagslebens, also in ihm vertrauten Situationen, in denen sich sein common-sense-Verhalten und seine Empfindungen unablässig durchdringen und wechselseitig formen. Von hier aus gesehen wird der alte Streit der Ethnologie, ob denn die Wilden logisch und pragmatisch oder irrational und gefühlsmäßig vorgingen, noch überflüssiger, denn beide Haltungen sind nicht nur in jedem Menschen, gleich welcher Zivilisation, ständig lebendig, sie prägen sich auch so weitgehend gegenseitig, daß sie gar nicht als säuberlich trennbare Pole anzusehen sind.*

Wie erschließe ich mir die Zivilisation und Sozialgeschichte eines anderen Volkes? Habe ich als Ethno-

loge eine andere Möglichkeit als diejenige des partikularen Vorgehens: über die Erforschung von Miniatursystemen und Mikrodaten? Bezeichnet eine solche Methode nicht die dem Ethnologen entsprechende Form der Annäherung, des persönlichen Zugangs zu Daten und Informationen, die dann in ihrer Tragweite überprüfbar und verallgemeinerbar sind?

Letztlich haben wir keine andere Wahl, eine Gesellschaft im Ganzen zu beschreiben, und jeder Wissenschaftler – ob Politologe, Soziologe oder Wirtschaftswissenschaftler – muß von der Analyse kleiner Bereiche, von Ausschnitten menschlichen Soziallebens ausgehen, gleichgültig, ob es sich um eine Groß- oder Kleinstadt, eine ländliche oder urbane Region handelt. Immer müssen sich das empirische Material und die theoretischen Voraussetzungen, unter denen es gewonnen wurde, einer vergleichenden historisch-soziologischen Betrachtung stellen.

»Wir sind die Miniaturenmaler unter den Sozialwissenschaftlern; wir malen auf liliputgroße Leinwände mit (so glauben wir) hauchfeinen Pinselstrichen. Wir hoffen, im Kleinen zu finden, was sich uns im Großen entzieht...« (Geertz) Miniaturen lösen die Gemälde ab. Wichtiger als die grobe Linie ist der feine Strich. An die Stelle einer hierarchisch strukturierten Perspektive tritt eine Vielzahl von Perspektiven. An die

---

* Religion ist – so lautet Geertz' These – ein exemplarischer Faktor in der »mittelbaren Umformung des commonsense«. Die Qualität des Lebens, sein Ethos wird ununterbrochen auf diese Weise von den Gläubigen verändert; Weltsicht und Ethos verschmelzen. Die heiligen Symbole und Riten dienen dieser Verschmelzung und festigen sie. Die Muslime selbst unterscheiden sich im Grad der *Intensität* oder Inbrunst, mit der sie ihre Religion leben und in der Bedeutung, der *Reichweite*, die sie ihrer Religion im sozialen Leben beimessen. Solche kulturellen Differenzen zu beschreiben und die Kräfte, die zu den verschiedenen Formen und symbolischen Systemen führten, aufzudecken, ist Ziel der vergleichenden Religionsforschung, im Rahmen der Ethnologie und Soziologie. Nach Geertz ist dabei nicht die regionale Ausweitung der untersuchten Religion oder Gesellschaft entscheidend, sondern die *Transparenz* der gesammelten Daten und der getroffenen Aussagen.

Stelle eines Autors treten viele »Autoren«. Der Monolog geht in den Dialog über.

Der hier wirksam werdende *fremde Blick* ist der perspektivisch aufgebrochene Blick. Eine solche Bewegung hat sich auch in der Kunst vollzogen: im Primitivismus und im Kubismus. Hier wird eine andere Dimension als die der *Empirie* stark gemacht. Sie betrifft die *Vorstellungskraft* des Dichters und Malers.

Der fremde Blick des Künstlers ist seine Beziehung zum Imaginären. Das ist das ihm Eigenste und das ihm zugleich Fremde, das er in seiner Kunst evoziert, zu neuem Leben erweckt, dem er eine neue Form gibt. Jeder Künstler ist zu einem »plötzlichen Entreißen« des Unbekannten befähigt. Einer Geschichte des französischen Dichters Saint-Pol-Roux zufolge soll ein japanischer Maler seine Striche und Farben »mit einem Gefühl behaucht« haben und so zu einer Art »Seelen-Geber« geworden sein. Auf diese Weise begannen unabhängig von ihm seine Meisterwerke zu leben, und er selbst lebte in ihnen weiter. Im Spiel des Lichts und dem der Zeichen wirkt ein »universeller Rhythmus«. Der »Maler-Magier« belebt Leinwände mit einem »mysteriösen Puls«. Ein Gemälde sei wie ein »Ruhezustand des ewigen Lichts«. (Saint-Pol-Roux)

Kann die Kunst – in ihrer meisterhaften Form – Geschmack, Duft, Ton, Licht, Form in einem sein? Der Künstler, sagt Saint-Pol-Roux, zelebriere eine Messe, »ob er es will oder nicht«. Er bringe das Licht in sich zu einem bis dahin nie gesehenen Strahlen. Die erdachte Sonne lasse die wirkliche Sonne hinter sich. Wir müßten zwar die äußere Natur befragen, aber mit der inneren (ein »magnetischer Punkt«) antworten.

Das zu Sehende und von der Welt zu Begreifende liegt nicht nur vor unseren Augen; es entfaltet sich auch hinter ihnen. Sehen erschöpft sich nicht in ›Mit-den-Augen-sehen‹. Sehen ist viel umfassender; es bezeichnet unsere Beziehung zur Welt. Aber dieses Sehen ist nicht eindimensional, linear. Man erinnere sich nur an Jacques Lacans Theorie vom Spiegelstadium, wonach wir uns zuerst im Spiegel als den

Anderen sehen. In diesem Sinn ist der Blick zuerst ein fremder Blick. Dem entspricht auch die Idee, sich selbst als Maske *(persona)* und Fiktion darzustellen.

Was spielt vor unseren Augen, und wie umspielen wir das außerhalb von uns Liegende, wie korrespondieren das Ich und das Andere *situativ* miteinander? Es ist doch immer auch die Seh*situation*; es sind die Bedingungen und Haltungen im Hier und Jetzt, die das Sehen dominieren. »... und die Haltung seines... Kopfes, die Linie des Nackens, die Ruhe seiner Pose, alles verrät den Meister im Betrachten und die Übung eines Lebens im Hinsehen.« (*Japanische Tänze*, 1920) Können wir Europäer je diese asiatische Form des harmonischen Einswerdens von Sehhaltung und Zu-Sehendem erreichen? Der Begriff des »fremden Blicks«, wie er hier gebraucht wird, beinhaltet auch das Gespaltene und Disharmonische, das Exzentrische und Dezentrierte, die extreme Verlagerung nach Außen *und* nach Innen. Der fremde Blick ist eine energetische Verdichtung sowohl des *inneren* Blicks als auch des Sehens auf *Fremdes*.

Merleau-Ponty vergleicht den »inneren Blick« mit einem »dritten Auge«: »Was ich sehe und zum Beispiel male, muß auch in mir sein: die Dinge, die ich auf die Leinwand projiziere – Qualität, Licht, Farbe, Tiefe – haben in meinem Körper ein Echo anklingen lassen«, gleichsam eine »leibliche Form« angenommen. Grundlegend für jede Malerei sei, daß sie »Chiffren des Sichtbaren« wiedergebe: die Vermittlung von dem, was in der Welt und was im eigenen Sehen ist. Ein Besitzergreifen und ein Habhaftwerden: »Wer auch immer der Maler sei, *während er malt*, praktiziert er eine magische Theorie des Sehens.« Gemälde enthalten Philosophien des Sehens. Maler und Bild sind wie Schnittpunkte zwischen Aktion und Passion, zwischen Welt und Spiegel. Ich sehe und werde gesehen. Das Sehen umgreift mich sozusagen. Das Sehen ist vor mir schon da. *Es* spricht. *Es* sieht. *Es* sieht in mir. Visionäres Sehen.

Die visionäre Schau besteht darin, von der Ebene der Betrachtung auf diejenige der Ideen und Strukturen überzugehen. Auf dieser Ebene tritt die Künstler-

biographie mehr und mehr in den Hintergrund. Als man Balthus für einen Katalog um biographische Details bat, antwortete er: »Keine biographischen Details! Balthus ist ein Maler, über den nichts bekannt ist. Wenden wir uns jetzt seinen Bildern zu.« Und Carl Einstein hat vom kubistischen Bild gesagt, in ihm sei »das dramatisch Erregte, der private Charakter der Bildentstehung unsichtbar«, das Gemälde sei gerade dann »vollendet, wenn die Erschütterung verborgen ist«.*

Über die Bilder der Kunst lerne ich gleichsam die Bilder der Wirklichkeit sehen. Malerei kann gerade die scheinbar so eindeutige Unterscheidung von Imaginärem und Wirklichem zunichte machen. Wenn Cézanne vom »Weltmoment« sprach, wollte er mehr als nur Nachahmung von Wirklichkeit.

Bei aller Schönheit der impressionistischen Bilder ist es gerade das Andere, das Nicht-Impressionistische, die »Kunst der Vorstellung«, wie Apollinaire sagte, das Imaginäre (der fremde Blick), die sich bei Cézanne ankündigende kubistische Malweise, die diese Bilder über den Augenblick des Anschauens hinaus in uns lebendig halten. Man hat darauf hingewiesen, Cézanne habe letztlich sein ganzes Leben lang das gesucht, was im Kubismus zur Entfaltung kam: die räumliche Tiefe. Wenn er die räumliche Tiefe suche, so sei es jenes Aufblitzen des Seins, und sie sei in allen Modi des Raumes und ebenso in der Form. Cézanne wisse bereits, was der Kubismus wieder sagen wird: daß die äußere Form, die Hülle sekundär, abgeleitet ist.

Das Entscheidende der kubistischen Raumauffassung ist das »Ende der statischen Perspektive vom Menschen«. Vorbereitet durch den »Raumschwund« in den Bildern der Impressionisten und den Zusam-

---

* Vgl. unter anderem: M. Merleau-Ponty, *Das Auge und der Geist*, 1967; G. Charbonnier, *Le Monologue du peintre*, 1959; B. Dorival, *Paul Cézanne*, 1948; F. Novotny, *Cézanne und das Ende der wissenschaftlichen Perspektive*, 1938; A. Rodin, *L'Art, entretiens réunis par Paul Gsell*, 1911; G. Apollinaire, *Die Maler des Kubismus*, 1956; Balthus, *Gemälde*, 1983; C. Einstein, Werke (3 Bde.), 1980ff. Und in diesem Band S. 188ff.

menbruch der europäisch tradierten Zentralperspektive wird der Raum zur Bühne für Arrangements, deren Organisation zurückreicht in »Frühphasen des Wirklichen«. Hier knüpft die Kunst wie selbstverständlich an die kollektive Kunst außereuropäischer Kulturen an. In diesem Sinn deutet Carl Einstein das Visionäre von Picasso und Braque als einen »halluzinativen Durchbruch«, der gerade nicht privat und individualistisch ist, da er zusammenfällt mit dem Aufbrechen des vertrauten, zentralperspektivischen Bildraums.

Mit der Entdeckung vor allem afrikanischer und ozeanischer Masken und Plastiken durch Picasso und die Fauvisten Derain, Vlaminck und Matisse um 1905–07 und die Ausbildung des *plastischen* Sehens bei den Kubisten wurde die primitive Kunst, Stammeskunst oder art nègre, Negerkunst oder Negerplastik zum wahlverwandten Vor-Bild in der Moderne. Der Blick auf das Fremde hat solange Vor-Bild-Charakter, wie er sich wandelt, sich seiner Begrenztheit und Vorgeprägtheit bewußt ist, solange er kein Blick von oben herab ist.

Präzises Sehen oder Max Raphaels Empirische Kunstwissenschaft

1.

Paris 1911, 1912. Max Raphael* sieht ein Bild Picassos, das ihn »bannte wie etwas, das vollkommen neu ist und doch die Erfüllung des tiefsten Wunsches«. Von nun an versucht er, die Objektivität der Form und den zur Gestalt und zur Erfüllung drängenden subjektiven Wunsch zusammenzusehen und am Werk selbst zu deuten. Er erkennt in Matisse, den er sehr oft besucht, sowohl den aus der Inspiration lebenden Künstler als auch den Deuter, der Kunst zu erschließen versteht. Die Art und Weise, wie er das Auge des Freundes Matisse sieht, spiegelt seine Imagination wieder, aus der heraus er der Kunst und den Künstlern gegenübertritt: »Das Auge des Matisse war gleichsam der lebendige vibrierende Schnittpunkt von Wollen und Erleiden, von Innen und Außen, von Ding und Seele.«

Bei dem Expressionisten Max Pechstein spricht er vom »Temperament des Auges«. Zahlreiche Formulierungen, vor allem in seinen Überlegungen zum Expressionismus, verweisen auf seine Theorie von

---

* Die in diesem Essay nur angedeuteten Themenbereiche in Raphaels Werk und Biographie habe ich ausführlich in den Einleitungen zur Raphael-Werkausgabe behandelt: *Aufbruch in die Gegenwart* (1985), *Lebens-Erinnerungen* (1985), *Raumgestaltungen* (1986), *Bild-Beschreibung* (1987). Alle Bände Frankfurt/M. (Qumran). Nur peripher in den vorliegenden Text einbezogen wurden: *Tempel, Kirchen und Figuren* (1988) und *Natur-Kultur* (1988). Beide Bände Frankfurt/M. (Suhrkamp). Zu weiteren bibliographischen Angaben vgl. diese Bände sowie H.-J. Heinrichs (Hrsg.), *›Wir lassen uns die Welt nicht zerbrechen‹. Max Raphaels Werk in der Diskussion.* Frankfurt/M. (Suhrkamp) 1989.

der triebhaften Natur des schöpferischen Menschen. Das Schöpferische wird lebensphilosophisch begründet und praktisch erläutert. Sein Gegenstandsbereich reicht von der »Zeitkunst« (Karikatur) bis zur Weltkunst, von der Plastik bis zur Zeichnung, von Tempeln und Kirchen bis zur Alltagsarchitektur.

Rodin lehrt ihn die Bedeutung der *Methode* im künstlerischen Prozeß, später wendet er diese Sichtweise vor allem auf Cézanne an; Picasso zeigt ihm die »einheitliche Konzeption des Bildes« und Matisse, daß sich das Schaffen von dem erlebten Gegenstand unabhängig machen müsse.

In einem strukturalen Vergleich zweier Bilder, die auf den ersten Blick nichts miteinander gemein haben – Brueghels »Hochzeitstanz« und Cézannes »Stillleben mit Äpfeln und Orangen« –, führt Raphael diesen Gedanken sehr viel weiter: Von den Erscheinungen geht er auf Strukturen zurück und enthüllt das Modellhafte eines Bildes, indem er die vom Künstler geleisteten Transfigurationen und Transformationen nachvollzieht.

Schon diese wenigen Striche zeigen Konturen des Theoretikers Max Raphael, der zeitweise aufs engste verbunden war mit der Produktion und der Werkstatt-Atmosphäre von Künstlern, die die Kunst des 20. Jahrhunderts entscheidend prägten.

Gegen die Angriffe auf seine eigene Theorie stellt er klar, wie er die expressionistische Malerei Pechsteins, dessen »unerhört expressive Formel« kunsttheoretisch zu bewerten weiß, ohne selbst expressionistisch zu denken. In einer Notiz zu einer Ausstellung von Ernesto de Fiori 1920 in Zürich betont Raphael den Zusammenhang von »Idee und Körper, Inhalt und Form«, der sich in Fioris »Wille zur reinen plastischen Form« ausdrücke; für ihn ist er der »geborene Antidadaist, -futurist, -expressionist, -kubist, – eben weil er Künstler ist.« Carl Einstein spricht in dieser Zeit von *simultané* und meint das Zusammengehen von visionärem Schauen und gestalthafter Gebundenheit.

Raphael macht den Versuch, die Kunst als »die freieste und zugleich die notwendigste Tat des Menschen« zu zeigen und – bezogen auf die Malerei – den

Raum als bestimmende Kategorie zu exponieren. »...denn es ist das Eigentümliche der Malerei innerhalb der bildenden Künste, daß sie sich am Raum und durch den Raum an den Dingen realisiert.«

Raphael zeigt zum Beispiel, wie der Raum bei Pechstein zum »Schema« wird und dadurch etwas »Offenes« erhält, während er anhand eines Bildes von Purrmann herausarbeitet, wie dieser »in der Materialität der Raumgestaltung selbst stecken bleibt«. Raphael korrigiert dessen Bild, das er zuvor detailliert beschrieben hat, im Sinne einer »Bewältigung der Stofflichkeit des Raumaufbaus«, nachdem er den Wunschcharakter (der diese Essays charakterisiert) in der Formulierung »Wenn ich Maler wäre« angedeutet hat.

Raphael war ein Intellektueller, der sich durch zwei Weltkriege hindurch sein Selbstverständnis bewahrte: das Leben philosophisch zu verstehen und ethisch zu begründen, die Kunstgeschichte als eine Wissenschaft zu begreifen und an der Kunst in ihrer gesellschaftlichen Funktion festzuhalten. Immer war Raphael ein Intellektueller im Exil. Längst bevor er 1941 in französische Internierungslager kommt, nach New York ins Exil geht und dort bis zu seinem Freitod am 14. Juli 1952 bleibt, lebt er außerhalb einer gesellschaftlich definierten Kultur, die ihm das Gefühl der Zugehörigkeit hätte geben können.

Ob in Picassos »mittelalterlichen Klosterzelle«, in Rodins zugleich patriarchaler, musealer und sinnlicher »Architektur« oder in Matisses »mit Leben angefülltem Haus eines abgeschiedenen Schöpfers«, in der »Atelierecke« des Matisse-Schülers Purrmann oder gegenüber dem »bald stillen, bald lauten und brüllenden«, dem »vollkommenen Portraitisten des modernen Menschen« Max Pechstein oder in den Bildgestalten Cézannes und Henri Laurens': Max Raphael lebt um 1911 in der Atmosphäre der Ateliers, in den Räumen der Produktivität. Diese frühe Beziehung eines Zweiundzwanzigjährigen zu den Künstlern macht ihn frei; dieser später so einsame und depressive Mensch scheint in den Kunst-Werkstätten glücklich gewesen zu sein. Sie entsprachen seinem Ideal von

geistiger und handwerklicher Produktion, von *Geist* und *Arbeit*, das er sich im Verlauf seines Lebens immer mühsamer konstruieren muß.

Von 1920–1932 lebt und arbeitet Raphael in Berlin, unternimmt zahlreiche Reisen zur Beschreibung gotischer und romanischer Kirchen in Deutschland und Frankreich und betreibt auch in Italien (Paestum) und Sizilien kunsthistorische Forschungen. Er studiert Mathematik und Physik (es entsteht unter anderem das Manuskript »Axiome der Newtonschen Physik«), um zu wissen, »was eine Wissenschaft ist, um Kunstwissenschaft machen zu können«. Raphael hält einerseits an der subjektiven Vermitteltheit der Wirklichkeit fest und sucht andererseits die »strenge Wissenschaft und durch sie hindurch einen Weg, um mit dem Problem der Kunst und vor allem mit dem des Staates und der Gesellschaft fertig zu werden«. Die naturwissenschaftliche Axiomatik und die »Stoffanalyse« sollen dabei der Grundlegung und empirischen Stützung dienen. Diese Forschungen treibt Raphael nicht mehr nur in der Einsamkeit des Privatgelehrten; es ist für ihn – in seiner Tätigkeit an der Volkshochschule Groß-Berlin und (kurzfristig) an der Marxistischen Arbeiter-Schule seit 1924 – eine Zeit des »Lehrens und Lernens«. Er gewinnt wieder Zugang zur »politisch-historischen Welt«, die ihm, nach seiner Aussage, in der Zeit nach 1905 »aus den Händen geglitten« war. Im Mittelpunkt seiner Lehrtätigkeit stehen philosophische und kunsttheoretische Themen.

Er läßt sich weder ideologisch vereinnahmen, noch strebt er danach, sich parteilich zu binden. So haben denn auch organisierte Arbeiterbewegung und marxistische Kunsttheorie auf Raphael kaum Bezug genommen. 1932 wird ein von ihm angekündigter Kursus über »Die wissenschaftlichen Grundlagen des ›Kapitals‹« von der Volkshochschule-Leitung abgesetzt: Raphael verläßt Deutschland, erreicht – über Davos und Zürich – Paris.

Unterbrochen von einigen Reisen lebt Raphael bis 1940 in Paris, wie die meisten der mehr als 7000 deutschen Emigranten am Rande des Existenzminimums.

1933 waren eine französische Ausgabe der bis dahin unveröffentlichten, deutsch geschriebenen Texte *Proudhon, Marx, Picasso. Trois études sur la sociologie de l'art* erschienen und 1934 bzw. 1938 eine deutsche und französische Ausgabe *Zur Erkenntnistheorie der konkreten Dialektik*. Unveröffentlicht bleiben seine 1935 geschriebene »Ästhetik der romanischen Kirchen in Frankreich« (von Raphael als »Beginn der historischen Studien« bezeichnet) sowie seine 1936 begonnenen Studien zu Flaubert (1939 abgebrochen). Das 1936–39 entworfene Manuskript »Arbeiter, Kunst und Künstler« (1975 postum erschienen) ist eine Zusammenfassung und Weiterführung der Arbeiten seit 1926.

1940 wird Raphael interniert und kann 1941 in die USA emigrieren. Von 1942 bis Ende 1944 arbeitet er mit Unterbrechungen an den Manuskripten »Deutschlandbuch« und »Geschichte des deutschen Industriekapitals«. In den Jahren von 1941 bis 1952 werden die Studien zur ägyptischen, zur vor- und frühgeschichtlichen Kunst für ihn zum Prüfstein der Methode einer »empirischen Kunstwissenschaft«: allein aus den ästhetischen Zeichen und Formen sollen deren geschichtlicher Gehalt, Entwicklung und soziale Bedeutung erkennbar werden.

2.

»Die *Empirische Kunstwissenschaft* stellt sich die Aufgabe, die Kunst und nur diese zum Gegenstand der Erkenntnis zu machen... Ich werde eine Theorie der Kunst entwickeln, die ich empirisch nenne, weil sie aus der Analyse von Kunstwerken aller Zeiten und Völker gewonnen wurde.« Diese von Raphael im Vorwort von 1941 zu den *Grundbegriffen der Kunstbetrachtung* formulierte Idee hat ihn sein Leben lang beschäftigt und findet ihren umfassendsten Niederschlag in *Wie will ein Kunstwerk gesehen sein? The Demands of Art*. Den dort vorgelegten Werkanalysen (zu Cézanne, Giotto, Degas, Rembrandt und Picasso) schließen sich später Analysen zu da Vinci und Raffael, zu Tintoretto, El Greco, Frans Hals und Vermeer an.

Max Raphael hätte die Kunstwissenschaft gerne auf den Boden der Mathematik gestellt, bzw. deren Prinzipien und Vorgehensweisen als Norm genommen, hatte er doch in zahlreichen Kunstwerken selbst (ob von Giotto, Vermeer oder Degas) deren mathematische und geometrische Aufteilung und Strukturierung darlegen können und wußte als Zeugen für seine Position keinen Geringeren als Leonardo da Vinci zu nennen, der von der »höchsten Weisheit der Mathematik« sprach, die zu tadeln größter Verwirrung gleichkomme. Die Malerei stellt ein Modell der Wirklichkeit im Sinne einer realisierten wissenschaftlichen Erfahrung dar; sie ist anschaulich gewordene Erkenntnistheorie, Wissenschaft des Sehens.

Die Formel vom »wissenden Sehen«, die Relation zwischen Erfahrung und Mathematik, die Vorstellung vom Maler als eines Philosophen, Erkenntnistheoretikers und Naturforschers und die Idee, daß der Schöpfer Mathematiker war – das entsprach Raphaels kunstwissenschaftlichem Entwurf. Einerseits versucht er um 1932/33 in dem Projekt einer »materialistischen und empirischen Kunstwissenschaft« *(Proudhon, Marx, Picasso)* auch eine Theorie des Schöpferischen gegen Positivismus und gesellschaftlich angepaßtes naturwissenschaftliches Denken zu entwickeln, andererseits will er aber gerade die so entstehende geisteswissenschaftliche Deutung des Schaffens (als etwas Normativ-Idealem) ebensowenig wie den Dogmatismus herrschender marxistischer Lehre übernehmen.

Ein »Fenster in die geschichtliche Welt« – ob von seiten der Religion, der Philosophie oder Kunst – offen zu halten, ist sein primäres Anliegen in diesen Jahren. Dabei ist er kulturkämpferisch, polemisch engagiert, eingreifend wie ein Kolumnist. Für die Wissenschaft fordert er, daß sie in sich selbst eine Beziehung zur letzten metaphysischen Tatsache findet, denn dann »ist sie jeder Beziehung zur religiösen Realisierung derselben: zu Gott enthoben«. Die Wissenschaft muß zwischen Gott und dem Absoluten unterscheiden, sich vom religiösen Geist befreien, am Absoluten aber festhalten.

Damit ist Raphael nun aber bei seinem zentralen Anliegen überhaupt angelangt: die Einheit des Schöpferischen bewahren zu wollen; indem die Wissenschaft metaphysisch begründet ist, vergrößert sich nicht nur ihre eigene Einheitlichkeit, sondern sie vergrößert auch die Einheit des Schöpferischen. Diese Idee setzt seine naturwissenschaftlichen Aufsätze in enge Beziehung zu den kunsttheoretischen Beiträgen.

Die Frage »Wie will ein Kunstwerk gesehen sein?« galt es erst einmal zu entwickeln. Raphael mußte sich für seine Bildtheorie einen Weg suchen zwischen dem geisteswissenschaftlichen und dem marxistischen Schaffensbegriff. Entscheidend wird – nach der frühen Vermittlungssuche zwischen künstlerischer Subjektivität und gesellschaftlichen Bedingungen – die Konzentration auf das einzelne Kunstwerk und die Form, wie er es bereits programmatisch im Vorwort von 1930 zu *The Demands of Art* vorwegnimmt: Ausgehend vom bestimmten Kunstwerk, von dem sinnlich Erfaßbaren und dem darin durch konstituierende Begriffe Beschreib- und Deutbaren, versetzen wir uns in einen der Werkproduktion ähnlichen produktiven Akt, der auch über das Bild hinaus in die Geschichte weist. »Ausgangspunkt der Kunstbetrachtung ist das *Sehen* – verstanden als eine Leistung nicht nur des Auges, sondern aller menschlichen Kräfte. Sehen ist eine doppelte, *aktive* Beziehung zu den Dingen.« Und in der einleitenden Cézanne-Analyse (um 1947) wird dies praktisch durchgeführt und theoretisch präzisiert: *Sehen, Konzipieren, Komponieren* bilden weder im Prozeß der Produktion noch in der Reproduktion des Betrachters eine zeitliche Folge, sondern vollziehen sich gleichzeitig.

Wie läßt sich die dem Kunstwerk eigene Realitätsart, das »Werk« und die *Sprache* der Bilder und Formen bestimmen? Angestachelt von der veränderten Kunst und Kunsterfahrung in der Moderne und angezogen von der Kunst im 15. bis 19. Jahrhundert, konzentriert sich Raphael auf die »schöpferische Methode des Künstlers«, zerlegt Werk für Werk sozusagen in einem beschleunigten Schritt-Tempo und zeichnet die *Physiognomie* des Bildes nach, von der manche kritisch, manche bewundernd gesagt haben, sie

zeige immer auch seine Handschrift, ja Physiognomie.

An diesen Bildbeschreibungen hat Raphael von 1945 bis zu seinem Tod 1952 in New York gearbeitet. Es war für ihn ein Projekt, an dem sein Herz hing, das wohl kaum ein anderer mit einer derartigen Besessenheit und Kennerschaft verfolgt hätte und das die entscheidende Wende in seinem Leben hätte bedeuten können: »Masterpieces in American Museums«. Der Plan, daß er alle wichtigen Bilder der amerikanischen Museen inventarisieren und kunstwissenschaftlich beschreiben sollte, schien gesichert und zerschlug sich doch wie das meiste in seinem Leben, aus »unerfindlichen« Gründen.

Raphael war ein Mann der Entwürfe und Fragmente, aber immer im Rahmen großer, ja überdimensionaler Projekte. Einer, der jedes Bild selbst noch einmal entwarf, skizzierte, konstruierte, sich Strich für Strich in die Situation dessen versetzte, der das Original schuf. Den an der Erfassung und Erkenntnis der Bilder Interessierten geradezu penetrant auf die historisch bedingte und die individuell gefaßte Raumgestaltung zu verweisen, ist eines der zentralen Anliegen in allen seinen Werkanalysen. In dieser Beschränkung kann er uns etwa Leonardos *Abendmahl* mit einer Intensität neu sehen lassen, daß – um es in Anlehnung an J. G. Fichte zu formulieren – unserem Sehen fortan ein (geschultes) Auge eingesetzt ist.

Meist wird man bei Raphael von den ersten Seiten »überrumpelt«: man *gleitet* nicht in die andere Bilderwelt, man wird hineingestoßen, in sie hineinversetzt, ihr ausgesetzt. Seine Art zu sehen, zu denken und zu schreiben, ist schroff, kompromißlos, abweisend und (nach einiger Zeit) vertraut, »intim«. Man ist extrem nah an dem, was zu sehen ist. Und das Ende seiner Texte? Manchmal ist es wie ein glühendes, feuriges Finale: Er steigert sich zuweilen in seine Erkenntnisse wie in Beschwörungsformeln hinein. Wie er am Ende des Aufsatzes zu El Grecos *Portrait eines Kardinals* zeigt, daß »dieser Mensch... weder eine Beziehung zu Gott noch zur irdischen Welt hat, sondern nur eine zum Tod und zur Macht. Er tötet, weil er glauben

möchte und nicht glauben kann«; wie er am Schluß der Analyse von El Grecos *Ansicht von Toledo* über den Begriff des Dramatischen zum Vergleich zwischen Greco und Tintoretto ansetzt; wie er am Ende des Aufsatzes *Raum und Körper (Figur) bei Raffael und Leonardo* beide Maler gegeneinandersetzt, mit ihnen spielt, den einen verteidigt, dem anderen entgegnet; etwas verwirft, alte Fäden neu aufnimmt und alles zusammenfügt: das erinnert in seiner kompromißlosen Dichte und Exzessivität an rituelle Trance, kultisches und zeremonielles Reden.

Für Raphael ist jedes »große« Bild eine *sensation*, die ihn zur Analyse und Interpretation auffordert. Sein Blick ist von gleichschwebender Aufmerksamkeit jedem Form gewordenen Inhalt gegenüber und doch auch bestimmt von der Idee, die er im Bild realisiert sieht. Er kann nie wegsehen, von etwas absehen; sein Auge beißt sich in das Objekt fest, will es durchdringen, analysieren. Darin ist auch etwas Gewalthaftes: den Gegenstand nicht für sich bestehen lassen zu können. An Raphael wird der Unterschied deutlich zwischen *Schauen* und *Sehen*. Er sieht auf das Bild, will es *durch*schauen und beschreibt es: Bildbeschreibung, nicht Bildbetrachtung ist sein Metier.

Wie eine Bildbeschreibung zu beginnen sei, ist für ihn eindeutig: Zuerst will er immer den formalen Aufbau eines Bildes erfassen und damit die Dynamik der dargestellten Bewegungen: wer befindet sich auf welcher Linie, in welchen Schnittpunkten und auf welcher Ebene bzw. Fläche; wie ist der Raum durch Figuren und Gegenstände aufgeteilt; wer geht oder sieht wohin; was fällt oder steigt (z. B. das Licht oder ein Engel) wohin? Wie verteilen sich Farbe, Licht und Schatten auf dem Bild, wie bestimmen sich Schwere, Höhe, Breite, Diagonale und Waagrechte, Stofflichkeit und Materialität?

Tintoretto scheint mit seinem Bild *Die Auffindung Mosis* für Raphaels Vorgehen geradezu ideal gewesen zu sein: Das Bild entspricht vollständig dem analytischen Verfahren Raphaels (den Vorwurf der Projektion kann nur seine Analyse selbst widerlegen). Die

Organisationsebene seiner Gedanken und die des analysierten Bildes, seine Gedankenketten und die vom Maler gestalteten Räume, seine gedanklichen und bildnerischen Assoziationen scheinen deckungsgleich.

Raphael geht formalistisch, technisch vor, aber im Sinne der Dynamik, der Erschließung des Raums, durch den die Personen leben. Er geht nicht von den Inhalten aus (die Identität der Personen in Raffaels *Schule von Athen* beispielsweise bleibt völlig peripher, eine Frage, mit der sonst Kunstwissenschaftler beginnen und bei der sie oft auch stehenbleiben). Raphael ist der *Techniker* der Bildbeschreibung. Pasteurs kluger Satz: »Die Mikrobe bedeutet nichts, alles hängt von ihrem Lebensraum ab«, läßt sich in seiner Struktur auch für Raphaels Idee formulieren: Die einzelne Figur (z. B. Vermeers schlafendes Mädchen) ist nichts, alles hängt von ihrem Lebensraum ab.

Diese Art der Beschreibung erschließt Bildwerke immer von ihrem Aufbau her, nicht von den Bedingungen, unter denen sie entstanden sind. Seine Vorgehensweise sah Raphael von den Künstlern selbst vorgegeben: »Cézanne wollte nicht Aussagen *über* etwas machen, sondern dieses ›etwas‹ selbst zur Sprache bringen« – und so ist es auch im und am Werk zu erfahren. Da jedes formkonstituierende Detail aus dem Bild, seiner Sprache und Grammatik gewonnen wird, malt man es gleichsam Stück für Stück selbst und »hat« es am Ende handgreiflich, konkret. Es ist nackt, ohne Dekor. *Das Gefühl* für das Bild erschließt man sich geradezu mathematisch, geometrisch, konstruktiv, denkend. Man bekommt nichts vorgeführt, wohl aber vorgedacht. *Das Gefühl als Resultat des präzisen Sehens.*

Zu Resultaten muß man sich bei Raphael – im Gegensatz etwa zu dem Vorgehen von Ernst Bloch, der immer mit Pauken und Trompeten einsetzt – hindurcharbeiten. In der Vermeer-Analyse ist es ein langer, dornenreicher Weg einer extrem technischen, konstruierenden Bilderschließung, die andererseits sehr symbolträchtig, fast überdeutend (»Entjungferungstraum« etc.) wird, ehe Raphael das entschei-

dende innovative Moment einbringt (»Es ist ein konstruktives Element im Bild..., ein Netzwerk«) und die Modernität Vermeers zeigt. Die äußerst spannenden Schlußfolgerungen, die das Einzelwerk geschichtlich einordnen, brechen leider verhältnismäßig abrupt ab; Raphael drängt zu einem Schluß, vieles wird nur skizziert. Es ist nicht das große Finale der Leonardo- und El-Greco-Studien. Auch bleibt Vermeer als Maler viel undeutlicher als etwa Leonardo oder Raffael. Und es fehlt die Meisterschaft des Tintoretto-Textes: die das Bild transzendierende Analyse. Die begriffliche und philosophische Abstraktion, die auf die gesellschaftliche und weltanschauliche »Umwelt« bezogenen Erweiterungen und Schlußfolgerungen durchziehen hier den fortlaufenden Text und strukturieren diesen mit. (Dies gilt z. T. auch für die Frans Hals-Aufsätze.)

Raphaels Ausgangspunkt ist nicht die Künstler-Biographie, und er beabsichtigt nicht die Transzendierung des am Bild Erkannten und als Form und Bildgestalt Beschriebenen auf die Person des Künstlers bzw. dessen Werkentwicklung, wohl aber auf dessen Weltanschauung und die Kunst bestimmende Geschichte. (Wie frei ihn dies für die Beurteilung eines Werkes macht, das ihm eigentlich von dessen Thematik und seiner eigenen Biographie her nahestehen mußte, demgegenüber er aber durch eine vorbehaltlose Analyse zu einer entschiedenen Ablehnung gelangt, zeigt exemplarisch sein Text über Picassos *Guernica*.)

Zeichnen sich viele von Raphaels frühen Arbeiten zu Picasso, Matisse und Rodin, Pechstein oder Hodler durch ihren direkten Zugang zur Person des Malers und durch die Werkstattatmosphäre seiner Analyse aus, so tritt in den späteren Bildanalysen der Künstler ganz zurück. Man erhält keine Antwort auf die Frage: Wer war Tintoretto oder Vermeer; wie haben sie gelebt, unter welchen Bedingungen gearbeitet; wer waren ihre Auftraggeber?

In Raphaels Analysen erscheint jedes von ihm beschriebene Kunstwerk als ein von Notwendigkeit, Unausweichlichkeit und Gesetz bestimmtes Werk. Selbst wenn man in Betracht zieht, daß er nur Meisterwerke zum Gegenstand nimmt, so erstaunt doch der geringe

Anteil, den er dem Zufälligen und Modischen, dem Individuellen, Unbestimmten, Nicht-Form-Gewordenen läßt. Es scheint, als gäbe es in diesen Werken letztlich keine offenen Bezüge und Leerstellen, nichts Unausgefülltes, keinen *Sinn*, der viele *Bedeutungen* zuließe.

Raphael war zu der Überzeugung gekommen: Was im Bild Form geworden ist, muß aus dem Bild analysiert werden. Das ist der Ansatz der empirischen Kunstwissenschaft. Die Theorie der ästhetischen Gefühle soll der Vermittlung zwischen dem ästhetischen Schaffensprozeß und der sozialen Wirkung des Werks dienen. »Es war mir schon lange klar, daß der Zusammenhang zwischen der Kunst und dem ›Unterbau‹ (Wirtschaft, Gesellschaft und Politik) nur dann befriedigend hergestellt werden könne, wenn man zeigen kann, welche *Gefühle* durch diesen Unterbau ausgelöst werden, denn es sind (neben den Milieuerscheinungen) die Gefühle (Emotionen jeglicher Art), von denen der Künstler ausgeht, um sie in ästhetische Gefühle zu verdichten, die dann ihrerseits die Formenwelt bestimmen... Man braucht eine allgemeine Psychologie der Epoche (Feudal-, Kapitalpsychologie) in der speziellen Form jedes Landes und jeder Generation, und man braucht eine Berufs- und vor allem Klassenpsychologie – dies alles überzeugend abgeleitet aus den Tatsachen und Theorien des Unterbaus.«

Bildbeschreibung ist das Zentrum der Wissenschaft von der Kunst. Ohne diese Aktivität wäre sie substanzlos wie Philosophie ohne Denken oder Literaturwissenschaft ohne Textanalyse. Sie ist zugleich Technik, angewandte Theorie und individuelles Sicheinlassen auf die einzelne Bilderfahrung.

Als sich Raphael zu Anfang dieses Jahrhunderts der Kunst verschrieb, hatte er sehr bald erkannt, daß er die Wissenschaft von der Kunst nach seinem an Empirie und Exaktheit orientierten Ideal zu strukturieren hatte, daß es keine ausgebildete Technik der Bildbeschreibung gab und daß nur auf ihrer Grundlage eine Kunstwissenschaft entwickelt werden konnte. Die Art, wie er über einen Zeitraum von vierzig

Jahren an dem Aufbau seiner empirischen Kunstwissenschaft festhielt und seine uns heute kaum mehr vorstellbare Exzessivität und Kontinuität der Bildanalysen geben dem so verbrauchten Begriff *Bildbeschreibung* wieder Bedeutung und Präzision.

Raphael hat ein großes Werk hinterlassen, und doch ist es, gemessen an seinen Projekten und Idealen, mehr als bruchstückhaft. Was hatte er nicht noch alles beginnen, umschreiben und abschließen wollen!

Die Propyläen-Kunstgeschichte, die Inventarisierung der amerikanischen Kunstschätze oder die Kunstgeschichte des Altertums, des Mittelalters und der Neuzeit (bezogen auf Malerei, Bildhauerei und Architektur) – das waren zwischen 1920 und 1952 Projekte, die er realisieren sollte oder wollte. Daran gemessen ist das bis zu seinem Tod veröffentlichte Werk peripher; und es wird immer fragmentarisch bleiben, da er die meisten seiner Entwürfe erst abzuschließen beabsichtigte, sobald sich ein Verleger für das Projekt interessierte. Zuweilen beklagte er, daß er »mehr Leidenschaft im Erforschen als im Vollenden« gehabt habe. Sein Schreibtisch hatte viele Schubladen.

Wenn ein Leben derart vom Denken und Schreiben bestimmt ist wie dasjenige Raphaels, stellt sich natürlich die Frage nach dem »Denktypus«: dieses Angestiftetwerden von Begriffen und Kategorien, von Bild gewordener Sinnlichkeit, von in Form übersetzten Inhalten. Zwar begründet er eine empirische Kunstwissenschaft, aber es ist nicht die Empirie des Psychoanalytikers (der aus den Menschen, die er »unmittelbar« wahrnimmt, ihrer »direkten« Rede und ihren Fallgeschichten seinen »Text« konstruiert), nicht die Empirie des Ethnologen (der bei aller Vermitteltheit in seinem Umgang mit untergegangenen bzw. untergehenden Kulturen doch den anderen Menschen vor sich hat); es ist die Empirie an dem zur Kunst gewordenen Material und an dem zum Begriff gewordenen Denken. Raphael bemerkt, daß ihm »das Besondere in seiner Einmaligkeit und Individualität buchstäblich unter den Augen wieder verschwindet, weil er nicht die Mittel besitzt, es auszudrücken«: ein Bekenntnis,

wie es sich an irgendeiner Stelle bei den meisten Strukturalisten wiederfindet.

Gleichzeitig wäre es falsch zu sagen, Raphael sei beherrscht gewesen vom Allgemeinen, von der Totalität und vom Blick aufs Ganze (man denke auch an seine Abwendung von Hegel); er ist ebenso der »Prismatiker«, dessen Blick quer und bruchstückhaft, sinnlich affiziert, augenblicklich durch die Dinge und Formen, durch Geschichte und Alltagswelt geht, mit der »Lust der Hingabe an das Einzelne, in der unser Geist sich erneuert«. (Hofmannsthal) Diese Form der Wahrnehmung und des Sehens sowie ihre essayistische Darstellung begleiten Raphaels Forschung: in kurzen kunsthistorischen Glossen, Kolumnen und Skizzen um 1910/11, in Essays zur »modernen« Malerei, in kulturkämpferischen und polemischen Texten und Streitschriften in den Jahren danach bis etwa 1933, in kunsttheoretischen Aufsätzen wie *Anmerkungen zum Barock, Aufbau und Zusammenhang der Künste* und *Geschichte und Geschichtsbilder* oder in feurigen Bekenntnissen wie dem späten Text *Cézanne und der Mont Saint-Victoire*. Es sind Entwürfe und Eingriffe.

Es ist bezeichnend, daß Raphael in dem oben angeführten Bekenntnis fortfährt: »Aber alles was ich auf dieser (Frankreich-)Reise gesehen habe, zwang zum *Genuß* des Einmaligen.« Er bestimmt sich als leidenschaftlichen Philosophen, der im Besonderen das Allgemeine zu sehen gewohnt ist und der vom Einmaligen und der Mannigfaltigkeit *gezwungen* wird, innezuhalten, zu verweilen, zu schauen, das Diverse festzuhalten.

Und wenn Hofmannsthal von Goethe sagte, »nie vielleicht seit Platon wandelte ein Sterblicher so ruhevoll im hesperischen Garten der Ideen«, so kann man von Raphael ebenso sagen, daß er in einem Garten der Ideen lebte, aber in äußerster Unruhe: ein von Krieg, Mißgeschick und Unglück, von Gedanken, Formen und Entwürfen extrem »provoziertes Leben« (Benn).

Das neue Interesse an den Wilden oder Vom Primitivismus in der Kunst des zwanzigsten Jahrhunderts

mamo bario – weit in die Ferne schauen. Die Ferne, auf die sich Lothar Baumgarten auf der Biennale von Venedig 1984 bezog und die er in seine europäisch tradierte Formensprache hineinholte, war die Landschaft und die Kultur der Yañomani-Indianer in Venezuela, mit denen er über ein Jahr zusammenlebte. Seine Kunst entsteht aus der Assimilierung grundverschiedener Kulturen. Er gestaltet die eigene Fremde. Er mißt den künstlerischen Spielraum zwischen Innen und Außen ab. Er stößt in neue Räume vor und kehrt in die alten zurück, die er neu belebt und erweitert.

Wir haben seit einigen Jahren ein offeneres Ohr für die fremden Geräusche, einen genaueren Blick für das »Andere«, eine geschärftere Sensibilität für die Begrenztheit der eigenen Kultur und für die Folgen der zivilisatorischen Entwicklung. Wir haben in uns Sehnsüchte und Utopien eines alternativen Lebens aktiviert. Der heutige Blick des Künstlers in die Ferne ist nicht unabhängig von weitgreifenden Fluchtbewegungen und Wünschen nach einem anderen Leben. Vermag der Künstler sich auch in noch so eigenständigen und seit langem vorbereiteten Bildern (wie bei Lothar Baumgarten) seinen Ausdruck zu verschaffen, wirken sie doch schon bekannt, ja die Entwicklung scheint sie überholt, verbraucht zu haben.

Weit in die Ferne zu schauen, ist, im metaphorischen Sinn, einer der treibendsten Impulse des Künstlers; nie entstünde ein Werk nur im Blick auf das Nächstliegende, Vertraute. Zu Beginn dieses Jahrhunderts gab es eine Kunstbewegung, die den Blick nicht nur im übertragenen Sinn in die Ferne lenkte. Die Künstler wendeten sich, wie auch in vielen Beispielen gegenwärtiger Kunst, den anderen Kulturen

unmittelbar zu, ohne daß sie jedoch ihre eigene Kultur verließen. Die Maler des sogenannten *Primitivismus* schauten wie durch gebündelte Fernrohre und Vergrößerungsgläser, die sie gleichsam in ihren städtischen Ateliers und Cafés aufgestellt hatten, in ein Labyrinth von Formen, ob in Afrika oder Ozeanien, Kanada oder Nord- und Südamerika, bei den Eskimos, Osterinsulanern oder Indianern, die jedoch für die europäischen Künstler noch die geringste Inspirationsquelle blieben. Daß sie die fremde Schrift, Zeichen- und Körpersprache wahrzunehmen und für sich zu entziffern verstanden, daß sie die andere Ästhetik aus den »angestammten« Lebenszusammenhängen zu lösen wußten und sich mit ihr in Beziehung setzten, macht ihre Größe aus. Eine Größe, die sich bereits ihrer eigenen Krise bewußt geworden war. Die eigene Offenheit für das Fremde war auch Ausdruck der Leere (Ende des Symbolismus) und der Notwendigkeit einer Bereicherung von außen.

»Primitiv« nennt man, wen man für ungebildet hält. Abgeleitet ist das Wort im Alltagsgebrauch von unserer Einschätzung der Angehörigen außereuropäischer Kulturen als minderwertig, zumindest in ihrem Vermögen des logischen Denkens. Aus dieser ethnozentristischen Sicht entstand um die Jahrhundertwende die Formel von der »prälogischen Geistesverfassung«, die die Primitiven oder Wilden zu Menschen der »III. Welt« machte.

Seit dieser Zeit gibt es theoretische und praktische Gegenbewegungen zu einer solchen falschen Selbstüberschätzung: im Zeichen der katastrophalen Folgen im zivilisatorischen Prozeß und einer zum Teil modisch veräußerlichten Flucht in die vermeintlich einfachere und bessere Welt der sogenannten »Eingeborenen«. Das Interesse für die Eingeborenenkunst ordnet sich zu einem Teil diesen Bewegungen unter und bezieht darüber hinaus seine spezifischen Impulse aus der dem Kunstmarkt innewohnenden Dynamik, alle »ismen« – ob Expressionismus, Impressionismus oder Futurismus, Surrealismus, Realismus oder Primitivismus – nach bestimmten rationalen und irrationalen Zyklen zu bestimmten Zeiten wieder neu aufzuneh-

men und zu vermarkten. Ob die alten Wilden oder die Neuen Wilden – der Kunstmarkt, vor allem der amerikanische, ist unersättlich und bedarf des spektakulären Materials. Überall tauchen anonyme Händler und Manager auf und kaufen für ungenannte Sammler und Institutionen.

So ist es kein Zufall, daß die erste umfassende Ausstellung »Primitivismus in der Kunst des 20. Jahrhunderts« 1984/85 in den USA stattfand, wohin seit langem ein Großteil der Schwarzmarktware aus dem Bereich der Eingeborenenkunst geht und wo seit einigen Jahren unerschöpfliche Kapitalmengen »in primitiver Kunst angelegt werden«.

Der Blick auf die *fremde* Kultur in der *eigenen* Kultur setzt Offenheit und, spezifischer, eine ethnologische Neugierde voraus. Das Aufsprengen der ethnozentristischen Enge, das breitere ethnologische Interesse (selbst in seinen heruntergekommenen Formen des Ethno-Tourismus), die konsumindustrielle Aushöhlung und ökologische Zerstörung der eigenen Welt und der expansive und begierige Kunstmarkt haben zu einer Primitivismus-Ausstellung geführt, die so etwas wie ein energetisches Zentrum dieser Bewegungen ist. Sie zeigt Glanz und Elend unserer Kulturindustrie: Wir westlichen Menschen sind Meister der Aneignung. Erst stehlen wir den Wilden Masken, Plastiken, Fetische, die heiligsten Gegenstände ihrer Welt, integrieren sie in unsere Kultur, formen eigene Meisterwerke; dann stellen wir die Originale zusammen mit den Kopien aus, die ihrerseits auch wieder Originale sind.

Läßt sich der Betrachter nicht von der Wut über eine derart grenzenlose Anmaßung und Vereinnahmung hinreißen, droht er in Bewunderung und Faszination zu erstarren: Diese Vielfalt und Intensität der Formen und Gestalten, der neue Blick auf Gegenstände und das innovatorische Erschließen des Raums bannen die eigene Wahrnehmung und verändern, schärfen, konzentrieren sie.

Primitivismus – als *bewußte* Zurschaustellung des Fremden und seine Verwertung im Eigenen, als hierarchisch strukturierte Begegnung zwischen europä-

ischer und außereuropäischer Kunst ist nicht Präsentation einer uns fremden Formenwelt, sondern vielmehr ein Ausschnitt aus unserer gegenwärtigen Alltagswelt, die gerade durch Vermischung und kulturelle Komplexität gekennzeichnet ist. Sie ist synkretistisch, gemischt.

Die Entdeckung außereuropäischer Kunst war in der Entwicklung der europäischen Kunst vorbereitet. Diese Entdeckung figuriert unter dem Begriff Primitivismus; ihr verdankt sich die kubistische Kunstauffassung, die wiederum wegweisend für die Kunst des 20. Jahrhunderts wurde. Der Kubismus lehrte uns den Raum, der ja ein Bild erst konstituiert, ganz neu zu sehen. »Frage den Maler vor allem nach seiner Raumbildung, nach dem Verhältnis der Dinge zum Raum, denn es ist das Eigentümliche der Malerei innerhalb der bildenden Künste, daß sie sich am Raum und durch den Raum an den Dingen realisiert.« (Max Raphael)

Die entscheidenden Einflüsse, die ein Künstler erfährt und in seinem Werk ausdrückt, laufen auf eine Radikalisierung seiner Formenwelt, auf eine Verdeutlichung seiner Intentionen, auf eine Konturierung seiner Ästhetik hinaus. Maler sprechen immer wieder davon, daß sie zu dieser Abstraktion oder zu jener Vereinfachung erst finden konnten, als sie die Radikalität einer ganz anderen Formensprache in einem andern kulturellen Kontext entdeckten und lernten, ihrem Blick und ihren Visionen zu vertrauen.

Primitivismus ist die Abstraktion von der gewohnten Art und Weise, Räume perspektivisch zu sehen – und das Vordringen zur *Struktur* des Raumes. Primitivismus ist die Verzerrung uns vertrauter Proportionen des menschlichen Körpers zur Verdeutlichung: ein irritierender Eingriff in vertraute Sehweisen und in die Vorstellungsmuster der sogenannten Normalität; er ist ein anderer Umgang mit dem Material. So hat z. B. Giacometti eine Skulptur nach dem Vorbild einer Helmmaske geschaffen, die nur aus einer übergroßen Nase besteht (wobei er allerdings ein Sprachrohr als Nase mißdeutete); Picasso hat nach dem Vorbild einer Grebo-Maske eine Gitarre geformt, und die Gesichter seines berühmten, im Sinne des Primitivis-

mus revolutionären Bildes »Demoiselles d'Avignon« (von 1907) sind unverkennbar einigen Masken nachgebildet, die er aus dem ethnologischen Museum in Paris kannte. Zugleich vermischten sich diese Einflüsse afrikanischer und ozeanischer Skulpturen mit manieristischen und modernen Zitaten.

Durch die Kubisten wurde die primitive Kunstauffassung in die eigene Ästhetik aufgenommen, nachdem bei den Fauvisten die andere Kunst erst allgemein ins Blickfeld gerückt war: ohne besonderes Augenmerk etwa für deren plastische Eigenart. »Zwar hatten die Fauvisten 1906 afrikanische Kunst ›entdeckt‹ und damit begonnen, die eine oder andere Skulptur meist von Kuriositätenhändlern zu erwerben, doch überrascht es kaum, daß die meisten Stücke, denen ihr Interesse galt – wie etwa die Figurinen der Vili und Yombe, Masken der Shira-Punu oder die ägyptisch anmutenden Gelede-Masken der Yoruba –, gerade jene afrikanischen Objekte waren, die teilweise wegen ihres verhältnismäßig ausgeprägten Realismus der aus dem 19. Jahrhundert überlieferten Tradition des Primitiven am meisten entsprachen. Es ist vermutet worden, daß der stilisierte Realismus und die figürlichen Typen der Yombe-Plastik ihrerseits auf irgendwelche Weise durch frühe westliche Missionare beeinflußt sind. Frühe Anthropologen sahen eine Verbindung zwischen ägyptischen und westafrikanischen Stilen, und wenn man den besonders orientalischen Charakter der Shira-Punu-Masken bedenkt, die sich direkt an den Exotismus à la Gauguin anschließen, wird diese ganz frühe Auswahl begreiflich. So hören wir denn kaum mehr mit Überraschung, daß Matisse, als er im Herbst 1906 Picasso erstmals eine afrikanische Holzarbeit zeigte, ›über ägyptische Kunst sprach‹, wie sich Picasso erinnerte.« (W. Rubin, Hrsg., *Primitivismus*, 1984)

Aus einer Maske mit Vogelkopf, gefertigt in Obervolta, aus Holz, Fasern und Samen, wird bei Max Ernst ein »Vogel-Kopf« aus Bronze, der das menschliche Gesicht konkreter als die Vorlage nachbildet, aber die Strenge in der Form des Aufbaus beibehält. Matisse malt 1913 ein Porträt seiner Frau, auf dem das Gesicht die Züge einer Gabun-Maske trägt, und ein

früher Kritiker bemerkte, das Gesicht sehe aus wie »eine Holzmaske, kreidebeschmiert... ein Wesen, aus einem Alptraum«. In sicher einem der schönsten und spielerischsten Beispiele wird aus einer »Figur eines Kriegsgottes« aus Neumexiko bei Paul Klee die »Maske der Furcht«, aber nicht in Form einer Nachbildung, sondern als bewußte oder unbewußte ästhetische Erinnerung. Seit Gauguin ist ein Großteil der Kunst von einer »primitiven« Präsenz bestimmt, die zu Anfang mehr erzählenden Charakter, später Erkenntnisform und Konzeption hat.

Der Begriff Primitivismus wird erstmals im 19. Jahrhundert in Frankreich gebraucht, setzt sich als kunsthistorischer Terminus auch im Amerikanischen durch und soll gerade nicht die Kunst sogenannter primitiver Völker kennzeichnen, sondern die Beeinflussung durch die Kunst der Primitiven. Der Begriff ist in der deutschen Kunstwissenschaft mit einigem Recht nie heimisch geworden, da er seine gegenteilige Bedeutung (nämlich die Überlegenheit der westlichen Kultur auszudrücken) immer mit evoziert. Es ist kennzeichnend, daß die Amerikaner sich geradezu emphatisch für diesen Begriff einsetzen, da sie sich nicht in die eurozentristische Vergangenheit verstrickt fühlen wollen und ohnehin den Wunsch nach einem historisch unbelasteten Neubeginn haben. Zudem ist auch darauf hinzuweisen, daß Künstler wie Picasso diesen Begriff aus Bewunderung gebrauchten, wenn er etwa einmal euphorisch ausrief, die primitive Skulptur sei niemals übertroffen worden. Robert Goldwater meinte, in Verbindung mit Kunst sei »primitiv« immer ohne verächtlichen Beigeschmack.

Die Primitivismus-Literatur kann letztlich die terminologischen Schwierigkeiten mit den Begriffen »primitive Völker«, »Naturvölker« (statt Kulturvölker) und »Primitivismus«, mit »Stammeskultur« und »Stammeskunst«, mit »wild« und »zivilisiert« nicht lösen; ja, man hat den Eindruck, sie schleppe alle damit verbundenen evolutionistischen Vorurteile und Klischees teils aufklärend und unterscheidend, teils ratlos und resignierend mit sich herum. Wie soll man sich auch aus diesem einmal eingeführten ethnozentri-

stischen Sprachspiel lösen? Darüber redend ist man schon darin verstrickt, und der Vorsatz »sogenannt« ist eben auch nur eine Notlösung und soll zeigen, daß sich der Autor des Problems bewußt ist.

Man streift den *Exotismus*, in den der Primitivismus ›eingebettet‹ ist – nicht einfach ab. Es wäre auch illusorisch zu meinen, ihn als Konzeption und Ideologie hinter sich zu lassen, hieße schon, eine ›reinere‹ Kunst oder Wissenschaft zu betreiben. Die Lust am Exotismus – das war ein Fluch der kolonialistisch verdorbenen Anthropologie und zugleich ihre einzige Chance, dem dumpfen Statistiker- und Positivisten-Gerede über die fremde Kultur zu entgehen. Anthropologie und Ethnologie sind als Wissenschaften nicht denkbar ohne die Ideologiekritik des Exotismus, und sie verspielen ihre Chance, mehr zu sein als Schein-Objektivationen untergegangener und untergehender Völker, wenn sie diese Beziehung nicht offen, mit Wissen und Lust, aufnehmen. Zwischen technokratisch und methodologisch verwalteter Wissenschaft und neokolonialistischer Freizeit-Exotik entfaltet die exotistisch belebte Wissenschaft die Erfahrungen und das Wissen um die traditionellen und aktuellen Verstrickungen von Wunsch, Verdrängung und Macht, Projektion, Rationalität und Irrationalität.

Die Suche nach dem Primitiven und Archaischen, ob in der Kunst, im Alltag oder etwa in der Anthropologie, ist das Bestreben, dic Vergangenheit in unsere Gegenwart und Zukunft hineinzuholen. Die modernen Ethnologen* haben jedoch zu Recht betont, daß man nicht in die Haut eines anderen schlüpfen kann, daß man sich nicht anmaßen darf, von der Seele der Primitiven oder sogar aus der Seele der Primitiven heraus authentisch zu sprechen. Unsere Erfahrung des Primitiven ist immer schon eine vielfach vermittelte und gebrochene Erfahrung. Oder wie es Oskar Kokoschka 1908 distanziert formulierte: »Mir wäre nicht eingefallen, trotz meiner Sympathie für primitive Kunst, sie nachzuahmen, ich war ja kein Wilder. Ich hätte leben müssen wie diese, um echt zu sein.«

---

* Vgl. S. 158ff. in diesem Band.

Von hier aus gesehen ist die Favorisierung des »kalten Blicks« und der »Kälte der Beobachtung« – ob bei Brecht, Otto Dix, George Grosz oder Ernst Jünger – eine (wenn auch sehr unterschiedlich motivierte) Reaktion auf unangemessene und illusorische Intimität. Wenn wir uns das Fremde anverwandeln, ent-fremden wir es: Illustrationen von Reisewerken zeigen überdeutlich solche Selbstdarstellungen. Aus einem marquesanischen Keulenträger etwa wird ein klassizistischer Herkules. Das Fremde wird malerisch, theatralisch und dekorativ ausstaffiert, gemäß dem eigenen Menschenbild. Der so entstandene Synkretismus zeigt in der Physiognomie des vorgeblichen Polynesiers, des Indianers, des Irokesen oder Tahitianers die Physiognomie und das Lebensverständnis des französischen, deutschen oder englischen Malers. Im Sinne kolonialer Herabsetzung wurde der Fremde zuweilen auch restlos zum Requisit entindividualisiert, exemplarisch der afrikanische Mohr, der ›Früchte reicht, Vorhänge rafft, trägt und dient‹. (Vgl. F. Kramer, *Verkehrte Welten*, 1977)

Sieht man den Beginn des Primitivismus bei Gauguin und verfolgt ihn bis zu seinen zeitgenössischen Ausläufern und Neuanfängen, so tritt besonders deutlich das Eklektische und Synkretistische in der Aneignung hervor. Erkennbar wird die Abhängigkeit von der im 18. Jahrhundert einsetzenden Idealisierung des »Edlen Wilden« und eines irdischen Paradieses im primitiven Leben. Ebenso werden die Wandlungen des *Mythos vom Primitiven* sichtbar, der immer aus kultureller Distanz, meist aus der Unkenntnis des anderen Lebens entsteht oder, wie bei Gauguin, in der Reduktion des Lebens und der Kunst (auf den Marquesas-Inseln) auf symbolische Ausdrücke, die mit jedem anderen Stil verbunden werden können.

Der Primitivismus zeigt das Nebeneinander von außereuropäischem und europäischem Original: die *Evokation* von Ähnlichkeiten, eine *Provokation*, um Verbindungen und Einflüsse sichtbar zu machen. Veränderungen in der *europäischen Kunst* öffneten zwischen 1906 und 1908 den künstlerischen Blick für außereuropäische Kunst; vorhanden war die Stammeskunst, etwa im Pariser Musée d'Ethnographie, schon seit mehr als zwanzig Jahren.

Wenn heute viele der außereuropäischen Originale stärker wirken als die durch sie beeinflußten europäischen Originale, so ist das nicht nur auf die uns fremdartig anmutenden Formen und Materialien zurückzuführen. Vielmehr hat sich, trotz der gewaltsamen Loslösung aus dem Lebenszusammenhang, in dem allein sie real wirkten, etwas von der Aura des Rituals und ihrem Geist erhalten, der sich in die Gestalten und Materialien eingeschrieben hat. Viele Künstler sind im übrigen in der Art ihrer Adaption Mißverständnissen aufgesessen, weil ihnen das ethnologische Wissen um die Stammeskunst fehlte.

Die den Objekten fremde Ausstellung in einem Museumsraum veranlaßte Liebhaber fremder Kulturen und selbst Ethnologen (wie etwa Claude Lévi-Strauss), den ethnologischen Museen fernzubleiben. Letztlich setzt jede Form der Sammeltätigkeit, wenn auch mit wissenschaftlichem Auftrag, den kolonialistischen Raubbau nur fort. Sie verbleibt, sieht man einmal ab von der wissenschaftlichen Auswertung (die nicht in den Museen selbst geleistet wird), im Umfeld der Illustration von Reiseberichten, die die Kunstobjekte der neu entdeckten Kulturen nie in ihrer Anwendung, sondern isoliert, als Kuriositäten darstellen. Bestrebungen, Werkzeuge und primitive Kunstgegenstände, Fetische und Masken im Kontext ihres Gebrauchs, im wenn auch nur simulierten Verlauf und Ritual auszustellen, sind erst neueren Datums und bilden seltene Ausnahmen. Die von den Praxiszusammenhängen losgelöste Betrachtung hat in der Vergangenheit zu den wildesten Spekulationen, Assoziationen und Ideologien geführt und die Grundlage für dauerhafte Klischees und Projektionen eigener Kultur- und Lebensideale geschaffen; sie hat zu abstrakten ethnozentristischen Vergleichen mit unseren eigenen antiken und modernen Kulturen geführt.

Die ethnologischen Museen haben seit ihrer Gründung in den letzten Jahrzehnten des vorigen Jahrhunderts und im ersten Jahrzehnt dieses Jahrhunderts kaum einen Beitrag zur Beschreibung des Zusammenhangs von Theorie und Praxis primitiver Kunst, von kolonialer Ausbeutung und wissenschaftlicher Nutzung geliefert. So nimmt man mit gemischten Gefüh-

len die Trauer des französischen Kunstgeschichtlers Philippe Peltier über die verhältnismäßig *späte* Gründung der ethnologischen Museen wahr. Viele ethnologische Funde landeten schließlich in den Kuriositätenkabinetten von Königen, Adligen oder Wissenschaftlern (die die Expeditionen finanziert hatten) oder in naturgeschichtlichen Museen. Erst im letzten Drittel des 19. Jahrhunderts, als Europa die Kolonisierung intensivierte, nahm die Zahl der Völkerkundemuseen zu. Gegenstände der Eingeborenen galten weitgehend als Beweis für den Wert westlicher Produkte und den Fortschritt der Zivilisation.

Gegen Ende des 19. Jahrhunderts bildeten sich zwei wissenschaftliche Interpretationen heraus: die eine verfolgte nur evolutionistische Ideen, ohne die Objekte selbst zu deuten; die andere versuchte, die Objekte aus ihren praktischen und gesellschaftlichen Zusammenhängen heraus zu interpretieren. An Material fehlte es nicht; so brachte eine deutsche Expedition 1910/11 (in den westlichen Pazifik und nach Neuguinea) allein dem Hamburger Museum nahezu 7000 Objekte ein. Manche beklagten sogar die Fülle, die ihnen kaum noch überschaubar und klassifizierbar schien. Der Kunstgeschichtler Jean-Louis Paudrat berichtet, daß das Berliner Museum für Völkerkunde bei seiner Eröffnung im Jahre 1886 fast zehntausend afrikanische Stammesobjekte beherbergte. In Frankreich symbolisierte die Weltausstellung von 1889, mehr noch als die vorausgegangene, den Erfolg des »kolonialen Gedankens«.

Gleichzeitig mit dem Erscheinen der wichtigen kunstwissenschaftlichen Studie von Emil Stephan über *Südseekunst*, 1907, beginnt die Sammlung afrikanischer und ozeanischer Kunst durch die Fauvisten und Kubisten in Paris und durch die Expressionisten in Dresden und Berlin. Nolde und Pechstein begleiten zwei wissenschaftliche Expeditionen. 1910 veröffentlicht das gutbestückte Britische Museum ein umfangreiches *Handbook to the Ethnographical Collection*; 1915 und 1917 folgen Paul Guillaumes *Sculptures nègres* und Carl Einsteins *Negerplastik*, 1921/23 Publikationen von Eckard von Sydow über exotische Kunst,

Arbeiten, die auch die eigenen europäischen Kunstrichtungen und Ideale auf die primitive Kunst projizieren und die Stimmung wiedergeben, in der damals fremde und eigene Kunst sich zu durchdringen beginnen. Nach zwei großangelegten Ausstellungen ozeanischer Objekte 1926 schreibt ein Jahr später der Herausgeber der Zeitschrift »Cahiers d'art« Christian Zervos: »War es vor zwanzig Jahren noch die Negerskulptur, ist es heute melanesische und präkolumbianische Kunst, von der wir keine direkte Anregung, wohl aber ein Gefühl der Verwandtschaft erwarten.« Er widmet 1929 eine Nummer seiner Zeitschrift ausschließlich ozeanischer Kunst, die von Ethnologen und Kunsttheoretikern fachspezifisch analysiert wird und die er selbst als »Ausdruck visionärer Vorstellungskraft und darin der modernen Kunst verwandt« ansieht.

In den dreißiger Jahren war ein Punkt erreicht, an dem das vereinzelte Adaptieren fremder Kunst in die eigene Gestaltung umgeschlagen war in interne europäische Querelen und Richtungskämpfe: Einige Surrealisten reagierten auf die Kolonialausstellung von 1931 mit einer eigenen Schau, wo sie unter anderem neuirländische Plastik aus der Sammlung Aragons und Eluards ausstellten. Dieser Gegensatz zwischen den mehr konventionellen Sammlern und Malern und den avantgardistischen Surrealisten verschärfte sich noch im Laufe der Jahre.

Von Picasso ist der Satz überliefert: »Die afrikanischen Skulpturen, die sich über mein Atelier verteilen, sind *eher Zeugen als Modelle*.« In diesem Sinn geht es darum, die überall sichtbaren Spuren primitiver Kultur zu dechiffrieren und allen möglichen Einflüssen konkret nachzugehen, ohne dabei den europäischen Künstler als Kopisten entlarven zu wollen.

Die Grebo-Maske beispielsweise bot Picasso die Möglichkeit, konkrete Formen in einfache Zeichen umzusetzen, sie (im übertragenen Sinn) begrifflich zu reduzieren: z.B. Parallelstangen als Mund, ein nach oben gekurvter Vorsprung als Stirn, zwei Zylinder als Augen (die in Picassos »Gitarre« zu einem Schalloch weitergehend transformiert werden). Auch die Tatsache, daß die Grebo-Maske als ganze eine ungebogene

flache Tafel und nicht eine dreidimensionale Form darstellt, war für Picasso in dieser Entwicklungsphase von Bedeutung. Was sich bei ihm in dieser Zeit als synthetischer Kubismus herausbildete, erfuhr von der sogenannten Stammeskunst entscheidende Einflüsse, aber man würde die eigene Logik dieser Kunstentwicklung verkennen, bezöge man alle neuen Formen nur auf die primitive Kunst.

In den beiden ersten Jahrzehnten dieses Jahrhunderts, vor allem im Werk Picassos, hat der Primitivismus seine Blütezeit und löst sich spätestens nach dem II. Weltkrieg völlig von der Bezugnahme auf einzelne Objekte. Um das Zusammentreffen von allgemeinen europäischen Kulturzusammenhängen, der ethnischen Bestimmtheit der fremden Objekte und der individuellen Konzeption des westlichen Künstlers zu kennzeichnen, hat man von Assimilation und »wahrgenommenem Erfindungsreichtum« gesprochen, und, bezogen auf das zeitgenössische Interesse (vom Surrealismus bis zu Happening und Earthwork) an der Kunst der »Wilden«, von »konzeptuellem Primitivismus«. Viele Künstler reduzierten dabei ihre theoretischen Auskünfte über ihr Interesse auf Umschreibungen der empfundenen »Einfachheit«, »Originalität« und »Authentizität«. Das Erscheinen von Robert Goldwaters *Primitivism in Modern Painting* (1938) gilt als Beginn der Forschung zum Primitivismus in der Kunst des 20. Jahrhunderts; dieser bis heute wegweisenden, wenn auch vielfach korrigierten Untersuchung gingen nur vereinzelt mehr anekdotische, meist biographische Hinweise voraus.

Den Wissenschaftlern insgesamt waren die Sammlungen moderner Kunst weitgehend verschlossen; somit fehlte ihnen eine der wichtigsten Voraussetzungen für die vergleichende Arbeit am Detail. Die Unzugänglichkeit der modernen Kunstgegenstände, deren schwierige kunstwissenschaftliche Deutung innerhalb der Strömungen und -ismen zu Beginn dieses Jahrhunderts, die den Kunsthistorikern zumeist fremde ethnologische Bestimmung und kulturelle Deutung der primitiven Kunst machten den Primitivismus zu einem der auffälligsten Desiderate moderner Kunstbetrachtung. Carl Einstein und Michel Leiris waren die Aus-

nahme, da sie den Primitivismus sowohl ethnologisch als auch kunstgeschichtlich verstanden, die Objekte der außereuropäischen und der europäischen Künstler aus der Nähe und auch aus der eigenen Produktionsperspektive kannten.

Man vermutet, Braque, André Lhote und Vlaminck hätten ihre ersten afrikanischen Objekte bereits 1905, also noch vor Matisse gekauft; andere gingen in der Datierung noch entschieden weiter zurück und vermuteten, daß James Ensor bereits auf der Weltausstellung in Brüssel 1897 die Kunst des Kongo entdeckte oder schlossen aus der Tatsache, daß Maler wie Gustave Boulanger gegen Ende des vorigen Jahrhunderts in ihren Ateliers primitive Kunst besaßen, auf Einflüsse und frühe Entdeckungen, was sich aber durch vielfache, völlig belanglose Äußerungen der Künstler über ihren »bunten Zierat« selbst widerlegt.

Ebenso viele Variationen wie über die Datierung kursieren über die Art des Erwerbs der Objekte und deren Qualität. Die anekdotenreichen Darstellungen überlieferten eine Aussage Picassos, man brauche »nicht das Meisterstück, um die Idee zu erahnen«, sowie die Entdeckung, daß etwa die komplette Sammlung des Surrealisten Wilfredo Lam aus Fälschungen bestand. Überhaupt war die Qualität der Objekte rein zufällig, bis man Acquisiteure für deren Erwerb einsetzte; so gilt auch die berühmte Fang-Maske, die Vlaminck und Derain nacheinander besaßen, als unbedeutend. Oft wurden primitive Kunst-Objekte fälschlich bestimmten europäischen Künstlern und deren Bildern zugeschrieben, um ihren Wert zu erhöhen. Picasso soll gesagt haben, er habe das Gros seiner frühen primitiven Skulpturen bei sonntäglichen Spaziergängen über den Flohmarkt erworben, während es andererseits wieder keinerlei Nachweise für solche Flohmarkt-Käufe gibt. Überliefert ist eine »chasse aux nègres«, die Picasso mit Georges Braque 1912 in Marseille unternommen hat, bei der Picasso die schönere seiner Grebo-Masken gekauft haben soll.

Während sich Künstler wie Picasso oder Max Ernst, Paul Klee oder Brancusi an konkreten Objekten und Fetischen sogenannter Stammeskunst orientierten, hatten die Expressionisten eine mehr abstrakte und

synthetische Idee vom Primitiven in der Aneignung fremder Symbole, Mythen und magischer Vorstellungen. Auch wenn einzelne zeitgenössische Künstler seit den späten sechziger Jahren die sie inspirierende Kultur aufgesucht und in ihr gelebt haben, so ist es doch mehr diese begriffliche Tendenz, die sich in Performance, Land Art oder Concept Art fortsetzt.

Die zu Anfang zitierte Kunst Lothar Baumgartens macht etwas deutlich, was sich auch anhand einer Fülle anderer Beispiele zeigen läßt: Die europäischen Künstler – weder zu Anfang dieses Jahrhunderts noch im Verlauf der letzten Jahre – integrieren nur einfach »primitive« Formen und Abkürzungen oder »fremde« Inhalte und Lebensformen in ihre Anschauung und Darstellung. Immer ist ein Assimilationsprozeß und dem vorausgehend eine Offenheit der Situation nötig, in der sich die eigenen Bedürfnisse, Wünsche, Phantasien ausdrücken und erweitern können. Diese allgemeine Voraussetzung wird bei einigen Künstlern besonders deutlich; sie wird Teil ihrer eigenen Ästhetik, so daß sich jede noch so äußerlich scheinende Beeinflussung letztlich als subjektiv gewollte, geformte und durchgesetzte Leistung und Produktion erweist.

Diejenige moderne Kunst, die im weitesten Sinn unter der Bezeichnung Primitivismus firmiert, ist gerade nicht Plagiat und Dekoration, nicht das Negeraccessoire im Wohnzimmer, sondern ein Konglomerat des Fremden und Eigenen, die Verbindung des historisch Archaischen mit dem (am Ende eines zivilisatorischen Prozesses) als archaisch Erscheinenden; sie ist Tradition, Kalkül und Raffinesse. Auch nimmt der Primitivismus nicht etwa wie aus heiterem Himmel das Fremde auf; es ist schon vorbereitend in der Kunst des 19. und 18. Jahrhunderts wirksam, es *lebt* schon in der eigenen Kunst. Allerdings kulminieren auslösende Faktoren für eine breite Beeinflussung der europäischen Künstler in den ersten Jahrzehnten des 20. Jahrhunderts und machen so aus Einzelbestrebungen eine Bewegung. Am Beispiel von Joseph Beuys sieht man besonders deutlich die Notwendigkeit für eine solche Sichtweise, soll die Interpretation seines Werkes nicht in zwei völlig absurde Überspitzungen zerfallen: in die subjektivistische, anek-

dotisch-lebensgeschichtliche Deutung seines Werkes oder die unverbindlich allgemeine Deutung, alles sei bei ihm Nachbildung von schamanistischen Ritualen und mystischen Ideologien.

Im Verhältnis zum Primitivismus zu Anfang dieses Jahrhunderts sind die zeitgenössischen primitivistischen Kunstrichtungen noch weniger Nachbildung, noch mehr imaginative, selbst-bezogene Vergegenwärtigungen des anderen Lebens- und Kunstgefühls, vitaler und übersinnlicher Kräfte, bestimmt von Impulsen, die aber oft in klischeehaften Wünschen und Scheinrealitäten verharren und nicht über einen primitiven Exotismus hinauskommen, wie ihn Carl Einstein schon sehr früh kritisierte.

Wenn im modernen Primitivismus die Natur plakativ, »wild« ausstaffiert wird und das Archaische, Kosmische und Weltumgreifende in einer Aktion – dem Stammesritual nachgebildet – aufblitzen soll, wenn solche Aktionen nur Teile eines alternativen Kultur-Tourismus sind, nur eine moderne Tendenz und die eigene Leere dokumentieren, droht auch wieder die schillernde Bedeutung der Begriffe primitive Kunst und Primitivismus mit neuen Legierungen aufzubrechen: das Primitive anstaunen, aber aus der Position des ahistorischen, der Entwicklung gegenüber müden Zivilisierten.

Bei allen Fragen nach den außereuropäischen Einflüssen, die in der europäischen Malerei zu Beginn dieses Jahrhunderts wirksam wurden, ist es wichtig, nicht die voneinander getrennte Entwicklung in der europäischen und der außereuropäischen Kunst zu verwischen. Der Kunsttheoretiker Carl Einstein, der als einer der ersten die Bedeutung der Negerplastik erkannte, hat die Abgeschlossenheit des kubistischen Bildes, auf die Bilder Georges Braques bezogen, klar formuliert: »Diese Bilder sind beendet, ehe sie gemalt wurden, und darum verschwindet das dramatisch Erregte, das Private der Bildentstehung wird unsichtbar.«

Die Hinwendung zur primitiven Kunst bedeutete auch ein Nacherleben der Erfahrungen und der Form dieser Erfahrungen, nämlich der Kollektivität. Für die westlichen Künstler selbst blieb es natürlich ein *intellektuelles* Abenteuer, da sie ihre Kunst als Einzel-

ne, Vereinzelte, und nicht in kollektiver Gemeinschaft herstellten. Ihr Ich verschwindet in ihren Bildern wie in der Stammeskunst; es bleibt jedoch erhalten und wirksam im kulturellen Umfeld ihrer Bilder. Einstein spricht hier von »Distanzgefühl« und von der »Kollektivkunst des Unpersönlichen« und, bezogen auf die vorbildhafte Negerplastik, sie selber sei »vorausgesetztes, unbestrittenes Gottsein« und damit »mächtiger als der Verfertiger«. Sie hat den Raum in sich hineingenommen, sie ist der Raum. Indem sie das zeitliche Nacheinander ausschließt, erreicht sie ihre Geschlossenheit und Realität. In der Entstehung des kubistischen Bildes ist folgerichtig nicht zuerst die einzelne Gestalt oder der zu bevölkernde Raum, sondern beides gleichzeitig.

Primitivismus heißt also ein neues Sehen, das sich am Ende einer immanent europäischen Kunstentwicklung auf »Wahlverwandtschaften« zur außereuropäischen Kunst besinnt. Die »Zentralperspektive« ist nicht länger Naturwirklichkeit; sie erweist sich als eine begrenzte Gegenstandauffassung, eine Einschränkung des plastischen Sehens, da nur frontal ein Raumausschnitt gesehen wird, und zwar aus der Position des Betrachters. So wird der Raum subjektiv verkürzt, als sei er nur die Verlängerung des vorne Gesehenen in die Tiefe. Sie kann den Raum nicht intensiv bewegt, nicht plastisch fassen. Sieht man, mit welcher Entschiedenheit und (bezogen auf die kurze Zeit, die man letztlich zur Durchsetzung der anderen Sehweise benötigte) mit welcher Schnelligkeit und Leichtigkeit ganze Kulturen hier vereinnahmt wurden, fühlt man sich an Grillparzers Wort erinnert: »Wie leicht bewegt man sich im Großen und Fernen, wie schwer faßt sich, was nah und einzeln, an ...«

Der im Primitivismus, Kubismus und Expressionismus wirksam werdenden modernen Vereinnahmung hat sich der Ethnologe und Kunstwissenschaftler denkend und assoziierend entgegenzustellen. Er darf dabei den Eindruck der Sinnlosigkeit nicht beiseite schieben, dessen man sich nicht erwehren kann, angesichts der aus den wirklichen Lebenszusammen-

hängen herausgerissenen Objekte. Abbildungen, die die Anhäufung von Masken und Fetischen in den privaten und öffentlichen Archiven, Galerien und Museen zeigen, müssen erschrecken und sollten jeden daran erinnern, daß diese Gegenstände nur im Leben eines bestimmten Volkes, und auch hier zumeist nur innerhalb eines Rituals, einen Sinn hatten und hierfür gemacht wurden; daß sie in vielen Fällen räuberisch und unter Vorspiegelung falscher Tatsachen angeeignet, entheiligt und entleert wurden und fortan als Exotismen für Europäer figurierten. Hier setzt auch die notwendige Diskussion ein, ob nicht ein Großteil der primitiven Kunst zurückgebracht werden sollte – der Primitivismus als historische Kunstform und als aktuelle Provokation bliebe uns dann ja immer noch erhalten.

Habe ich mich bei dem gegenwärtigen Primitivismus auf die Nennung Lothar Baumgartens beschränkt, so habe ich dies vor allem deswegen getan, um gegenüber den Künstlern, die meiner Einschätzung nach zu sehr befangen sind in einem adaptiven, das Fremde vereinnahmenden Verhältnis zur außereuropäischen Kunst, nicht klischeehaft zu verfahren. Auch wenn sich bei vielen Künstlern die einheitliche Tendenz herausgebildet hat, die eigene Bezugslosigkeit exotisch aufzufüllen, die eigene Dezentrierung als Aufgeschlossenheit dem ganz Anderen gegenüber zu verschleiern und das Nichtwissen um die kulturelle und gesellschaftliche Entwicklung traditionaler Gesellschaften in Utopien und Bildern von einer umfassenden Verbundenheit und Nähe zu verzerren, so liegt doch jeder dieser Mystifizierungen auch ein ganz spezifischer Formwille und eine lebensgeschichtliche Eigendynamik zugrunde. Zudem ist jede Form des Exotismus eine gesellschaftlich und historisch definierte Größe, die nicht nur einem subjektiven Belieben entspringt. Jede Gestalt exotischer Phantasien und Utopien hat einen Stellenwert in der Entwicklung und weist virtuell immer schon über die eigene Begrenztheit hinaus, ermöglicht uns, deutlicher die Grenzen des *jeder* Kultur inhärenten Ethnozentrismus zu sehen.

In meinem Verständnis reflektieren etwa Lothar Baumgarten und A. R. Penck (= Ralf Winkler) die Selbstbezogenheit in der Wahrnehmung des Fremden mehr als Klaus Rinke oder Georg Baselitz. Und dennoch möchte ich Baselitz' Rekurs auf *»Korrespondenzen«* (zwischen der primitiven Skulptur und seinem »Neuen Bild«), der an den Begriff der »Wahlverwandtschaft« anschließt, nicht einfach verwerfen. Ebensowenig wie die »Entdeckungen«, die Klaus Rinke bei den Aborigines Australiens zu machen glaubt. Natürlich ist schon der Sprachgebrauch »Entdecken« verräterisch. Verweist er doch, wie dies auch Peter Friese (»Wildes in der Gegenwartskunst«, 1988) gesagt hat, explizit auf das kolonialistische Erbe, auf ein Konquistadoren-Gehabe. Und welch eine Überheblichkeit verbirgt sich hinter dieser Haltung, als käme die wahre Existenz der anderen Kunst erst dadurch zum Vorschein, daß sie ein europäischer Künstler entdeckt! Es ist doch völlig gleichgültig und belanglos, ob Herr Rinke oder Herr Baselitz, Herr Dahn, Herr Penck oder Herr Baumgarten sich beim Anschauen einer fremden Maske, eines Bildes oder eines Rituals wie ein Afrikaner, Australier oder Eskimo fühlen. Dieses Gefühl ist nur eine Täuschung, ein Irrtum, eine Maskerade, ein selbstinszeniertes europäisches Theater. Nur da, wo das Bewußtsein dafür geschärft ist, daß mit Notwendigkeit jede Bezugnahme auf eine andere Kultur eine Art Selbstsuche, Selbstinszenierung und Selbstdarstellung, also eine Eigenbewegung meint, kann sich eine neue Kunst und eine Formensprache entwickeln, die die Grenzen des Adaptierens, die Lüge der Weltoffenheit, den *falschen* Schein der Verwandtschaft aufbricht. Die *Suche* nach einer Art Universalsprache, nach einem »chiffrenartigen Primitivismus« bei Penck, nach einer anderen, universalen Körpersprache bei Rinke, nach kulturübergreifender »hoher« Kunst bei Baselitz ist legitim, muß aber als *Schritt* aus dem eigenen Schatten, aus den eigenen Verblendungen heraus begriffen und weiter transformiert werden.

In Pencks Werken etwa sind bereits eine Reihe von Transformationen vollzogen: vom Malerischen zum collagierten Gemälde, von kulturdefiniten Symbolen

und Mythen zu offenen Sprachen und Zeichenformen der Symbole und Mythen, vom Einfachen zum Monumentalen und Plakativen, vom Vorgang des Malens zur malerischen Aktion und zur Verzerrung traditioneller Größenverhältnisse. Es ist darin ein »expressives« Element, auch eine »große Geste« und »willkürliche Attitüde«, wie Johannes Cladders im Vorwort zu dem Katalog *A. R. Penck, La Biennale di Venezia '84* (1984) schreibt. Die »neue Bildwirklichkeit«, die sich synthetisierend und collagierend ergibt – »chamäleongleich sich verbergend, um sich situationsgerecht unmißverständlich zu behaupten« –, evoziert eine Aura, die den Bildbetrachter zum potentiellen Empfänger geheimer und geheimnisvoller Informationen, Bilder und Mythen macht, ihm das Gefühl der *Initiation* in einen Geheimbund gibt.

Mircea Eliade hat (in *Mythos und Wirklichkeit*, 1988) davon gesprochen, daß die Künstler der Moderne erst »die Trümmer und den Schutt« beseitigen mußten, um zu einer »Keimform der Materie« zu gelangen, um ein neues, »künstlerisches Universum« zu erschaffen. Dafür ließen sie sich sowohl inhaltlich (durch Mythen, Legenden, Bilder) als auch formal (durch andere Ausdrucksmöglichkeiten) von den außereuropäischen Kulturen beeinflussen und anstecken vom Interesse am Ursprung, das in den archaischen Gesellschaften lebendiger als in unseren Gesellschaften ist. Vor-Bild und Verwandtschaft ergänzen einander.

»Ich gehe meinen eigenen Weg«, hatte Emil Nolde entschieden zu sagen versucht, gegen die sicher auch an sich selbst verspürte Versuchung (und Illusion), sich im Fremden »zu Hause« zu fühlen und gegen die expressionistische Tendenz zur Stilisierung. »Primitivität als letzte professionelle Erkenntnis«: hatte Paul Klee gefordert, um den Eigenanteil und auch die Gefahr projektiver Verkürzungen zu benennen. Der Exotismus ist deswegen noch nicht ausgeschaltet, rückt aber deutlicher ins Blickfeld. Nicht über das Ignorieren exotischer Wünsche, sondern über deren Verbalisierung führt der Weg zu einer »wilden Malerei«, einem europäischen Primitivismus, der sich von Kolonialismus und Ethno-Tourismus unterscheidet.

Die fremde Kultur, die der europäische Künstler wahrnimmt und zu der er sich hingezogen, der er sich sogar verwandt fühlt, ist für sich selbst unlösbar mit *Lebensformen* verbunden, die dem Außenstehenden immer fremd bleiben werden. Insofern nimmt er stets nur eine Abstraktion wahr, die aber von einigen Künstlern als Wirklichkeit mißverstanden wird. Im Gefühl vorhandener Affinität und Nähe brechen sie die Bewegung ab, in der allein sich ihre Kunst rechtfertigen kann.

Dennoch glaube ich, daß der von einigen Künstlern und Theoretikern (wie William Rubin) gebrauchte Begriff der »Wahlverwandtschaft«, trotz aller ideologischen Implikationen, zu halten ist, wobei ich seine Bedeutung anders begründet sehe. Sind auch im Konzept der Wahlverwandtschaft ethnozentristische und kolonialistische Sichtweisen verborgen, die bei manchen Künstlern offen zutage treten, so steckt darin auch – wenn man das einmal so abgekürzt sagen kann – eine strukturalistische und eine spiritualistische Wahrheit: Alle Formen sind gleichzeitig da; es gibt ein universales Repertoire an Formen, Gestalten, Gestaltungsmöglichkeiten. Der Zugriff der Künstler ist – entsprechend der je eigenen Geschichte und Kultur – räumlich und zeitlich anders festgelegt, aber er kann wahlverwandt sein. Die zeitliche Abfolge begründet noch keine Hierarchie von Original und Kopie. Die Stilisierung primitiver Kunst zu einem statischen, universalen Vor-Bild, gegenüber dem man immer schon der Kopist ist, stellt ein ebensolches Mißverständnis dar wie die Meinung derer, die sich in politischer, sozialer und kultureller Arbeit glauben, ›dem Fremden‹ selbstlos unterwerfen zu müssen. Es gibt kein feststehendes Verhältnis von Original und Kopie, von Vor-Bild und Praxis.

So wie sich in der modernen Ethnologie die ethnographische Autorität von seiten der Weißen zunehmend aufgelöst hat und an die Stelle der hierarchisch strukturierten Beobachtersituation eine Dialektik und Vielstimmigkeit getreten ist, in der nicht mehr ein »Autor« spricht, sondern »Autoren« sprechen, so ist auch in der Diskussion des Primitivismus jede Form

der Hierarchisierung auf ihre klischeehaften Implikationen hin kritisch zu betrachten.

Aber nicht nur die tradierte Beziehung zwischen »Zentrum« und »Peripherie« (in der Kunst), sondern auch diejenige zwischen Kollektivität und Individualität ist neu zu überdenken. Das Fiktionale, Ideologische und Kategorische dieser Begriffspaare liegt in dem darin enthaltenen Wunsch beschlossen, das Fremde zu dominieren und die individualistischen Anteile in den anderen Produktionsformen in ihrer Bedeutung zu verringern. Eine Reihe von Ausstellungen hat dagegen inzwischen ein neues Ideal (und eine neue Fiktion) aufgebaut: das des Internationalismus, des Dialogs und des gleichberechtigten Nebeneinanders der Künste. Hierbei hatte die 1978 von Filliou und Jo Pfeufer organisierte Ausstellung »Poïpoïdrome: hommage aux Dogons et aux Rimbauds« den Rang einer Initialzündung. Das Konzept der »Wahlverwandtschaft« zwischen europäischer und außereuropäischer Kunst wurde auf einen organisierten Austausch hin erweitert. Vorläufiger Höhepunkt dieser Entwicklung ist die ebenfalls vom Centre Pompidou veranstaltete Exposition »Les Magiciens de la Terre« (1989), wobei der Begriff der Magie jede spezifische Bedeutung verloren hat und nur als Ersatz für den Begriff der Kunst herhalten soll. So spielt sich denn auch im Selbstverständnis der ausstellenden Künstler die postmoderne Tendenz des freien Umgangs mit Geschichte und mit geschichtlichen bzw. ästhetischen Zuordnungen wider: Sie verstehen sich als Magier mit und ohne Magie, als Künstler mit und ohne Glauben an die Kunst. Der heutige Primitivismus evoziert nicht mehr die geschlossene mythische Welt traditionaler Gesellschaften, sondern die synkretistisch gebrochene Welt der Mythen, Rituale und Symbole, teilweise als Botschaft, teilweise nur als Geste und als Zitat. Die innovatorische ästhetische Kraft des heute propagierten internationalistischen Primitivismus blitzt allerdings auf, wenn es gelingt, Strukturgleichheiten etwa bei Anselm Kiefer, Richard Long, australischen und haitanischen Künstlern sichtbar zu machen und einen mytho-ästhetischen und einen elementar-existentiellen (durch Erde, Sand, Asche, Blei symbolisierten) Raum zu eröffnen.

Bronislaw Malinowski. – Chronist und Sprecher der Wilden

1.

»Odysee eines irrenden Feldforschers« – so heißt ein kleines Kapitel in Bronislaw Malinowskis riesiger Untersuchung der Trobriander-Gesellschaft (vor dem Ostkap von Neuguinea), das aber nur die Irrungen im Licht des Erfolgs skizziert, nicht die geleistete Feldforschung als Irrtum herausstellen soll. So ist es doch eher die Odyssee eines erfolgreichen Feldforschers – jedenfalls für die Öffentlichkeit. Die privaten Tagebücher zeigen einen ganz anderen, verzweifelten, enttäuschten, gelangweilten Ethnologen: »Metaphysische Gedanken, hoffnungsloser Pessimismus. ›Warte nur, balde ruhest du auch‹.« (Tagebuch, 26.6.1918)

Die Trobriander-Trilogie gehört seinem offiziellen Werk an und will uns in der Art, wie hier die Wirklichkeit einer anderen Kultur von ihrem wirtschaftlichen, rechtlichen und mythologischen Kontext her erschlossen wird, eine »Schule der Feldforschung« sein. Zugleich zeigen die Bände wie auch die Tagebücher den gleichen an Magie – als einem gesellschaftlich praktizierten System und einem persönlichen »Vitalisierungsversuch« – interessierten Mann, dem die Trobriander den Beinamen »der Mann der Lieder« gaben.

1884 in Krakau geboren, ist er, auf dem Umweg über England und Amerika, zum »Ex-Melanesier« geworden. Er studierte zunächst Naturwissenschaften, promovierte 1908, studierte weiterhin in Leipzig Völkerpsychologie bei Wilhelm Wundt, bevor er noch vor Ausbruch des Ersten Weltkriegs nach England ging und dort die für ihn entscheidende Bekanntschaft des Ethnologen James George Frazer machte.

Von 1927 bis 1938 unterrichtete er Anthropologie an der *London School of Economics*, später in den USA. Seine großen Reisen unternahm er in den Jahren zwischen 1914/15 und 1918 nach Neuguinea und Nordwest-Melanesien, 1918 bis 1920 nach Australien, 1926 zu den Pueblo-Indianern, 1933, 1936 und 1938 nach Mexiko und 1934 nach Süd- und Ostafrika. 1942, auf dem Höhepunkt seiner erfolgreichen akademischen Karriere, starb Malinowski an den Folgen eines Herzanfalls in New Haven.

Lehrmeister für Malinowski war, neben Wundt und Frazer, vor allem das Volk der Trobriander, bei dem er seine ethnologischen Konzepte anwendete, veränderte und zum Teil neu entwarf. Ähnlich wie Michel Leiris unternahm auch er seine erste Reise mehr zufällig und in der bescheidenen Funktion des Sekretärs. Diese erste Arbeit im »Feld« fand aber nicht in Australien statt, wie es geplant war, sondern in Neuguinea und Melanesien, und zwar in einem Ausmaß, daß sein ganzes weiteres Leben und seine Arbeit davon in einer Weise geprägt wurden, die ihm sogar den Vorwurf einbrachten, er huldige einem »trobriandischen Ethnozentrismus«. Auf den Trobriandinseln wurde das Fundament für die Social Anthropology erarbeitet. Mit Lewis Morgan und Franz Boas Ende des 19. Jahrhunderts begann die empirische Begründung der Wissenschaft Ethnologie. Anschauungsmaterial von den sogenannten Eingeborenengesellschaften lieferten fortan in erster Linie nicht mehr die Abenteurer, Kolonialbeamten, Missionare und Händler. In diesem wissenschaftsgeschichtlichen Sinn und in der Entwicklung der ethnologischen Methode und Systematik hat man zuallererst Malinowski einen großen Anteil an der »Revolution in der Anthropologie« zugesprochen. »Funktionalismus« und »teilnehmende Beobachtung« sind die wichtigsten Orientierungspunkte dieser neuen Wissenschaft.

1922 veröffentlichte Malinowski *Argonauten des westlichen Pazifik* und eröffnete damit seine ethnographische Trilogie über die Trobriander. 1929 folgten *Das Geschlechtsleben der Wilden in Nordwest-Melanesien* und 1935 *Korallengärten und ihre Magie*.*

2.

Die ethnographische Erfahrung macht, nach Claude Lévi-Strauss, aus dem Feldforscher, in einer Art Initiation, einen »neuen Menschen«: er erwerbe um den Preis einer »chronischen Entwurzelung« ein »geheimes Wissen«. Die Tagebücher und Bekenntnisse geben über die Qualen der Einweihung Auskunft. In den Werken ›selbst‹ sind sie zumeist säuberlich ausgespart. Oder sie werden gleichsam nur nominiert, ohne auf die Realität zu verweisen. So liest sich Malinowskis »Abriß der leidvollen Prüfung eines Ethnographen« (in der Einführung seiner *Argonauten des westlichen Pazifik*) eher wie ein Bericht über die Qualen der Verdrängung.

Erst einmal hat der Ethnograph Probleme mit sich selbst. Es sind keine wissenschaftlichen, sondern existentielle Schwierigkeiten, mit denen er sich in der fremden Kultur konfrontiert sieht. Für seine Wissenschaft wird dann aber entscheidend, wie er mit seinen Gefühlen, Empfindungen und Ängsten umgeht, ob er sich als Teil seiner Forschungssituation begreift und darstellt oder ob er seine Stimmungen, Haltungen und Einstellungen in eine private und eine öffentliche Sache aufteilt. Dann schreibt er in seinen Tagebüchern von den Depressionen und Verlassenheitsgefühlen, von der nicht erwiderten Leidenschaft und vom Saufen als Ausweg, von der Lust auf erotisierende Romane, während er im offiziellen Part Nüchternheit fordert, Tabellen erstellt und den ›wirklichen Wilden‹ (und nicht dessen exotische Verzerrung) be-

---

* Weitere wichtige Werke Malinowskis sind: *The Family among the Australian Aborigines*, 1913, *Sitte und Verbrechen bei den Naturvölkern*, 1926, *Geschlechtstrieb und Verdrängung in primitiven Gesellschaften*, 1927, *Eine wissenschaftliche Theorie der Kultur*, 1944, *Die Dynamik des Kulturwandels*, 1945, *Magie, Wissenschaft und Religion*, 1948, 1973.
In Neu-Editionen liegen vor: *Argonauten des westlichen Pazifik*, 1979, *Das Geschlechtsleben der Wilden in Nordwest-Melanesien*, 1979, *Korallengärten und ihre Magie*, 1981, *Ein Tagebuch im strikten Sinn des Wortes. Neuguinea 1914–1918*, 1986, *Schriften zur Anthropologie*, 1986. Alle Frankfurt/M. (Syndikat). Ich zitiere nach diesen Angaben.

schreiben will. Das war bei Malinowski der Fall. Das Bild, das seine Kollegen von ihm zeichnen, gibt nicht gerade Anlaß zur Idealisierung: »Er schien Zeit seines Lebens um den Applaus der Galerie mehr bemüht als um das Streben nach Wahrheit« (Edmund Leach, *Current Anthropologie*, 1966).

Schüler, Biographen und andere Forscher unterstreichen ähnlich drastisch Malinowskis Wunsch nach äußerer Anerkennung und gesellschaftlichem Leben. Nicht überraschend steht denn auch in Malinowskis Tagebuch – sein Ersatz-Gesprächspartner sozusagen, sein Vertrauter, dem er sich ebenso zwanghaft wie Max Raphael »Tag für Tag, ohne Ausnahme« geradezu unterwirft – das ernüchternde Bekenntnis: »Für mich ist das Leben der Eingeborenen so ganz ohne Interesse und Bedeutung, etwas, das mir so fern liegt wie das Leben eines Hundes.« Malinowskis späterer Behaviorismus zeigt sich von hierher als die Konsequenz einer von ihm als unnütz und »immer gefahrvoll« bezeichneten *Einfühlung*. Malinowski, der »unbändige Schurke« (Greenway), gab seinem Schüler Evans-Pritchard den Rat, er solle kein »verdammter Idiot« sein. Wie meinte er das? In jedem Fall ist es also ratsam, in den Tagebüchern der Ethnologen zu stöbern, ist man nicht nur Liebhaber des Glanzes und der Hochleistungen. Tagebücher haben »so manche Schweinerei an den Tag gebracht«. (Michel Leiris, *Phantom Afrika*, 1980/84)

In einem autobiographisch-philosophischen Reisebericht wie Lévi-Strauss' *Traurige Tropen* (1978) sind die Leidenschaften und Enttäuschungen, die Heroisierungen und Entblößungen in engem Bezug zueinander dargestellt. Das muß man sich bei den frühen Ethnologen, wie Malinowski, selbst zusammensuchen und zusammendenken. Sie konnten sich noch nicht die Freiheit nehmen, sich so uneinheitlich darzustellen: Forschungsreisende zu hassen und doch als solche zu reisen, dem Feldforschungsbericht zu mißtrauen und ihn doch herzustellen. Das Pathos der neu entdeckten Wissenschaftlichkeit duldete das private Unglück nur im Tagebuch.

»Ich werde die ganze Zeit über mit meinem inneren

Selbst sehr sorgfältig umgehen, werde haushalten mit meiner Kraft, meinem Streben nach Schönheit und meiner Liebe zu ihr, und ich hoffe wirklich, daß sie nicht in Verfall gerät, sondern eine ungeheure Steigerung erfährt.« Die Steigerung, die sich Robert James Fletcher 1912 und in den Jahren darauf auf den Neuen Hebriden erhoffte, sollte zu einem von allumfassender Schönheit geprägten Leben führen. Aber das neugierig und hoffnungsvoll erwartete Neue erweist sich sehr schnell als das Unberechenbare und Nicht-Integrierbare, als das Zerstörerische für das eigene Selbst, für das Bild, das man von sich und dem Fremden hatte. So steht in Fletchers Briefen (seinem Tagebuch), die er von den »Inseln der Illusion« (1918) an einen Freund kontinuierlich schreibt, ein Ich im Mittelpunkt, das sich in Leid und Glück, im tiefsten Morast und in weihevoller Anbetung eines Gottes oder einer Naturgegebenheit erfährt. Sein Ich erscheint als der Mittelpunkt der Welt, die sich beständig als das ganz Andere erweist: als zu schön oder zu abstoßend, um wahr zu sein; zu hautnah, um ignoriert werden zu können. Die Menschen, die man als »Freunde« gewinnt, sind vielleicht gerade die korruptesten unter den Weißen, die sich in ihrer Verachtung und Ausbeutung der von ihnen so genannten »stinkenden Eingeborenen« ständig zu überbieten scheinen.

Erst als die Ethnologen ein Gefühl dafür entwickelten, daß skandalöse Erfahrungen nicht singulär waren und vor allem viel allgemeinere Gründe als individuelle Unzulänglichkeit hatten, konnte sich das Tagebuch und speziell das ethnographische Tagebuch zu einem Medium der Darstellung, der Informationsvermittlung durchsetzen.

»Ich war immer der Ansicht, und bin es auch heute noch, daß man in seinem Notizbuch so viel wie möglich – alles was man beobachtet – festhalten soll. Ich weiß, daß es eine unmögliche Aufgabe ist, aber sehr viel später, vielleicht Jahre, nachdem man das Feld verlassen hat und die Erinnerungen verblaßt sind, ist man froh, die gewöhnlichsten und alltäglichsten Dinge notiert zu haben – z.B. was, wie und wann die Menschen kochen. Jetzt bereue ich, daß ich das nicht

immer getan habe. Und wieviel von dem, was in den Notizbüchern steht, soll gedruckt werden? Im Idealfall – glaube ich – alles...« (Evans-Pritchard) – »Soll man alles erzählen? Soll man eine Auswahl treffen? Soll man die Ereignisse verklären? Ich meine, man muß alles erzählen.« (Leiris, *Phantom Afrika*)

Gegen Ende seines Tagebuchs erzählt Malinowski »alles« von seinem »Unglück der Existenz«: Er versinkt in Traurigkeit, weint (»die Wohltat starker Gefühle«) und ist vor Schmerz betäubt. Nur die wissenschaftliche Arbeit und Pläne für die Zukunft trösten ihn zwischenzeitlich. Er breitet sich geradezu masochistisch aus im »scharfen, süßen Schmerz« und in den »Visionen der Vergangenheit«. »Leben vom Pfeil des Kummers durchbohrt, von Schuldgefühlen, von Unwiederbringlichem... Der ganze Tonus meines Lebens ist grau geworden.« (30.6.–16.7.1918)

Jedes Tagebuch hat etwas von der scheinbar bedingungslosen Ehrlichkeit in den Worten eines Sterbenden oder zum Tode Bestimmten. Der Sterbende wie der im »Feld« Verlassene sind immer auch Opfer ihrer Rollen, ihrer gelebten Zuordnungen. Die Offenheit im ethnologischen Tagebuch ist eine *Form* der *Möglichkeiten* und *Verhinderungen* zu leben.

Im ethnographischen Tagebuch kommt zur Sprache, was alle Kollegen auch wissen, aber nicht schreiben: Das Konstruierte in jeder Deskription, theoretische Mängel und methodologische Tricks, Bestechungen und Diffamierungen, Schwierigkeiten jeder Art.

Die größere Authentizität im Tagebuch besteht in der Möglichkeit, Konflikte zwischen Menschen verschiedener Kulturen zu erörtern und Kommunikations- und Interaktionsprobleme zu beschreiben. Der Stand der Wissenschaft wird mehr auf der Ebene der konflikthaften Erfahrung als auf dem Niveau des Wissens und der Ideale erkennbar. Die ethnologischen Konstruktionen werden zum Teil auch als Hilfskonstruktionen sichtbar.

Die konflikthafte Thematisierung des Ich, die Entwicklung vom heimlichen zum offiziellen Tagebuch, seine Erprobung als nichtwissenschaftliche Erörterung der Situationen, in die sich Wissenschaftler (Ethnologen) absichtlich mit Forschungsinteressen bege-

ben, ist die Voraussetzung der subjektiven Ethnographie, die auch Malinowskis Werk prägt und im Widerstreit zu den wissenschaftlichen Idealen steht. Die Tagebücher sind Schatten-Bilder der Glanzleistungen.

Eine von Malinowskis Glanzleistungen ist die Position des Antikolonialismus. Fritz Kramer hat in seinem Nachwort zur Neuausgabe der *Argonauten* eine einfache Formel gefunden: Malinowskis Ethnographie als »Umkehrung des Ethnozentrismus«. Stimmte es bedingungslos, wäre es revolutionär! Schließlich ging Malinowski als einer der ersten ins »Feld« der »Eingeborenen« – Frazer oder Mauss, Durkheim oder Lévy-Bruhl waren Schreibtisch-Gelehrte und »Pantoffelreisende«. Malinowski als der erste nicht-kolonialistische Anthropologe?

Gerard Leclerc hat in seiner 1971 auf deutsch erschienenen Studie über *Anthropologie und Kolonialismus* Malinowski einen »radikalen Sinneswandel« in Theorie und Praxis konzediert und dennoch herausgestellt, daß die Entstehung der »Feld«-Forschung für den imperialistisch geprägten Kolonialismus notwendig erschien und sogar »durch ihn erst ermöglicht wurde«. Malinowskis Bruch mit der kolonialen Gesinnung und sein konkreter Zugang zu den »Eingeborenen« ist noch kein »Anti-Imperialismus«. »Seine Theorie ist selbst Teil des ideologischen Systems, das die Möglichkeiten für eine Politik des aufgeklärten und liberalen Kolonialismus allererst geschaffen hat.«

Malinowski hat in seiner 1945 postum veröffentlichten Aufsatzsammlung *Dynamics of Culture Change* einen wichtigen Aspekt der von ihm proklamierten anthropologischen Wissenschaftlichkeit gesehen: »So wie ich versuche, aus der Anthropologie eine echte Wissenschaft zu machen, wird die Wissenschaft unweigerlich die Uniformierung und Rationalisierung der von ihr untersuchten Phänomene bewirken.«

Die von ihm einmal als wesentliche Motivation für seine anthropologische Tätigkeit angegebene »Abscheu« vor der technischen, unmenschlichen Zivilisation machte ihn auf Umwegen also auch zum Träger

dieser destruktiven Botschaft. Am Ende sah er, mit Gefühlen des Bedauerns und der Schuld, seine Flucht als gescheitert an. In seiner großen Studie über *Das Geschlechtsleben der Wilden in Nordwest-Melanesien* – die durch Wilhelm Reichs *Einbruch der Sexualmoral* berühmt geworden ist – ist davon noch nichts zu spüren. Es ist die Schilderung eines »rousseauschen Sexualparadieses«. Zugleich ist es aber auch der Versuch eines Gegenentwurfs und einer würdigen Vergleichsbasis zu unserer Kultur: Bemüht, »im Geiste echter Wissenschaft«, diesem Thema das »Obszöne«, das »Anzügliche« und »Aufreizende« zu nehmen, will er den Mythos vom »wilden Geschlechtsleben« in der Beschreibung des *Geschlechtslebens der Wilden* auflösen.

In der Idee also ein gesellschaftlicher Gegenentwurf, der auch Rückschlüsse und Veränderungswünsche für die eigene Kultur zulassen sollte, in der Praxis aber auch abhängig war von den eigenen gesellschaftlichen Normen im Denken, Empfinden und Handeln. Malinowski verschweigt in seinem Tagebuch nicht, wie er tagtäglich unter der tragischen Fiktion von der teilnehmenden Beobachtung zu leiden hatte. Der sexuelle Reiz, der von den schönen nackten Mädchen auf ihn ausging, konnte in keiner Weise, von keiner Seite beantwortet werden. Er war traurig, kein »Wilder« zu sein und projizierte seine Wünsche auf seine Verlobte. Malinowskis Inventarium von Abwehrmechanismen wirkte sich auch auf unverfänglichere (also nicht nur auf die sexuellen) Formen der Kommunikation zerstörerisch aus. Er machte seine Verlobte zur »imaginierten Richterin«, der gegenüber er selbst noch seine bloßen Phantasien rechtfertigen zu müssen glaubte, während andere solche Situationen durch waffentechnische Demonstrationen, durch die Peitsche oder das Gebet zu »meistern« hofften.

»In seiner Neigung zur Hypochondrie und extremen Arbeitsschwierigkeiten, in depressiven Gemütszuständen und wiederholten Klagen über das Gefühl innerer Leere lassen sich unschwer die Auswirkungen unablässiger Triebkonflikte und der durch sie verursachten Isolation erkennen... Konnte sich Mali-

nowski zur Verarbeitung der Außeneindrücke auf ein entlastendes System von Abwehrmechanismen stützen..., so wurde ihm auf der anderen Seite das eigene Innenleben zu einem Problem, auf dessen Erledigung er den größten Teil seiner Energien verwenden mußte.« (Karl-Heinz Kohl, *Exotik als Beruf*, 1986, und *Abwehr und Verlangen*, 1987)

Der Widerspruch zwischen *subjektivem Leid* (und daraus resultierenden Verzerrungen des Fremden zum »Wilden«, zum »nigger«, zum »Tier«, in dem die gleichen niederen sexuellen Triebregungen herrschen, wie er sie an sich selbst erfährt und abwehren muß) und *wissenschaftlicher Analyse* (in der gerade alle Energie auf die Aufdeckung von eurozentristischen Betrachtungsweisen verwendet wird) bleibt unüberbrückbar.

Im Werk selbst zeigt Malinowski, ohne es zu merken, das Manko seiner Beobachtungssituation: Er beklagt, daß er dem Buch nur wenige Illustrationen hätte beifügen können, da sich das Liebesleben »buchstäblich und bildlich im tiefen Dunkel abspielt«. Später sprach Malinowski von der »romantischen Flucht aus unserer genormten Kultur«, aus dem »mechanischen Gefängnis der Kultur«, einer Flucht, die zum Scheitern verurteilt ist, weil sie die subjektiven Bedingtheiten, die eigene Lebensgeschichte und deren gesellschaftlichen Kontext nicht abzustreifen vermag.

»Wider Erwarten sind gerade die Reisen nicht die Stärke der Ethnologie«, auf diese Formel hat Jean Jamin in seiner Segalen-Studie (*Exotismus und Dichtung*, 1982) den Widerspruch vom Reisen als Flucht und der Illusion der Flucht gebracht. Die von Malinowski als eigene Motivation für seine anthropologische Tätigkeit angegebene »Abscheu« (die »Abstoßungskraft der eigenen Kultur«) führt ihn in die andere Kultur, die er deswegen auch schätzt oder gar liebt – das verbindet ihn mit nahezu allen Zivilisationsflüchtigen, wie Kohl (1987) ausführlich dargelegt hat –, aber sie erweist sich als zu instabil, um sich der fremden Kultur anverwandeln zu können. Er verändert seine Vorstellungen und Lebensformen nur

bedingt und nur zeitweise. Malinowskis Formel vom »Auge des Ethnographen« will – anders als bei Leiris – die Distanz und die Hierarchie nicht aufheben; das Auge stellt er sich als eine Filmkamera, als ein Instrument der Observation, der Aufnahme (– und Überwachung?) vor. (Vgl. auch S. 146 in diesem Band)

»Der Trobriander« ist als »Autor« noch namenlos. Malinowski *deutet* seinen »Text« und die dahinterstehende, beziehungsweise vermutete Sichtweise. Allerdings nimmt Malinowski nicht nur Materialien (Texte) auf, die seine Interpretationen unmittelbar stützen. Insofern bleibt seine Untersuchung »offen für vielfältige Neu-Interpretationen«. (James Clifford)

Liest man Malinowski mit diesen Einschränkungen – und man muß sich klarmachen, daß auch heute nur die einzelgängerischen Ethnologen weiter sind als er –, dann kann man sich selbst genauer begreifen: in den eigenen Möglichkeiten von Selbst- und Fremderfahrung. Wann gelingt es uns denn schon, an die »Tatsachen des Lebens« heranzukommen!

3.

Zentral in Malinowskis Trobriander-Studie sind die »Leistungen des Menschen auf tropischem Boden«, sein Verhältnis zur Erde: so wie er es lebt und wie es sich in den Prinzipien der sozialen Ordnung darstellt.

Das Konkrete und das Allgemeine, das Phänomen und die Struktur – in jeder Wissenschaft ist man versucht, diese Beziehung »in den Griff zu bekommen«, ob als Widerspruch oder als dialektische Einheit. Der Ethnologe lebt, solange er auf Reisen ist, in diesem Spannungsfeld. Er ist Teil dieser Situation; als Beobachter wirkt er selbst auf die Beobachtungssituation ein. Bronislaw Malinowski war einer der Ethnologen, die am längsten *im Feld* (wie es kolonialistisch verzerrt heißt) ausharrten.

Die Bände seiner Trilogie bilden eine Einheit: Wie gestaltet sich das Alltagsleben in einer fremden Kultur unter dem Gesichtspunkt des Gabentauschs, der Sexualität und des Gartenbaus. Zur sinnlichen Erfah-

rung dieser Einheit – sofern dies überhaupt mit Hilfe der Ethnologie möglich ist – muß sich der Leser zum Teil mühsam hindurcharbeiten.

Weder der Gegenstand – die komplexen, lebendigen und sich auflösenden traditionalen Gesellschaften – noch der Vorgang des Verstehens und Analysierens sind blind an einem naturwissenschaftlichen Ideal zu messen. Diese in der Psychoanalyse-Theorie-Diskussion als »szientifisches Selbstmißverständnis« ausgiebig diskutierte Verzerrung macht sich hoffentlich nicht auch in den »fortgeschrittensten« Positionen der Ethnologie breit. Was kann letztlich eine »synoptische Karte der Magie« über sie aussagen; was zeigt die beständige Forderung, alles in »tabellarischer Form klar und bündig zu zeigen«, letztlich mehr als den Wunsch, unangreifbar zu werden? Was ist denn das »Skelett der Stammesorganisation« wert, wenn wir, wie Malinowski sagt, »die Wirklichkeit menschlichen Lebens doch darin nicht wahrnehmen oder uns vorstellen« können? Wie kann es denn »feststehende ethnographische Daten« geben, außer im Kopf des Ethnographen? Aber zugleich soll nicht er sprechen, sondern die Tatsachen und die Menschen »aus Fleisch und Blut«, die Individuen sollen »für sich sprechen«.

Die Kunst und das Handwerk der Wilden, sagt Malinowski, basiere auf »sorgfältiger Beobachtung der Naturvorgänge« und auf der »Fähigkeit, vernunftgemäß zu denken«. Aber wie konnte man je daran zweifeln! Malinowski radikalisiert diesen Standpunkt, insofern für ihn das Ensemble der menschlichen Tätigkeiten einer pragmatischen Orientierung unterworfen ist. Magie, Mythos und Ritual sind demgemäß instrumentelle Aktivitäten. Malinowskis pragmatische, instrumentelle und biologistische Reduktion vor allem der Religion wird von Clifford Geertz auf eine unzulängliche Auffassung des »Alltagslebens des Menschen in der Welt« zurückgeführt: Das Alltagsleben und der common sense bestehen nicht nur aus Techniken, um das Leben zu meistern, sie stellen vielmehr auch »Geistesverfassungen«, interpretierte Erfahrungen, »Sinnproduktionen« dar. Die sich solcherart her-

stellende Formenvielfalt gilt es ebenso wie die Kräfte, die sie hervorbringen, zu erfassen.

Die Widersprüche und Verzerrungen in Malinowskis Konzept sollten aber nicht geglättet werden; sie sind ›real‹. Läßt sein Wissenschaftsideal diesen Gedanken zu? »Unser Ziel besteht darin, den Standpunkt des Eingeborenen, seinen Bezug zum Leben zu verstehen und sich *seine* Sicht *seiner* Welt vor Augen zu führen... Wer die Institutionen, Bräuche und Kodizes oder das Verhalten und die Mentalität ohne den subjektiven Wunsch studiert, zu erspüren, wodurch diese Menschen leben, und ohne die Substanz ihres Glücks wahrzunehmen, der muß meiner Meinung nach auf die größte Belohnung, die wir uns vom Studium des Menschen erhoffen können, verzichten... Indem wir die menschliche Natur in einer für uns entfernten und fremden Gestalt wahrnehmen, fällt vielleicht auch auf unsere eigene Natur etwas Licht.«

Was bleibt dann aber nach alledem von Malinowskis Verständnis des ethnographischen Settings als »Laboratorium« und seinem wissenschaftlichen Prinzip der »teilnehmenden Beobachtung« übrig?

»Teilnehmende Beobachtung« ist ein Zwitterwort. Steht man ihm eher ablehnend gegenüber, sieht man darin vor allem die Halbherzigkeit, die Angst: Teilhabe und Einfühlung nur nicht zu weit zu treiben und sie in der distanzierten Beobachtung zu brechen; den Wilden als menschlichen Sprecher ernst zu nehmen, ohne auf die eigene Beobachtungssituation (Observierung) aus hierarchischer Perspektive verzichten zu wollen. Begreift man diesen Terminus jedoch wohlwollend, sieht man in ihm die Dialektik von Nähe und Ferne, von Sich-zur-Verfügung-Stellen (Simmels »Engagement«, Teilnahme, Verzaubertwerden) und Beobachtung (als Vergleichen unterschiedlicher Weltsichten und kultureller Codes) als besonders geglückt formuliert an. In diesem Sinn versteht Klaus-Peter Koepping (in: H. P. Duerr, Hrsg., *Authentizität und Betrug in der Ethnologie*, 1987) Malinowskis Ansatz als eine gelungene Fortsetzung auch der philosophischen Tradition von Plessner (zu sich selbst in Distanz treten und dann »mit anderen Augen« sehen) und Simmel (die Figur des »Fremden«, der sich der Ge-

fahr der Entfremdung von der eigenen Kultur aussetzt). Die *In*authentizität der Ethnologie besteht darin, daß sie Leben immer durch Wissenschaft, Situationen und Erfahrungen durch Modelle und Interpretationen überlagert und sich in einem Sprechen *über* etwas erschöpft.

Die Entschlüsselung der »notwendig trügerischen Daten«, die mittels teilnehmender Beobachtung über das fremde Sexualleben gewonnen werden, versucht Georges Devereux (*Angst und Methode in den Verhaltenswissenschaften*, 1973) noch in einer anderen Hinsicht zu vertiefen: Angenommen der Feldforscher schläft mit seinem »Objekt« hingebungsvoll, ist er dann imstande, die entscheidenden, ethnisch und kulturell spezifischen Reaktionen (auf den Orgasmus) zu beobachten; und wenn er unbeteiligt beobachtet, nimmt er dann nicht nur ein verzerrtes Verhalten wahr? Malinowski wollte eine moderne, fortschrittliche Wissenschaft betreiben, die »Gesetz und Ordnung« einführt, wo bisher Chaos war. Er wollte methodologisch unvoreingenommen sein und seine Quellen offenlegen. Sein Ideal war die »Methode statistischer Dokumentation durch konkrete Zeugnisse« (zur Umrißzeichnung der Organisation eines Stammes und der Anatomie seiner Kultur), die Sammlung aller Phänomene und Äußerungen, die als Dokument der »Mentalität« oder des »Geistes« der Eingeborenen gelten können, und in Ergänzung dazu die Erörterung der »Ungewißheiten des wirklichen Lebens«, auch des »grauen Alltags«, des »Alltagslebens«. Dafür empfehle es sich, ein offizielles, ein »ethnographisches Tagebuch« zu führen. Der Ethnograph als der Registrator, Interpret und Verwalter des Normalen und der Abweichungen: beschäftigt mit »aktiver Konstruierung«. Und zugleich Träger des Wunsches, sich ganz der Reisebewegung zu überlassen.

Die Unternehmungen und Abenteuer der Melanesier, von denen Malinowski so ausgiebig berichtet, haben Ähnlichkeit mit der Argofahrt der Griechen: Ein Mythos erzählt von einer bis ans Ende der Welt führenden Reise der Argonauten in einem Urschiff,

der Argo, um das Goldene Vlies eines mythischen Widders heimzuholen. »Der Mythos von der Argofahrt scheint – an der Schwelle zur Philosophie – selbst die Einsicht zu formulieren, daß die Entdekkungsreise die ursprüngliche Form ist, in der wir die Welt erfahren – oder daß die Fortschritte des Wissens Entdeckungsfahrten gleichen.«

Fritz Kramer sieht Malinowskis Beschreibung als adäquaten Nachvollzug dieser »Reiseform des Wissens«: Die Reisen der Trobriander und die Einsicht in ihr Tun seien für sie nicht zu trennen, und entsprechend würde diese Einheit von Malinowski gewahrt. Er zeige zwar ihre Welt von außen als Ethnograph, aber auch von innen, als Reise-Teilnehmender, in der Rekonstruktion ihrer Welterfahrung. Umgekehrter Ethnozentrismus, Rollentausch. Mit allen Einschränkungen einer kolonialistisch durchsetzten und gesellschaftlich gebundenen Ethnologie.

»Wenn wir Dobu hinter uns lassen, kommen wir auf die offene See, eine See, die mit kleinen Korallenriffen und Sandbänken übersät ist und von langen Wallriffen zerschnitten wird, wo tückische Strömungen, die manchmal bis zu fünf Knoten Geschwindigkeit erreichen, das Segeln besonders für das hilflose Fahrzeug der Eingeborenen wirklich gefährlich machen. Dies ist das Meer des Kula, die Szenerie der Expeditionen zwischen den Stämmen und der Abenteuer, die das Thema unserer zukünftigen Beschreibungen sein werden.« Das Kula ist ein Tauschhandel. Aber sowenig wie der das Alltagsleben der Trobriander bestimmende Gartenbau in erster Linie unter Nützlichkeitsvorstellungen geschieht, sowenig ist der Tauschhandel wirtschaftswissenschaftlich zu beschreiben. Gegen die Ideologie des primitiven homo oeconomicus entwickelt Malinowski das Konzept der durch Magie, Ästhetik, Lebensform und Lebenshaltung bestimmten Tätigkeiten.

Die soziale Stammesorganisation ist für die Handlungen und Haltungen der Trobriander bindend. Diese Organisation hat aber ihr wesentliches Element in dem alles und alle bestimmenden Glauben an die Magie und Gegenmagie, an den Zauber und Gegenzauber, an positive und destruktive (schwarze) Magie,

an fliegende Hexen, boshafte und krankheitsbringende Wesen. Das Gelingen und Nichtgelingen, Krankheit, Gesundheit oder Tod sind Ergebnisse der Magie oder Gegenmagie. Magie ist der Versuch des Menschen, Geschehen nach seinen Wünschen zu lancieren oder sich als Opfer des Bösen und der Bösen zu sehen und sich dagegen mit seinen Mitteln zu wehren. Magie und Zauberei halten die bestehende gesellschaftliche und alltagspraktische Ordnung aufrecht, und sie werden in ihrer Systematik wiederum von der gesellschaftlichen Ordnung gestärkt.

Das Kula hat die Form eines Rituals; es ist magisch organisiert. Daran teil haben Gemeinschaften, die einen weiten Inselring bewohnen, der einen geschlossenen Kreislauf darstellt. »Im Uhrzeigersinn wandert unablässig die eine, lange Halskette aus roten Muscheln, *soulava* genannt. In entgegengesetzter Richtung wandert die andere Art, Armreifen aus weißen Muscheln, *mwali* genannt. Jeder dieser Gegenstände trifft auf seiner Reise in dem geschlossenen Kreislauf auf Gegenstände der anderen Art und wird ständig gegen diese getauscht. Jede Bewegung der Kula-Gegenstände, jede Einzelheit der Transaktionen ist durch eine Reihe traditioneller Regeln und Konventionen festgelegt.«

Diese »einfache« Transaktion hat einen so hohen symbolischen Wert, daß sie eine dauerhafte Partnerschaft, einen Lebensbund begründet – »einmal im Kula, immer im Kula«. Das gilt für die Menschen und die Güter. Niemand wird dabei betrogen. Kommunikation, Vertrauen, Ehre und Männerbünde, die Tradition, der Mythos und das (ungeschriebene) Gesetz – das ist die Basis.

Nach Malinowski *leben* die Trobriander in dieser oder in einer anderen sozialen Struktur, ohne ein Bewußtsein von deren *Gesamtumfang* zu haben. Sie sind Teil einer ökonomischen und zeremoniellen Institution, die sie konkret erfahren und ausführen, glorifizierend und mit Leidenschaft. Durch welche Mechanismen wird ein scheinbar so einfacher, unendlich wiederholter Tausch zweier zum Schmuck bestimmter, aber kaum dazu benutzter Gegenstände (samt der vor-

bereitenden, begleitenden und sekundären Handelsaktivitäten und Zeremonien) zu einer »so riesigen, komplexen und tief verwurzelten Institution«?

Die Wertgegenstände des Kula sind zeremonielle Gegenstände des Reichtums, des Rangs und des Ruhms und des Abenteurertums, die in einem *zirkulären* Tausch, wie Trophäen, die Runde machen. Nur wenige Erbstücke sind Dauerbesitz und damit aus dem doppelten Kreislauf ausgeschieden. Die anderen – zu wertvoll oder zu klein, um getragen zu werden, Teile einer symbolischen Ordnung, die ihr Prinzip nicht im Gebrauchen oder dauerhaften Besitzen hat – sind der Stoff eines Systems gegenseitiger Pflichten und Verpflichtungen und einer umgreifenden Kommunikation: »Die Kula-Partnerschaft sorgt dafür, daß jeder Beteiligte ein paar Freunde in seiner Nähe und ein paar freundlich gesonnene Verbündete in entfernt gelegenen, gefährlichen und fremden Gebieten besitzt.«

In diesem riesigen Netz werden Beziehungen, Güter, Geschenke und Gaben, kulturelle Formen und Produktionen weitergegeben und strukturiert. Für die Trobriander heißt Besitzen auch Geben, Reichtum auch Großzügigkeit. Trotz des Wettbewerbscharakters ist die entscheidende soziale Norm »Noblesse oblige«.

»Das Kula ist eine Gabe, die nach einiger Zeit mit einer Gegengabe erwidert wird, und kein (einfacher) Tauschhandel. Die Bestimmung des Äquivalents liegt in den Händen des Gebenden und kann nicht erzwungen werden. Es ist nicht möglich, zu feilschen oder den Tausch rückgängig zu machen.« Das Gelingen der Kula-Partnerschaft wird aber letztlich aus dem Netz der persönlichen Verpflichtungen und Konflikte herausgenommen und der Magie überantwortet.

Kein Erfolg oder Mißerfolg im Kula, der nicht der Magie zugeschrieben würde. Was für das Kula selbst gilt, betrifft auch alle Etappen des Kanubaus, des zeremoniellen Stapellaufs und der förmlichen Übergabebestimmungen. Ebenso gibt es eine Magie des Schiffbruchs und eine der Bergung, des Handels und der Fischerei; eine Magie zum Schutz vor Angreifern in fremden Gebieten. Ein »magisches Wissen«

umfaßt die Tradition, Mythologie und Gegenwart des Kula.

Magie spielt in den lebenswichtigen Bezügen die entscheidende regulative Rolle. Sie ist eine durch Tradition überlieferte Macht, deren Anfänge unbefragt im Dunkeln liegen; sie wird als immer schon vorhandene ausgeübt. Sie ist bestimmt durch die alles entscheidende *Formel* (den geheimen Zauberspruch), den *Ritus*, an dem alle teilhaben können, und durch die *Stellung des Ausführenden*, dessen Rang den Wert des magischen Vorgangs festlegt. Kein Ritus kann ohne Zauberspruch durchgeführt werden, aber es sind verschiedene Variationen des rituell verhältnismäßig ungebundenen Zauberspruchs möglich. Der Ritus dient immer dazu, die der Formel innewohnende Kraft an den Gegenstand weiterzugeben. Die Macht der Magie äußert sich in der Sprache und der aktuellen Rede, wobei die Trobriander eine ganz eigene Physiologie und Anatomie entworfen haben: Jeder trägt seine Magie im Bauch als dem Zentrum des Gedächtnisses (des Formel-Speichers).

Malinowskis Ziel war es, eine empirisch begründete Theorie der Magie zu entwerfen, da sich die Kultur der Trobriander nur von hierher erschließen läßt. Das Kula ist nicht ohne das Verständnis der Magie als einer »ritualisierten Hoffnung«, wie Malinowski später einmal sagte, verstehbar. Der Stoff des Kula ist »kumulativer Besitz«, den die Männer zur Schau stellen. Dieses Verhalten, wie auch die engen Verflechtungen zwischen den Regeln des Kula, der Magie und des sexuellen Verhaltens (während der Kula-Expedition), werden von Malinowski »empirisch« registriert. Edmund Leach hat denn auch von einem »radikalen Empirismus« bei Malinowski gesprochen, der in einem eklatanten Mißverhältnis zu seiner Funktionaltheorie der Kultur (und deren Versuch, auf biologisch Determiniertes, auf Rationalität und Uniformität zurückzugehen) stehe. Diese Idee einer »wirklichen Wissenschaft« erscheint heute als Rückschritt gegenüber seinem Versuch, das »wirkliche Leben« zu erfassen – wie problematisch das auch immer sein mag.

4.

Wenn er zu Anfang von *Korallengärten und Magie* schreibt: »Von nun an werden wir unter den Trobriandern leben«, dann klingt das ebenso hoffnungsvoll wie ängstlich, voller Neugierde und zugleich im Gefühl des definitiven Abschieds von allem Vertrauten und Heimatlichen – das »wir« ist wie eine sich selbstzugestandene Selbsttäuschung, denn man ist ja bedingungslos alleine.

Korallengärten und ihre Magie – diese 1935 erstmals publizierte Studie (die Malinowski selbst für das Beste hielt, was er »je geleistet habe oder je werde leisten können«) bildet den Abschluß der Trilogie.

Nach den beiden vorangegangenen Berichten über die *Argonauten des westlichen Pazifik* und *Das Geschlechtsleben der Wilden in Nordwestmelanesien* versucht Malinowski – »Chronist und Sprecher der Trobriander« – noch einmal diese außereuropäische Gesellschaft in ihren Erscheinungsformen des alltäglichen Lebens und in den zugrundeliegenden Strukturen zu erfassen. Die Magie erweist sich dabei wieder als ein zentrales Thema – vergleichbar dem Handel und dem Geschlechtsleben in den vorangegangenen Studien. Aber auch dort wurden schon die meisten der gesellschaftlich relevanten Handlungen in irgendeiner Weise auf das magische System bezogen. Und der Ackerbau, als einer der zentralen Punkte in diesem System, war immer präsent.

Malinowski beschreibt die Trobriander als »typische Vertreter der Eingeborenen der Südsee«, ja als »Wilde«, die Aufschluß über die »primitive Menschheit« und sogar die »menschliche Natur im allgemeinen« geben. Wollen wir den »eigentlichen Trobriander«, der für sich selbst immer zuallererst Gärtner ist, kennenlernen, so sollten wir ihn in seinen Yamsgärten, in den Palmenhainen oder Tarofeldern aufsuchen, wie er gräbt, erntet oder etwa einen Zaun errichtet. »Ein Moment in der Gartenarbeit der Trobriander tritt besonders hervor und mag Probleme von größerer Reichweite aufwerfen: Ich meine die Beziehung zwischen rein ökonomischer, rational fundierter und technisch wirksamer Arbeit auf der einen

Seite und Magie auf der anderen. Die organisierende Funktion der Magie und des Glaubens ist in theoretischer Hinsicht vielleicht der wichtigste Beitrag, den uns die Kenntnis der Agrikultur der Trobriander bei der Erforschung des Menschen liefert. Das kommt hier deutlicher zum Ausdruck als in den Beziehungen zwischen Magie und Arbeit im ›kula‹ oder im Liebeswerben der Eingeborenen, wenngleich auch diese ein helles Licht auf die Rolle der Magie in menschlichen Belangen werfen.«

Malinowski vollzieht in der Abfolge der einzelnen Kapitel den Ablauf von Vorbereitung, Pflanzen, Wachstum und Ernte nach und erörtert das System der Magie an den einzelnen Momenten des Systems des Gartenbaus. Im Sinne seiner linguistischen Analysen spricht er auch von der »Sprache des Gartenbaus« und der »Textur des Gartenbaus« und im Sinne der (vollständigen und selbstverständlichen) Zusammengehörigkeit von Gartenbau, Magie und Symbolik von »Gartenmythologie«. Die philosophische, ethnographische und soziolinguistische Analyse und Theorie dieses anderen Wirtschaftssystems ist Thema der *Korallengärten und ihre Magie*.

Die Magie hat, verkürzt gesagt, einen praktischen Sinn: Sie soll den Gartenbau, den Fischfang, den Tauschhandel oder die Bootsfahrt erfolgreich machen. Innerhalb des Alltagslebens und der Sozialstruktur hat sie einen festen, regulativen Platz inne. Wie Malinowski diese Interpretation systematisch und methodisch ausbaut, das macht die sogenannte funktionalistische Methode aus: die *Korallengärten und ihre Magie* gelten als deren Höhepunkt und Vollendung.

Angesichts der Beziehungen zwischen Soziologie, Wirtschaft, Magie und Technik wurde Malinowski, wie er schreibt, »schon im Feld ... zur Annahme des Funktionalansatzes getrieben«, und die Funktionalmethode sei »an sich« noch viel ergiebiger, als es die hier vorgelegten Daten vermuten ließen. »Die Hauptleistung der Feldforschung besteht nicht in der passiven Aufnahme von Fakten, sondern im konstruktiven Entwurf gleichsam der Charta der Institutionen des Stammes. Der Beobachter kann nicht einfach wie ein

Automat funktionieren, wie etwa eine Kamera, kombiniert mit photographischen oder stenographischen Aufzeichnungen von Aussagen der Eingeborenen. Der Feldforscher muß während seiner Beobachtungen ständig konstruieren, isolierte Daten aufeinander beziehen und die Art ihrer Integration untersuchen.«

Läßt man sich auf den Gang von Malinowskis Untersuchung ein, so folgt man einerseits einem (teilweise verhinderten und allzuoft glättenden) Erzähler und Flaneur, der umherschlendert, hier und dort innehält (»Ich war Zeuge von...«), sich Gedanken macht, Beobachtungen festhält und weiterzieht, und andererseits einem Registrator der Arbeitsvorgänge und landwirtschaftlichen Beschaffenheiten, in die man sich in einem Maße vertiefen muß, wie man es auch nicht im entferntesten je mit der einheimischen Landwirtschaft tun würde. Zudem muß man immer wieder erkennen, daß man niemals wirklich in diese andere Welt eindringt, daß alles Oberfläche und Szenerie bleibt: Man vergißt zu schnell das Konkrete, wenn es nicht das eigene Auge gesehen hat, und die Strukturen und die »Gesamtkonstitution der trobriandischen Gesellschaft« bleiben zu abstrakt, wenn sie nicht mit eigener Anschauung verbunden werden können.

Die ethnographische Erfahrung bleibt singulär. Ganz ohne sie oder auch nur ohne die spezielle Erfahrung in der Gesellschaft der Trobriander verlangt es ein hohes Maß an Neugierde und Erkenntnisinteresse, Selbstbeobachtung und Selbsteinschränkung, um die Möglichkeiten und Grenzen der Ethnographie und in diesem Fall der Untersuchung von Malinowski richtig einschätzen zu können: als erweiternde, korrigierende und zugleich verzerrende Anwendung europäischen Denkens und Anschauens auf eine andere Kultur.

Fruchtbarkeit, Wohlstand, sinnlicher Genuß, Übersättigung und politische Dominanz, Ordnung, Sicherheit, Ästhetik, Tausch und Verpflichtungen treffen in der trobriandischen Magie zusammen oder werden aus ihrem System, das dem Stammesleben »Spannungskraft und Unternehmungslust verleiht«, abgeleitet.

Gerade die Tatsache, daß »ökonomische Effizienz und technische Notwendigkeit« bei den Trobriandern ihren Sinn aus dem Nichtrationalen, aus der Kunst und Magie des Gartenbaus, aus den Festen und Maskeraden beziehen, wurde als Beweis dafür genommen, daß hier der Funktionalismus nicht als Projektion eines europäischen Leistungsdenkens und seiner Funktionalisierungen angesehen werden könne. Fritz Kramer versucht, Malinowskis Werk als ethnographisches Dokument und in seiner funktionalistischen und perspektivischen Methode zu würdigen und mißt es an dem Wandel, den diese Gesellschaft seitdem vollzogen hat: Trotz aller Gefährdungen und Demütigungen durch Konsumismus und Neokolonialismus bleibe die trobriandische Situation weiterhin offen.

Der trobriandische Magier »zaubert« nichts herbei; Kramer weist auch darauf hin, daß »megwa« nur behelfsmäßig mit Magie übersetzt werden kann und ebenso nahe unserem Verständnis von »logos« steht. »Megwa« ist mythischen Ursprungs, an die Erde gebunden und Menschen »anvertraut«, die es in magisch-poetischen Texten auf die Natur anwenden, mit ihr »sprechen«, und es politisch und sozial nutzen. Die Tradition hat sich, unter veränderten Bedingungen, zum Teil durchgehalten, wobei Malinowskis Blick nicht frei von Anthropologisierungen ist und nur eine perspektivische ethnographische Erkenntnis zutage förderte, welche die Trobriander begonnen haben aus ihrer Sicht zu überprüfen und neu zu schreiben.

Appendix

Nach so viel Fremdinterpretation hat es natürlich eine von den Melanesiern selbst entwickelte Ethnologie schwer. »Unsere Wissenschaft würde möglicherweise wieder Boden gewinnen, wenn afrikanische oder melanesische Ethnologen, im Austausch gegen die Freiheit, die sie uns zugestehen, zu uns kämen und hier dasselbe täten wie wir früher bei ihnen.« (Claude Lévi-Strauss, »Die moderne Krise der Anthropologie«,1961)

Das Programm einer »lokalen Ethnographie« (im

Zusammenhang der Relativierung von eurozentristischen Sichtweisen) war einer der entscheidenden Schritte in der Reflexion der kolonialistischen Anteile in der europäischen Ethnologie, die in den 50er bis 70er Jahren dieses Jahrhunderts vor allem von Michel Leiris und Claude Lévi-Strauss getan wurde. Ohne die koloniale Vergangenheit verschleiern zu wollen, setzten sie sich für die Entwicklung eines Austauschs der Ethnographen verschiedener Kulturen ein. Sie hofften, den Status des »Wilden«, den wir als »Studienobjekt« »beobachten«, radikal zu verändern. Es sollte damit nicht verdeckt werden, daß der Abneigung der »Wilden« gegen die zivilisierten Feldforscher ein tiefbegründeter Haß auf die Kolonisatoren und deren Agenten zugrunde liegt.

Wie aber läßt sich ein neues Verhältnis zwischen der eigenen und der fremden Kultur und zwischen dem Kolonisator und dem Kolonisierten finden? Gibt es, wie dies Albert Memmi (*Der Kolonisator und der Kolonisierte*, 1980) meint, eine »strenge Vernunft, die sich für alle als zwingend erweist« – im kolonialen Drama, im Kampf um eine neue Beziehung zwischen Kolonisator und Kolonisierten?

Diese Vernunft würde die Aufhebung kolonialer Politik gebieten, welche ihren Widerspruch zwischen Tod und Vermehrung seiner Opfer nicht lösen kann. »Die unmögliche Entmenschlichung des Unterdrückten verkehrt sich in die Selbstentfremdung des Unterdrückers: er ist es, er selbst, der durch seine geringste Geste das Menschsein wieder hervorruft, das er zerstören möchte; und da er es bei den anderen verneint, muß er sich selbst versteinern, muß die Trägheit und Undurchdringlichkeit eines Felsblocks annehmen, muß, kurzum, sich seinerseits ›entmenschlichen‹. Eine unerbittliche Wechselseitigkeit fesselt den Kolonisator an den Kolonisierten, sein Produkt und sein Los.«

Die koloniale Gesellschaft kann die »Eingeborenen« in die europäische Gesellschaft nicht integrieren, ohne sich selbst zu zerstören. Aus dieser Unmöglichkeit erwächst den kolonisierten Völkern die große Chance, ihr nationales Selbstbewußtsein und gegenseitige Solidarität zu gewinnen, aus ihrem Unglück

mit Mut eine Position der Stärke, des Kampfes zu entwickeln, nachdem sich die friedliche, einsichtige »Umgestaltung« des Kolonialverhältnisses als illusorisch erwiesen hat.

Sind die Hoffnungen auf ein Ende des Kolonialismus berechtigt? Albert Memmis Überlegungen und Jean-Paul Sartres zustimmender Kommentar sind vor rund zwanzig Jahren formuliert worden und benennen keine zeitbedingte Situation, sondern eine Menschheitstragödie, sowie den Wunsch, daß sich diese an ihrer eigenen Widersprüchlichkeit auflöse.

Es haben sich aber so viele neue Ableger und Mischformen des Kolonialismus entwickelt, daß gar nicht mehr von *dem* Kolonialismus und der »kolonialen Situation« zu sprechen ist. Die kolonisierten Völker sind außerdem selbst so vielfältige und widersprüchliche Beziehungen mit anderen Völkern eingegangen, daß man nicht mehr von zwei großen Blöcken sprechen kann. Und: zwischen Kolonisator und Kolonisierten, in »das koloniale Verhältnis«, wie Memmi sagt, sind Technokratie und Konsumwelt als selbständige Machtinstanzen getreten, die die Beziehung viel undurchschaubarer machen.

Selbst wenn das von Memmi dargestellte »koloniale Verhältnis« und das Rollenspiel der Protagonisten komplexer und unberechenbarer geworden ist, behält seine Einsicht, daß die Kolonisation ebenso den Kolonisierten wie auch den Kolonisator zerstört, ihren allgemeinen Wahrheitsgehalt. Das Ausweglose an der Situation jedes Kolonisators bleibt: »Wenn er die Kolonisation akzeptiert, so verrottet er; wenn er sie ablehnt, so verneint er sich selbst.« Gegen dieses labile Gleichgewicht hat die Revolution immer eine Chance. Und dann werde auch der Unterdrückte »endlich frei«, »ein Mensch ... wie alle anderen«.

An diesem Punkt setzt sich ein Ideal vom »freien«, »anderen«, »neuen« Menschen durch, das man keinem Kolonisierten verübeln kann, ein Ideal, dem aber die Erfahrung widerspricht, daß die Mechanismen der Unterdrückung, Ausbeutung und Zerstörung bisher durch Revolutionen nicht aus der Welt zu schaffen waren, daß koloniale Verhältnisse auch den von einer fremden Kolonialmacht befreiten Staat wei-

terhin bestimmen, daß Freiheit kein nachkolonialer Zustand, nur das Phantom eines überwundenen Kolonialverhältnisses ist. Nicht zu vernachlässigen sind die Gefahren der Vereinheitlichung der Welt, der Gleichmachung, des tödlichen Universalismus.

Kulturell ist die Dritte Welt »zur Strecke gebracht«, ein Opfer der westlichen »Überwältigungsprozesse«, der von der Industriezivilisation mit Macht erzwungenen »kulturellen Zentralperspektive« (R. Gronemeyer). Dieser Machtwille ist früher in der offenen Gestalt des Raubkolonialismus aufgetreten und verkleidet sich heute als Versorgungskultur und Entwicklungsplanung. Das ist ein indirekterer Zugriff, ein weniger durchsichtiger Prozeß der Gleichschaltung.

Sowohl der europäische als auch der außereuropäische Ethnologe ist in diesen Prozeß verstrickt und kann sich nur gegen erhebliche innere und äußere Widerstände dagegen zur Wehr setzen. Wollten wir jetzt, in bloßer Umkehrung, die »Rolle der Wilden« spielen, wäre dies eine nur beleidigende Verzerrung einer sinnvollen (wenn auch äußerst schwierigen) Veränderung bisheriger Hierarchien. Malinowskis Wunsch, diese Rolle teilweise einzunehmen, sein Bild von sich als »Ex-Melanesier«, läßt sich so nicht neu beleben. Er war Teil der kolonialistischen Tradition und doch auch ihr Widerpart. Sein Wunsch, die »Weltanschauung« des »Eingeborenen« (»die Atemluft des Lebens und der Wirklichkeit, die er atmet und durch die er lebt«, wie es in den *Argonauten* heißt) zu erfassen, macht ihn zu einem der »Heroen«, die das kolonialistische Erbe der Ethnologie abzustreifen versuchten.

Auch der, wie er sagte, tiefste Gesichtspunkt seiner Reisen, sein Wissen um die Gleichheit und Verschiedenheiten der Kulturen, seine »Liebe zur abschließenden Synthese« in die »sokratische Weisheit der Selbsterkenntnis« zu verwandeln, macht seine Modernität (im besten Sinn, die diesem Wort beizumessen ist) aus. Der Schritt zu einer literarisch und wissenschaftlich gelungenen Verschränkung von Selbst- und Fremdanalyse ist trotzdem noch sehr groß.

Die Wissenschaft von den außereuropäischen Kulturen verlangt Erfahrung, Ideen, Assoziationen und

Systematisierungen, die nicht ›einfach‹ zu haben sind. Die modernistischen Interpretationen der Ethnologie zeigen mehr von den Wünschen (und Entsagungen) derer, die sich daran versuchten, als von dem Stoff, aus dem diese wahrhaft einsame Wissenschaft gemacht ist. Ihr Exotismus hat wenig mit der Massentourismus- und Reklameexotik zu tun. Suche mit dem Auge des Ethnographen, aber mißtraue deinem Blick und dem der anderen, denn immer ist er phantasmagorisch verstellt.

Unser »aufgeschlossenes« Gefühl den »Wilden« gegenüber ist auch die Offensive gegen das unerträglich gewordene Gefühl, nicht alles erreichen zu können, nicht alles – wenn auch nur als Medien-Abklatsch – formal zu erkennen. Was man wissen will, soll man auch erfahren und mit seinem eigenen Leben konfrontieren, oder aber man soll, wie Nietzsche sagte, »den Stolz haben, es *nicht* zu wissen«.

Leonard Woolf. – Die kontinuierliche Zerstörung einer Illusion

> *»Das Dorf im Dschungel« war ein Roman, in dem ich auf die eine oder andere Weise versuchte, das Leben der Ceylonesen nachzuempfinden, ja zu leben. Dieser Roman symbolisierte auch auf merkwürdige Art den Anti-Imperialismus, der in mir während der letzten Jahre in Ceylon zunehmend gewachsen war.*
>
> Leonard Woolf

1.

Ein »zerklüftetes Profil«, ein »Kopf wie Zeus«* und euphorisch – so sahen die Zeitgenossen Leonard Woolf in seinen letzten Lebensjahren vor seinem Tod 1969.

Auf allen späten Bildern hat seine Gestalt etwas von einem Felsbrocken, selbst auf Schlittschuhen vor einem großen Baum steht er wie festgewurzelt da. Auf frühen Bildern überwiegt der Eindruck des englischen Gentleman mit guter Haltung und leicht kolonialistischem Gehabe. Wo sein Körper sich angepaßt zeitgenössisch verhielt, war sein Geist ihm voraus: in bezug auf die gesellschaftlichen Verhältnisse in England war Woolf ein kritischer und engagierter Mann; Antikolonialist in den außereuropäischen Gesellschaften, in denen er als Kolonialbeamter arbeitete.

Ebenso wie die Ethnologen seiner Zeit war er unlösbar verstrickt in die Widersprüche zwischen kolonialistischem Status (mit allen seinen zwanghaften Forderungen an Strenge und Unerbittlichkeit gegenüber den »Eingeborenen«) und dem subjektiven Wunsch, sich geradezu unterzuordnen als Chronist ihrer Geschichte und ihres Alltagslebens. Nur in Briefen und privaten Tagebüchern konnte diese Spannung geäußert und veräußert werden – die verallgemeinernde Erörterung war den Ethnologen wie den staatlichen Angestellten noch über Jahrzehnte hin nahezu versagt. Woolf war nicht aus Idealismus in den Kolonialdienst eingetreten. Seine mäßigen Examensab-

* Das erinnert an J. Brodsky, der bei W. H. Auden von der »Globalsumme eines Gesichts« sprach.

schlüsse verhinderten eine »höhere« Laufbahn; so fand er sich nicht nur zu seinem Erstaunen, sondern auch zu seinem »Entsetzen... in der Zivilverwaltung Ceylons wieder« oder noch drastischer: »Ich bin in entsetzlicher geistiger Verfassung...«* Georges Orwell bemerkte ebenfalls in einem Rückblick auf eine vergleichbare, vierjährige Tätigkeit (bis 1927) in Burma: »Ich gab hauptsächlich deshalb auf, weil ich nicht länger einem Imperialismus dienen konnte, der mir weitgehend wie ein Sumpf vorkam.«

Im November 1904 war Woolf zu einer der damals wichtigsten englischen »Kronkolonien« aufgebrochen. In seinem Tagebuch** hält er alle Stationen fest. Nach seiner Rückkehr 1911 nach England beginnt er mit der Niederschrift von *The Village in the Jungle.****

2.

»Es war eine seltsame Welt, eine Welt der nackten, brutalen Tatsachen und der überspannten Einbildungskraft, eine Welt voll Hunger, Angst und Teufel, in der die Menschen hilflos unsichtbaren und rätselhaften Mächten ausgeliefert waren, die sie auf allen Seiten umlauerten.« In dieser vom Dschungel erbarmungslos beherrschten Welt Ceylons wuchsen am Rand eines Dorfes zwei Kinder – Hinnihami und Punchi Menika – auf, die ganz unmittelbar mit der Vegetation und der Tierwelt und deren mythischer Überhöhung konfrontiert wurden. Von früh an erlernten sie an der Seite ihres als verrückt geltenden einzelgängerischen Vaters, des Jägers Silindu, das Überleben in der Wildnis, im Wechsel von Regenzeit und Hunger bringender Trockenzeit. Und sie lernten, mit Angst, Krankheit und Tod umzugehen. »Jeder Dschungel ist vom Bösen, aber es gibt kaum einen

---

* G. Spater und I. Parsons, *Porträt einer ungewöhnlichen Ehe. Virginia & Leonard Woolf*, 1980.

** *An autobiography of the years 1880 to 1969. 5* Bde. 1970 bis 1978.

*** Dieser Band wird im folgenden zitiert nach der deutschen Neuausgabe: *Das Dorf im Dschungel*, Frankfurt/M. 1985 (S. Fischer; Qumran 1982[1]).

schlimmeren als den, in dem das Dorf Beddegama lag.« Wie eine »riesige Wasserfläche, über die ein erbarmungslos heißer Wind unaufhörlich Wellen treibt...«, bedeckt er das Land. »Angst steckt in allem: in der regungslosen Stille und in den schrillen Alarmrufen, in dem Rascheln der Blätter und dem Knacken der Zweige, in den lauernden, schleichenden, flüchtigen Tieren. Und hinter der Angst stehen immer Hunger und Durst...«

Geprägt von der Dürre während der Trockenzeit – wenn »das Gras verbrennt und die Erde in der Sonnenglut bäckt und springt, wenn die Bäume weiß gepudert an den Wegen stehen« – und der alles verschlingenden Üppigkeit des Dschungels zur Regenzeit waren die Bewohner des Dorfes Beddegama verschlossene und zugleich den Gefahren gegenüber wachsame Menschen; Eigenschaften, die den Jäger Silindu aber zunehmend aus dem sozialen Leben ausschlossen. Seine enge Verbundenheit mit dem Dschungel, sein vertrauter Umgang mit den ungreifbaren und angstvoll besetzten übernatürlichen Mächten dieses Labyrinths, seine selbstverständliche Art, die eigenen Kinder in diese Welt zu integrieren, machten ihn immer mehr zum Außenseiter. Die Feindseligkeiten der anderen Dorfbewohner, vor allem aber des Dorfältesten, griffen in dem Maße zerstörend in sein Leben ein, wie aus dieser Feindschaft eine systematische Vernichtung mit allen institutionalisierten Mitteln der Benachteiligung und Ausbeutung wurde, mit allen Tricks der Besteuerung und Verzinsung.

Was so greifbar gegen ihn unternommen wurde, empfand er selbst als eine »unsichtbare, rätselhafte Macht«, die sich ihm in den Weg stellte, ihn immer hoffnungsloser machte. Die so erzeugte »Seltsamkeit« und »Wildheit« hing auch seinen beiden Töchtern an, die abseits der Dorfgemeinschaft aufgewachsen waren.

Das üppig Übergreifende und die Dürre lassen die Natur als vom Teufel besetzt erscheinen. Die Trockenzeit wird nicht als ein selbsttätig waltendes Naturgeschehen, sondern als aufs engste mit menschlichem Handeln und übernatürlichen Kräften verwoben begriffen. Und wenn der Regen kommt, kommen mit ihm die Seuchen – als ob der göttlichen Strafe noch

einmal Nachdruck verliehen werden müßte. Bei den Bestrafungen scheinen zeitweilig sogar Teufel und Gott zusammenzuarbeiten, um ihre Opfer zu fordern. Silindu und seine Kinder sind vorbestimmte Opfer, Anziehungspunkte für das Unglück und das Unheil; sie ziehen das Böse auf sich und gelten damit als bedrohend für das Dorf. Sie werden so gesehen – bis sie sich selbst so sehen: »Von den Schlingen des Mißgeschicks und Verderbens umstellt«, dem »Schicksal« ausgeliefert, in »trauriger Ergebenheit«. »Ein Mensch kann sich von Öl reinwaschen, aber, soviel er sich auch müht, er kann niemals das Schicksal von sich abreiben.« Wenn die Opfer sich der kollektiven Aggressivität, Hysterie und Brutalität ergeben und sich auf der Seite der Hexen und Besessenen eingerichtet (hingerichtet) haben, dann empfinden sie ihre Zerstörung so, als fände »das Leben keinen Halt mehr« an ihnen. Das Leben – das sind dann die anderen und deren Normen.

Es ist ein eigenartiges Paradox: Die Außenseiter, die Opfer, die Gedemütigten, die Ausgeschlossenen – aufgrund einer nicht vollzogenen oder nicht gewollten Anpassung und der von den anderen darin gesehenen Gefahr – können ihrer Rolle nicht entkommen, übernehmen sogar sehr weitgehend die Etikettierungen, die ihnen angeheftet werden, sie identifizieren sich mit dem und den Bösen, und zugleich erkennen sie die anderen, die Gesellschaft, als Instanz des »Teufels«, der Verteufelung. »Gespenstige Formen schienen aus der Dunkelheit nach ihm zu greifen; rätselhafte Ungetüme sprangen vor ihm von dem Pfad auf und brachen krachend durch das Unterholz ... gellendes, höhnisches Lachen schlug an sein Ohr ... Silindu wartete ergeben, daß der Zauber seine Kräfte verzehrte.« Naht man dem Gott, dem Gesetz, der Norm »zur rechten Zeit und in rechter Art«, hat man es mit einem »gewaltigen Dämon, der Gutes tut«, zu schaffen, sonst mit einem bösen Dämon und seinen Agenturen.

Der Dschungel steht dafür als übergreifendes Symbol. Das Dorf im Dschungel ist das Dorf in der Gesellschaft – mit deren Mechanismen der Zerstörung und des Verschlingens. Zugleich ist der Dschungel Ort

der Freiheit: Städter überleben selbst in Mauern, die Leute im Dschungel kommen aus ihm »nie wieder heraus«. Der Dschungel ist die Heimat, der Ort, in den man hineingeboren wurde. Verläßt man ihn, stellt man sich gegen das Gottgewollte und »läuft dem Unglück in die Arme«.

Woolfs Dschungel-Roman zeigt die Geschichte eines individuellen und eines kollektiven Unglücks, den Niedergang einer Familie und eines Dorfes. Silindu, seine Töchter und sein Schwiegersohn: Verleumdet und verurteilt, Opfer und Ausgestoßene, erscheinen sie am Ende nur wie vorgeschobene Personifizierungen von Verfall und Tod. Der Jäger Silindu markiert den Punkt, wo Natur und Gesellschaft den gleichen Mechanismen gehorchen: Er ist der Jäger und der Gejagte; als er merkt, daß immer er das »gehetzte Tier« ist, bäumt er sich auf, greift »wie ein Büffel« an, tötet zwei Menschen.

»Im Dschungel, da wird getötet – immer getötet. Vom Leoparden, vom Schakal, ja, und vom Jäger... Schließlich aber wird der Jäger selbst gejagt... endlich wird der Jäger getötet... Sind sie nicht alle diese Jahre hinter mir her gewesen, und soll ich weiter wie ein dummer Hirsch durch den Dschungel rennen? Nein... Diesmal bin ich der alte, angeschossene Büffel.«

Seine Auflehnung endet in einem dumpfen Wunsch nach dem Nirwana und danach, »auf dem Pfad zu sein«; sein Schwiegersohn stirbt im Gefängnis; die eine Tochter stirbt zusammen mit den letzten Dorfbewohnern; die andere »überlebt« sie, bis sie »eins von den Tieren des Dschungels« wird. »Es war, als sei der Ort von den Göttern und den Menschen vergessen.« Leonard Woolf tritt als Erzähler oder gar als Analytiker ganz zurück, so, als sei das Leben der Menschen schon Geschichte: von ihnen erzählt, dokumentiert.

Eine Chronik der Ereignisse im Zeichen des Zerfalls.

3.

Das Dorf im Dschungel ist der Roman eines verlorenen Kampfes ums Überleben in einer vermeintlich exotischen Welt.

Leonard Woolfs Leben auf Ceylon – das er in seiner Autobiographie in chronologischer Folge festgehalten hat: Jaffna 1905 bis 1907, Kandy 1907 bis 1908, Hambantota 1908 bis 1911 – ist, äußerlich, das ein paar tausend Kilometer verlagerte gesellschaftliche Leben, das er auch in England geführt hätte, so weitgehend, daß sein engster Freund Lytton Strachey, in ethnozentristischer Projektion, von ihm gar als dem »Herrn einer Million Schwarzer« sprach. Woolf – 1904 mit siebzig Bänden Voltaire im Gepäck aufgebrochen – war entschlossen, seine europäischen Kenntnisse und Fähigkeiten praktisch anzuwenden, ob bei der Volkszählung und anderen sozialen und bürokratischen Arbeiten, ob bei der Bekämpfung von Krankheiten oder der Einführung sinnvoller Techniken und Maschinen. Damit aufs engste verbunden, kämpfte er um eine entsprechende gesellschaftliche Anerkennung, wozu er sich passende Kleidung aus England mitgebracht hatte. An allen gesellschaftlichen Ereignissen nahm er teil. Noch nachdem er Ceylon verlassen hatte, hielt sich das Gerücht, er habe 1912 durch den Untergang der *Titanic* 60000 Pfund »geerbt«, was immer das heißen mochte.

Sich selbst sieht er als »fair« und zugleich »rücksichtslos« den Ceylonesen gegenüber; als vereinzelt unter vielen »unlauteren Eingeborenen« und »angeberischen Kollegen«; als leidend unter dem fürchterlichen Klima und den vielen Krankheiten; letztlich als »Versager«, als »mittelmäßig« in einer in allem enttäuschenden Umwelt. 1906 will er Selbstmord begehen, und 1907 notiert er fast wörtlich wie der Reisende Robert James Fletcher (*Inseln der Illusion*, 1981) zur gleichen Zeit auf den Hebriden: »Mit mir ist es aus, was England angeht. Ich werde jetzt in diesen entsetzlichen Ländern leben und sterben.« (nach Spater und Parsons)

So erweist sich dieses scheinbar erfolgreiche Leben als die kontinuierliche Zerstörung einer Illusion, ver-

folgt von den Forderungen seines Über-Ich: alle Pflichten gewissenhaft und kompetent erledigen zu müssen. »Ich arbeite, Gott, und wie ich arbeite. Ich verrichte meine Arbeit methodisch und mit manischer Besessenheit.« (ebd.)

Auch wenn er nicht so bedingungslos wie seine Zeitgenossen Robert James Fletcher oder Victor Segalen aufgebrochen war, so konnte doch der Zusammenhalt, den der Verwaltungsapparat vorgab – zeitweise war er gar für 100000 Menschen verantwortlich –, nur jemandem genügen, der auch in der eigenen Gesellschaft nie mehr war oder sein wollte als ein guter Verwaltungsbeamter. Jedes Sich-Einlassen auf Situationen, auf Wirklichkeiten einer außereuropäischen Kultur führt unweigerlich zu einer Verunsicherung und Infragestellung der eigenen Person, ihrer Werte, Normen und Ordnungen. Nur diese Dimension einer Durchdringung von Selbst- und Fremderfahrung machen Woolfs *Autobiographie* zu mehr als einer langweiligen Berichterstattung über dieses und jenes gesellschaftliche Ereignis und seinen *Roman* zu mehr als einem europäisch liebäugelnden Andere-Länder-andere-Sitten-Wortgerassel.

Erstmals 1913 aufgelegt, ist dieser dokumentarisch-ethnographische Roman neben einigen Erzählungen und der monumentalen Autobiographie das literarisch bedeutendste Werk des Autors, der in Deutschland lange Zeit nur einigen Literaturkennern als der Ehemann von Virginia Woolf bekannt war, mit der er auch gemeinsam die Hogarth Press leitete.

Woolf war die meiste Zeit seines Lebens als Journalist tätig, vor allem als gesellschaftskritischer Kriegs- und außenpolitischer Berichterstatter. Seine Aufenthalte in außereuropäischen Kulturen sind geprägt von der Widersprüchlichkeit: im Dienste einer Kolonialmacht sich als Überlegener zu verhalten und zugleich den Wunsch zu haben, die Anderen aus ihrem Leben heraus, aus ihren Ordnungen und Einstellungen, aus ihrer Wirklichkeit zu verstehen und darzustellen. In Ceylon wird er dafür noch heute wie kaum ein anderer Europäer geschätzt; in England brachte ihm sein Roman literarische Anerkennung.

»Vor einem Jahr, als ich in Ihrer Autobiographie über *The Village in the Jungle* las, sagte ich mir, ›das ist ein Buch, das du lesen mußt‹, und ein paar Wochen später in Singapur sagte ich zu einem jungen malaysischen Studenten: ›Kein westlicher Schriftsteller – nicht einmal Forster – ist wirklich in das Denken und Fühlen der Asiaten eingedrungen. Kipling und Maugham haben nur die Wirkung des Fernen Ostens auf den westlichen Menschen beschrieben.‹ Der Malaie sagte: ›Doch, es gibt einen Roman, der dies geschafft hat: *The Village in the Jungle*.‹

Ich habe jetzt das Versprechen, das ich mir selbst gegeben habe, eingelöst und Ihren Roman gelesen, und ich muß Ihnen ein paar Zeilen schreiben, um Ihnen für das Vergnügen zu danken, das Sie mir damit bereitet haben. Ich war bis zum Schluß gefangen und bewegt, das Tempo und die Kraft der Erzählweise sind ungeheuerlich. Ihnen ist etwas gelungen, was ich keinem westlichen Menschen zugetraut hätte – nämlich in das Denken und Fühlen des Fernen Ostens einzudringen. Es ist eine einzigartige Leistung.« (Alec Waugh, zitiert nach Spater und Parsons)

4.

Wie lebt man sich in die fremde Kultur ein? Wie schützt und bewahrt man sich als Individuum und öffnet sich doch ganz den anderen Menschen: Voraussetzungen für Verstehen und Zusammenleben? Das muß letztlich jeder Ethnologe und jeder Reisende praktisch und individuell lösen, wobei ihm sein Wissen und gegebenenfalls seine wissenschaftliche Ausbildung methodische Anhaltspunkte für das Wechselspiel von Distanz und Nähe vorgeben. Aber immer ist die Praxis um vieles komplizierter, sind die Verwicklungen unauflöslicher, als man das je zuvor befürchtete. Wie macht man seinen Wunsch nach Alleinsein verständlich, wenn Alleinsein als Makel und schwerstes Schicksal aufgefaßt wird? Oder wie verhält man sich zum Beispiel gegenüber dem Wunsch nach Medikamenten und medizinischer Betreuung, wenn man

selbst nicht Arzt ist und auch nicht den ganzen Tag über Kranke behandeln möchte?

Vieles bleibt dem Außenstehenden auf immer verborgen oder unerklärlich, sowohl auf der Ebene der anderen Systeme des Glaubens, der Magie und Symbole, der Verwandtschafts- und Sozialsysteme, wie auch im alltäglichen Leben, in den Details des Grüßens, Essens oder Schenkens. In manchem paßt er sich, ohne es zu merken, nach und nach an, in anderem macht er endlose Anstrengungen, ohne aber je erfolgreich zu sein, aufgerieben im Kreislauf von Illusion und Desillusionierung, von Verstehen und scheinbarer Offenheit, von Mißverständnissen, Vorwürfen und Selbstvorwürfen. Jeder muß erfahren, wie er immer wieder zu voreilig war, wie er die anderen falsch eingeschätzt und sich ihnen gegenüber töricht verhalten hat, wie er zugleich mächtig und bis zur Lächerlichkeit ohnmächtig ist. So muß jeder in der fremden Kultur sein eigenes System finden, um die Langeweile und die Geister zu vertreiben, das Schöne und Gelungene möglichst lange bewußt zu halten und das Unerträgliche und Nichtgelingende ins Bedeutungslose abzudrängen.

Die Art und Weise, wie man sich in der anderen Kultur die Menschen vorstellt und welches Bild man ihnen vermittelt, prägt alle weiteren Situationen. Wer sich einmal als Ethnologe mit Notizblock eingeführt hat, ist fortan der, der alles aufschreibt und den man barsch daran erinnern muß, wenn er es einmal nicht tut, er eine Bemerkung unterschätzt und nicht für wert erachtet, sie aufzuschreiben, sie als Teil der fremden Kultur zu betrachten und zu verwerten. »Schreib das nieder!« – So kann es plötzlich dem Fremden entgegenschallen, und er muß dies begreifen lernen, ebenso wie die anderen Wörter und Laute oder die so gänzlich anderen Gepflogenheiten und Gesten, wenn ihm zum Beispiel zum Zeichen des Grußes und der freundlichen Aufnahme die geballte Faust entgegenstreckt oder er einfach nur angestarrt wird (wie bei den Tiv in Nigeria).

»An ihrer Statt zu denken, zu sagen, was sie vielleicht gesagt hätten« – das war Victor Segalens Projekt in Tahiti; »... das Leben der Ceylonesen nach-

zuempfinden, ja zu leben« – das hatte sich Leonard Woolf in Ceylon vorgenommen. Die Beschreibung der anderen Welt von innen: die Umkehrung des Ethnozentrismus oder richtiger: *eine* mögliche Umkehrung (denn etwa Julius Lips' Konzept des »Blicks von außen«* strebt ja das gleiche an). Analog zu Malinowskis Selbstverständnis vom »Ex-Melanesier« hätte sich Woolf »Ex-Ceylonese« nennen können.

Wenn auch als Theorie nicht haltbar, war diese Position doch ein wichtiger Impuls für die Ethnologen, die sich nicht zufriedengeben wollten mit Statistik, Monographie und Tabellen. Überblickt man die Bewegungen dieser Erfahrung, Erkenntnis und Ästhetik bei den Ethnologen, Künstlern und Reisenden um die Jahrhundertwende, fällt auf, daß sich manche Vorstellungen wie eine unterirdische Spur erhalten haben, auch wenn sie an der Oberfläche, im Wissen und Bewußtsein, längst als verloren und aufgegeben registriert sind. Keinen Traum, der vom Glück oder gar vom Paradies spricht, gibt man gerne verloren. Das ideale Fleckchen Welt ist nur ein Traum. In Wirklichkeit weht dem Fremden der Hauch des Exotischen als Geruch des Kolonialismus, der Dummheit und Brutalität, der Langeweile und Bitternis, der Einsamkeit und der Korruption entgegen.

Wie weit man auch heraustritt aus der eigenen Kultur, wie weitgehend man sich die Kleider der anderen anzieht oder gar in ihre Haut zu schlüpfen versucht, man bleibt dennoch der Andere, der Fremde: die Verkörperung eines anderen Systems, Repräsentant einer anderen Gesellschaft. Dies wird von allen diesen Autoren auch mehr oder weniger gesehen und anerkannt; eigens thematisiert hat es auch Elenore Smith Bowen in ihrem »ethnologischen Roman« *Rückkehr zum Lachen* (1954, 1984).

Elenore Smith Bowen – oder wie sie mit richtigem Namen heißt: Laura Bohannan – ist nach entbehrungsreichen und konfliktvollen Jahren ihres Afrika-Aufenthaltes (1949 bis 1953) beeindruckt von der Fähigkeit der Tiv, mit dem allgemein Tragischen wie mit dem persönlichen Versagen, heiter zu leben. Ihr Lachen

---

* Vgl. S. 146 im vorliegenden Band.

ist ein Lachen unter der Maske der Tragödie, vermischt mit Furcht und Haß: Bestandteile ihres Systems der Hexerei, das ihr tägliches Leben bestimmt. Daneben sind es Geburt, Krankheit und Tod, Jahreszeiten, Feste und Gabentausch, Verwandtschaft und die vielen Beziehungskonflikte, in die auch der Fremde unweigerlich hineingezogen wird. Er wird nicht nur mit Verhaltensregeln, Verboten und Geboten, Empfehlungen, Tips und Schein-Geheimnissen zugedeckt, sondern auch in dilemmatische Situationen verstrickt, in denen er sich nur nach bestem Wissen und Instinkt oder auf gut Glück entscheiden kann.

Natürlich hat sich der Ethnologe darauf vorbereitet; hat sich belehren und unterweisen lassen und beginnt die Reise vollgestopft mit Informationen und Tips, mit gutgemeinten und altklugen Empfehlungen für das richtige Einschätzen und Verhalten. So hat denn auch Smith Bowen eine Liste von Ratschlägen vorzuweisen, die man ihr vor der Reise gab, die ebenso praktisch, sinnvoll wie auch komisch, skurril sind. Smith Bowen hat darin große Vorbilder; man denke nur an Evans-Pritchard und Malinowski, deren eigene und fremde Ratschläge auf die kurze Formel gebracht werden können, man solle sich in der Fremde nicht wie ein Idiot benehmen – was sich für Smith Bowen oft genug als größtes Problem herausstellt. Sie ist erschöpft von den ungewohnten Anstrengungen und der undurchdringlichen Fremdheit in allem, im beständigen Wechsel von Liebenswürdigkeit und Feindseligkeit, von Freundschaftlichkeit und Haß.

Einmal ist man als Leser ganz eingenommen von ihrer Offenheit – wie sie ihre persönlichen Schwierigkeiten mit diesen ihr so fremden Menschen offenbart –, dann wieder ist man enttäuscht, wie sie am Ende so verblendet ist, im fernen Westen alles als unendlich schön, heil, gelungen anzusehen. Man muß kein Radikal-Ökologe und kein Historiker sein, um mit einem bitteren Lächeln ihr angloamerikanisches Bekenntnis zu ihrem »eigenen Leben«, zu »ihrem Land« und »ihrer Natur« zu vernehmen (»die Vorteile der Behaglichkeit und der Bildung ... Nein, ich wollte nicht sein wie sie«). So bleibt, trotz aller Sympathie für ihr Verhalten und ihre Form der Darstellung, ein

Unbehagen zurück, und es verwundert letztlich nicht, daß das Buch bei seinem Erscheinen nicht zu einem Skandalon geworden ist. Es bleibt hinter seinen Möglichkeiten zurück, die es theoretisch eröffnet. Ihre Moral- und Wertvorstellungen, ihr Normalitäts-Korsett verhindern letztlich den erhofften *Blick von innen*.*

Radikal formuliert hat diese Diskrepanz ein anderer Engländer, Lawrence von Arabien (*Die sieben Säulen der Weisheit*, 1926). »Ich konnte nicht in die arabische Haut hinein – ich tat nur so.« Auch bei ihm steht am Ende (wie bei Leonard Woolf oder Malinowski) das »Gefühl tiefster Vereinsamung«. Karl-Heinz Kohl hat deswegen die generelle Frage gestellt, ob der »kulturelle Überläufer« (die »kulturelle Konversion«) überhaupt möglich ist oder ob es nicht immer nur »Travestien der Lebensformen« sind.

Aber mögen sich der Traum und die Phantasie vom Paradies auch als noch so illusionär erweisen, mögen die mit Wünschen und Projektionen besetzten fremden Lebensformen in Wirklichkeit so ganz anders sein, mag sich die Identifizierung mit den ›Wilden‹ (der Wunsch, die Seiten zu wechseln) auch als verkehrt herausstellen, so sind doch alle diese Bewegungen (und Emotionen) der Reise, der Fremderfahrung, der Ethnologie zugehörig. Das ceylonesische »Paradies« – es »entsteht aus der Ähnlichkeit zwischen der christlichen Vorstellung und Ikonographie des biblischen Gartens Eden und dem tropischen Regenwald, dessen starker vegetativer Geruch den Reisenden ständig begleitet: eine scheinbar uneingeschränkt sprießende Vegetation, die dennoch so menschenfreundlich ist, nichts zu überwuchern, sondern unter den für uns zur exotischen Metapher gewordenen Palmen Raum für menschliche Kulturen zu lassen« (Traugott König, Nachwort in: *Dorf im Dschungel*, 1985) –, das ceylonesische Paradies, eine europäische Kopfgeburt zwar, aber als solche für uns ›real‹, ›histo-

---

* Eine in letzter Zeit neu aufgenommene Diskussion der Autorität und Hierarchie in ethnographischer Beobachtung schließt denn auch nur peripher an diese Tradition an. Vgl. S. 158 im vorliegenden Band.

risch‹, ›notwendig‹, eine Stufe des Übergangs zur Erkenntnis, zur Wirklichkeitserfahrung.

Die Täuschung muß erst durchdrungen, aufgebrochen werden; sie ist Teil der Erkenntnis, vor allem der *Lust* des Entdeckens. Und die Täuschung hat eine reale Entsprechung: Der Dschungel ist eine Idylle, eine Symbiose alles Lebendigen und deren Gegenteil: die Hölle, der Ort der Vernichtung, des grausamen Kampfes ums Überleben, des Hungers und der Angst. Und wie im Dschungel die bedingungslose Auswahl der Stärkeren herrscht, so haben sich in der Gesellschaft entsprechende Strukturen der Auswahl und der Gesetze des Stärkeren herausgebildet. Geschieht ein Mord – wie ihn Leonard Woolf in *Dorf im Dschungel* erzählt – und entspricht dieser der Natur-Ordnung, wird er als erlösend empfunden; Natur und Kultur sind zur Deckung gekommen.

Woolfs Roman ›lebt‹ von der Atmosphäre des Schreckens und des Gesetzes. In der Gestaltung dieser Stimmung befreit er sich vom Zwang nüchternen Beschreibens im dokumentarischen Bericht oder in der ethnographischen Monographie; und er begibt sich zugleich in Abhängigkeit von literarischen Traditionen und Kriterien. Auch das *Dorf im Dschungel* steht im Spannungsfeld zwischen wissenschaftlichem und künstlerischem Sehen. Der *Wunsch*, das »wirkliche Leben« und reale Individuen zu beschreiben – ob bei Malinowski oder Woolf –, ist noch nicht per se Literatur, sondern erst die Vorstufe zu einer poetischen Transformation.

Victor Segalen. – Die Anfänge der Ethnopoesie

1.

Nicht »Aufbruch in die Wirklichkeit«, in eine politisch und gesellschaftlich fest umrissene, konturierte und durch Informationen und Nachrichten übersättigte Wirklichkeit, sondern »Aufbruch in das *Land* der Wirklichkeit«, in die Offenheit des Vorstellbaren, gleichsam in *Landschaften*. »Aufbruch in das Land der Wirklichkeit«, so heißen die Skizzen und Impressionen, die Reise- und Anti-Reiseerzählungen, in denen Victor Segalen 1929 die von ihm erlebte Spannung zwischen Realem und Imaginärem, zwischen der tatsächlichen körperlichen und der geistigen Bewegung beschreibt. Er will nicht die typische Abenteuergeschichte, »voll pausbäckiger Treuherzigkeiten und vollbrachten Taten«, und dennoch fühlt auch er sich getragen vom Fluß des Geschehens und dem der Gedanken um das Reisen. Er will Reisender und Schriftsteller in einem sein, sich da aufhalten, »wo am Fuß des Berges nicht zwischen Dichter und Bergsteiger, auf dem Fluß nicht zwischen Schriftsteller und Seemann und in der Ebene nicht zwischen Maler und Feldmesser, noch zwischen Pilger und Topographen unterschieden werden soll, in dem Vorsatz, in ein und demselben Augenblick den Jubel in den Muskeln, in den Augen, in den Gedanken, im Traum zu erfassen, danach zu forschen, in welchen geheimnisvollen Höhlen des menschlichen Innern diese verschiedenen Welten sich verbinden und gegenseitig zur völligen Entfaltung bringen können ...«*

---

* Die Arbeiten von Victor Segalen werden, sofern sie übersetzt sind, nach den deutschen Ausgaben zitiert. Außer *René Leys*

Victor Segalen, 1878 in Brest geboren, 1919 gestorben, »erfolgreich in allen seinen Unternehmungen«, wobei »die Fülle seines Lebens den frühen Tod kompensierte« (R. Grousset); Erforscher fremder Kulturen, Archäologe, Dichter und Reisender, dessen Ratschläge so praktisch (»Eine wohl überlegte Route ist vonnöten«) wie zugleich utopisch (»Man muß alles vorhersehen«) sind. Eine in vielem rätselhafte Figur und Autor eines breit angelegten, noch längst nicht erschlossenen Werkes. Er publizierte Romane, Erzählungen, dramatische Entwürfe und Gedichte, Essays und Studien und hinterließ eine umfangreiche Korrespondenz (unter anderem mit Debussy, für den er ein Libretto schrieb). Er reiste in Ost-Asien, nach Äthiopien und Tahiti; er machte Ausgrabungen in China. Vor allem aber war er Mitbegründer der nichtakademischen ethnologischen Erforschung außereuropäischer Kulturen, einer *subjektiven Ethnologie*.

Anthropologie und Ethnologie haben im Verlauf dieses Jahrhunderts wiederholt den Versuch unternommen, ihr Fundament neu zu begründen, ihre Traditionen zu definieren und ihren wissenschaftlichen Ort zu bestimmen. War es zu Anfang des 20. Jahrhunderts vor allem die Soziologie, die durch Emile Durkheim und Marcel Mauss in ihrer Bedeutung für die Methode der Ethnologie erfaßt wurde, so waren es in den letzten Jahren zunehmend frühe und früheste (präethnographische) Erzählungen von Reisenden, die außereuropäische Kulturen *auch* unter ethnologischen und archäologischen Gesichtspunkten betrachteten und dabei einen wichtigen Beitrag zur Kenntnis nichteuropäischer Gesellschaften lieferten: neben Michel Leiris vor allem auch Robert James Fletcher, der als Abenteurer und Schriftsteller reiste.

In dieser *Entdeckungsgeschichte der Ethnologie* nimmt das Werk Segalens einen zunehmend gewich-

---

(Frankfurt/M., Suhrkamp, 1982) und *Die Unvordenklichen* (Frankfurt/M., Insel, 1986) sind die deutschen Editionen bei Qumran (Frankfurt/M.) herausgekommen und erscheinen als Taschenbuch bei S. Fischer (Frankfurt/M.). Die im Text angegeben Jahreszahlen beziehen sich auf die deutschen *Erst*ausgaben. Eine Bibliographie der Primär- und Sekundärliteratur findet sich in dem Band: J. Jamin, *Exotismus und Dichtung*, 1982.

tigeren Platz ein und wird bald nicht mehr aus einer Diskussion wegzudenken sein, die versucht, die ethnologische Erfahrung und ihren Gegenstand unter den Bedingungen der Moderne zu beschreiben. Sein Werk hat den Charakter einer Gedächtnisspur. Für seinen Roman *Les Immémoriaux* (1907) erhoffte er sich den Prix Goncourt, aber erst, als sich 1978 sein Geburtstag zum hundertsten Mal jährte, hatte es den Anschein, als ehre man wirklich sein Werk und erinnere sich seiner Größe. Dieses Datum schien wie ein Mahnmal zu wirken. *Die zeitliche Verschiebung* – das ist auch ein Aspekt, unter dem sich seine Texte neu erschließen lassen.

2.

Widmungen wollen Totes wiederbeleben, Unerfülltes wenigstens kurzzeitig der Vergeblichkeit entreißen. Der tote Freund, das zerstörte Land oder die nichtgeglückte Liebesbeziehung werden vor dem Vergessen bewahrt. Der bestimmende Ton ist die Trauer, begleitet vom Wunsch der (auch stellvertretenden) Wiedergutmachung. Victor Segalen erinnert sich, gedenkt seiner Liebe zu einem Menschen und zu einer sterbenden Kultur: »Meinem geliebten Herzens- und Abenteuergefährten, Augusto Gilbert de Voisins« (in *Der Sohn des Himmels*, 1983), und »Für die Maori vergessener Zeiten« (in *Die Unvordenklichen*, 1986). Der Widmung für die Maori läßt er das Motto folgen: »Mein Freund! ... was ist aus meinem Land geworden! O o-taiti! Ahouai! Ahouai! Ahouai!«

Aber spürt man noch das Leid, das in diesen Worten steckt, berührt uns noch die tiefe Trauer? Fühlen wir noch den Schmerz, den uns der Ethnologe Segalen hier durch die 1831 gesprochenen Worte des letzten Großpriesters der Maori mitteilt?

In der heutigen weltpolitischen Situation haben die Klagen von Minderheiten – selbst wenn sie zu Unrecht Verfolgte oder Bestrafte, Diskriminierte, Enterbte oder Landberaubte sind – etwas Unscheinbares, Belangloses bekommen. Kaum noch erschüttern uns denn auch die Klagen eines Indianers oder Insel-

bewohners in kolonialisierten und unrechtmäßig besetzten Gebieten, in atomaren Versuchsgeländen oder militärischen Stützpunkten. Was ist die Klage eines Priesters – angesichts der aktuellen Katastrophen! Was ist das Vergangensein einer uns so fernen Kultur wie diejenige der Maori in Ozeanien, wo die gesamte Kultur auf dem Spiel steht! Wollen doch die meisten selbst die Klage über den Verlust an Kultur, über die Expansion an Gewalt und Vernichtung nicht mehr hören, aber nicht, weil sie gleichgültig gegenüber dem Geschick der von ihnen mitbewohnten und also mitbelebten Welt geworden wären, sondern aus dem Gefühl der Ohnmacht und des (ihnen nicht bewußten) Glaubens an das Schicksalhafte: »Es wird sich schon alles zum Guten wenden«, »Die Welt war schon so oft totgesagt« usw.

So bezog sich auch bereits Victor Segalen, der Anfang dieses Jahrhunderts der alten tahitianischen Kultur gedachte, auf die Zerstörung, die siebzig Jahre vor ihm der Reisende Moerenhout beschrieben hatte: »Die Missionare... probierten immer neue Formen von Regierungen, Gesetzen, Institutionen, Künsten, Wissenschaften, Fabriken etc. aus; nicht nach den Bedürfnissen dieses Volkes, sondern nach dem, was sie in Europa vor Augen hatten...«

In dem zuvor verfaßten *Journal des Îles* (Aufbruch, Aufenthalt und Rückkehr, 1902–1905) hatte Segalen schon verächtlich von den »Gendarmen, Missionaren und dem ganzen Krempel einer mörderischen Zivilisation« gesprochen und wiederholt diese Klage ebenso in dem Roman *Die Unvordenklichen* (1907) wie in dem 1904 auf Tahiti verfaßten Essay »Gauguin in seiner letzten Umgebung«: »... die Menschen kämpfen mit dem Tod, sie sterben, die blassen, hochaufgeschossenen Bewohner der Marquesas-Inseln... Das Opium hat sie ausgezehrt, die fürchterlichen gegorenen Säfte haben sie mit neuen Trunkenheiten zerfressen, die Schwindsucht höhlt ihre Brust aus, Syphilis schlägt sie mit Unfruchtbarkeit. Aber was ist das alles außer einzelnen Abarten jener anderen Plage: des Kontakts mit den ›Zivilisierten‹. In zwanzig Jahren werden sie keine ›Wilden‹ mehr sein. Zugleich werden sie für immer nicht mehr sein.«

Man muß sich, um es bildlich auszudrücken, wenigstens für Augenblicke aus der gegenwärtigen Weltsituation herauswinden, sich um sich selbst drehen, sich umkehren, sich ablenken, den einen ›Blick aufs Ganze‹ zerstreuen, von vielem absehen, um sich neu zu konzentrieren auf das Einzelne, den Einzelnen und die Kulturen, auf die Einmaligkeit der Menschen, ihres Lebens und ihrer kulturellen Schöpfungen; denn vom sogenannten Ganzen gingen damals und gehen heute keine Phantasie, keine Schönheit und keine Lust zum Leben aus.

Begrenzt man sich auf diese Weise – womit man tatsächlich im vielfältigen Sinn des Wortes *beschränkt* ist – verfeinert sich wieder das Gehör, schärft sich der Blick. Man muß das Einmalige, das Gewesene, Gegenwärtige und Zukünftige am eigenen Körper spüren und es denken, nicht um eines neuen Mystizismus und Irrationalismus willen, nein, um des genauen Gegenteils willen: um dem Irrationalismus der Weltpolitik die Rationalität des Lebens entgegenzusetzen, dem Nichtdenken das Denken, der Zerstörung die Schönheit, der Barbarei die Kultur, zum Beispiel diejenige der Maori im Pazifik, der Segalen auf den Spuren Gauguins (der kurz vor Segalens Ankunft gestorben war und zu dessen Nachlaßverwalter er unversehens wurde) nachspürte.

Segalen will die bedrückende Realität auf den Traum hin transzendieren und öffnen, als einer anderen, möglichen, einstmals gewesenen Realität; sprechen, wo es anderen die Sprache verschlägt, Zeichen setzen, wo die alten Zeichen zerbrochen wurden. Wie später in Äthiopien Rimbaud (»Ich dachte gern an Rimbaud«, »Rimbauds Bild begleitet mich ständig«) ist ihm in Tahiti Gauguin (dieser »wirkliche Künstler«, dieser »wahrhaft Exilierte und Einsame«, »ein bißchen die letzte Stütze der alten Kulte«) Vorbild, Leitfigur und Zeuge des Zusammentreffens von alter Kultur und neuer Zivilisation. Er glaubt sogar, von diesem Land und seinen Menschen nichts *gesehen* zu haben, bevor er nicht »Gauguins Skizzen durchgeblättert und gleichsam nacherlebt« habe. Segalen nennt uns die Strophen, die Gauguin an sein Haus geschrie-

ben hatte, die vom Tod der Götter sprechen, von der Liebe, vom Glück und dem Geheimnisvollen:

Seid verliebt und ihr werdet glücklich sein.
Seid geheimnisvoll und ihr werdet glücklich sein.

Die Schönheit der Erotik und der Zauber des Geheimnisses sind die Ausnahmen. Ansonsten sollte man sich keine falschen Hoffnungen machen: Fast nie erzählen Ethnologen, wenn sie einer untergegangenen oder untergehenden Kultur nachtrauern, von einer konfliktlosen, naturhaften Gesellschaft, sondern von in Spannungen und Auseinandersetzungen lebenden Menschen, von Neid, Lügen, Verwünschungen und Tod, von einer Welt, erfüllt von Angst, Krankheit und Irrglaube, von Naturkatastrophen und rivalisierenden Stämmen, von dem ständig neu aktualisierten Kampf zwischen den Traditionalisten und den Modernen. So sind es also eher »Inseln der Illusion« als »Verlorene Paradiese«.

Die Maori, die Segalen erlebte – selbst schon Nachfahren des von Cook und Bougainville erlebten Volkes – waren späte Nachkommen der »Unvordenklichen«. Das, was dennoch als Geheimnis und Geheimnisvolles geblieben ist und vor allem erinnert, imaginiert werden kann, das Gauguin wie Segalen an die fremde Kultur fesselte, ist aber zugleich auch immer etwas sehr Banales und Alltägliches. Das zeigen sehr eindringlich und beispielhaft weite Passagen in *Die Unvordenklichen*; vor allem da, wo ein Maori beim endlosen, rituellen Hersagen von Ahnenreihen zwei Namen miteinander verwechselt und damit die Götter auf eine kaum mehr wieder gut zu machende Weise verletzt. Ungewollt erniedrigt er durch dieses Mißgeschick den ganzen Stamm. Unter großen Qualen und Opfern kann er fliehen. Er will ein Wunder vollbringen und sich verwandeln, mit anderen Worten, sich selbst töten, was ihm aber gerade nicht als solches bewußt wird, denn staunend steht er vor dem Selbstmord, als einem der »unglaublichen Hilfsmittel« der Fremden. Sein Vorhaben hat etwas Inszeniertes und, bei aller Ernsthaftigkeit, Spielerisches, das die Masse sofort begeistert: als geheimnisvolles Spektakel, und das sie als Ereignis und Abwechslung auf-

greift. Auch sie versteht sich als Mit-Spieler, verehrt den Erleuchteten, überschüttet ihn mit Opfergaben, so daß ihm sein leichtsinniges Versprechen kurzfristig ein üppiges Leben beschert, bis man die Stunde des Wunders unwiderruflich festlegt und er sich in Zustände der Trance einzuüben beginnt, bis er schließlich einen Weg findet, um zu verschwinden und der Menge eine »Gottesspur« zur Verehrung zurückzulassen.

Das weitere Schicksal des Flüchtigen zieht sich wie ein roter Faden durch das Geschehen. Bei seiner Rückkehr sind die anderen bereits mit Gewalt zum christlichen Glauben bekehrt, und er sieht sich einer fremden Kultur gegenüber. In seiner neuen Wahrnehmung wird die andere Kultur gleichsam nochmals gebrochen: von einem Tahitianer, der selbst ein Fremder in seinem Volk gewesen ist und sich jetzt zwei (sich überlagernden) fremden Kulturen gegenübersieht, seiner eigenen und derjenigen der Weißen. Schnittpunkt ist die von ihm, seinen Brüdern und Schwestern gleichermaßen empfundene Langeweile, Trostlosigkeit und Trübsinnigkeit des christlichen Glaubens, das »Gefühl des Eingezwängtseins« im neuen Verhalten sowie das untergründig sich noch regende andere Leben.

Solche in sich geschlossenen Erzählungen entwerfen ein ungeschminktes Bild des komplexen, aus Traditionsverbundenheit und Sensationslust, aus Gebet und Berechnung, aus Liebe, Neid und rigorosem Egoismus sich zusammensetzenden Habitus. Das Geheimnisvolle – wie der Eingeborene in den Ahnenreihen lebt, wie er sein Leben rituell strukturiert – kann an jeder Stelle abrupt aufbrechen, seine Kehrseite (das Mechanische und Unbarmherzige) zeigen und den gerade noch trancehaft in sich Versunkenen einer in ihrer Konkretheit nicht mehr zu überbietenden Brutalität aussetzen.

Dies weist zugleich auf das Inszenierte jedes Rituals, jeder Trance und Besessenheit hin: sie sind dramaturgisch aufgebaut, zu einem großen Teil künstlich, besser gesagt: artifiziell, an (nahezu) jedem Punkt auflösbar, umkehrbar. Die Schnittpunkte zwi-

schen der Selbstvergessenheit, der Trance und der Bewußtheit in den trancehaften Bewegungen sind scharf und für den Nichteingeweihten schwer auszumachen.

Dieses Wechselspiel von Direktheit, Unmittelbarkeit und Gestaltetem, Gemachtem und Bewußtem, von Heiligem und Profanem bestimmt auch die Opferungen für die Götter. Die selbstlose und berechnende, listige, zuweilen betrügerische Vorbereitung der Opfergaben, das Geben, das Selbstgenießen und Verschwenden, die Konzentration auf die Opferhandlung und den anschließenden Festschmaus, ja auch auf »heroische Festmahle, bei denen man das Herz des kühnsten Feindes zerkauen muß« – das sind strukturell immer zwei zusammengehörende Teile eines Geschehens.

Es ist also nicht die heile Welt der Anderen, die die Ethnologen anstaunen, und nicht das selige, unbeschwerte eigene Leben in der Fremde, das sie uns vorgaukeln; was sie uns zeigen wollen, ist ein anderer Entwurf von Leben, eine andere Möglichkeit, eine Utopie. Sie selbst sehen und erleben sich als gespalten zwischen ihrer eigenen Kultur, der sie sich nicht mehr zugehörig fühlen, und der fremden, der sie nie angehören werden. Was sie in der anderen Kultur wieder spüren: das ist ihre eigene Existenz. Wie bei den Menschen dieser Kultur steht auch bei ihnen plötzlich wieder alles auf dem Spiel; sie trauern und sie sind glücklich, sie spüren die Spannung zwischen Leben und Tod, zwischen dem Heute und den »Geschichten der ersten Zeiten«.

In *Die Unvordenklichen* ist Ausgangspunkt dieser Spannung die Christianisierung Tahitis zwischen 1819 und 1839. Segalen erzählt das Eindringen der Christen in die Glaubens- und Alltagswelt der Tahitianer aus deren Sicht und Erlebnisweise, also gleichsam von innen – eine Perspektive, die zur gleichen Zeit Leonard Woolf mit seinem in Ceylon spielenden Roman *Das Dorf im Dschungel* auch ausprobierte* und die in neueren Arbeiten (J. Durnes, J. Favrat-Saada

* Vgl. dazu vor allem das vorstehende Kapitel, insbesondere die Seiten 237ff.

u. a.) thematisiert wird: Wie degradiere ich den Fremden nicht zu einem Versuchsobjekt, sondern lasse ihn, gleichbedeutend mit dem Ethnologen, als »menschlichen Sprecher« gelten.

Indem Segalen diese Sichtweise – die allerdings heute auch wiederum zu problematisieren ist – vorausblickend einsetzt, werden die Fremden, die »Bleichhäutigen«, die »Leute mit den neuen Reden« einerseits noch fremder, befremdlicher in ihren Verhaltensweisen, in ihrem Denken, Glauben und Tun; andererseits aber wird ihre Vorstellungswelt plastischer, unverstellter; man sieht sie und damit auch sich selbst (als Leser und Angehöriger der gleichen weißen Rasse) distanzierter, nicht mehr so selbstverständlich, wenn der christliche Glaube wie eine sogenannte primitive Religion beschrieben, wenn das Alltägliche unseres Tuns in anderen als den uns vertrauten Formen, eben als »andersartig«, dargestellt wird.

Segalens Schilderung des Zerfalls der tahitianischen Kultur erscheint im Vergleich zu seiner Darstellung des Auseinanderfalls des chinesischen Reichs der Mitte geradezu als naturalistisch. In beiden Fällen bricht eine Mitte auf, wird peripher und exzentrisch, was ehemals von einem Zentrum her lebte und seine Kraft bezog. In *Die Unvordenklichen* ist *ein* Perspektivenwandel dominierend, während der *Sohn des Himmels* in der Vielfalt an Perspektiven gleichsam die Sprache einer multiplen Subjektivität spricht: Das Aufbrechen und Zerfallen der verschiedenen Erzählformen ist artistischer gestaltet; die Sprechformen sind gemeißelt. Bestimmend ist eine Atmosphäre der Gleichförmigkeit, des Ritualisierten und des von der Vergänglichkeit gezeichneten Pathos. Wo in den *Unvordenklichen* noch die Freude, das Glück und das Lachen früherer Zeiten durchbricht, erfüllt der »Sohn des Himmels« nur noch machtlos-würdevoll »diesen ganzen Tag mit seinem Lächeln«.

Im Grunde ist die Bezeichnung »Eingeborenenroman« für *Die Unvordenklichen* irreführend, ja falsch; richtiger wäre es, von einem »Europäerroman« zu sprechen, denn Gegenstand sind die Weißen. Bei der Schilderung ihrer seltsamen Verhaltens-

weisen und Reden wird ein Bild der »Eingeborenen« mitgeliefert – es setzt sich gleichsam aus den Perspektiven zusammen, in denen die Weißen gesehen werden. Je weiter man in den Roman vordringt, desto dichter spannt sich das Netz des Andersartigen und Befremdlichen, dessen, was die Fremden tun und glauben: Den Eingeborenen erscheint es als eine eigenartige Naturbetrachtung, einen Berg anzuschauen und »dabei unbedeutende Worte auszurufen wie ›Schön! Herrlich!...‹« Sie können es nicht glauben, daß die Fremden die eingeborenen verführerischen Frauen nicht begehren, sich statt dessen mit nur *einer* Frau begnügen. Daß man von ihnen keine »Schreie der Lust« vernimmt, wo doch »alles unter dem Himmel von Tahiti Anlaß zu höchster Wonne und Freude ist und die Vergnügungen sich von selbst ergeben, so wie die Jahreszeiten, die Menschen oder die Götter es gerade mit sich brachten«.

In *Die Unvordenklichen* wie in *Der Sohn des Himmels* wird dem Himmel eine große symbolische Macht zugestanden, die aber (ebenso wie ihre irdischen Repräsentanten) zusehends schwindet. Im Vergleich zu den Festen auf Tahiti boten die Christen den Eingeborenen nur eine Farce, und gegenüber den »Meistern-des-Genießens« waren das »dreckige Fremde, bleiche Menschen, die einen Appetit wie Ziegenböcke, einen Gang wie Krebse und Stimmen wie unreife Mädchen hatten!«

Segalen gelingt es, die Dynamik zwischen Bewahrenwollen und Aufgeben, zwischen Verführbarkeit, Unterwerfung und Distanzierung, zwischen der Attraktivität der fremden Rituale und der Lebendigkeit der eigenen Rituale aus der Sicht derer zu erzählen, die von den Missionaren ihres sogenannten Irrglaubens beraubt werden sollen. Man ist auf diese Weise ganz nah dem Geschehen und der Wunschwelt der Tahitianer: mit den Fremden in einen Tauschhandel einzutreten, das komplizierte Geschäft des Schenkens und Beschenktwerdens einzuleiten, sich gemäß der eigenen Realität den Anderen gegenüber ökonomisch zu verhalten.

Der entscheidende, überraschende Wendepunkt von der Verachtung zur Hochschätzung des fremden

Glaubens sind – und hier trifft sich Segalens europäische und verfeinerte Leidenschaft mit der Realität in der außereuropäischen Kultur – die Zeichen, das Wort und hier im besonderen: das niedergeschriebene Wort, das Buch, die sogenannte »Heilige Schrift«. Man beneidet die »bleichhäutigen Fremden« um ihre Zeichen (und deren Magie), um ihre Sprache und ihre Sprüche, ihre Riten und Zeremonien. Die Schrift und die »Heilige Schrift« werden in das eigene Alltagsleben und in den Tauschhandel integriert.

3.

Segalens Art des ethnologischen und literarischen Erfassens und Beschreibens – »... mehr zu imaginieren, als man von den Völkern weiß, an ihrer Statt zu denken, auf ihre Weise zu erzählen, mit ihren Augen zu sehen und das zu sagen, was sie vielleicht gesagt hätten«, wie er es in »Gauguin in seiner letzten Umgebung« formuliert – hat ihm den Titel eines »brillanten Amateurethnologen« eingebracht, dessen Werk man nicht einzuordnen wußte: zu persönlich und literarisch, um den Ansprüchen der Wissenschaft zu genügen, zu wenig auf die eigene Kultur konzentriert, um als (nationale) Dichtung anerkannt zu werden. Wer ihn als Reisenden und seine Texte als Reiseliteratur abtat, hatte die Ernsthaftigkeit und die Intensität ignoriert, mit der er sich gegen die Reiseliteratur und den Exotismus seiner Zeit gewandt hatte, und wollte nicht die Bedeutung sehen, die sein Blickwinkel für die Entwicklung der modernen Ethnologie hatte: die Introspektion, die Selbstbefragung und die Fremderfahrung aufeinander zu beziehen, also die Frage der Methode und die Überprüfung der ethnographischen Sprache und des Stils. Wie erzähle, berichte, beschreibe, analysiere ich, in welchen Begriffen, mit welchen Mustern der Klassifizierung und Systematisierung? So nennt sich denn auch Segalen einmal »Erforscher von Rassen« (in der Bedeutung von: Völker, Kulturen) und »Betrachter von Landschaften«. In diesem Sinn hat Jean

Jamin* – in Anlehnung an Segalens Wort vom »ethnogeographischen Exotismus« – davon gesprochen, daß Segalen eine »Art poetischer Geographie« geschaffen habe, allerdings schon im Schatten der Dämmerung, des Niedergangs der Kulturen.

Segalens *écriture* und die Entschiedenheit, mit der er sich gegen Kolonialismus, Klerikalismus und Rassismus wendete, nötigte den Ethnologen vereinzelt Bewunderung ab, »erinnerte sie an eine Station ihres Weges« – »Station« und auch »Stagnation« ihres Weges, denn die Berufsethnologen, die Segalen, wenn überhaupt, dann mehr zur Unterhaltung lasen, hatten oft genug mit ihren Begriffen, Systemen und Anordnungen solche Barrieren zwischen sich und den anderen aufgebaut, sich selbst gegenüber dem verschlossen, was die andere Kultur *in ihnen* hätte bewirken müssen und was ihre Gegenwart (oder wie Segalen sagt: »der Widerhall der Präsenz«) *bei den anderen* bewirkte, daß ihr Weg sie immer weiter weg von der zu erfahrenden Kultur in eine abstrakt klassifizierte Kultur führte.

Auf der anderen Seite gibt es bei Segalen eine extreme Sensibilität und Verführbarkeit für das sogenannte Ursprüngliche, das Autochthone, das Unvordenkliche. Exotismus spielt hier eine große Rolle, aber er wird von Segalen ganz neu gefaßt und präzisiert als *Ästhetik des Diversen*. Den Exotismus von seinen geographischen und ideologischen Verschleierungen, »von seinen fadenscheinigen Kleidern: von den Palmen und Kamelen, dem Tropenhelm, der schwarzen Haut und der gelben Sonne« zu befreien, ihn auf das Imaginäre hin zu erweitern und zu entwerfen, ein Gefühl für das Anders-Sein, die »Wahrnehmung des Diversen« zu entwickeln; Exotismus als »klaren, lebendigen Gedanken« zu besitzen, ihm darin Gestalt zu geben und ihn »universell« werden zu lassen; »die lebhafte und neugierige Reaktion einer starken Individualität auf den Zusammenstoß mit einer Objektivität, deren Distanz sie wahrnimmt und auskostet (das Gefühl des Exotismus und des Indivi-

* Vgl. auch seine Studie über Segalen: *Exotismus und Dichtung*, 1982.

dualismus *ergänzen sich*)«: Das ist Segalens Botschaft, die alle kolonialistischen und subjektivistischen Verbrämungen des Exotismus weit hinter sich läßt, in ihm etwas Objektives, eine *Ästhetik* stark machen will. Segalen selbst verstand, wie er in einer Selbstanzeige von *Les Immémoriaux*, 1907, schrieb, diese *Ästhetik des Diversen* als die »zentrale, alles beherrschende Thematik, aus der sämtliche Bücher, die Victor Segalen geschrieben hat – und vermutlich auch jene, die er noch schreiben wird – ihre Existenzberechtigung herleiten«.

Der 1904 begonnene und immer wieder umgebaute »Essai sur l'exotisme« bildete die Grundlage einer Ästhetik, für deren Niederschrift sich Segalen zehn Jahre Zeit lassen wollte; sie sollte 1918 erscheinen. Aber seine Suche nach dem »Diversen« bekam neuen Stoff: durch seine Entdeckung Chinas und die dortigen politischen Ereignisse. Die Aufzeichnungen blieben fragmentarisch. (»In China erwarte ich durch die Auseinandersetzung mit einer so völlig anders gearteten Materie sehr viel von diesem verzweifelten Exotismus.«)

Während es bei der Ausarbeitung seiner Ästhetik zu einer immer weitergehenden Auflösung der Grenzen zwischen dem Realen und dem Imaginären gekommen war, ist die Grenze in dem frühen Text *Die Unvordenklichen* noch verhältnismäßig scharf gezogen, wobei jedoch die Sprache schon entscheidend geprägt ist von der Liebe zur »ursprünglichen, uralten Schönheit«. Wird er später seine *Vision* von China in einer kaum mehr zu überbietenden konzeptionellen und im präzisen Sinn des Wortes *artifiziellen* Weise entwerfen, ist es hier zwar auch eine *Vision* von Tahiti, aber eine noch weniger verschachtelte, weniger verknappte.

Allerdings operiert Segalen auch hier schon mit dem Prinzip der Überlagerung und Verflechtung, nicht (wie später im *Sohn des Himmels*) von Erzählformen, sondern, direkter, von Geschichten: Geschichten werden überliefert, überbracht, auf Reisen mitgenommen wie Gepäck, weitergetragen, erneuert, modifiziert, durch andere ersetzt. Die erzählten Ge-

schichten bilden einen Kreislauf, wie Waren zum Tausch. Sie sind eine Art Muschelgeld, wie es Malinowski von den Trobriandern erzählt.

Trotz aller äußeren Zufälligkeit beim Entstehen dieses Romans – Segalen war als Schiffsarzt in die Gegend Tahitis geschickt worden – erscheint er vom späteren Werk her als ein *focus*, als zu variierendes und auszuweitendes Thema. Ausgangspunkt von Segalens Reisen waren die Marquesas-Inseln, wo er seine erste überwältigende Begegnung mit den Tropen hatte. Die geistige Landschaft aber, die seinen eigenen Ideen am weitestgehenden entsprach, war China: Mit äußerster Akribie studierte er die topographische Struktur von Peking, vor allem die »Verbotene Stadt«, hinter den »Himmlischen Toren«. Er setzt den realen und den imaginären Palast in Beziehung zueinander, geleitet von der Frage: »Gewinnt oder verliert das Imaginäre an Kraft, wenn man es dem Realen gegenüberstellt?«

In dieses vom »harmonischen Gleichgewicht« geprägte »Reich der Mitte«, mit dem Zentrum einer Verbotenen Stadt, bringt Segalen seine Wörter (»schwerelose, luftige Stoffe«) mit, konfrontiert sie mit den fremden archaischen Zeichen; so wie er die chinesische Kultur überzeitlich sehen wollte, abstrahierte er auch die sprachlichen Zeichen zunehmend von ihren alltäglichen Gebrauchsweisen. Sein Umgang mit der chinesischen Kultur, seine Arbeit an der Sprache, das Schreiben von *Stelen* und seine Ausgrabungen – das Eindringen in »Tieferes« – entsprechen sich. Er will in das Grundsätzlichere und in das Verbotene vordringen. Das ist nicht nur sein realer Wunsch, sondern umgreifende Metapher für seine Idee von Ethnologie und Literatur: für das Abenteuer, das Andere, das vom eigenen Selbst Unterschiedene und Diverse einzufangen. Dafür schafft er sich die exemplarische Gestalt des Réne Leys: ein Vertrauter (im realen und metaphorischen Sinn) dieses wirklich Verbotenen und dieses imaginär überhöhten Bereichs des Geheimnisvollen. In dieser Figur spielt Segalen reale und mögliche Existenzformen durch (nicht zuletzt diejenige Rimbauds, was Jean Jamin in seinem Nachwort zur *Ästhetik des Diversen* glänzend dar-

stellt), und bildet um ihn herum den »Echoraum seines Verlangens« (Jamin).

4.

China – »die riesige Kaiserin Asiens, das Land, in dem das Reale seit viertausend Jahren verwirklicht ist« – ist auch der Schauplatz von Segalens »Ausgrabungen«, die für die Archäologie Chinas eine initiatorische Bedeutung gehabt haben, wobei ihre wissenschaftliche Bedeutung innerhalb Segalens »Wunschwelt« nicht die entscheidende Rolle gespielt hat. »Kein Werk der Gelehrsamkeit, sondern Ergebnis eigener Arbeit«, so nennt er selbst sein Buch *Chine. La Grande Statuaire*.

Sich bewußt abhebend von den »blinden Abenteuern einiger Vorgänger, hat Segalen Plastiken, die im Freien standen, ausgehoben; die Tumul, die Riesengrabhügel der vorchristlichen Dynastien konnte er nicht anstechen, er hat sie gezeichnet und fotografiert – stets abwägend, welche Wiedergabe dem Objekt mehr entspricht. Auf diese Weise näherte er sich der kosmischen Ordnung einer Dynastie.

»...das Herangehen an die Reliefs, die absolute Frontalität, das obere Abschneiden mit der Deckplatte stehen auch für einen Stilwillen; sie machen den architektonisch gefügten und skulptierten Stein unausweichlich.«* (G. Metken) Die derart betonte »Machtpositur« – ein Hinweis auf die fotografische Technik Leni Riefenstahls liegt nahe –, das auf solche Weise herausgestellte »autarke Fürsichsein« (als sei das Autochthone absolut und unabhängig, nicht Produkt eines Austausches und gesellschaftlicher Prozesse):** das sind prägende Elemente von Segalens *be-*

* In seinem Nachwort zu dem Band: Segalen, *China, Die große Statue*, 1986.

** Der Theorie des Autochthonen liegt das von Segalen so genannte »Gesetz der aufsteigenden Schönheit« zugrunde: was zeitlich am weitesten zurückliegt ist am reinsten und schönsten. Er spricht sogar von einer »logischen Reihenfolge: zu Beginn steht das archaische und freie Meisterwerk, die schon selbstsicheren Meisterwerke nehmen den mittleren Platz ein, darauf folgt der

stimmter Sicht Chinas. Metken hat die Verschmelzung von Subjekt und Objekt bei Segalen, die Art, wie er in seiner Aneignung des Fremden sich selbst als Einheit konstituiert, wie die von ihm gewählte Perspektive eine symbolische Form prägt und eine exemplarische Weltordnung setzt, mit *Land Art* und *Spurensicherung* verglichen. Er sieht, wie sich in der von Segalen so einzigartig exponierten visuellen Präsenz ein wissenschaftlicher Blick produktiv herausbildet und nennt doch auch den Preis: die Erzeugung von Phantasmagorien.*

Zu unterscheiden davon ist die schöpferische Grundstimmung des Buches, die Impulse, denen Segalen folgte: »Wenn sich ein europäisches Auge zum ersten Mal einer steinernen Form bemächtigt, die Zeuge von 2000 Jahren chinesischer Vergangenheit ist, wenn mit jedem Schlag der Spitzhacke ein Stück Erdummantelung mehr abfällt – dann bekommt man das Gefühl persönlichen Besitzes, eines eigenen Werkes, so daß selbst die Beschreibung lange Zeit nachher zum erregenden, persönlichen Abenteuer wird. Von solchen Plastiken, solchen Abenteuern spreche ich hier vor allem. Die Statuen sind eben erst exhumiert, ausgegraben, erfaßt – sie leben. Sie liegen noch dort, wo wir sie gefunden haben. Sie waren noch in keinem Museum, sind noch keinen zweiten Tod gestorben. Doch wenn man nicht aufpaßt, werden sie endgültig verschwinden, in die Äcker einsinken oder, zersägt, als Mühlsteine und Baumaterial dienen.

Deshalb geht diesem zugleich späten und hastigen, obwohl in zehn Reisejahren gereiften Buch kein sino-

---

Niedergang, die Ohnmacht, das Ende.« (Auch ist diese Sicht nicht frei von Rassenideologischem.)

* Metken stellt als besonders bedenklich, da unhistorisch, den Teil von Segalens Forschung heraus, der 1976 als *Les origines de la statuaire de Chine* erschien. Er glaubt, daß Segalen zuweilen »im Sog einer Abstraktion seiner Erlebnisfülle Gewalt antäte, sie aufs Einfache hin stilisierte. Sogar der knappe Stil hat manchmal etwas Angestrengtes ... Brieflich läßt sich Segalen während der Expedition viel mehr gehen, spricht auffallend oft von den glücklichen Tagen auf den Marquesas-Inseln und erwägt mit seinen Gefährten eine spätere Reise dorthin, heiter und gelöst.« (Nachwort zu Segalen, *China*, 1986)

logischer Rechenschaftsbericht voraus. Es wurde vor allem für Künstler verfaßt, jene also, die fähig und willens sind, das Spiel der Kunst in diesen alten Formen bis in die geringste Vertiefung hinein zu begreifen und erstmals mit anderen Formen der Plastik zu vergleichen.«

Thema ist die alte chinesische, nicht-buddhistische Großsteinplastik, »das im räumlichen Stein vergegenständlichte Genie des Alten China«. (In den sogenannten »ausdrucksvollen« Gesichtern der buddhistischen Kunst sieht Segalen »nur eine monotone Wiederholung derselben versteinerten Ekstase zwischen zwei Tendenzen: die eine bedeutet nichts anderes als die resignierte Haltung des Beamtenviehs; die andere ist ein stereotyper Reflex einer unermeßlichen Ekstase, die alle Welt mit ihrem Lächeln umfassen will – dem unaussprechlichen Lächeln Siddhartas, der an sein Ziel gelangt ist.« (Segalen, *China*)

Segalen beschrieb in Ozeanien und auf den Marquesas-Inseln, was ihm entsprach und das, was ihn von der anderen Welt fernhielt. Im Alten China findet er – indem er durch die hinduistische Verbrämung hindurchschaut – eine Welt, die ihm wie die Projektion seines eigenen Selbst erschien. Einer solchen Ahnung, die er von dieser engen Beziehung hat, läßt er in seiner Imagination freien Lauf. Er fundiert sie durch Lektüre, durch Besuche im Musée Cernuschi in Paris und das Erlernen der chinesischen Sprache in der École nationale des Langues orientales vivantes. Er nimmt das archäologische Studium auf, läßt sich von Edouard Chavannes (den er fortan bewundern und verehren wird) in diese Wissenschaft einführen. Chavannes gibt ihm die entscheidenden Anhaltspunkte für das Auffinden der archäologischen Reichtümer Chinas, für deren Einordnung in der chinesischen Geschichte, ihre methodische Erfassung und ihre Auswertung. Chavannes' eigene Entdeckungen – er hatte als einer der wenigen Sinologen Forschungsreisen unternommen – steckten sowohl in Segalens Phantasie als auch in seiner späteren Arbeit die Weite seines Arbeitsfeldes ab.

Vadime Elisseeff, der Chefkonservator des Musée Cernuschi, hat herausgestellt, wie nahe sich Segalen

und Chavannes standen und wie sich dies wiederum auf andere Forscher und deren Arbeit auswirkte. Er sieht Segalens Ausgrabungen, seine Beschreibungen und Interpretationen als ein »Monument des prä-archäologischen Zeitalters in China«, als das seltene Dokument eines Forschers, dessen Phantasie ihn nicht in die Irre führte und der Schlußfolgerungen aus seinen Funden und den damals noch so raren Stücken altchinesischer Kunst zog, die der heutigen Forschung noch immer ebenbürtig sind, trotz ihres enorm angewachsenen Materials. »Segalens Werk steht... zwischen den gelehrten Erzeugnissen der alten chinesischen Archäologie und den großartigsten Enthüllungen der chinesischen Archäologen von heute.« (Elisseeff)

Die kleine, höchstens halbprofessionell zu nennende Expeditionsmannschaft (der Arzt und Dichter Segalen, der Marineoffizier Jean Lartique und der Schriftsteller und Reisende Gilbert de Voisins) hat frühe Grabanlagen und Großplastiken gesichtet, teilweise ausgegraben, gezeichnet und fotografiert, als sie durch den Ausbruch des Krieges 1914 zurückbeordert wird.* Ihr Ertrag wirft ein neues Licht auf das alte *Reich der Mitte*, auf das »reine China«, verdrängt die China-Exotik und die geschmäcklerische Verehrung des Buddhistischen.

Waren es auch mehr Fundstücke, Kleinode, Mosaiksteine, die Segalen und seine Mitarbeiter mitbrachten – was für die archäologische Arbeit zur damaligen Zeit, zumal auf der Suche nach der alten chinesischen Kunst, schon ungewöhnlich viel war und ihre Arbeit sofort in den Rang einer wissenschaftlichen bzw. wissenschaftsbegründenden Tätigkeit hob –, so hatte Segalen doch den Mut, ihnen eine weitreichende Bedeutung für das gesamte China zuzumessen. Dies konnte er sich zutrauen, da er sich mehr an den Künstler als an den Wissenschaftler wendete.

Dachte er selbst auch letztlich nicht als Archäologe – ein von 1917 datierendes »Projekt, Szenario« nennt als sein Ziel den von jeder Archäologie (oder richti-

---

* 1909–10 durchquert Segalen zum ersten Mal China. Weitere Expeditionen folgen 1914 und 1917.

ger: den von jeder Sinologie) befreiten Text* –, sondern als Künstler, der in den chinesischen Zeichen und Zeichnungen lebt; der vom Geruch und der sinnlichen Präsenz ausgeht; der auf die Gegenstände zugeht; der auch als Archäologe »begrabene Worte wieder lebendig« werden läßt.

Segalen bewunderte in der chinesischen Steinplastik das Materialhafte und Diesseitige, das gegen die Dimension des Jenseitigen im Buddhismus steht, gegen dessen Scheinspiritualität und Religiosität. Metken, der an solchen Punkten auf Segalens in der anderen Kultur geschärfte Sichtweise für Entfremdungen in der eigenen Kultur hingewiesen hat, zeigt zugleich dessen Verzerrungen, die er im Dienst seiner Perspektive vornehme: Seine Vorliebe für das Starke und das Ursprüngliche wird zur Verabsolutierung des Autochthonen im »alten, reinen China«, dem sich die buddhistische Kunst nicht fügt. Auch dort, wo sie in riesigen Monumenten auftritt, wird sie als Dokument der Überfremdung Chinas gedeutet, während Zeugnisse politischer Macht in Verbindung mit dem Archaischen eines Zeichens als Kunst eher überinterpretiert werden. Dem entspricht auch seine Vorliebe für Gräber, stellen sie doch den Höhepunkt großer politischer Karrieren dar. Am Monumentalen des Grabes und der Stelen entscheidet sich für Segalen, was Plastik heißt.

In der Benennung dieses Segalenschen »Voluntarismus« kommt Metken zur entgegengesetzten Einschätzung wie Elisseeff, nämlich, daß Segalen von seinem subjektiven Standpunkt zu Verzerrungen verführt worden sei; daß also seine Forschung in vielerlei Hinsicht in eine Selbsterforschung eingemündet sei. Auf seiner Suche nach dem Vereinzelten und Herausgehobenen – wobei er den Menschen gleichsam auf Prinzipien, Modelle und Funktionen reduziere und dabei das männliche Prinzip gegen das weibliche und weiche (im Buddhismus) stark mache – verflache auch sein Stil und würde in der vorgebrachten Vision altchinesischer Plastik eher unglaubwürdig. Was »weder autochthon noch schön« ist, würde von Segalen systema-

---

* Vgl. Segalen, *China*. Speziell auch das Nachwort von V. Elisseeff.

tisch – in Gedanken und im Stil – ausgespart. In der inhaltlichen Konzentration auf das Reich der Mitte und die einzige mit Leben und Name ausgestattete Person, den Kaiser, sieht Metken einen Rückschlag von Segalens europa-kritischer Haltung in eine vordemokratische Wunschwelt, in der noch nicht alles gleichgemacht und nivelliert worden ist.

Wenn Segalen hier auch bereit ist, politische Herrschaft unter dem Signum eines »Meisterwerks chinesischen Geistes« zu verklären, so muß man ihm doch zugestehen, daß er vorausgesehen und tief gefühlt hat, wohin dieser Prozeß im Namen der Demokratie führen wird – wie ihn später etwa Pasolini nur noch konstatieren kann. Seiner Archäologie – mag man sie nun eher kritisch oder eher euphorisch und wegweisend »Archäologie als Erleuchtung« »Wunscharchäologie« nennen – übergeordnet ist Segalens poetische Geographie und Exotismus-Konzeption.

Segalens Sicht entsprach seinem Wunsch, das Erdverbundene (»Alles in China läßt sich auf die Erde, den Boden zurückführen«), das Archaische und den Exotismus stark zu machen, den Mittelpunkt in sich zu finden. Dafür war das *Reich der Mitte* das geeignete historische Vorbild. Diese Anverwandlung des Fremden, des Nicht-Ich, prägt auch ganz entscheidend seinen Stil, seine Sprache. Nicht nur, daß die Grenze zwischen Abhandlung und fiktivem Entwurf völlig neu bestimmt und extrem verlagert wird, sondern die Sprache selbst wird zum Medium der wissenschaftlichen Abhandlung.*

Der Exotismus – verstanden als die Ästhetik des Diversen – wird von Segalen in seinem China-Buch recht übergangslos im schon weit fortgeschrittenen Gang seiner Beschreibungen und Analysen eingeführt: am Beispiel einer sich aus mehreren Stilen zusammensetzenden Säule. Er richtet sein Augenmerk auf den Fremdkörper, exakt auf das, was man *Spolie* nennt.**

* Vgl. auch die Arbeiten von Hubert Fichte.

** Vgl. Johannes Odenthal, *Imaginäre Architektur*, 1986.

Segalen stellt keine typische Forschungssituation her, für die die Trennung von Subjekt und Objekt konstitutiv ist.

Er erschließt sich die andere Kultur dynamisch: er ist in Bewegung, er geht auf die Gegenstände zu, umkreist sie, beschreibt und vermißt, wägt ab, ergreift Partei, ist zornig, bissig oder begeistert – und entfernt sich wieder. Sakrale Orte wie Grabmale – zudem Symbole des Kommens und Gehens, des Werdens und Vergehens – intensivieren noch diese Formen der Annäherung. Seine Augen folgen den Spuren, die *die Kunst des Meißels* im Räumlichen und die »vielleicht viel feinere und reinere« *Kunst des Pinsels* auf der Fläche hinterlassen haben; er beschreibt präzise und phantasievoll. Er sieht *Wesen* aus Stein, setzt sie in ihrem Umriß und ihren Gesten neu zusammen. Immer nimmt er mit ihnen auch die Umgebung, die Landschaft und das Klima wahr; er bedenkt (im Sinne der Geomantik) die Himmelsrichtungen, die Berge, Winde und unsichtbaren Ströme. Er zielt auf eine Objektivität der Zeichen – Zeichen, die die Dinge nicht nur benennen, sondern *sind*. So die Definition der Stele, »vollständige Wesen« par excellence, die alles Dekorhafte und Ausschmückende hinter sich gelassen haben und die, nur aus Stein und Inschrift bestehend, im Verfall der Reiche der »einzige ruhende Pol« sind.

Segalens Gedanken kreisen um die Kunst des Meißels und um die Kunst des Pinsels, wie er das Schreiben nennt, als er am 21. Mai 1919 stirbt und viele angefangene Projekte und Ideen hinterläßt, die für unser Schreiben und Denken Bedeutung haben, solange Wirklichkeit für uns etwas Offenes und in die Zukunft Weisendes ist; solange Wirklichkeit Entwurfscharakter hat.

5.

Victor Segalen hat viel ausprobiert. In seinem Leben und in seinem Schreiben. Im *Sohn des Himmels* (1910–1912 verfaßt) ist er der Romancier, der es zur Meisterschaft bringen will – nach dem frühen »Ein-

geborenenroman« *Die Unvordenklichen* und dem anderen späteren China-Roman *Réne Leys*. Das ist, literarisch betrachtet, der innere Kreis, aus dem heraus sich die poetischen Arbeiten entwickeln. Auf das Ganze seines Werkes gesehen ist aber auch dieser innere Kreis schon vorgebildet und überlagert von Reiseimpressionen, Notaten und Tagebüchern, von ethnographischer Erfahrung und, nicht zu vergessen Segalens eigentliche Profession, von seiner medizinischen Ausbildung, die auch Bestandteil einer umfänglichen Reflexion von *Medizin und Literatur* ist (Segalens Doktorarbeit, die er 1902 eingereicht hatte, bevor er nach Tahiti aufgebrochen war). Der entscheidende äußere Kreis wird von seinen archäologischen Arbeiten gebildet.

Die Konstruktion des Textes (nicht der Titelfigur) *Der Sohn des Himmels* ist komplizierter, verschachtelter, gewagter als die von *Réne Leys*. Die beiden Endpunkte dieses literarischen und ethnographischen Abenteuers sind die Arbeit an der Sprache (»Lust an Silbe und Wort«) und die an der Geschichte Chinas. Aus der Chronik (der Regierung des vorletzten Kaisers von China) wird ein historisch-literarischer Entwurf.

Der Sohn des Himmels ist ein junger chinesischer Kaiser, der sich 1889 in die Tradition seiner Väter einordnet. Wie der Chronist überwacht und konstruiert Segalen sein Schicksal. In Form dramatischer Annalen erzählt er die Geschichte von Kuang-Siu. Offiziell hat seine Herrschaft neunzehn Jahre gedauert, in Wahrheit aber übte seine Tante, die schreckliche Kaiserin Ts'eu-hi, weiterhin im Verborgenen die Macht aus; nur zum Schein zog sie sich 1898 während der sogenannten »Hundert Tage der Reform« zurück.

Der Sohn des Himmels spielt auf drei Ebenen: in der Erzählung des *Chronisten*, in den vom Kaiser geschriebenen *Gedichten* (seiner erlebten und literarisch gestalteten Wirklichkeit) und in den *Erlassen*, die von Kuang-Siu wie auch von Ts'eu-hi ausgehen und die Etappen des Machtkampfes benennen, dessen Schauplatz die Verbotene Stadt war.

Segalens Welt ist dominiert von solchen tabuisierten und heiligen, unvordenklichen und uralt-schönen Orten: Seine Spurensuche auf Tahiti wird, ebenso wie später diejenige in den Fußstapfen Rimbauds in Afrika und René Leys' in China, zu einem poetisch-archäologischen Erlebnis, einer subjektiven Archäologie, die in den archäologischen Ausgrabungen einen weiten geschichtlichen Horizont erhält, der in der gleichzeitig verfaßten Poesie sprachlich gefaßt und ins Universale des Zeichenhaften gehoben wird. Die Welt der heiligen Orte reicht von Tahiti (vor allem in der Erlebnisweise Gauguins) bis China (zentriert in der Verbotenen Stadt, in den ausgegrabenen Statuen und den Stelen).

Schildert Segalen in *Die Unvordenklichen* das Geschehen aus der Sicht der Tahitianer, verschmilzt er in *Réne Leys* mit seiner Hauptfigur und spielt er in *Der Sohn des Himmels* virtuos mit den verschiedenen Ebenen der Darstellung, mit den Sichtweisen und Erzählformen, so ist er in seinen Tagebüchern ganz als der die andere Kultur erfahrende Ethnologe gegenwärtig, während er in der Poesie wieder hinter den Zeichen verschwindet. In den ethnologischen Essays und vor allem in dem großen, leider Fragment gebliebenen *Versuch über den Exotismus* und in den Prosagedichten (*Aufbruch in das Land der Wirklichkeit*, 1984) wird der eigene Blickwinkel thematisiert, theoretisch und praktisch variiert; der Zusammenhang von Selbst- und Fremdwahrnehmung durchgespielt. So schafft sich Segalen eine extrem breite Plattform für seine wissenschaftliche und literarische Erfahrung, seine Erkenntnisse und Imaginationen, für seine Entdeckungen und Spekulationen. Das Vereinzelte hat darauf ebenso Platz wie das Systematisierte, das Persönliche wie das Verallgemeinerte, das Vage wie das Präzisierte, das Angeschaute wie das Gedachte, die Erinnerung wie das Zukünftige.

Auf einem solchen Hintergrund kann es Segalen wagen, eine »präzise Exotik« zu entwickeln, seinen »Hunger nach dem Autochthonen« zu stillen, seiner Leidenschaft für das Fremde freien Lauf zu lassen, werden doch zum Beispiel in *Die Unvordenklichen* die Europäer als die »Andersartigen« dargestellt und

wird auf diese Weise die Zurschaustellung des *Anderen* nicht auf den ›Primitiven‹ beschränkt. Er will ja gerade nicht eine von außen an die fremde Kultur herangetragene Bestandsaufnahme, keine Inventur der anderen Kultur machen, sondern versuchen, mit ihren Augen zu sehen, ihre Gefühle auszudrücken, ihre Sprache zu sprechen. Das fordert die Imagination und zielt auf das Visionäre; auf das Projekt seiner Ästhetik bezogen heißt dies: »Zu den berauschenden Strudeln des großen Stromes der Diversität« zu gelangen.

Die Ästhetik des Diversen. Versuch über den Exotismus ist eine Abrechnung mit dem von Palmen und Tropen bestimmten Exotismusverständnis seiner Zeitgenossen, das sich bis heute – und darin liegt auch Segalens Aktualität – nur wenig geändert hat. Zu einer Zeit, da die ersten Reisebüros aufkommen und den Massentourismus ankündigen, unternimmt Segalen eine Reise »in die Tiefen des Reisens«. Er hebt den neu bestimmten Begriff des Exotismus in den Rang einer Ästhetik, die er das »Gefühl des Diversen« nennt. Es ist der Versuch, »nicht mehr die Reaktion des Reisenden angesichts eines Milieus, sondern jene des Milieus angesichts eines Reisenden« zu beschreiben. Oder wie er an anderer Stelle sagt, »statt grobschlächtig seine Sicht der Dinge zu verkünden, das Echo seiner Präsenz auszudrücken«. Diese radikale Umkehrung der gewohnten Perspektive macht ihn zu einem Vorläufer der Versuche innerhalb der gegenwärtigen Ethnologie, den Ethnozentrismus unserer Gesellschaft zu entlarven; und in der Art, wie er die einfache, geographisch fixierte Reisebeschreibung poetisch sprengt, wird er zum Vorläufer der Verbindung von Ethnologie und Dichtung, der Ethnopoesie.

Segalens Modernität besteht darin, den Schein der sogenannten objektiven Beobachtung erkannt und die Position des Beobachters exponiert zu haben. Er setzt seine Beschreibungen ab von der nur statistischen Biographie eines Volkes und zeigt die persönlichen Anteile jeder Erfahrung und Deskription. Damit verletzt er, wie auch später auf eine noch eklatantere Art und Weise Michel Leiris, die Tabus der

wissenschaftlichen Ethnologie: Er zerstört das geschlossene Bild einer Forschungssituation und zeigt das Zufällige, das Geflickte, das Hergestellte, das Subjektive.

Gerade das, was Segalen modern macht, seine Unabhängigkeit von den wissenschaftlichen Idealen seiner Zeit, ist der Stein des Anstoßes: sein Subjektivismus, seine Eigenverantwortlichkeit für das Schreiben und Beschreiben – er reist ja nicht im Auftrag eines Museums oder einer Universität, einer Regierung oder der missionarischen Kirche. Was man ihm übel nimmt, ist, daß er als Künstler *schreibt* und nicht nur als *Registrator* aufschreibt.

Segalen beobachtete und schrieb als Einzelner über das Vereinzelte, nicht über das »Ganze«; er hat immer versucht, in der Erfahrung des Fremden sich selbst festzuhalten, ohne das Nachzeichnen der Konturen seiner Begegnungen zu unterschlagen. In diesem Sinne hat Jean Jamin von einem »fast äußerlich werdenden Subjektivismus« bei Segalen gesprochen – eine Charakterisierung, die auch wichtig ist, um Segalens Ich-Bezogenheit nicht vorschnell abzutun; um seinen Wunsch, mit den Augen der anderen zu sehen, zu würdigen. Selbst wenn man diese Perspektive heute nicht mehr in dieser Weise vertritt und statt Segalens Emphase methodische Überlegungen walten läßt, muß man zugestehen, daß er den Ethnologen, die sich nicht zufriedengeben wollten mit Statistik und Monographie, mit Tabellen und dem wissenschaftlichen Zwittermodell der »teilnehmenden Beobachtung«, weiterführende und vitalisierende Impulse gab. Er ließ sich nicht in Zwänge des Klassifizierens und Katalogisierens einspannen, Zwänge, in denen sich der Beobachtende selbst vergessen soll mit allen seinen Motivationen und Leidenschaften, die ihn gerade das Fremde erleben und verstehen lassen. Segalen fragte auch nach den Bedingungen, unter denen man in außereuropäischen Kulturen Erfahrungen macht; er fragte nach den offenen und verdeckten Voraussetzungen des Verstehens. Er reiste als leidenschaftlicher Beobachter des Selbst und der Anderen; er lernte die Sprachen und die Kulturen, die Religionen, die Architektur und Archäologie. Er achtete »auf das Geräusch

seiner Schritte an diesen eigenartigen, fremden, exotischen Stätten«.

Segalen hat nicht in Gattungen, sondern in Formen gedacht und geschrieben. Von der klassischen ethnographischen Monographie aus betrachtet, sind zwar so radikale Abweichungen wie Laura Bohannans *Return to Laughter*, Leiris' *L'Afrique fantôme* oder Segalens *Les Immémoriaux* und vor allem *Le fils du ciel* als Roman oder zumindest als romanhaft zu bezeichnen, aber der Stoff und das Material, das Erlebnis und die Verwicklung des Autors in das Geschehen, die Fremdheit der Natur und Kultur sind unvergleichlich präsenter, auch zum Teil unbearbeiteter als im typischen Roman des Nicht-Ethnologen. Und die Poesie Segalens hat einen Grad an Verdichtung und Abstraktion erreicht, der kaum an der europäischen, wohl aber an der chinesischen Kultur der Stelen gemessen werden kann. Segalens archäologische Studie schließlich orientiert sich nicht an Stand und Methode der damaligen akademischen Archäologie und Sinologie, sondern bezieht ihre Impulse und ihre Methode ganz aus dem Erfahren- und Entdeckenwollen, aus der Subjektivität des Forschers und Künstlers. Nicht die Erfüllung der von einer Gattung und Disziplin aus gestellten Forderungen also ist Segalens Ziel, sondern die Arbeit an der Form, das Gestalten, das Variieren von Zugängen zum Anderen. In Anlehnung an seine Charakterisierung der Kunst Gauguins, läßt sich von ihm sagen, daß er erfahrene Formen, Motive und Haltungen umformte, sich zunehmend auf Grundsätzliches konzentrierte: »Es ist eine Kompression zu leisten« – »... als erstes verschwindet die Anekdote«. Äußerster Gegensatz zur Anekdote sind die *Stelen*, wie sie Segalen nach dem Vorbild der chinesischen Stelen baut, gleichsam »Schilder, bewußte Zeichen, Zeichensetzung und Sinngebung« (Metken), und das *Prosagedicht*, auch »knapp bemessen«, rhythmisch, geprägt vom Universellen und nicht vom Provinziellen und der Kurzlebigkeit literarischer Moden.

Segalens archäologische Arbeit findet ihren dichterischen Ausdruck in *Equipée* (1929), *Peintures* (1916) und *Stèles* (1912), wobei *Equipée* (*Aufbruch in das*

Land der Wirklichkeit, 1984) am weitesten geht, insofern er hier nahezu mit der Landschaft verschmilzt, so wie er in dem Roman *René Leys* mit der Verbotenen Stadt eins werden wollte.

Segalen stirbt 1919, in seine »Heimat« zurückgekehrt, an der bretonischen Küste inmitten einer Geröllhalde. Für diejenigen Segalen-Kenner, die davon ausgehen, daß er durch Selbstmord sein Leben beendete, schließt sich mit dem *Ort* des Todes der Zyklus eines geheimnisvollen Lebens. Wie auf einer kleinen Weltumlaufbahn reiste er von Westen nach Osten, von Tahiti nach China, um dann am Ende doch ganz nach Europa zurückzukehren.

Erinnernd an das Schicksal des Ethnologen (der immer kommt, »wenn alles schon jenen Geschmack von Asche hat, der die Sehnsüchte weckt«, Jamin) und an Segalens frühen Tod, bleibt nur zu hoffen, daß sein Werk (»in jedem seiner Teile reich genug, um es weiterzutragen«, Grousset) unsere Sehnsüchte derart zu wecken vermag, daß wir die darin frei werdenden Phantasien in unserer Gesellschaft stark machen können, bevor uns diese endgültig in der Brutalität des weltpolitisch Wirklichen niedergeschlagen hat.

Saint-Pol-Roux. – Ein vergessener Vorläufer der modernen Literatur

»Ich entdeckte einen Durchgang, in dem es nur einen kleinen Laden gab mit ein paar Artikeln – Souvenirs, die, so kläglich sie auch waren, mir wundervoll erschienen – und Bücher wie dieses: *›Die drei Haltungen der Nacktheit‹*. Der Stich auf dem Einband zeigte einen Mann, über den sich zwei nackte Frauen beugten. Und eine Art ›Grammatik‹, die von Saint-Pol-Roux kartoniert worden war: *›Unterwegs in Rußland mit meinem visionären Apparat‹*.«

Eine Passage aus einem Traum, den der Dichter Paul Eluard 1933 seiner Geliebten mitteilt (*Liebesbriefe an Gala*, 1987). Die darin vorkommende Person Saint-Pol-Roux* gab es wirklich, und sie war zugleich auch eine sich in der Traumwelt bewegende und von den Surrealisten dort fixierte Figur. An ihr sahen sie vieles von dem leibhaftig vorgeprägt, was sie programmatisch für die Kunst zu formulieren versuchten. So benennt Eluards Traum sehr prägnant einige Eigenschaften der Idealfigur Saint-Pol-Roux, seiner Kunst und der seiner Nachfolger: es ist die Rede von »einer Art ›Grammatik‹« (das deutet auf das besondere Interesse an der Sprache und deren Struktur hin); »Unterwegs in Rußland« (das verweist auf den fundamentalen Streit um das politische Engagement bei den Surrealisten); und der »visionäre Apparat« (das soll

* Saint-Pol-Roux: *Die Traditionen der Zukunft* (1987), *Der Ausflug* (1986), Briefwechsel mit Victor Segalen (1986). Diese Werke sind bereits in der auf sechzehn Bände geplanten Werkausgabe im Verlag Rolf A. Burkart, Berlin, erschienen. Außerdem werden im vorliegenden Essay Texte nach dem französischen Original zitiert, die sich zu einem Teil in den Bänden *Vom Magnifizismus zum Ideorealismus* und *Res poetica* finden werden.

das Instrument der Kunst schlechthin sein, einer Kunst, die sich nicht auf Nachahmung der Natur reduziert). »Nach Innen geht der geheimnisvolle Weg... Das größte Gut besteht in der Einbildungskraft« – so hatte es in der Romantik Novalis bereits vorformuliert. Aber bei Saint-Pol-Roux spielen auch die Sinne eine große, nicht wegzudenkende Rolle. Sie machen den Künstler zum aktiven Produzenten. Er ist nicht nur der Empfänger von Botschaften, sondern auch der Gestalter, der Verteiler von Energien. Für die Werke der Dichtkunst findet Saint-Pol-Roux die schönen Metaphern:

»Skulptur im Raum der Ideen...

Wesen, dem ein gewaltiger Atem eine aus Worten gebildete und aus Bildern gestickte physische Existenz ermöglicht.«

Er vergleicht das Werk mit einer Familie, mit Städten und Ländern; er nennt es auch ein »Menschendrama«, eine Konzentration menschlichen Ausdrucks – eine energetische Verdichtung, gesammelte Energie. Das ist der Punkt, auf den viele von Saint-Pol-Roux' Definitionen hinauslaufen, der Punkt, der unmittelbar zu seinem symbolistischen Kunstverständnis hinzugehört und dieses gegen den platten Vorwurf des Mystischen schützt. Die universelle schöpferische Kraft, von der er ausgeht, hat in der Energie und ›über allem‹: in der Sonnenenergie ihr materielles Zentrum. Verbunden ist der Künstler mit ihm durch einen quasi-religiösen Akt, den der Gnade. Daß jede künstlerische Produktion eine Art Messe sei, hat also mit dieser Gnade und mit dem sich darin offenbarenden Göttlichen, dem Rituellen und Zeremoniellen zu tun. Es ist ein Fest der Sinne, des Geistes und des Glaubens.

»Nous voyons toutes choses en Dieu. – Wir sehen alle Dinge in Gott.« Dieser Satz des Philosophen Malebranche, zu Ende des 17. Jahrhunderts, taucht bei Saint-Pol-Roux ebenso auf wie etwa die Lehre Platons. Er möchte die Vorstellung der Ideen in unserer Seele als einen göttlichen Akt denken, der sich aber in der Einbildungskraft verselbständigen und von Gott lösen kann. Die Poesie emanzipiert sich in ihrer höchsten Gestalt von der Gebundenheit an das

göttliche Prinzip. Das ist Saint-Pol-Roux' »Ideorealismus«. Ihm huldigten viele Künstler in den zwanziger Jahren, und seinem Gründer zu Ehren gab man 1925 ein berühmtes Bankett. Maurice Nadeau hat in der *Geschichte des Surrealismus* (1986) das damalige Ereignis rekonstruiert, bei dem die Surrealisten ihre Gegner und unerwünschte Gäste – Nachzügler des Symbolismus, Konservative und Reaktionäre – beschimpften und aus dem Liebesmahl für Saint-Pol-Roux eine Demonstration gegen Frankreich machten. Man beginnt eine Schlägerei; Soupault hängt sich an den Kronleuchter und räumt mit den Füßen die Tafel ab; Michel Leiris brüllt aus dem Fenster »Frankreich verrecke!« und wird auf der Straße fast gelyncht. Die herbeigerufene Polizei prügelt mit. »Tief unglücklich wegen dieser Zwischenfälle müht sich der große alte Mann aus Camaret wie der Steuermann eines in tobendem Sturm in Seenot geratenen Schiffs, die Ruhe wiederherzustellen. Seine beschwichtigenden Worte werden aber von denjenigen seiner Freunde, die als Vertreter des Staats und der Stadt zum Fest erschienen waren, ignoriert. Es ist eine zu günstige Gelegenheit, endlich diesen ›surrealistischen Provokateuren‹ das Handwerk zu legen.«

Saint-Pol-Roux war der Einladung in die »Closerie des Lilas« gefolgt, aber wieder gegangen, als alles unwiderruflich in Chaos geraten war. Er gehörte einer anderen Generation an, und er war ein meditativer, religiöser Mensch. Seine Vorstellung von freundschaftlichen Begegnungen war anderer Art. So schrieb er seinen Freunden: »Kommt mit dem Dampfer Quélern-Roscanvel – ich werde auf der Laderampe auf Euch warten.« Und wie er sie empfing, das hat die Tochter Victor Segalens, Annie Joly-Segalen, eindrücklich erzählt: Wie eine Galionsfigur habe er dagestanden, von prächtiger Statur und ganz in schwarzen Samt gehüllt. Den Gästen, zu denen auch Victor Segalen gehörte, rief er schon von ferne Willkommensgrüße zu.

Das Interesse am Fremden und Magischen hatte sie zusammengeführt und zu engen Freunden gemacht, auch wenn Segalen später in seiner »Ästhetik des Diversen« von Saint-Pol-Roux etwas abrückte, inso-

fern er ihn noch zu sehr im Exotismus seiner Zeit verhaftet sah. Einig waren sich beide in der Ablehnung des platten Exotismus eines Pierre Loti. So rät Saint-Pol-Roux 1904 dem Südsee-Reisenden: »Es ist ihre Aufgabe, aus Ihrem [Eingeborenen] Maori eine Art naiven und tragischen Homer zu machen. Loti hat uns den offenbar oberflächlichen, vielleicht sogar falschen Zauber von dort unten geschildert; es ist an Ihnen, davon das Epos, die legendäre und philosophische Wahrheit zu überliefern, die einfache und monströse Seele, das brüllende Blöken: die letzten Tage des Paradieses!«

Das Monströse, die Expression, der Schrei – das waren bei Saint-Pol-Roux Mittel der Kunst, keine Formen des Umgangs mit anderen Menschen. So ist sein Anschluß an die Surrealisten eher über Novalis' Rede von der Einbildungskraft als »wunderbarem Sinn« und Nervals »supernaturalistischen Träumereien« verstehbar als über die Aktionen und Auftritte der Surrealisten. Ebenso deutlich grenzte sich Saint-Pol-Roux von der Art ab, in der die Surrealisten miteinander sprachen, etwa von Robert Desnos, über den Breton sagte: »Desnos *redet surrealistisch.*« Wenn Breton im Ersten Manifest des Surrealismus schrieb »Saint-Pol-Roux ist surrealistisch im Symbol«, so hieß dies auch, daß er Surrealist in der Poesie und Poetologie, weniger aber im kulturellen Leben war. Er lebte einsam und zurückgezogen. 1930 faßte er seine Lebenseinstellung so zusammen: »Meine Zurückgezogenheit könnte man folgendermaßen erklären: da meine Ideen mir vorauseilen, lebe ich, wie mir scheint, inmitten noch nicht geborener Wesen. Ich wohne also in einer noch nicht eröffneten Epoche, nur in ihr fühle ich mich wohl. Ich sage das in aller Naivität: Denn wer könnte mich zwingen, so weit entfernt von den Menschen der gegenwärtigen Epoche zu leben? In Wahrheit fühle ich mich als Zeitgenosse künftiger Generationen, zu ihnen spreche ich, für sie denke ich... Eine geheime Sehnsucht versetzte mich in die Zukunft, ich sehe mich in späteren Zeiten leben. Wenn ich hochmütig bin, ist mein Hochmut... Ich kann mich irren, mein Irrtum .. Ich habe eine Art Schrecken vor dem Zuspätsein.«

Sein Mißtrauen und seine Gleichgültigkeit gegenüber der Zeitgenossenschaft und dem Ruhm, sein Wunsch, von der Gegenwart verkannt werden zu wollen, erinnert an den pointierten Satz des Philosophen und Dichters E. M. Cioran: »Der Ruhm ist die größte Strafe des Menschen.« Der Ruhm führe ihn weg von seinen nur ihm eigenen Ideen, von der konzentrierten Einbildungskraft. Saint-Pol-Roux forderte die kontemplative Haltung, um sich an das zu erinnern, was wert ist, gesagt und gezeigt zu werden. Der Kontemplation benachbart ist der Traum. Und ganz im Sinne Sigmund Freuds, der von der Traum*arbeit* im Unbewußten sprach, soll Saint-Pol-Roux während der Nacht ein Schild an seine Tür gehängt haben mit dem Satz: »Der Dichter arbeitet.« Jedenfalls erzählte das André Breton. In der Art, wie die Surrealisten ihren Zugang zur Kunst und zum Produzieren verstanden, konnten sie auf Saint-Pol-Roux' Zustimmung hoffen.

Breton hatte unter dem Titel »Geheimnisse der surrealistischen magischen Kunst...« Anweisungen für das spontane, passive und rezeptive, das automatische und schnelle Schreiben gegeben. Ein surrealistisches Spiel mit Worten und Assoziationen, bei dem der erste Satz ausschlaggebend ist und das Thema vorgibt.*

Die »Unerschöpflichkeit des Raunens« (Saint-Pol-Roux) wurde jedoch von Breton und anderen *modellhaft* ausgebaut und systematisiert. Gerade dieses Modellhafte und Programmatische, die nahezu didaktische Anweisung zur bild-erzeugenden Tätigkeit war Saint-Pol-Roux fremd. Zu sehr sah er den schöpferischen Augenblick als einen göttlich inspirierten an. Aber der Vorrang des Bewußtseins gegenüber dem Unbewußten und den Bildern war auch bei ihm schon aufgehoben. Auch hatte das schöpferische Subjekt seine Autonomie eingebüßt – was aber bei Saint-Pol-Roux nicht zur Kollektivität des Produzierens in einer Gruppe, sondern zur Zwiesprache mit dem Heiligen

---

* Vgl. André Breton, *Die Manifeste des Surrealismus*, 1977; Gisela Steinwachs, *Mythologie des Surrealismus oder Die Rückverwandlung von Kultur in Natur*, 1971.

und Göttlichen führte. Vereint waren sie im *Protest gegen Entmischung,* gegen Vereinfachung, Reproduktion.

Saint-Pol-Roux, der Meister des Symbols und des Bildes, der Einbildungskraft und Imagination, einer der großen Einsamen, »die das Gleichgewicht der Welt bewahren, weil sie am Angelpunkt, weil sie die Zentren sind«. Michel Leiris hat ihm eine Hommage geschrieben:

»Hommage à Saint-Pol-Roux
le Véritable

Zwischen den Steinen der Legenden und den kostbaren Vliesen der Mythen, die dauerhafter sind als die Kontinente, hat sich ein Mann erhoben, dessen Stimme sich unseren geologischen Gehirnen anbietet wie die Ader eines seltenen und unterirdischen Metalls. Mögen sich die falschen Propheten mit ihrem Gefolge lügnerischer Opfer verschlingen, mögen zu unserer Linken die unheilbringenden Vögel auf ewig entfliehen, er wird immer unseren Herzen nahe bleiben, er, dessen Finger, die die Zauberkraft des Wortes zu bannen vermögen, sich nur für die edle Aufgabe krümmen, Gebäude der Zauber und der Beschwörung zu errichten.

Weit über dem Herrschaftsgebiet des Materiellen, wo der Tod sein organisches Gepäck sauber gefeilter Knochen und steinerner Inkarnate ablädt, höher selbst als die Welt unseres Denkens, verklingt seine Stimme in den blutenden Sphären des Verlangens; ein schneller Pfeil, dessen starre Spitze eine immer schwärzer werdende und höhersteigende Atmosphäre in schräger Bahn zerreißt.«

Saint-Pol-Roux: eine prägnante Figur, die viele Künstler faszinierte und sie zu wahren Lobpreisungen hinriß und die doch über Jahrzehnte hinweg weitgehend vergessen war. Seine Person sich wieder zu vergegenwärtigen, sein Werk wieder zu lesen: das ist im wahrsten Sinne des Wortes eine Spurensuche.

Natürlich ist es seine Sprache, die uns über viele Jahre hinweg von diesem Werk fernhielt, solange wir in der Sprache nur ein Werkzeug der Vernunft, einen Informationsträger und ein Mittel der Wirklichkeits-

darstellung sehen wollten. Saint-Pol-Roux' »Ideorealismus« oder, wie er auch sagte, »surnaturalisme«, sein Symbolismus hatten da keine Chance. Trotz seines Bekenntnisses zur Revolte läßt sich keine politische Gruppierung der letzten Jahrzehnte denken, die sich ihm verbunden gefühlt hätte. Es ist – um es etwas pauschal zu sagen – mehr die postmoderne Absage an die ratio, das verlorengegangene Vertrauen in Fortschritt und Vernunft, das wiedererwachte Interesse am Mythos, kurz: die Abkehr von der Eindimensionalität, die unsere Ohren erneut öffnet für diesen hohen Ton der Poesie, für die Produktionen des »Meisters des Bildes«, wie Breton Saint-Pol-Roux nannte.

Zuweilen schleicht sich in seiner Literatur das Bildhafte fast unbemerkt in Oberflächen, in scheinbar einfaches Erzählen ein; konzentriert das, was im Erzähler geschieht, was in seiner Phantasie abläuft. So verdichten sich seine Bilder und Assoziationen zu einer Erzählung, wie etwa in dem Text »Der Ausflug«:

»Fortgehen heißt, den Ort ausziehen, den man bewohnte: seinen Hut des Kirchturms absetzen, seine Tunika aus Wiesen ablegen, aus seinen Ärmeln der Hügel schlüpfen, seine Hose aus Pfaden mit den bewohnten Taschen ausziehen; und man wird geographisch nackt bis zu dem neuen Ort, der uns den feinen Schleier seines Zaubers oder den schweren Mantel seines Schicksals reichen wird.

Bei unserer Abfahrt wirft das Zuhause seine tyrannische Leere auf uns, als wollte es uns die Nieren schröpfen; manchmal ist es schwierig, davon loszukommen, aber an einer unerwarteten Wegbiegung kann uns sein ausgestreckter Fangarm nicht mehr erreichen. Von da an bewegen wir uns immer schneller, angezogen von einer anderen Leere, die uns – je näher wir kommen – von vorn anzieht und uns immer stärker, bis zur völligen Abhängigkeit, fesselt.

Einem Messer gleich fahren wir in die Früchte aus Dörfern ...«

Es ist auch der Witz und die Ironie, die überraschende Wendung, die durch den gekonnten Umgang mit der Sprache entsteht, die Freiheit in den Assoziations-

ketten, die diese Prosa aus einer literarischen Schablone heraushebt. Es ist nicht nur das poetologische Programm, das hier praktiziert wird, nicht nur die Offenbarung des göttlichen Funkens, sondern auch Leichtigkeit, Absurdität und Beiläufiges.

Das ist wichtig festzuhalten, denn in Saint-Pol-Roux' theoretischen Arbeiten kommt diese Seite zu kurz. In ihnen dominiert ein hoher Ton, geprägt von einer großen Fähigkeit, *situativ,* geradezu dramaturgisch konzipiert, Kunst zu vergegenwärtigen und Personen zu verlebendigen.

»Er wurde geboren von einer *Stimme*, vor einem Pult, am Rand eines Cembalos, nicht weit entfernt von der Orgel der Paulaner mit Pedalen ähnlich den Ochsen im Stall, mit Tasten gleich weißen und schwarzen Vögeln auf den Zweigen.«

Die Rede ist von Beethoven. Der Titel des Textes »Die Seele Beethovens« und diese ersten Sätze geben bereits den Ton von Saint-Pol-Roux' Essays vor: das Poetische, Hymnische, auch Pathetische. Aber das Pathos – man weiß es schon von der Prosa so unterschiedlicher Dichter wie Hans Henny Jahnn oder Reinhold Schneider – muß der Erkenntnis und der Schönheit nicht abträglich sein. Das Pathos ist, wird es fokussiert vom Blick des Dichters, getragen von einer Ergriffenheit, die das Sujet zum Sprechen bringt und es nicht artifiziell auflöst, eine Ausdrucksform des lyrischen, epischen und erkennenden Ich.

»Er wurde geboren von einer *Stimme,* inmitten von Pulten, nahe einem Cembalo...« Saint-Pol-Roux nimmt den Einleitungssatz wieder auf, variiert ihn, läßt sich von seinen Bildern, Imaginationen und der Sprache leiten. Der einfache Hauptsatz ist die Grundeinheit, die wie ein Kristall zu glitzern beginnt und wie ein Material behandelt wird, aus dem neue Satzgefüge und Klanggebilde – auch in Reihungen und Wiederholungen – entstehen.

Der Essay ist für Saint-Pol-Roux eine Komposition. Klang, Rhythmus, Vibration und Timbre bestimmen den Fortgang ebenso wie die gedankliche Auseinandersetzung mit dem Gegenstand. Die Sujets seiner Essays (in *Die Traditionen der Zukunft*) kreisen zum einen um Beethoven (den er als Meister des Lyrischen,

als Konstrukteur und »Erbauer von Kathedralen« verehrt) und um die Musik im allgemeinen:

»O Musik: Perlen der Ursprungswelle...
Musik: Diadem auf der Stirn der Schönheit...
Musik: Wort der Geistigkeit und Rede der Dinge...
O ewige Musik, die die Brise des Windes ankündigt...
Hörbare Königin der Wunder...
O Musik, deine Noten, diese Blutkörperchen des Lebens, verbinden sich mit den Ziffern der Erkenntnis, Ziffern der Mathematik, die wie Insekten davonfliegen, um das Mysterium der Ewigkeit anzuknabbern...«

Die Begeisterung für das Wunder und die Hymnen an die Musik sind bei Saint-Pol-Roux historisch gebunden an den Symbolismus des 19. Jahrhunderts, eingeschlossen noch in eine Ästhetik des totalen Schöpfertums, das auf geheimnisvolle und dunkle Urquellen bezogen ist. Dies war der Anknüpfungspunkt für die Surrealisten. Nachdem ihn Ende des 19. Jahrhunderts Remy de Gourmant als einen der »fruchtbarsten und erstaunlichsten Erfinder von Bildern und Metaphern« bezeichnet hatte, Apollinaire und andere 1910 für ihn die Auszeichnung des »Kreuzes der Ehrenlegion« forderten, hatte um 1923 die Wiederentdeckung Saint-Pol-Roux' durch die Surrealisten begonnen. André Breton nannte ihn gar den »einzigen authentischen Vorläufer der sogenannten modernen Bewegung«, also von Kubismus, Futurismus und Surrealismus.

»Ist nicht die Kunst, wie alles, ein ewiges Werden?« schreibt Saint-Pol-Roux an seinen Freund und Wahlverwandten, den Südsee- und Asien-Reisenden Segalen, der sich ja auch, wie er, den größten Teil seines Lebens von der Metropole Paris ferngehalten hatte und mit dem er einen umfangreichen Briefwechsel führte. »Sehen Sie, das Höchste an Kunst, in der Literatur, kann durch ein Zusammenspiel erreicht werden, ein Zusammenspiel, das auf der ganzen individuellen Energie beruht, das, so möchte ich sagen, aus den vereinigten Sinnen entsteht und schließlich kontrolliert wird von dem, was ich einst als den ›Vatikan der Sinneseindrücke‹ bezeichnet habe, also vom

Geist. Ja, die Traube der Sinne, die vom Geist gekeltert wird, – so entsteht der Wein des starken Ausdrucks.«

Dieser Ausdruck sei von einer Einheitlichkeit, die auch in der Gestalt einer »pantheistischen Trunkenheit« auftreten könne und in der Seele des Lesers wie ein »Filmprojektor« wirke. Die Vielfalt und Überlagerung der Sinne, der »synthetische Ausdruck« (ein Akkord, der aus mehreren, gleichzeitig angeschlagenen Tönen besteht) – das zeichne die avantgardistische Literatur aus, die wie Blitze wirken müsse.

Mit Segalen verbunden wußte sich Saint-Pol-Roux in der Hochschätzung des Symbolismus und in der Verehrung für Gauguin und Rimbaud: Reiste Segalen auf deren Spuren im Pazifik und im Osten Afrikas, erteilte ihnen Saint-Pol-Roux die »Weihe« aus der geographischen Ferne: In Rimbaud sieht er die *Einbildungskraft* gleichsam personifiziert, so wie sich für ihn Mallarmé unlösbar mit dem *Geheimnis* und Verlaine mit der *Liebe* und auch dem *Instinkt* verbindet. Er will Rimbaud, diesem »panischen Geist«, einen Tempel aus Worten bauen, ihm einen ewigen Ort in der Geistesgeschichte zuweisen, auf daß er nicht mehr der Vagabund, sondern der »dritte Gott« neben Verlaine und Mallarmé werde.

Transmutationen
»Rimbaud Kaleidoskop
Atomkerne

Rimbaud ist ein Rosenkranz aus brüsken Sprüngen.
Er entwickelt sich nicht, er mutiert.
Verlaine entwickelt sich, Rimbaud mutiert.
Sie sind die zwei Verfluchten eines unbekannten
Himmels.
Rimbaud sagt: »Ich allein habe den Schlüssel zu
dieser wilden Parade.«
Rimbaud, das ist Orpheus, der die *Höllen* getrunken
hat (die Vokale sind die Saiten seiner Lyra).
Auf Knien, schleudern wir den keltischen Schrei:
Arthur ist nicht tot! Er ist in uns.«

Oft beginnen oder enden Saint-Pol-Roux' Essays in Notaten, Satzsplittern, Wortfetzen, symbolistisch

überhöhten und mystisch verdichteten Anspielungen auf das Andere, das Höhere, das grandiose Selbst eines von ihm verehrten Künstlers. Dann ist der Sprach-Raum nur so erfüllt von Göttern, Königen und Magiern, von Liebe, Schönheit, Seele und Geheimnis. Der Sinn wird evoziert, nicht erläutert. Das Geistige blitzt auf, ohne eine eindeutige intelligible Struktur. Die Chiffre dominiert. Zuweilen entsteht eine Welt aus Wörtern wie bei Ezra Pound, aber weniger aus der Überschärfe des Geistes und der Bildung als aus der der Empfindung gewonnen. Weniger gemeißelt, runder, elastischer, manchmal auch Kitsch – jedenfalls für unsere Ohren. Es ist der Ton der Anrufung, der ihn zuweilen von den Sujets entfernt und sich autonom setzt. Die Sprache beginnt dann solipsistisch in sich selbst zu kreisen.

Verlaine, Rimbaud und Mallarmé seien im »Azur der Glorie« vereint, Rimbauds Tinte sei »aus Licht«, seine Feder »der Sonne entsprungen«, seine Wörter »nackt« und er selbst sei »wie zu Anbeginn in der Morgenröte geschwommen«; ein »König der Schönheit«. »Rimbaud jonglierte mit den Gestirnen.« – Ja, aber er jonglierte auch mit Waffen. Er war nicht nur König der Sprache und der Bilder, sondern auch Geschäftsmann, Kolonialist. Entmythisiert hat ihn zuletzt Hubert Fichte.

Die Traditionen der Zukunft, die Fixpunkte von Saint-Pol-Roux' Ästhetik und einer Ästhetik der Zukunft, wie er sie versteht, sind in der Literatur also an Verlaine, Mallarmé und Rimbaud gebunden. Progression, Modernität und Genialität sind für ihn Aspekte des Himmlischen, Göttlichen, Höchsten, des Jenseits: ein Jenseits auch der bekannten Gesetze und Normen, eine Totalität und Absolutheit. Einen Zugang zu diesem Reich bilden die Symbole, die er aber ganz folgerichtig in seinem Denken nicht von deren Vergangenheit her definiert; er nennt sie vielmehr »Embleme der *Zukunft*«. Das Symbol und das Wort sollen rein wie ein Samenkorn sein. Er liebt und verehrt darin den »ureigensten Ausdruck der Menschheit«. Und vom Wort und dessen energetischer Kraft beseelt wird er gar zum Ökologen, 1929:

»Die Kunst des WORTES ist noch im Stadium ihrer Prähistorie. Man hat schon an alles gedacht, aber niemals daran, die Wortenergie zu nutzen und zu verherrlichen, so wie sich der Mensch bisher noch nicht bemüht hat, die Sonnenenergie zu nutzen, obwohl er es doch verstand, die Energie der Wasser zu nutzen.

Das WORT, man läßt es gewähren.

Ebenso die Sonne, die nicht aufhört darüber zu lachen, nicht ohne zu strahlen, zu wärmen. ... Wir suchen Nebensächlichkeiten, um das verlorene Wunder zu ersetzen: Man fällt Bäume, man gräbt Bergwerke, man ruft das Öl zu Hilfe, das Petroleum, die Elektrizität – niemals jedoch das Gestirn! Warum? Weil es zunächst zu einfach wäre, die *Sonne* selbst zu pflücken oder vielmehr zu ernten, sie in Briketts umzuwandeln oder in Glühbehältern aufzufangen, sie in Stunden der Eiseskälte oder der Finsternis in Aktion zu setzen. An dem denkwürdigen Tag, an dem die Wissenschaft in der Lage sein wird, die Sonnenenergie zu nutzen – das muß von einer skandalösen Einfachheit sein – werden wir die erleuchteten Erfinder der Kerzenstümpfe verfluchen, und man wird es nicht versäumen, so nehme ich an, irgendeinen Großbesitzer von Kohlebergwerken oder Erdölquellen an der höchsten Laterne aufzuknüpfen. Ganz analog dazu wird dies vermutlich auch für das WORT der Fall sein.«

Saint-Pol-Roux – ein leidenschaftlicher Verehrer der Wortkunst und des Schöpferischen, des Genies und der Meisterwerke. Viele seiner Formulierungen sind von einer religiösen Entzückung gegenüber dem kreativen Hervorbringen, dem Erschaffen von Wort, Bild und Klang geprägt. (Man erinnere sich auch an André Gide, der vom »Anteil Gottes« sprach, den jedes Werk poetischer Natur in sich berge.) Künstler belegt er mit Metaphern wie Sonne, unteilbarer Orpheus, Seele, Prophet und Priester. Über die Kunst findet er Zugang zum Leben; er liebt das Leben, weil er möchte, daß die Künstler das Leben lieben und die Weite des Universums erfassen und fühlen. Er stellt sich ein Ode-an-die-Freude vor, von allen Künstlern intoniert.

Ein Universal-Rhythmus. »Symphonie des Univer-

sums«. Das will er 1933. Fernab in Brest. Ein paar hundert Kilometer östlich wird gerade eine ganz andere Symphonie, die des 1000jährigen Reiches, geprobt. Auch hier denkt man die Gegenwart von der Zukunft her, vom Glanz eines großen Reiches. Welch eigenartige Kongruenz, bedenkt man auch noch, daß Saint-Pol-Roux große Feldherren als »Künstler« bewunderte.

»Die Traditionen der Zukunft« – das war Saint-Pol-Roux' Formel. Die Tradition hat ihre Wurzeln in der Zukunft; denn das Zukünftige, das Ferne und die Überschreitung – das ist ihr Maß, gleichsam ihre Triebkraft, aus der sie schöpft. Tradition: das ist ein Konglomerat von Evolutionen und Revolutionen, von Umstürzen, aus denen sie sich immer neu entwickelt. Die Gesetze, nach denen das Genie arbeitet, liegen im Zukünftigen. So entsteht zum Beispiel ein »Land mit Namen Beethoven«: Zukunft und Vergangenheit haben sich in der Unsterblichkeit eines Meisterwerks, dessen Form radikal vorwärts gewandt ist, vereint. Das ist die »Seele Beethovens«.

»Und seht: die meisten der großen Männer haben kein Grabmal gehabt, oder sie sind ihm entflohen. Von diesem hat man die Asche in alle Winde zerstreut. Von jenem hat man... Mozart ist ins Massengrab geworfen worden. Was Christus betrifft: er hat sich den Luxus der Wiederaufstehung geleistet. Die Genies ziehen es vor, in der ihnen eigenen Welt zu leben.« Sie werden dazu geradezu von ihrem Auftrag gezwungen. Gebunden an das (ewige) Maß der Absolutheit und die (historische) Herausforderung zur Revolte ist der Künstler zu ungeahnten Schöpfungen befähigt.

Der »Maler-Magier« versieht Leinwände mit einem »mysteriösen Puls«. Ein Gemälde ist für Saint-Pol-Roux auch wie ein »Ruhezustand des ewigen Lichtes«, in dem die Geschwindigkeit eingefangen und das vom Maler übertragene Licht wie »in der Form von geheimen Glühwürmchen« leuchte. »Zunächst zwingen uns die Meisterwerke, die Gedanken ihrer jeweiligen Schöpfer zu denken; dann, während in uns diese Meditation reift, explodieren nacheinander die tausend Farbpigmente wie Atomkerne, um unser ganzes Verstehen ihrer neuen Schönheit zu illuminieren: ein Meisterwerk, das sein ursprüngliches Schauspiel offenbart;

von diesem Augenblick an öffnet sich das Geheimnis, und wir durchdringen ganz und gar das Wunder, das von diesen Genies, die die starrköpfige Menge schon an den Pranger gestellt hat, vollendet wurde.«

Saint-Pol-Roux wünschte sich die im Meisterwerk vereinte Gemeinde von Schöpfern und Kunstfreunden, etwa so wie in Keyserlings »Schule der Weisheit« oder im erlesenen Kreis um Stefan George. Saint-Pol-Roux glaubte an die grenzenlose, grenzenüberwindende Kraft der Kunst, an ihre Möglichkeiten zur Überwindung des Materiellen im Spirituellen und Sensitiven. Die Sinnesorgane des Künstlers durchdringen gleichsam die Materie. So beginnt die Erzählung »Der Ausflug« programmatisch: »Beim unbedeutendsten Aufbruch entsteht in uns der vage Wunsch, allem offen und schön entgegenzutreten: Türschwellen, Bäume, Schaufenster, Flüsse, Schilder, Plakate, Menschen vor Portalen der Schulen oder Kirchen, Herden, Vogelscheuchen, Calvaires, wahrscheinlich sogar Ideen, die auf uns zurückkommen ...«

Saint-Pol-Roux ist vom Schauen, Hören und Fühlen besessen. Und er will die Sinnesorgane erweitern und transformieren. »Gibt es nicht farbige Töne? Die Oboe hat, wie es scheint, einen Veilchen-Ton, und die Malven-Oboe. Gibt es nicht Töne, die man schmekken kann: der herbe Ton der Bombarde. Habe ich nicht geschrieben: ›Der Hahn erglimmt.‹ Oder noch einmal in einem Prosagedicht über die Hähne: ›Das Tal erglüht im Leugnen des Heiligen Petrus.‹

Steine sprechen und verlieren ihre Schwere, die Himmel empfangen uns. Wir werden zu ›verzauberten Gästen‹ der universellen und künstlerischen Schöpfung. Höchstes Ideal ist das ›Meisterwerk der Meisterwerke‹, das alle Farben des Sonnenprismas in sich vereine und ›als letzten Eindruck eine der Leinwand entsprungene Lilie des *Lichtes* gibt‹.«

Auf die Dichtung bezogen: Sie soll – in ihrer meisterhaften Form – Geschmack, Duft, Ton, Licht, Form in einem sein. Der Künstler bringt das Licht in sich zu einem bis dahin nie gesehenen Strahlen. Die erdachte Sonne läßt die wirkliche Sonne hinter sich. Wir müssen zwar die äußere Natur befragen, aber mit der inneren antworten. Gemeinsamer Punkt ist die

Natur, das Leben, aber der Künstler macht in sich den »magnetischen Punkt« aus, wo seine Bilder und Imaginationen, sein geistiges Handeln, seine ästhetische Kraft und sein »Instinkt für Ewigkeit« einen synthetischen Ausdruck finden.

Künstler stehen im Schatten und im Licht der von ihnen verehrten und zum Vorbild erhobenen Vorgänger. Joseph Brodsky mochte sich, als er 1987 mit dem Nobelpreis für Literatur ausgezeichnet wurde, nicht entscheiden, ob er seine großen Vorbilder denn nun als Schatten – deren Atem er »heiß und kalt im Nakken« spüre – oder als Lichtquellen verstehen solle. Wie jeder Interpret, der auch Künstler ist oder als Künstler denkt und empfindet, will er für sie ein Sprachrohr sein, die Gelegenheit der öffentlichen Rede nutzen, um für sie zu sprechen, ihr »gesammeltes Schweigen« zum Sprechen zu bringen, selbst wenn er, wie andere auch, die Vergeblichkeit und das Gefühl der eigenen Unterlegenheit betont. Und er weiß auch, daß das Terrain des Künstlers eigentlich nicht das öffentliche Podium ist, sondern die Sprache, der einsame Umgang mit den Wörtern. Er stellt den sozialen Lebewesen das empfindende Ich des Künstlers gegenüber, das mit der Gestaltung eines »unverwechselbaren Gesichts«, seiner eigenen Handschrift beschäftigt ist. Das Gesicht des Künstlers und des von ihm geschaffenen Kunstwerkes sind nicht zwei kategorial verschiedene Ebenen; jedes Kunstwerk ist auch ein »Selbst-Porträt seines Schöpfers«, ein »Selbstentwurf« des Autors. Die Schatten, die die verehrten Künstler und Kunstwerke werfen, bilden ebenso wie die Schatten des eigenen Körpers und der eigenen Schöpfungen, jeweils einen Raum, der immer wieder neu belebt, erweitert und erhellt wird.

Es ist ein quasi-geographischer Raum. Victor Segalen sprach von einer »poetischen Geographie« – und wußte sich dabei auch Saint-Pol-Roux nahe; Brodsky nennt sich ein »Opfer der Geographie«, ein Reisender durch die von den Dichtern abgesteckten Felder auf der Landkarte unserer Erde. Vielleicht könnte man in dieser Hinsicht von *Literatur-Geographie* statt von Literatur-Geschichte sprechen. Die subjektiv und

imaginär angereicherte Geographie – das ist der Angelpunkt einer vor allem französischen Tradition von Jules Verne und Raymond Roussel bis zu Henri Michaux und Michel Butor: »Die Bühne öffnet sich auf einen Vulkan. Die Blumenmühle dreht sich über den Küstenfelsen; die Schule der Venusmuscheln auf der Höhe der Koralleninseln applaudiert dem Ei des Tages, das rissig wird, um aufzubrechen. ... Der Mandarin legt seinen Fächer zwischen die Laterne und das Kohlebecken. Seine Dschunke streift Schwäne und Gladiolen unter dem Balkon der Astronomen, die ihre Manille-Partie beenden, ehe sie ihre Berechnungen wieder aufnehmen.« (Butor, *Fenster auf die Innere Passage*, 1986) »Was bei ihnen erstaunlich ist: Sie haben etwas von einem Rä-Rä. Doch die Rä-Rä-Rasse existiert gar nicht. Nur das Innerste der Nijidusen ist rä-rä. Und das Innerste der Rokodisen ist ganz genauso...« (Michaux, *Reise nach Groß-Garabannien*, 1989)

Ob bei Butor, Michaux oder Saint-Pol-Roux – stets ist man verlockt, das »Surrealistische« in ihrem Schreiben zu sehen und herauszulösen aus der Komposition und dem Klanggebilde, aus der gestalteten »Realität des Irrealen«, von der Eluard bei Saint-Pol-Roux sprach. Aber das Surreale ist ein der Imagination und Einbildungskraft zugehöriges Moment, das weder von der Methode (wie sie im surrealistischen Schreiben herausgearbeitet wurde) noch von seiner (symbolischen) Signifikanz her sur-real ist. Die Klassifizierung eines Werkes als surrealistisch will die Kunst immer in ein Jenseits der Wirklichkeit abdrängen und sie in enger Abhängigkeit zur (»eigentlichen«) Wirklichkeit halten. Das künstlerische Universum, der Raum und die Sprache der Kunst, das Realitäts-Stiftende der künstlerischen Aktivität scheinen wir erst aus einer größeren zeitlichen Distanz heraus – wie etwa, im Rahmen der modernen Literatur, zu Baudelaire, Mallarmé oder Joyce – anzuerkennen, ohne es immer schon auf *unser* Realitätsverständnis rückbeziehen zu müssen.

Der »Stoß der Inspiration« ist Saint-Pol-Roux' Formel, um das Erschließen eines anderen Raums – ein universelles Konzept, wie zum Beispiel den »Ideo-

realismus« – zu benennen und sich in das energetische Zentrum der Wörter, Zeichen und Symbole, der Imaginationen, Utopien und Visionen zu stellen. Er nennt den »Ideorealismus« das »Vaterland der Kühnheit« und will darin die Reise- und Schreibbewegung, den Glauben und das Wissen, die Einbildungskraft und das Denken, die Arbeit mit den Worten und den Gedanken vereinen. Jean Cocteau sprach im Vorwort zu seinem Film »Das Blut eines Dichters« davon, daß er sich dem Surrealismus als Formation einer Minderheit zwar verbunden fühlte, daß er sich aber im Labyrinth des Unbewußten, in der »großen Nacht« und ihren Bildern »allein verlor« und sich von der »gewollten Zurschaustellung des Unbewußten fernhielt«.

Ein Sehen, Hören, Fühlen und Denken, das in uns wirkt und auf die Leinwand und das Papier geworfen, projiziert wird – der Künstler als Ausführender einer universellen Kraft –, das ist der Hintergrund für die im weitesten Sinne surrealistische Kunst, in die auch Saint-Pol-Roux miteinbezogen werden kann, ohne ihn seiner Individualität zu berauben. Selbst bezeichnete sich Saint-Pol-Roux einmal als »literarischen Mathematiker« und »geistigen Physiker«, um den »Ideorealismus« aus dem Mißverständnis einer hermetisch abgeschlossenen (»surrealistischen«) Dichtungstheorie zu befreien und sein Streben nach einer universalistischen Aktivität zu verdeutlichen, die gerade nicht jenseits der Realität und Wissenschaft steht. In den Schnittpunkten realitätsbenennender und realitätsstiftender Tätigkeiten sieht er seinen Ort. Physiker, Mathematiker und Dichter gehen zwar andere Wege, die aber nicht kategorial, sondern nur methodisch voneinander unterschieden sind. Er glaubt daran, daß sie »eines Tages eins sein werden«, »im Zwillingspunkt einer Begegnung auf den anderen stoßen«. Das Energiezentrum dieser »Fusion« soll das »imaginative Vermögen« sein.

Künstler und Wissenschaftler situieren jeweils einen Ort, von dem ein neuer Blick auf Wirklichkeit, eine andere Perspektive, eine andere Wahrheit (Eröffnung) möglich, vorstellbar, denkbar wird. Was »sich im Dichter denkt« und was »im Maler sieht« (Max

Ernst), was »in der Sprache spricht« (Heidegger, Lacan) verweist auf die *Zentren* der künstlerischwissenschaftlichen Begegnung, jenseits der Differenzen im Detail. In diesem Sinn hat auch Merleau-Ponty davon gesprochen, daß man den Begriff der *Inspiration* wörtlich nehmen solle, als ein »Atem im Sein«: das Sehen des Malers, das Schreiben des Dichters, das Denken des Wissenschaftlers als fortwährende Geburten, als Schöpfungen.

Saint-Pol-Roux hebt hierbei jedoch einen grundlegenden Unterschied zwischen Talent und Genie hervor. »... wenn das Talent genau ist mit der Natur, so ist es das Genie nicht; oder vielmehr: es ist mit sich selbst genauer als mit der Natur. Das Genie erweitert, verlängert, vergrößert den Raum durch seine Ausstrahlung, es ist ein Quadrat, das sich zur Hypotenuse gesellt, oder vielmehr eine Kugel, die sich an die Tangente hängt ... Im heiligen Augenblick macht der Künstler einen Schritt der Wohltätigkeit hin zu ihm.«

Hier öffnet sich wieder der Blick auf das Verhältnis von Natur und Kultur. Saint-Pol-Roux hat es so oft angesprochen. Er, der Verehrer von Sonnenenergie, wünschte sich nichts mehr als die Harmonie von Mensch und Umwelt. Daß diese Beziehung fundamental gestört war, stand ihm deutlich vor Augen.

Saint-Pol-Roux (der eigentlich Paul-Pierre-Roux hieß und 1861 bei Marseille geboren wurde) starb 1940 einen tragischen Tod, der das Geheimnisvolle, um das sein Schreiben kreiste, in die Abgründe der politischen Wirklichkeit riß: Ein Soldat der deutschen Wehrmacht überfällt sein Haus, tötet seine Haushälterin und verletzt seine Tochter; einige Monate später, am 13. Oktober, stirbt er.

Hans Henny Jahnn. – Der Antiheld und das pathetische Schreiben in der Moderne

»Der 17. November. Ein trüber Tag, voller leerer Schatten. Die Wolken haben keine Gestalt; sie hängen wie ein dichtgewebtes grobes Tuch vor dem Himmel. Der Abend kommt früh, dunstig, taub, doch ohne Nebelschwaden. Die Welt ist still; nur der Lärm der Menschen ist laut. Man geht umher, man fragt sich etwas; man fragt sich, ob dieser Tag jemals seines gleichen haben wird – genau so unbestimmt dunkel – mit den gleichen Anfängen, den Geburten von heute, den Todesfällen, dem ungezählten lustvollen Zeugen, den Rechenstücken des Schicksals, diesen Zufällen und gerade vorkommenden Unternehmungen und Entschlüssen.«

Die Ausgangssituation ist uns vertraut; die Disposition einfach: Ein trüber Tag, jemand geht umher und macht sich Gedanken. Er setzt sich in Beziehung zu seiner Umwelt und zum Lauf der Welt. »Jeden ereilt es«* – auch der Titel dieses Romanentwurfs hat etwas

---

* Die Werke von und über Hans Henny Jahnn werden nach den folgenden Ausgaben zitiert: nach der siebenbändigen Ausgabe »Werke und Tagebücher«, Hamburg, 1974 (hrsg. von Thomas Freeman und Thomas Scheuffelen, mit einem »Versuch über H. H. J.« von Hans Mayer), sofern die Texte noch nicht in der neuen »Hamburger Ausgabe« erschienen sind: »Werke in Einzelbänden«, hrsg. von Uwe Schweikert, Hamburg (Hoffmann und Campe): *Perrudja*, 1985, *Fluß ohne Ufer*, I und II, 1986, *Dramen*, I, 1988. Einzelpublikationen: *Epilog*, Frankfurt/M., 1961 (mit einem Nachwort von Walter Muschg), *Das Hans Henny Jahnn Lesebuch*, hrsg. v. Uwe Schweikert, Hamburg 1984, »Die Mauer. Zwei Szenen«, in: *Schreibheft*, Nr. 26, 1985 (mit einer Editorischen Notiz von Ulrich Bitz), »›Ich bin ein antimilitaristischer Patriot‹ – Aus dem Briefwechsel Hans Henny Jahnns und Werner Helwigs«, in: *Schreibheft*, Nr. 27, 1986, »Alchimie des gegen-

Sprichwörtliches, sogar Klischeehaftes. Und dennoch handelt es sich nicht um Alltagsprosa, und das Leben des Autors Jahnn verlief nicht in den geordneten Bahnen dieser Gesellschaft. Sein Anspruch war stets, kein bürgerliches Leben vortäuschen zu wollen. »Ich bin zu alt und zu isoliert für diesen Schwindel.«

Ob gute oder böse Nachrichten, alles erregt und greift ihn derart an, daß er sich distanziert zur Wirklichkeit verhalten muß, um sich nicht heillos in sie zu verstricken. Auch wenn er in seinem Leben »Betrug« am Werk sieht (den er selbst nicht durchschaue), so sind es doch nicht die Alltagsbetrügereien und Gaunereien, die er, wie die anderen, mitmacht. Seine Haltung erinnert an das Bekenntnis von Michel Leiris: »Ich habe stets meinen Zustand als einen Fluch angesehen... Nur das eine habe ich mich immer zu tun geweigert: *mein Denken zu entstellen*... – Ich habe keinen Schmu machen wollen.«

Jahnn glaubt nicht an einen »Fluch« oder »Betrug«

---

wärtigen Dramas« und »Der Bühnenautor und das Theater«, in *Schreibheft*, Nr. 28, 1986.

Arbeiten über Jahnn (außer den in den vorstehenden Ausgaben enthaltenen Vor- und Nachworten, Kommentaren und Hinweisen): Wilhelm Emrich, »Das Problem der Form in Hans Henny Jahnns Dichtungen«, Mainz 1968, Karlheinz Deschner, *Kitsch, Konvention und Kunst*, Frankfurt/M. 1980, »Die Suche nach dem rechten Mann. Männerfreundschaft im literarischen Werk Hans Henny Jahnns«, hrsg. von Wolfgang Popp, mit einer Einführung von Gert Mattenklott, *Argument*-Sonderband, Berlin 1984, Wolfgang von Wangenheim, »Die Wahrheit meines Erzählens. Über Sprache, Darstellung, Selbstdarstellung im Werk Hans Henny Jahnns«, in: *Schreibheft*, Nr. 26, 1985, Gerd Rupprecht, »Der unbekannte Gott und das Fußballspiel. Anmerkungen zu ›Alchimie des gegenwärtigen Dramas‹ und ›Der Bühnenautor und das Theater‹ von Hans Henny Jahnn«, Peter Weiss, »Auf der Jagd nach den Unerreichbaren. ›Perrudja‹ und ›Fluß ohne Ufer‹«, Jürgen Manthey, »›Wir sind teuflische Blumen‹. Hans Henny Jahnn und sein Roman ›Perrudja‹«, alle Beiträge in: *Schreibheft*, Nr. 28, 1986, Thomas Freeman, *Hans Henny Jahnn*, Hamburg 1986, Hubert Fichte, »Chatterton und Chatterton. Anmerkungen zu Hans Henny Jahnn und Ernst Penzoldt« in: *Fichte, Homosexualität und Literatur*, Bd. 2, Hamburg 1988, Elsbeth Wolffheim, *Hans Henny Jahnn, mit Selbstzeugnissen und Bilddokumenten dargestellt*, Reinbek 1989.

als einer persönlichen Schuld oder Verfehlung; sie sind für ihn vielmehr das Symptom einer »Querstellung zur Umwelt«. Darin ist auch ein Moment von »altertümlicher Schicksalsauffassung«, aber ebenso die Ansicht vom Leben als Schauplatz, als Ort unvorhergesehener Ereignisse, zu dem der Dichter hinzutritt und *gestaltet*, wo er schreibend eingreift. »Ich ergriff diesen Schauplatz Mensch und schaute hin, mit jugendlicher Unerschrockenheit, was sich dort ereignet und ereignen kann.« (»Mein Werden und mein Werk«)

Hans Henny Jahnn wird am 17. 12. 1894 bei Hamburg geboren, arbeitet als Orgelbauer und Architekt, als Hormonforscher und Landwirt; er ist Theaterautor, Filmemacher, Essayist, Romancier. Seine expressionistischen Stücke und seine avantgardistischen Filme – er ist ein Freund von Brecht, Klaus Mann und Gustaf Gründgens, er bewundert »Panzerkreuzer Potemkin« und sieht Cocteaus Filme – zeigen seine Faszination für den Schrei, das Grauen, das Düstere und Gewalttätige.* »Immer wieder sind es Bilder der Folter, der Kastration, des Mordes, des Massenmordes, welche die Dichtung des Pazifisten prägen. Noch im Alter begeistert er sich für die Morde des Querelle.« (Hubert Fichte, »Chatterton und Chatterton«)

Der »Dunkle Engel« wird zu einer Leitfigur. Das Düstere entfaltet seine Anziehungskraft. Es ist das Düstere, das nicht mit dem Verqueren, dem Unoffenen und Heimlichen, dem falschen Pathos zu verwechseln ist. *Pathetisches Schreiben* will den Vorrang der Literatur, des Textes und der Komposition gegenüber der Wirklichkeit manifestieren. Falsches Pathos führt nicht zum pathetischen Schreiben eines Reinhold Schneider oder Hans Henny Jahnn, auch wenn der Weg dorthin zuweilen den Kitsch (die Engel) und das Falsche streift oder erfaßt. Das Verschwenderische und Üppige ist das Gegenbild leibhaftig erfahrener Einschränkung.

* Unter dem Titel »Zur körperlichen Versuchung der Bühne« hat der Herausgeber des Bandes *Dramen, I*, Ulrich Bitz in seinem Nachwort die Nähe zwischen Jahnns dramatischen Entwürfen sowie seinem »poetischen Diskurs« und Antonin Artauds »Theater der Grausamkeit« betont.

Im expressionistischen Aufschrei und im Bekenntnis zu einem Leben jenseits des bürgerlichen Schwindels streiten Wildheit und Strenge miteinander.

Im Habitus des strengen und desillusionierten Antibürgers hat sich Jahnn auch stilisiert, machte diese Haltung doch nur einen Teil seiner Wunschwelt aus: neben der Sehnsucht nach kultureller und gesellschaftlicher Anerkennung, neben seinem sehr formellen, hanseatischen Auftreten, seiner Scheu und seiner eher prüden Haltung, wie Freunde berichten. Die geliebt/gehaßte Außenseiterrolle als Homosexueller hat er literarisch übersetzt, in eine symbolhafte Sprache, die oft als pathetisch mißverstanden wurde und die doch nur die Freundschaft, das offengelegte (unendliche) Verlangen nach Genuß, die Überschreitung und Verausgabung zu fassen und den Zusammenhang von schöpferischer Genialität, Jugend und gleichgeschlechtlicher Liebe zu begründen versuchte. »Es ist Gari, der Matrose. Man erkennt ihn nicht. Er will auch nicht erkannt sein. Einmal, als Knabe, wurde er von einem Engel umschlungen und geküßt – es war ein schöner, wilder Augenblick, ein 13jähriges Gefühl.«

Das Autobiographische, die eigene Leidenschaft und die persönlichen Krisen sind Elemente seiner Literatur, mit denen er spielt, die sich vordrängen oder die er überhöht und in ihrer Konkretheit zurückdrängt. Seine Literatur ist inhaltlich nicht von ganz anderer Art als sein Leben; und doch sind die Ebenen letztlich radikal voneinander verschieden. Selbsterschütterungen und Selbstbestätigungen in seinem Leben und in seiner literarischen Existenz kommen längst nicht immer zur Deckung – und vor allem: Literatur besteht am Ende doch nur aus Sprache und will an deren Möglichkeiten gemessen werden.

Wird im Leben etwas ausgelöscht und als Tragödie erfahren, bedeutet dies auf der Ebene des Textes noch (fast) nichts. Weder das eigene Schicksal noch die Schicksalsauffassung haben eine Text-Qualität. Die Rolle des Humanisten, des »Predigers« und des »Revolutionärs«, in der sich Jahnn dabei sieht – »eine tragische Lebensgegebenheit zu gestalten, entspringt

… einzig dem Wunsch, auch vom Geist her an der Veränderung des Menschen mitzuwirken« –, muß auf eine andere Ebene transformiert werden. In *Fluß ohne Ufer* (1949, 1961) macht Jahnn eine zwar radikale, aber fragwürdige Wende, um diese Transformation zu erreichen: »Dieser letzte große Roman verwirklichte ein Prinzip der Darstellung, das ich seit langem angestrebt habe, aber wegen mangelnden Wissens nicht früher verwirklichen konnte: alle darin handelnden Menschen nicht als Charaktere erscheinen zu lassen, die als Absichten des Autors immer einen Rest von Unglaubwürdigkeit behalten, sondern als Ergebnisse einer innersekretorischen Beschaffenheit – deren Handeln nicht empfunden wird, sondern sich aus ihrer Veranlagung erst ergibt.« (»Mein Werden und mein Werk«) Genforschung als gesicherter Boden der Literatur? Ist denn »Veranlagung« dem Text adäquater als »Schicksal«?

Was Oskar Loerke in seiner Laudatio zur Verleihung des Kleist-Preises an Jahnn für dessen im norwegischen Exil (1915–1918) entstandenes Drama »Pastor Ephraim Magnus« 1919 gesagt hatte – seine Gestalten, die »vor den Rätseln Seele, Tod, Gott von einem Entsetzen angefallen« seien, folgten in Raserei »ihrem Wahrheitsdrang durch alle Süchte und Sehnsüchte, durch alle Lüste und Wollüste, durch alle Einsamkeit, Foltern und Höllen des lebendigen und verwesenden Fleisches, rücksichtslos, ungestüm, grausam, frevelhaft« –, wird von Jahnn im Begriff der »Veranlagung« zurückgenommen, objektiviert, versachlicht, entpersönlicht. Damit tritt er auch selbst zurück; an die Stelle des Polymorphen und Ambivalenten – man hatte ihn als blutrünstigen Erotomanen etikettiert – tritt das Gen-mäßig Bestimmte. Die Transformation von der privaten Ebene des Erlebten zur Text-Ebene wird dadurch verkürzt. Die erfahrenen Leiden, die Rolle des »Opfers« und mythische Vorstellungen werden in Begriffe, Symbolordnungen und Mythologien übersetzt. Chronologien werden aufgebrochen; Vergangenes und Künftiges gehen neue Verbindungen ein.

»Es ist die Rede von dieser Welt schlechthin«, hatte Jahnn in seiner Selbstanzeige des zwischen 1926 und 1930 entstandenen Romans *Perrudja* geschrieben und

die Dimension der Zeitlosigkeit, des Ewigen, Universellen und Kosmischen eröffnet: »Die nackte Existenz von Stein, Baum, Tier, Mensch, wie sie gewachsen, Träger von Funktionen, keine Helden, Gezeichnete, im Daseinsmechanismus Bezeichnete, hat mich gepackt.« Aber der Anti-Held ist deswegen nicht der Durchschnittsbürger (»Ich bin noch niemals dem Normalmenschen begegnet«); der Nicht-Held ist eine andere Kategorie, ein anderer Typus im Spannungsfeld der europäischen Kultur, im Prozeß der Zivilisation. Jahnn spricht auch vom »Mechanismus Mensch«, also von der Gattung und dem System Mensch, vom Anthropos schlechthin, den er in der ihn umgebenden Natur abzubilden versuche.

Sich diese Dimension schreibend zu erschließen und dennoch immer wieder den Bogen zum Detail, zur einzelnen Situation und zu Empfindungen zu spannen, von epischer Breite zu analytischer und phänomenologischer Dichte zu springen, das Ausufernde des Erzählens übergangslos neben die Faktizität von Namen zu stellen, sich im Substantivischen ebenso wie in den Adjektiven, den Verben, den Aktionen auszubreiten und bei aller Passivität des Erleidens einen Ton der Hoffnung und der Erlösung durchzuhalten, das charakterisiert den Anti-Helden und das nicht-monströse pathetische Schreiben bei Hans Henny Jahnn.

Klaus Mann hatte 1930 in seiner Rezension des *Perrudja* (»Der Roman der dritten Generation«) »Monstrositäten an Unmaß, Unflat, Formlosigkeit« als die große Gefahr für mittelmäßige Schriftsteller bezeichnet, die in der Folge von Joyces *Ulysses* (1922) zu schreiben versuchten, ohne aus dessen Schatten heraustreten zu können und ein eigenes episches Maß und eine eigene »Tiefe des seelenerkennenden Blicks«, wie Döblin (in *Berlin Alexanderplatz*) und Jahnn (in *Perrudja*), zu entwickeln. Wenn das Fabulieren und die Präzision, wenn das Anekdotische und das Faktische, das Uferlose und die Bestimmtheit, das Symbolhafte und die Namen, das Vage und die Überdeterminiertheit, das Rauschhafte und die Strenge nicht fokussiert werden im *Blick* des Dichters, in seiner *Ergriffenheit*, in seinem *Konzept* und seiner *Besessenheit* (eine Botschaft zu vermitteln, einen

Typus und eine Gattung sprachlich zu erfassen), verliert sich sowohl das Große, Erhabene als auch das Kleine, Nichtige in pathetischen Überhöhungen und Erniedrigungen. Nur die Synthetisierung beider Ebenen (gegen die Tendenz des »Zerfaserns«) ermöglicht die *Konstruktion eines (Anti-)Helden* und den *tragenden Ton des pathetischen Schreibens,* das bei Jahnn in ein »Ja-Sagen« zur Kreatur mündet.

Das pathetische Schreiben ist eine Frage des Stils und des Tons, der Komposition und des Entwurfs, der Konstruktion und des Rhythmus. Daß die Figur des Perrudja gekennzeichnet ist durch ein Pathos (das der Untätigkeit und des Hinnehmens, ein »östliches Pathos«) tritt noch hinzu, gibt dem pathetischen Schreiben eine inhaltliche, materialhafte Dichte. Ebenso wie das negative westliche Pathos: die Bösartigkeit des weißen Mannes, die Vergewaltigung und Kolonisierung anderer Rassen und Gesellschaften. Als (imaginären und realen) Ort zur Entfaltung dieser Dimensionen wählt Jahnn in *Perrudja* das Gebirge, eine eisige und zerklüftete Welt: die Einsamkeit. Ein ungeschützter Ort für das Hereinbrechen der Zivilisation, der Moderne.

»Perrudja ist so etwas wie ein Wilder, eine nahezu mythologische Gestalt..., ein amoralisches Wesen, der Prototyp eines neuen Menschen«. Peter Weiss sieht die Figur des Perrudja (Jahnn erklärt seinen Namen als den durch äußere Umstände gewaltsam entwurzelten Per oder Peter) verwoben in eine metaphysische Landschaft, die von Zwitterwesen aus Mensch und Tier bevölkert ist und an Gestalten in André Massons Zeichnungen erinnere.

Es ist das Hineinleben in eine »Existenz als Erde, als Mineral«; sein »Lebensentwurf umschließt gleichzeitig Anfang und Ende«. In der Figur des Perrudja bringt Jahnn auf mannigfache Weise seine innere Spannung zwischen der Zugehörigkeit zur Moderne und der Sehnsucht nach dem Archaischen, zwischen der Teilbabe am westlichen Besitzdenken und dem Wunsch nach dem Leben eines Eremiten zur Sprache. In der metaphorischen Anspielung auf das Reich der Sassaniden verbindet er individuelle Lebensgeschich-

te und Geschichtstragödie unauflösbar miteinander. Daß der Roman aus zahlreichen Einzelentwürfen und Fragmenten, aus einer Fülle von Anspielungen und (inhaltlichen und formalen) Experimenten, von Aufbrüchen, Utopien und Visionen (auch solchen, die Jahnn versucht hatte, praktisch zu realisieren) zusammengesetzt ist, macht ihn zu einem Prototyp der Literatur jener zwanziger und dreißiger Jahre. Sein Pathos ist auch Resultat jener »Maßlosigkeit«, mit der Jahnn auf die Wirklichkeit dieser Zeit reagierte, in allem (auch dem Lebendigsten) Krieg am Werke sah. »... wenn bei Jahnn alles auf den Krieg zurückzuführen ist, dann deswegen, weil der Krieg in ihm war, bevor er außer ihm ausbrach.« Jürgen Manthey erklärt auch aus dieser Perspektive die Figur des Nicht-Helden Perrudja als Opfer-Figur – charakterisiert durch das stete Zurückweichen vor Gewalt und Tat.

Jahnn hatte als eine Motivation für das Schreiben des Romans die »Sehnsucht nach dem Unbekannten und Unerprobten« angegeben. Klaus Mann verstärkt diese Situierung im Fremden noch, indem er Jahnn einen Platz in einem »geheimen Reiche« (dem der inoffiziellen deutschen Literatur) zuweist. Wird hier die »Wildnis« – Ort der Handlung im Roman und Phantasie des Autors – positiv und empathetisch überhöht, erscheint sie in der Kritik als Metapher für Jahnns Unvermögen: *Perrudja* sei ein »verwilderter Roman«, in dem die Willkür, das Verworrene, das Schweifende und das Unerprobte über die Form, die Auswahl und den erprobten Stil siege.

Gegen den Vorwurf – der Jahnns Praxis des pathetischen Schreibens frontal treffen soll –, Komposition und Konstruktion, Technik und Bewußtheit, Gestalt und Form würden von der Formlosigkeit, dem Fabulieren und der »ahnenden Vision« (Wolfgang Koeppen) überlagert und überwuchert, machte Jahnn selbst unter anderem die *Technik* stark, wie er sie im *Ulysses* vorgebildet sieht: Er spricht von den »Filtern«, durch die die sinnlichen Eindrücke »geschieden« und »gedeutet«, ausgebreitet und verdeutlicht werden. Mehrere Bewußtseinsebenen kommen ins Spiel, werden organisiert und gestaltet; die Figur des Helden wird dabei aufgelöst; sichtbar werden soll

dagegen die »Totalgestalt« des Menschen, die »Organisation seiner Leiblichkeit«. Das Alltägliche schafft sich, auf einer neuen Bewußtseinsstufe, seinen eigenen (poetischen) Raum. Perrudja ist erst einmal »der Eine und wie alle«, bevor nach und nach seine Geschichte sichtbar wird.

Wie die Menschen der Großstadt hat Perrudja das Gefühl, nur ein Rädchen in einem großen Räderwerk zu sein und, wie sie, spürt er den Wunsch, aus seinem Leben etwas zu machen, sich selbst zu fühlen. Seine ›Individualität‹ erwächst dabei aus einer amorphen Überfülle von Empfindungen und bahnt sich durch die eigene »Landschaft des Daseins« seinen Weg. Der unglaublichen Macht der offenen Natur in Perrudjas Welt entspricht die ebenso große Macht der geschlossenen Systeme von Technik, Bürokratie und gesellschaftlichem Leben in der Welt des Großstädters. Durch die Relativierung der Wünsche, der Taten und des Heldischen erhält Perrudja seine Konturen.

Außer den »Romanungeheuern« *Perrudja* und *Fluß ohne Ufer* vermitteln Jahnns späte Prosatexte noch einen (teilweise spezifischeren) Zugang zum Alltäglichen: Wie erschließt sich der Dichter europäische Alltagswelt und die kulturellen Produktionen des Abendlandes, die nähere und die fernere Umgebung? Wie ›schält‹ sich ein Werk der Sprache heraus, wie entsteht künstlerische Gestalt?

Ein Mann geht umher und macht sich Gedanken – »Wir haben die Wildheit verlernt – vor allem die Wildheit der Liebe. Vergeblich ermahnen uns die Engel, die uns zuweilen stumm berühren, nicht mit uns zu kargen« –, macht sich Gedanken über die Wildheit und die verfemte Liebe, über das Sterben und die Natur, universale Gedanken und ganz konkrete, über Menschen in einer Badeanstalt, über den Leichenschmaus, über den Tag, die Nacht und die Sexualität, über das Meer, über fremde Städte und Bauwerke. Jahnn erprobt die Form der Skizze, des Tagebuchs und des Vortrags, des Romans – Textformen, Sprachspiele, Sprachformen –, so wie jeder stets auch mit Lebensformen operiert.

priapisch = *orthonisch*
Priap = *Orthonos*
orthos = *aufrechtstehend*

Was ist das für eine Sprache? Woher kommen diese Wörter, an wen sind sie gerichtet? Urlaute, universale Wortgebilde? Es ist Rohmaterial, mit dem jeder Dichter arbeitet: Vorgefundenes, das er für seine Idee und seinen Entwurf auswählt, konzentriert und synthetisiert. In den »Fragmenten« (»Zurück in die Zeit«, »Jeden ereilt es!« und anderen) schaut man auch hinter den Vorhang des fertigen Werks, in die Werkstatt, in das Laboratorium der dichterischen Wortkunst, wo ehemals kulturell gebundene Namen ihren Kontext verloren haben und eine neue Existenz beginnen.

»Agnete und Gari sind gemeinsam fortgegangen... Schwester ging allein weiter...«

»Ich verlasse dich jetzt. Du mußt alleine weitergehen. Du sollst diese Stadt, die du nicht kennst, erforschen.« »Matthieu, der den Kopf gesenkt gehalten hatte, blickt auf...«

In diesen, aus verschiedenen Texten zusammengestellten Passagen, die das Weggehen zum Gegenstand haben, vermischen sich das Authentische und das Fiktive; reale Personen werden von erfundenen Namen auf die Reise geschickt. Namen sind Träger von Botschaften. Eine von Jahnns wichtigsten Botschaften ist die Liebe. Daneben gibt es konkretere Botschaften und deutlicher begrenzte Reisen. Wie in André Gides Reisetagebüchern oder Camus' Tagebuch steht in diesen Texten das Banale neben dem Erhabenen, persönliche Gebrechen und Alltäglich-Zufälliges neben Weltgeschehen und großen Wahrheiten, Erkenntnissen.

Literatur ist so unabgeschlossen wie das Leben, aber ihre Exerzitien gehen über das Private von Lebensentwürfen weit hinaus; sie stehen im Kontext von Kultur, Kunst, Literatur, Ästhetik. Manchen Texten der Späten Prosa Jahnns ist das ästhetisch Unabgeschlossene deutlich anzusehen, vor allem dann, wenn mehrere Varianten – Tagebuch, Prosa und Vortrag – nebeneinander stehen, das Ringen um die Form bloß-

legen, den Zugriff auf das Objekt in seiner Bedingtheit zeigen, uns im Meister den Lernenden nicht verschweigen. »Ein Mann geht umher« – ein in der Literatur so vertrautes Motiv, hat hier eine offene Form, anders als etwa in den Rönne-Erzählungen von Gottfried Benn, wo die Kunstfigur Rönne eine poetische Eigenexistenz führt. Was sie ausprobiert und sagt, ist ästhetisch definitiv codiert, festgelegt. Dagegen steht Jahnns Figur zwischen Kunst und Leben; er ist es selbst, und er ist es nicht, der umhergeht und sich Gedanken macht. So ist es ganz folgerichtig, daß in dieser Späten Prosa den Romanen Autobiographische Prosa, Aufzeichnungen und Reisenotizen folgen, in denen der Autor und sein Held fast zur Dekkung gebracht sind.

Hans Henny Jahnn besucht 1951 die romanischen Kirchen in Südfrankreich, die ihm aus der Literatur schon zuvor bekannt gewesen waren: eine von ihnen, St. Front in Périgueux, hatte als Musterbeispiel »abstrakter Schönheit« bereits Eingang in seinen Roman *Fluß ohne Ufer* gefunden. In seinen Notizen »Reise zu den Kuppelkirchen Aquitaniens« nimmt er die dort dialogisch gestaltete Behandlung des Schönen zurück in die unmittelbare subjektive Wahrnehmung: »Ich ging in diesem Raum umher und phantasierte, träumte. Ich hatte ein ähnliches Bauwerk bis dahin nicht gesehen, diese Formen noch niemals empfunden. In Deutschland gibt es dazu kein Seitenstück. Nachdem ich aus den Urkunden weiß, daß Viollet-le-Duc in Périgueux die Mittelpfeiler des großen Zentralbaus hat abmeißeln lassen, beschleicht mich die Ahnung, daß Solignac, das unverdorbener ist, meinem Herzen näherstehen wird als jene Vollkommenheit der abstrakten Schönheit.«

Eine weitere Variation dieser Kunsterfahrung (neben dem Roman *Fluß ohne Ufer* und dem eben zitierten Essay »Reise zu den Kuppelkirchen Aquitaniens«) findet sich in den »Reise Notizen in Frankreich«. Das Ideal der »abstrakten Schönheit« tritt zurück hinter dem überwältigenden Eindruck des Massiven und Massigen in der romanischen Kirche von Solignac – eine »barbarisch schöne Wirkung« –,

nachdem er schon zuvor die »steinerne Raumwirkung« in Poitiers und das Konzentrierte in der Konstruktion der Kirche von Le Dorat bewundert, seine Liebe zur romanischen Baukunst und die Ehrfurcht vor deren Raumgestaltung zum Ausdruck gebracht hatte.

Jahnn gelingen tiefe Einsichten, wenn er sich auf die sinnliche Wahrnehmung konzentriert. (»Ich glaube mich nicht zu täuschen, daß dies immerhin schon gewaltig zu nennende Gebilde aus Granit, wenn völlige Stille besteht, leise singt, Töne von sich gibt, die man glaubt, mit dem Ohr wahrnehmen zu können.«) In diesen Aufzeichnungen sind sie eingebettet in eine Chronik der Alltagserfahrungen, der Reisebewegung.

Sechsunddreißig Jahre nach Jahnn stehe ich in dieser Kirche, habe seine Reiseroute von Paris über Poitiers in den Süden Frankreichs nachvollzogen, allein, ohne einen Freund, was für Jahnn so wichtig war, ohne die Lasten eines umstrittenen Generalsekretärs des deutschen PEN-Zentrums abstreifen zu müssen, mit ganz eigenen Vorlieben und Abneigungen.

Auf dem Weg hierher, in Chartres, habe ich in der Nacht einen Traum, der alles zusammenfaßt, synthetisiert in der Bild- und Symbolwelt des Unbewußten, was ich in den Begriffen und Distinktionen des bewußten Wissens über die Kirchen der Romanik und Gotik zuvor in mir angehäuft hatte: die gleichsam aus Licht gebaute Kathedrale von Chartres und dagegen das Massige der romanischen Kirchen, die unendliche Vielfalt der Fassaden, die zugrundeliegende Mathematik, die Geometrie und die Proportionen und wie unterschiedlich die Bewegung zum Unendlichen hin gestaltet ist: in der Romanik sich im Endlichen ausdrückend, in der Gotik diese überschreitend. Im Traum gleite ich an einer Landschaft vorüber – de Chirico hätte sie malen können –, in der christliche Architektur mit den Monumenten der Zivilisation, den Hochhäusern, verschmolzen ist. Beide Typen von Bauwerken, reduziert auf ihre Konstruktion, ihr Gerüst und Skelett, bilden eine Einheit, die vor der unendlichen Weite des Horizonts steht. Durch die

Endlichkeit ihrer Gestalt geht der Blick hindurch in die kosmische Unendlichkeit. Sie sind Lichtbauten (wie die Kathedralen) und Konzentrationen von Stein und Masse (wie die romanischen Kirchen). Sie sind die Leere und die Fülle in einem. Der Mensch ist ihr Schöpfer und jetzt steht er ihnen fremd als der Andere gegenüber und muß sein Zentrum in sich selbst suchen. Das Bauwerk, von ihm nach seinem Bilde, seiner Imagination und Konstruktion geschaffen, ist zum »ganz Anderen« geworden. Wenn die Seele, wie Freud gesagt hat, das »innere Ausland« ist, so ist die Kirche das veräußerlichte, Gestalt gewordene »innere Ausland« des Menschen.

Kommt man heute in Poitiers an, erstreckt sich jenseits der noch etwas verkehrsreicher gewordenen (wie Jahnn meinte: »gewöhnlichen«) Unterstadt eine in sich ruhende weitausgedehnte Altstadt – »Die Stadt ist alt«, bemerkte Jahnn lapidar –, eine Konzentration von frühen massiven Bauwerken, die fast zeitlos scheinen; und wären nicht die Fußgängerzonen, die Snacks und Boutiquen und wüßte man nicht von dem mit Atommeilern ringsum zugepflasterten Land, könnte man geradezu mit Jahnns Augen schauen, mit seinen Sinnen und seinem Geist wahrnehmen, der ja schon so eindringlich vor der ökologischen und atomaren Zerstörung unserer Erde gewarnt hat.

Die große Kathedrale von Poitiers wirkt nur dann, wenn man von Chartres kommt, begrenzt, einfach, ja gedrungen: mit ihrer breiten Fassade und dem hellen Inneren – nicht wie in Chartres durch die bunten Glasfenster in ein geheimnisvolles Dunkel gehüllt. Jahnns Bemerkungen zu diesem Bauwerk sind flach; er war zu sehr beeindruckt von einem der großartigsten Zeugnisse romanischer Baukunst, von Notre-Dame-la-Grande, einer auf den Ruinen alter heidnischer Tempel im 11. und 12. Jahrhundert aufgebauten Kirche, die den Geist des Tempels und der »steinernen Raumwirkung« in sich aufgenommen und im Stil der Zeit ausgeformt hat. Dem in Halbdunkel gehüllten Inneren spricht Jahnn zu Recht »etwas Zauberhaftes« und dem Vierungsturm »große Schönheit« zu – das aber ist zu wenig: der Turm wirkt archaisch, mit einem Dach wie bei einer afrikanischen Hütte der

Dogon. Ebenso beeindruckt war Jahnn von dem in der Nähe gelegenen Turm von St.-Porchaire, »normannisch beeinflußt, kühn in den Formen«, ja, man müßte noch stärker das Massige und Gehauene betonen. Jahnns Stärke ist nicht die Beschreibung des Bauwerks, sondern seine emotionale Konfrontation mit ihm, die Expression der Spannung, in der er sich angesichts eines Monuments wiederfindet. Die »Erschütterung«, von der er spricht, die innere Dynamik, wird erzeugt durch den »Gegensatz von jungem Leben und altem Stein – als ob man dem Schicksal begegnete – wie einem finsteren Engel«.

In räumlicher Distanz zu den Bauwerken wirken diese Texte stärker als in deren Nähe. Jahnns leidenschaftlicher Blick und seine homosexuelle Gefühlsintensität – die sich um die Abgründe, wie sie bei Genet artikuliert werden, herumzumogeln und die Pubertät emphatisch anzustaunen scheint – verschieben die Gewichte, verlegen den Schwerpunkt in die dichterische Subjektivität und da, wo sie sich ausdrückt, in den dichterischen Text.

Jahnn durchstreift die Kirchen von Poitiers, Le Dorat – wo ihm das Taufbecken wie eine Blutopferschale vorkommt – und schließlich Solignac, dem Höhepunkt und zugleich ungewollten Ende der Reise. Eine schwere Herzkrankheit verschlechtert sich; durch reiches Essen und Trinken noch unterstützt. Einmal führt er seine Krankheit auf »kosmische und atomare Einflüsse« zurück; dann glaubt er, ein Hund hätte ihn infiziert. Über dieser Reise liegt ein eigenartiger Schatten der durch Alkohol und Gefühle intensivierten Welt- und Lebenserfahrung, die von Thomas Freeman in dessen monumentaler Biographie *(Hans Henny Jahnn)* detailliert nachgezeichnet wird. In seinem Essay über die Kuppelkirchen findet Jahnn für diese letzte Station seiner Reise und für seine Krankheit eine dichterische Form.

Was geschieht eigentlich, wenn ein Autor sich und seinen Begleiter aus der Reisebewegung herausnimmt, die subjektive Perspektive einstreicht oder veredelt, einer objektiven Bewegung des Geistes und der Erkenntnis zuliebe? Zwei Beispiele:

In den Reise Notizen heißt es: »In der Bahn hatte Klaus abermals den Wunsch in Montmorillon auszusteigen ... «

Im Essay wird daraus: »Der Zug berührt den Ort Montmorillon ... «

In den Reise Notizen schreibt Jahnn: »Halt in La Souterraine. Der Ort unfreundlich, weniger sauber als Le Dorat.«

In dem Essay schiebt sich zwischen Beobachter und Objekt eine moralische Instanz, Vorsicht, und Angst zu verletzen: »Halt in La Souterraine. Man verzeihe mir: die Stadt wirkt unfreundlich ... «

Neben den Marginalien ist mancher direkte Zugriff auf die Dinge geglättet. Diese Varianten sind Zugänge, Umwege und Annäherungen; Fragment, Notiz, Entwurf. Entwurf zu was?

Entwürfe für eine Botschaft und Bausteine einer Ästhetik. Die Botschaft ist die Liebe (»Ich bin Prediger. Was soll man den Menschen zuschreien, wenn man auf der Kanzel steht? – Liebe!«); die Ästhetik gründet in deren epischer Entfaltung. Eine Wiedervereinigung von Eros und Erkenntnis scheint möglich, will uns Jahnn sagen und sich selbst in diesem Gedanken stärken, gegen alle Anfeindungen von außen. Sie eröffnet den Zugang zur Welt, sie ist der »einzige Sinn und das einzige Verhältnis«, sie ist das »Einfallstor des Schicksals, das sich niemand mit seiner Vernunft erwählt«. In der Liebe neigt man sich gleichsam zur Schöpfung hin, horcht auf alle Erscheinungen. Sie ist der »Eingang in alle Abgründe der Berührung«. Kunst »wächst auf dem Felde des Eros; darum einzig haftet ihr Schönheit an«.*

In der Liebe und Schönheit bricht sich die Schrekkensutopie und macht sich Platz für die »Vision«, das »Erschauen« des Zukünftigen und dessen Pathos. »Er war ein Eifernder und ein Opfer zugleich«, ein »alttestamentarischer Prophet« und ein »Mann dieser Zeit«. (Helmut Heißenbüttel)

---

* Vgl. auch Jahnn, »Mein Werden und mein Werk« und das Nachwort des Herausgebers Gerd Rupprecht zu *Perrudja*, 1985.

Joseph Brodsky (»Einem Schatten zu Gefallen«) hat gesagt, W. H. Auden habe uns ein »Evangelium« hinterlassen, das »durch eine Liebe entstanden und mit ihr gefüllt war, die alles andere als endlich war – eine Liebe, die unser Fleisch nicht fassen kann und die daher Worte braucht«. Diese Metapher von der sich über den Körper in die Sprache ausdehnenden Liebe begreift auch Jahnns Ästhetik und zeigt eine elementare Motivationsebene seines pathetischen Schreibens.

Exponiert man die lebensgeschichtlichen Etappen in Jahnns Biographie und wie sie Eingang in sein Werk gefunden haben, dann schiebt sich vor das poetologische Begreifen seines pathetischen Schreibens immer wieder das Räsonieren seiner Interpreten über Verzweiflung, Depression, Angst und Trauer, Verlassenheit und Liebesverlangen als den Elementen, die sein Pathos begründen. Neben der Dominanz eigenen psychischen Leids in seinem Werk – Wangenheim spricht gar von einer Psychoanalyse, die Jahnn vor uns ausbreite – sind es sein mehrfaches Exil und seine Verfemung im Dritten Reich, die immer wieder zum unmittelbaren Rückgriff auf die Biographie verführen, um den Text und seine Sprache zu deuten. Gegen das allgemeine Verständnis von Jahnns Verbannung im Nationalsozialismus und seine lebenslange Außenseiterposition – der »geächtete«, »verfemte« und »kompromißlose« Dichter (so Peter Weiss, Gert Mattenklott, Hans Mayer u. a.) und das »Opfer der nationalsozialistischen Austreibung« (Jürgen Manthey u. a.) – versucht Wangenheim eine globale und radikale Entmystifizierung: alles sei bloß Legende, er habe sein Exil »freiwillig« gewählt, seine Weltanschauung sei »aus derselben Quelle geschöpft wie die des Dritten Reichs», sein Leben sei voller Kompromisse gewesen und er habe sich in die »Denkschemata der herrschenden Meinung« eingefügt.

Zwar prägen Jahnns psychische Bedingtheiten und Einschränkungen in der Wirklichkeitserfahrung sowie seine »Wunschökonomie« seinen Stil, aber sie verlieren doch auch an Relevanz im Prozeß der Transformation auf die Ebene des Textes. Es ist – wie dies durch die vorstehenden Erörterungen von *Perrudja*, *Fluß*

ohne Ufer und *Späte Prosa* deutlich werden sollte – die Arbeit am »Objektiven« (Geschichte, Schicksal, Veranlagung, Gesetz, Proportion, Schönheit, Sprache) und die Synthetisierung, die das subjektive Erleben transzendieren. Es ist die Fokussierung seines Blicks und seiner Konzeption, der tragende Ton und der durchgehaltene Rhythmus in seinem verkündenden Schreiben, das »Schöpfungsprinzip« und der »Formwille«, die das Biographische relativieren. Auch ist es zu kurzschlüssig, wenn man sein Bekenntnis zum zwanghaften Gebrauch von Wörtern – »Ich spüre deutlich, wie sich Empfindungen zu immer gleichen Worten hingezogen fühlen« –, als Beweis für leeres Pathos nimmt, denn ein psychischer Zwang sagt noch nichts über die poetologische Qualität eines pathetischen Schreibens aus, zumal überhaupt kein kontinuierliches Schreiben jenseits eines Zwangs, einer Besessenheit und einer Konzentration auf »immer gleiche Wörter« denkbar ist. Auch erlaubt sein Bekenntnis eine völlig andere Leseart, die er selbst andeutet, wenn er davon spricht, daß ihm seine Sprache nicht zugefallen sei, daß er die »schwersten Hemmungen« beim Schreiben empfunden habe; aber nicht nur, weil er die sachliche (auch naturwissenschaftliche) Richtigkeit und den Rhythmus eines jeden Satzes immer wieder überprüft hat; weil er – voller Skrupel allem Tradierten gegenüber – sich Sprache erst »erobern« will.

In dem solcherart sich formenden Text steht die Einfachheit eines Satzes wie »Perrudja aß seine Abendmahlzeit« neben der Einfachheit exponierter Wörter (wie Blut, Seele oder Qual), deren »Pathos« zuweilen als weihevoll, dunkel oder gespreizt erscheinen mag. Auch ist jedem Denken und Schreiben, das die Erfahrung der unmittelbaren Zusammengehörigkeit von Leben, Tod und Sexualität zuläßt, eine ›allegorische Überfrachtung‹ eigen, die sich abhebt von der ›Positivität‹, der Diesseitigkeit des Lebens. In der Distinktion und kategorialen Trennung von Diesseitigkeit und Jenseitigkeit freilich wird mit den ›Dämonen‹ auch das ›Pathos‹ vertrieben, verdrängt.

In Jahnns frühen Texten ist der biographische Hintergrund übermächtig präsent und weist zugleich über

die Grenzen seiner Person hinaus: in den Raum des Göttlichen und Religiösen. Er schafft die Figur des »armen Dichters« und zeichnet die Konturen eines Selbst-Entwurfs gegen die Außenwelt, die Normen- und Tatsachenwelt, um vorzudringen in einen Bereich, der ehemals von Gott bewohnt war, der aber entleert, entheiligt worden ist und jetzt neu besetzt werden muß, denn »wir müssen doch etwas Festes haben«. Im Tagebuch (1915) fordert er die Abwendung von allem Zeitlichen und Vergänglichen, von äußeren Begebenheiten, die »höchstens... Beiträge zur Geschichte« würden; er fordert den »Mut zum Suchen« und will die Erfahrung des Heiligen machen. Die Gründung des »Nicht-Ortes« Ugrino und der dramatische Entwurf »Die Mauer« sind zwei Ausdrucksformen dieses Wunsches. (Das Scheitern der von Jahnn und Harms 1920 gegründeten »Glaubensgemeinschaft Ugrino« – der Versuch, ein neues Weltbild praktisch zu realisieren und »einmal mehr als nur Worte zu schaffen« – wird von Jahnn später in *Perrudja* wieder aufgegriffen.)

»...Dinge sind nur und Taten sind nur im Zeitlichen, im Augenblick. Dann sind sie berauschend wie Wein.« Dichter sind »göttlich«, denn ihre Taten übersteigen die Augenblicksbedeutung. Die Taten des Dichters – artikulierte Grausamkeit und Liebe, geformte Traumgestalten und Seelenlandschaften, von Blut, Mord und Krieg handelnde Szenen – kulminieren in einem »Festen außer der Tat«: Das ist »das Verheißene des Glaubens... unser Glaube ist das Gefäß unsrer heiligsten und reinsten Gedanken jener Lichtwellen, die wir aus dem Leben mitbrachten«. Dieses Bekenntnis möchte die Figur Emil (in »Die Mauer«) »jenseits jener Grenze, die zwischen Gut und Böse liegt«, angesiedelt sehen. Für ihn ist es die Loslösung von jeder Spannung und »Säumung«, das Sich-Öffnen für die Schönheit des Mannigfaltigen, das Eintauchen in die Wirklichkeit und Wachheit des Traums. Die Figur Maximilian sagt von ihm: »Er ist ein Sturm und muß dahinrasen... wir sind an ihm erschöpft und zusammengebrochen... Wir sind zu schwer in uns und zu unklar... Wir sind zu verhetzt.« Sich davon zu befreien heißt, das (kranke) Triebhafte

abzuwerfen, unreine Gedanken aufzugeben – das will uns dieses Stück sagen.

Für Triebschicksale, Geschlechtlichkeit, Leid, Blut, Kultisches und Ritual wird exemplarisch in »Die Mauer« ein Raum eröffnet, in dem sich pathetisches Schreiben ausprobieren kann, dabei auch Kitsch und Ideologien streift, Sprache »gewählt« benutzt, Wörter überlädt und verbrämt (als könne die »berauschende Essenz des Daseins«, wie Deschner schreibt, selbst zur Sprache kommen, als könne die Natur sich selbst offenbaren). Es ist kein dichterisches Gestalten unbewußter Bilder denkbar, das im rationalistischen Verständnis nicht als ›abgehoben‹ und ›wirklichkeitsfremd‹ erschiene.

Jahnn zieht sich radikal auf seine Selbsterfahrung zurück und überantwortet sich zugleich einem außerhalb von ihm liegenden Heiligen: »die Mauern unserer Burg«. Hierin gründet sein pathetisches Schreiben: in der ausgeprägten libidinösen Besetzung eines objektivierten Ideals. Er ist in einer beständigen Doppelbewegung: einerseits sich extrem nach außen verlagernd (in die Religion, die Schöpfung, das Epos und den Mythos); andererseits wird dieses »Außen« unablässig eingekreist, durch Instrospektion neu konzentriert, durch das eigene Empfinden belebt und überprüft.

Der Eindruck, sein Pathos sei nur Ausdruck seines Begehrens und sein Schreiben »überhaupt ein inneres Monologisieren« (Wangenheim) radikalisiert die subjektive Seite dieser Dialektik, in der Absicht, darin das Scheitern seiner Literatur begründet zu sehen. Jahnns Schreiben unterscheidet sich von einem geschichtlich tradierten und institutionalisierten religiösen Pathos dadurch, daß es nicht als Wahrheit und Lehre anerkannt und antizipiert wird, sondern sich allererst im eigenen Erleben entwickelt, erst in der Durchdringung von Innen und Außen und in der Arbeit am Text eine Form annimmt. Entscheidend ist sein Selbstverständnis als eines Dichter-Priesters und eines Predigers der Liebe, die Gründung der Glaubensgemeinde Ugrino und sein Bekennertum, seine Bevorzugung des harmonikalen Denkens und der Proportionsgesetze (denen er ebenso in der Natur wie in

der Musik und Baukunst nachspürt), sein Blick für das Kultische und die Alchimie (ob in der Architektur oder im Drama, ob im religiösen oder mystischen Leben).

Könnten manche dieser Einstellungen und Präferenzen eher das Klischee von Zerfließenden im Pathos stützen – was auch ein Mißverständnis ist, da Kulte und Riten durchorganisiert und strukturiert sind – verweist seine Betonung des Gesetzmäßigen und von mathematischen Prinzipien explizit in die Richtung, die sein Schreiben unmißverständlich abgrenzt von einem Pathos, das sich nur einem vagen Gefühl oder tradierten Empfindungsmustern überläßt. Es ist auffällig, wie viele Interpreten bei der Charakterisierung seines Stils auf Begriffe wie »Präzision« (Emrich), »Strenge des Stils«, »klar, fast trokken« (Mayer) zurückgreifen, um dem naheliegenden Mißverständnis eines pathetischen, als eines ungenauen Schreibens zuvorzukommen. Peter Weiss spricht von der »Jagd nach dem Unerreichbaren mit wissenschaftlicher Präzision« und grenzt Jahnns Sprache (»urwüchsig, manchmal schroff, knapp, brutal, dann wieder wildwuchernd, assoziativ verschlungen«) entschieden von jedem »Hang zum Romantisieren« ab.

Für die Beurteilung seines Stils führt es nicht weiter, wenn man biographische Details oder psychologische Vermutungen überbetont und sie unvermittelt als poetologische Kriterien nimmt: Ob er »wie immer ohne Plan« (Muschg) geschrieben hat oder ob sein Werk »bis in alle meßbaren Proportionen hinein, geplant und komponiert« war (Mayer), muß nicht entschieden werden, um als innersten Knotenpunkt seines pathetischen Schreibens die libidinös hoch besetzte und wortgewaltig artikulierte Doppelbewegung nach Außen und nach Innen auszumachen. Zudem erweisen sich solche scheinbar widersprüchlichen Behauptungen als keineswegs einander ausschließend, bezieht man sie wieder auf Jahnns Werk und seine Selbstinterpretationen: er wisse nie im vorhinein, wohin in seine Figuren führten, er folge ihnen gleichsam schlafwandlerisch. Denkt man etwa an Claude Lévi-Strauss, der sagte, daß sich fremde Mythen in ihm

und durch ihn (als Ethnologen) erzählen und er dennoch der Schöpfer seiner *Mythologica* sei, der wie kaum ein anderer die Strukturierung und Komposition seiner Werke betonte, dann verliert auch der scheinbare Widerspruch bei Jahnn an Bedeutung: den Figuren – Gestalten den Unbewußten, inneren Bildern – zu folgen, widerlegt nicht den Willen zur Komposition, die auf der Ebene des Textes strukturiert, was dem Bewußtsein noch nicht in allen Verästelungen zugänglich ist.

Von hierher wird auch die Spannung verstehbarer, von der seine Werke geprägt sind: dem Frühen, Archaischen und Uralten ebenso wie dem Neugeschaffenen, augenblicklich Herausgeschleuderten und Hingeworfenen Raum zu geben, die naturwissenschaftliche und mathematische Logik ebenso wie die Logik des Unbewußten zuzulassen. »Metaphysische Phänomene schildert er mit der gleichen Genauigkeit wie Naturereignisse, sie erlangen eine eigentümliche Selbstverständlichkeit in seiner Gesamtschau eines Lebens, in dem jedes Detail gleichwertig ist. »Peter Weiss, der in diesem Verfahren gerade das Unprätentiöse und Organische betont, verweist auch noch einmal darauf, daß Jahnns Verhältnis zur Sprache zwar etwas Zwanghaftes an sich hatte, dies aber nicht zu einem falschen und leeren Pathos führte, da auf diese Weise jede Einstellung und Aussage immer gedreht und gewendet, geprüft, an Erfahrung und Erkenntnis gemessen wurde: an jedem Ding »schmeckt und riecht er, bis er herausfindet, was es damit auf sich hat«.*

* In solcher Sinnlichkeit – vor allem, wie sie sich in Jahnns Tagebüchern ausbreitet – sieht Wangenheim nur »Pubertät: ungestüm, altklug, fordernd, resignierend, hoffend, sehnend, klagend. Alle Lagen verbindet ein Ton aufgesetzter Innigkeit«. Seine »Selbstauflösung« sei das Ergebnis einer verfehlten Sexualität, da sie weder die Homosexualität noch die Heterosexualität oder die Sodomie leben könne. Bekanntlich hat ja auch Jean Genet in Jahnns Werk nicht gerade ein Vorbild für homosexuelle Literatur gesehen.

Hubert Fichte.
– Die unendliche Geschichte der Empfindlichkeit

1.

»...im Anfang war Empfindlichkeit«, postulierte der Philosoph und Weltreisende Hermann Keyserling 1932 in seinen *Südamerikanischen Meditationen*. Ohne Empfindlichkeit, Sensibilität oder Irritabilität hätte sich der Mensch, dem zu Beginn die grenzenlose körperliche Anpassungsfähigkeit fehlte, nicht das zum Überleben erforderliche Gleichgewicht zwischen Innen und Außen bewahren können. Aus der »Ur-Empfindlichkeit« – etwas Passives und der Schönheit Verwandtes, »Delicadeza« und »Gana-mäßiges« (»Urgewalt und Ohnmacht in einem«) – habe sich alle differenzierte psychische Gestaltung entwickelt.

In gleicher Weise wie Keyserling vom Bankrott des modernen Rationalismus in den zwanziger, dreißiger Jahren erschüttert, suchte Ludwig Klages im Ideal des »bildgefesselten Menschen«, im »Pelasger«, einen rettenden Gegenpol zum logozentrischen Denken, zur »intellektualisierenden« Welt, so wie Keyserling diesen Gegenpol im südamerikanischen Kontinent auszumachen glaubte: beide verstrickt in einen reaktionären Antiintellektualismus und eine rassenideologische Anthropologie.

Wenn Hubert Fichte ein auf fast zwanzig Bände geplantes Werk *Die Geschichte der Empfindlichkeit**

---

* Ausführliche Bibliographien zu Fichtes Werk finden sich in: *text + kritik*, Heft 72, 1981, W. von Wangenheim, *Hubert Fichte*, 1980, Th. Beckermann (Hrsg.), *Hubert Fichte. Materialien zu Leben und Werk*, 1985, T. Teichert, *›Herzschlag außen‹. Die poetische Konstruktion des Fremden und des Eigenen im Werk von Hubert Fichte*, 1987.

nennt, muß er sich des programmatischen Anspruchs und der impliziten Gefahren einer solchen Positionsbestimmung bewußt gewesen sein. »Empfindlichkeit« markiert den Antipoden zum Intellekt, und so hat Fichte auch mit Überschärfe gegen dessen Ausdrucksformen (vor allem gegen den Strukturalismus) reagiert. Gleichzeitig ist seine Literatur nicht nur durch ein ausformuliertes Engagement für die durch Kolonialismus und Diktatur geknechteten Völker gekenn-

---

Im vorliegenden Text zitiert werden: *Der Aufbruch nach Turku. Erzählungen*, 1965, *Das Waisenhaus*, 1966, *Die Palette*, 1970, *Djemma el Fna – der Platz der Gehenkten*, 1970 (Unveröffentlichtes Manuskript), *Detlevs Imitationen ›Grünspan‹*, 1979, *Interviews aus dem Palais d'Amour*, 1972, *Versuch über die Pubertät*, 1976, *Xango. Die afroamerikanischen Religionen I. Bahia Haiti Trinidad*, 1984, *Mein Lesebuch*, 1976, *Ich erlaube mir die Revolte. Gespräch mit Jean Genet*, 1976, *Wolli Indienfahrer*, 1978, *Lohensteins Agrippina bearbeitet von Hubert Fichte*, 1978, *Ethnomedizin, Ethnobotanik und Ethnopharmakologie in Togo*, 1978/79, *Hans Eppendorfer. Der Ledermann spricht mit Hubert Fichte*, 1980, *Revolution als Restauration. Jean-Nicolas-Arthur Rimbaud als Ethnologe*, 1980, *Der Zauberberg ist leer. Überlegungen zur Maria-Lionza-Religion in Venezuela*, 1980, *Schwarz/Weiß – doppelt belichtet. Kleine Chronologie zum Werk des afroamerikanischen Fotografen James van der Zee*, 1980, *Das Land des Lächelns. Polemische Anmerkungen zu »Tristes Tropiques« von Claude Lévi-Strauss*, 1980, *Eine versteinerte Zauberstadt. J. Ch. Jensens Monographie des Werkes von Paul Wunderlich*, 1981, *Petersilie. Die afroamerikanischen Religionen IV. Santo Domingo Venezuela Miami Grenada*, 1984, *Psyche. Anmerkungen zur Psychiatrie in Senegal*, 1980, *Mittelmeer und Golf von Benin. Die Beschreibung afrikanischer und afroamerikanischer Riten bei Herodot*, 1981, *Jean Genet*, 1981, Zusammen mit Leonore Mau (Fotos): *Xango. Die afroamerikanischen Religionen I. Bahia Haiti Trinidad*, 1976, *Petersilie. Die afroamerikanischen Religionen III. Santo Domingo Venezuela Miami Grenada*, 1980, *Die Mauerbilder des Papisto Boy in Dakar.* 13 Fotos in Kassette, 1980, *Dichter mit Umgebung.* 51 Fotos in Kassette, 1981, *Lazarus und die Waschmaschine. Kleine Einführung in die Afroamerikanische Kultur*, 1985, Die Geschichte der Empfindlichkeit: *Hotel Garni* (Bd. 1), 1987, *Homosexualität und Literatur* (Paralipomena 1, 2 Bde.), 1987/88, *Der Kleine Hauptbahnhof oder Lob des Strichs* (Bd. II), 1988, *Eine Glückliche Liebe* (Bd. IV), 1988, *Schulfunk* (Paralipomena 4), 1988, *Das Haus der Mina in São Luiz de Maranhão* (Paralipomena 2), 1989.

zeichnet, sondern daüber hinaus auch durch einen geradezu wissenschaftlichen Aufbau und eine methodische Strenge. Einer der Bände heißt sogar ausdrücklich »Forschungsbericht«. Im Verlauf dieser »Geschichte« folgen auf Romane: Essays, Interviews und Glossen; und die frühen Bände *Xango* und *Petersilie* waren durch wissenschaftliche Apparate abgesichert. So wie Henri Michaux' erstes Buch über Meskalin »Misérable miracle« beginnt – »Dies ist eine Erforschung« –, könnte auch jeder der Bände in Fichtes *Geschichte der Empfindlichkeit* beginnen.

»Die Richtigstellung der Bezeichnungen«, die Konfuzius von jedem Fürsten forderte, der ein ungeordnetes Reich übernehme, erweist sich im Fall des von Fichte gewählten Begriffs der Empfindlichkeit als überaus problematisch, ist doch der ›Eigen-sinn‹ dieses Wortes nicht nur geistesgeschichtlich stark vorbelastet, sondern auch Teil modischer Strömungen, denen Fichte so gar nicht zugehörte; sein Idealbild war der Forscher und nicht der Meditierende; der Gelehrte und nicht der natur- und kosmosverbundene Mensch. Und seine Literatur ist durch und durch europäisch, extrem strukturiert, geordnet, Satz für Satz sich in eine Gesamtkonzeption fügend; sie ist, trotz aller Empfindlichkeit von den Sujets her, in der Methode intellektualistisch. Überspitzt formuliert und in etwas freierer begrifflicher Konnotation läßt sich seine Literatur, zumal im Vergleich zur deutschen Gegenwartsliteratur, als ›strukturalistisch‹ bezeichnen.

Fichtes kokette oder provokative Absetzung von den meisten der deutschen Schriftsteller seiner Generation und seine geradezu freundschaftlich zu nennende Beziehung zu dem intellektuellsten deutschen Gegenwartsdichter, zu Oswald Wiener, unterstreicht dies nur noch. Vielleicht hätte er sich in der *Wiener Gruppe* und deren Kombination von Expression und Intellekt heimisch fühlen können. Vielleicht wäre auch ein möglicher Titel für dieses Unternehmen gewesen: Die Geschichte der Expression; nicht zuletzt wegen der in ihr wie ein Focus wirkenden Behandlung der Trance, der Besessenheit. Besessenheit ist Ausdruck extremster Empfindlichkeit, die sich aber artikuliert, in Szene setzt, zu Theater und Ritual wird; in der

Expression ihre Gestalt findet. Und Expression als Sich-Ausdruck-verschaffen-Wollen, als Sich-Darstellen ist auch das sich durchsetzende (Lebens-)Prinzip des Autors und ›Helden‹ Hubert Fichte, dessen Laufbahn typischerweise als Schauspieler begann.

Es ist denkbar, daß Fichte durch Oswald Wieners Text »Eine Art Einzige« (in *Riten der Selbstauflösung*, 1982), in dem ein Kapitel mit »Empfindlichkeit« überschrieben ist, dazu angeregt wurde, auf diesen Begriff zurückzukommen. Wiener vertritt die Position, man müsse Vorstellungen drehbar, auswechselbar und aufgebbar halten; Worte, Zeichen und Theorien durch dynamische Strukturen ersetzen, um auf diese Weise sich ein flexibles Verständnis zu schaffen, mit dem man sich gleichsam operativ, in einer Art konkurrierender Strategie, behauptet: man weiß immer schon mehr, kennt immer schon die Bedingungen der Rede und der Handlungen. Notfalls müsse man »nuancen feinster art« – »wo nicht gefühlt« – erzeugen. Auch wenn Fichte nicht an der Konstruktion einer derart ausgefeilten und durchsystematisierten Lebenswelt-Praxis-Theorie interessiert war, so hat ihn doch das Raffinement darin, die implizierte Theorie der Maskerade, der Austauschbarkeit und des Dandytums angezogen. »Geschichte der Empfindlichkeit« hieß für ihn ja auch, den Masken, Plagiaten und Pseudoempfindungen bei sich selbst und den anderen auf die Spur zu kommen.

Dem korrespondiert auch die von ihm bevorzugte Technik der Collage, die er praktiziert und immer wieder thematisiert hat. Die Collage (sowie die sie erzeugende oder zumindest vorspiegelnde Simultaneität) folgt bei ihm allerdings nie einem Selbstzweck, sondern ist poetologisch, kulturkritisch und auch moralisch determiniert: Er will in einer richtigen Sprache das Richtige sagen – über den Augenblick, die Mode, die eigene Kultur hinaus. So geraten manche Texte zu Bestandsaufnahmen und Inventarisierungen bundesrepublikanischer Nachkriegswirklichkeit – deren Geschichte der Empfindungen, Gefühle und Gedanken –, was Torsten Teichert und Karsten Witte dazu angeregt hat, Fichte mit Alexander Kluge zu vergleichen. »Im Maße, wie sein Held Jäcki hier [in *Hotel*

Garni] entindividualisiert auftritt, gewinnt die Physiognomie der Epoche seiner Jugend – die fünfziger Jahre – an Profil.« (Witte) Das aber ist die Frage: zum einen, ob dies wirklich Fichtes Intention war, sich in der Figur des Jäcki zu entindividualisieren – ob es nicht vielmehr eine Maske, eine »persona«, etwa so wie bei Pessoa war – und ob diese literarische Form je überzeugend realisiert worden ist: in der Entindividualisierung (und das heißt doch in der zum Essay, zum Bericht, zur Geschichtsschreibung und Dokumentation tendierenden Objektivierung) die Physiognomie einer Epoche zu zeichnen. Vielleicht soll Entindividualisierung hier aber auch nur Reduktion des Dekorativen und Ausschmückenden, der falschen Anekdote heißen: Konzentration auf den Text, die Wörter, die Struktur; Konzentration auch auf das Situative und Szenische, auf den Stoff, das Material.

Herodot ist nicht »durch Poesie poetisch, sondern durch seinen Materialismus«. Als ich 1976 Fichtes Schreibweise in *Xango* in ähnlicher Weise als *materialistisch* beschrieb und die *situations*bezogene Konturierung seiner Figuren betonte, war ihm dies besonders wichtig. Das nennt auch Karsten Witte zu Recht Fichtes »Wunschpoetik«, die er von Herodot meisterhaft vorexerziert findet. Wenn er von Herodot erzählte, geriet er im selben Maße ins Schwärmen, wie er sich bei der neuen Literatur über deren Erbarmungswürdigkeit ereiferte.

2.

»Die Anordnungen des Dichterischen und die Anordnungen des Wissenschaftlichen sind verwandt.

Auch Poesie ist menschliches Verhalten.«

Hubert Fichte schreibt dies zur Einleitung in ein abseitiges ethnologisches Werk: Jakob Spieth, *Die Ewe-Stämme*, erschienen 1906.

Auf dieses Werk beruft er sich für seine Idee von einer poetischen Ethnologie; nicht auf Rimbaud, der zur gleichen Zeit in Afrika war, der aber in der Rolle des Kaufmanns die Dichtung verraten habe. So wie auch Lévi-Strauss die Menschen Brasiliens verraten

habe, indem er ihnen in der Kennzeichnung *Traurige Tropen* nur ein »kleines Mitleid wider Willen« hinterherschickte. So wie auch Sartre, insofern sich hinter der Maske eines Genet-Verehrers »schwulenfeindliche Ressentiments« verborgen hätten. Fichte argumentiert unverkennbar moralisch – da, wo er eine Minderheit gegen eurozentristische und andere Überheblichkeiten verteidigt. Er verliert sich in Ungerechtigkeiten: etwa gegen Lévi-Strauss, den er auf Teile eines Buches reduziert, das er zudem in einer gekürzten deutschen Ausgabe und einer schlechten Übersetzung zitiert, wo er sonst – ob bei de Sade, Henry James oder Herodot – immer auf das Original zurückgreift.

Auch bei Lévi-Strauss oder Michel Leiris hätte er zeigen können, was er mit seiner Idee von einer anderen Literatur und einer anderen Wissenschaft meint. Er zeigt es an einem Werk von Jakob Spieth oder an Herodots *Historien*-Bänden. Von ihnen leitet er sein Programm ab: Forschung und dichterisches Erfassen, Kommentar, Essay und Bericht neu aufeinander zu beziehen; sich ebenso bei Nebensächlichkeiten und Abschweifungen aufzuhalten, andere Stilkriterien wie z. B. »Rhythmus« oder »Vibration« auch für den sogenannten wissenschaftlichen Text geltend zu machen; auf das »Sprachverhalten« zu achten.

Fichte, der sich einmal als »lyrischer Reporter« bezeichnete, verachtete diejenigen, die »Ausweichsprachen« benutzen. Er hat versucht, Grundzüge einer Poetik zu formulieren; Ezra Pounds *ABC of Reading* war ihm in gleicher Weise Vorbild wie die implizite Poetologie großer Dichtung. Die Struktur eines Textes ist kulturübergreifend zu betrachten, um etwa die Kongruenzen zwischen der Sexualität in Sades Werk, den afrikanischen Einweihungsriten und den westlichen Ritualisierungen der Lederszene zu erkennen – so notiert Fichte am Ende seines Sade-Aufsatzes, zu Beginn seiner essayistischen Arbeit um 1975.

Ethnographie und Poesie nicht nur zu verbinden, sondern beide Produktionen im Sinne eines ›concettos‹ entstehen zu lassen, beide Ausdruckformen aus Situationen heraus neu zu entwickeln – das war Hubert Fichtes erklärtes Ziel. Der *Vorgang* des Erfassens

von Fremdphänomenen ist dabei ebenso wichtig wie das Resultat. Selbstbeobachtung ist für dieses Erfassen grundlegend. Das »Präparieren von Erfahrungstrophäen« lehnt Fichte ab.

An seinen Arbeiten übten sich Literaturkritiker im Verstehen des Fremden – meist hilflos umschrieben als »kuriose Andersartigkeit«, als »exotische und geheimnisvolle Welt der Riten und Mythen«. Wer die fremde Kultur nie erfahren hat, dem erscheint sie immer als äußerlich und befremdlich, und er wird gerade dann zum Opfer seiner ethnozentristischen Wünsche, wenn er sich besonders aufgeklärt verhalten will: er identifiziert sich dann ganz mit dem Herrn, dem Weißen, der bei aller Offenheit, bei allem Verständnis für das Andere, doch die Grenzen festzulegen habe. Da sich Fichte methodisch nicht anders verhält als jeder Ethnologe, nämlich fragend, erwartet man von ihm die Rolle des weißen, herrischen Interviewers, gleich, ob bei den ›Sprachlosen‹ unserer oder der afroamerikanischen Kultur: »Schade, daß Hubert Fichte da nicht etwas gebremst hat...« Es entspricht der (westlichen) moralischen Anforderung, den Außenseitern dazu zu verhelfen, »ihre Sprache zu finden«, ihnen Gelegenheit zu geben, »ganz zu sich zu kommen«. Es widerspricht aber jeder gebildeten Erwartungshaltung, wenn daraus eine »Ausdrucksüberflutung« wird, wenn der andere (z.B. der ›Ledermann‹) gar »grundsätzlich« und »tiefsinnig« zu reden beginnt.

Literaturkritiker verbinden mit Fichtes Themen und seiner Methode kaum Erfahrungen. Die Bedeutung des magischen Rituals in der Gesellschaft verschwindet hinter der Rede von Fichtes »Faible für das Archaische« – ähnlich verfuhr man auch mit Hans Peter Duerrs *Traumzeit* –, und die ethnographisch selbstverständliche Interviewtechnik handelt man als »Fichtes Geheimnis« ab, das sich in seiner, und das ist höchst anerkennend gemeint, bewährten Darstellungsweise ausbreitete: »kein breites Abschildern, kein Versinken im Milieu, sondern eine Technik der Tupfen, der Reflexe, der ausgestreckten Fühlfäden... Text-Assemblagen... Poesie der Stichworte... knappe Erzählspots...«

Die Interviewtechnik, wie sie Fichte ausgebildet hat, wird mißverstanden, wenn man sie nicht in bezug zur ethnographischen Methode setzt: von daher kann sie nie als ›Gestaltungsersatz‹ erscheinen. Zugleich ist sie bei ihm keine wissenschaftliche Methode, sondern Erfahrungsform, die zudem eine ausgeprägte literarische Tradition hat: das Gespräch (auch die Beichte und das Verhör), der Dialog (auch der psychoanalytische), die Inszenierung, das Ritual, Theater und Therapie sind Erfahrungs- und Gestaltungsformen in Fichtes Romanen, Features (Formen ›zwanghafter Ungebundenheit‹), Essays und Analysen – der eigenen und der fremden Kultur.

Bei den 1965 veröffentlichten Erzählungen *aufbruch nach turku* wurde die gewollte Reduktion erzählerischer Ornamentik von den Kritikern als ›schmuckloses‹ Erzählen, als ›prosaische Kleinkunst‹ verstanden. Das in dem ebenfalls 1965 publizierten Band *Das Waisenhaus* hervortretende Modellhafte (nicht im wissenschaftlichen, sondern im poetisch-konzeptuellen Sinn), die sukzessive Erschließung von Welt, das Austragen der Kindheitswünsche und -versagungen, die Suche nach der verlorenen Zeit, schützt diesen Roman vor solchen Verniedlichungen, die sich vom literaturwissenschaftlichen Wissen, daß es hier eine Nähe zur Shortstory gibt, herleiten.

Für Fichte ist *Das Waisenhaus* der erste Versuch einer *Anthropologie poétique*: Das (Waisenhaus-)Kind erfährt die Welt als eine fremde Welt. Diese Welt ist unfaßbar, kosmisch. Ihre Erörterung scheint aussichtslos. Die wissenschaftliche Methode würde so Ordnung schaffen: psychologisch, soziologisch, linguistisch. Fichte verzichtet darauf. Er strukturiert den erfahrenen Kosmos über den Dialog – »Präzision des Baus«. Der Dialog, das Interview, die Szene und das Ritual hängen aufs engste miteinander zusammen. Die Wege des erfahrenden und sprechenden, des ausgeschlossenen und sich in seinen Sehnsüchten, Begierden, Gebärden und Ritualisierungen überlassenen Einzelnen im Zusammenhang seiner Generation und einer ganzen Kultur nachzuzeichnen – das unternimmt Fichte, beginnend in *Das Waisenhaus*, in den

Folge-Romanen *Die Palette*, *Detlevs Imitationen ›Grünspan‹*, *Versuch über die Pubertät*, in den Roman-Interviews *Wolli Indienfahrer* und *Hans Eppendorfer: Der Ledermann spricht mit Hubert Fichte*, in *Xango*, *Petersilie* und *Psyche. Anmerkungen zur Psychiatrie in Senegal*. »Meine Bücher sind keine Maskierung. Sie beschreiben ein Experiment: zu leben, um eine Form der Darstellung zu erreichen. Diese Vivisektion einer Pubertät, dies Auseinanderfallen kleinbürgerlicher Erlebnisse – wenn ich das der Kürze halber mal so konventionell bezeichnen soll –, dies Auseinanderfallen in Zeremonien, Riten, Formeln, Gesten wurde ausgelöst durch die Autopsie in der Morgue von Bahia. Ich habe nicht zufällig schamanistische Praktiken und Mischreligionen studiert. Mir kam es so vor, als sei ein Teil der Existenz des Lokstedter Konfirmanden nicht so fern von Yoruba, Ewe und Fon. Geruchszeremonien, Litaneien, Bildergefängnisse bestimmen den bürgerlichen Pubertierenden ähnlich wie den Novizen in einem Übergangsritus.« (Fichte in einem Interview, zitiert nach Fritz J. Raddatz, der in seinem Aufsatz »Aufklärer, nicht Seher« in *Eros und Tod* als einer der wenigen Literaturkritiker zeigt, daß eine Kennzeichnung wie: »Fichtes Oeuvre ist Wort-Messe, Beschwörung, Magie« nicht bloßer Exotismus bleiben muß.)

Das Verhältnis von Ritual und Sexualität wird von Fichte narrativ, aphoristisch und essayistisch abgehandelt: mit einer Komplexität, die allerdings in den ersten Bänden der *Geschichte der Empfindlichkeit* (vor allem in *Hotel Garni*) reduziert erscheint. Fichte beobachtet und beschreibt homosexuelle und transvestitische, bisexuelle und hermaphroditische Wünsche, Manifestationen (im entsprechenden Götterglauben) und Abwehrreaktionen. Die Geschlechtlichkeit der Gläubigen der afroamerikanischen Religionen ist unbestimmt; fast alle haben ›androgyne Züge‹. Der Gott Xango ist doppelgeschlechtlich, zweischneidig wie Gillette. »Xango ist der Gott des Regens, des Donners, des Blitzes. Er wirft Donnersteine, vorgeschichtliche Steinäxte. Die Doppelaxt ist sein Zeichen. ›Gillette‹.«

Fichte zitiert und beschreibt das Alltägliche, in dem

diese Menschen leben und das sie, auch in den profansten Formen, ins Religiöse einbringen. Er zeigt den Alltag in seiner Vermischung aus Elend und ritualisierten Formen des Verhaltens, der Magie, Besessenheit und Existenz; er zeigt Abläufe als die Insistenz einer ästhetisch signifikanten und politisch determinierten Kette, in die er kurzzeitig eintritt. Was er beschreibt – die Macht des Militärs, Folterungen, Tagesbrutalität und Armut, staatliche Zensur und Selbstzensur, Regierungspropaganda und Alltagsbewußtsein, das Essen, Exkremente und die Gerüche einer Stadt, Erziehung, Gesundheitswesen und Landwirtschaft – darin *zeigt* sich eine Tendenz. Er muß sie nicht *propagieren*. Seine Texte beinhalten eine Logik der sinnlichen Qualitäten, der alltäglichen und rituellen Abläufe, der politischen und sozialen Verhältnisse und eine »Poetik menschlicher Verhaltensweisen«.

Bei dem Versuch, einen Streit zu schlichten, erschießen drei Nachtwächter in São Paulo den 12jährigen Fernando Antonio Pereira Sapucaia.
Pelé ist das schwarze Nationalalibi der brasilianischen Republik.
Eine Peléstatue in jeder größeren Stadt.
Die Illustrierten bringen Sondernummern:
Historisches Dokument: Leben und Ruhm Pelés.
Pelé wirbt für Batterien.
Pelé spricht sich gegen Rauschgift aus...

Der Totengräber in Deodora wurde verrückt, er konnte seine sechs Söhne nicht mehr ernähren. Die Präfektur schuldete ihm neun Monate den Lohn.
...*eine Geflügelpastete im jugendstilig abgeformten Bauernbrot. Dies Brot braucht man nicht zu kosten; die Textur des Groben genügt, um ein archaisierendes Bewußtsein, von der Gaumenregion aus, zu erzeugen. Dies Brot geht zurück und wird irgendwo zwischen Mauretanien und Guyana aus der Luft gelassen oder verwest auf den Müllbergen von Guadeloupe.*

Fichte hat (vor der Publikation von *Xango* 1976) etwa vier Jahre in Brasilien, Haiti und Trinidad gelebt und in dieser Zeit eine offene Tagebuchform entwickelt, in der er Erfahrungs- und Geschehensabläufe zugleich ungeschminkt präsentiert – gleichsam zum Be-

weis des Satzes ›Alle Sätze sind gleichwertig‹ –, und diese Reihung irritiert: in der Aussonderung von Wörtern, Wortgruppen und in innovatorischen Umstrukturierungen stellt er das Besondere heraus, formuliert er das Fremde. Er produziert nicht das Exotische, sondern das Exotische *zeigt* sich in der sprachlichen Anordnung, im Vorstellungsrepertoire aus Sexualität, Tod, sozialer Lebenswelt und Religion – vermittelt über Wort- und Satzreihung, Metapher und Metonymie, Zitation, Namen-Fetischisierung, szenischem Arrangement und Aussonderung einzelner Sprachteile. Diese Strukturierung und sprachspielerische Gestaltung ist material- und erfahrungsintensiv, ist elementar ethnographisch und soziologisch, wenn er z. B. mit ein paar Strichen darlegt, daß auf Trinidad ohne das perfekte Funktionieren der Gemeinschaftstaxis alles zusammenbräche, wenn er einen Park oder einen sozialen Zusammenhang in einfachen Hauptsätzen beschreibt oder Fragen der Landwirtschaft in einem Interviewausschnitt dialogisch präsentiert oder das Leben der Götter erzählt.

Die Wohlhabenden bestellen sich, bei Bedarf, Magie über ihre Dienstboten. Die Stätten der Zeremonien und Riten sind Tempel und weitgehend geheim gehaltene, zumindest durch Korruption und Angst geschützte Häuser. Die bekannten magischen und rituellen Zusammenkünfte tragen die Namen Candomblé, Makulele oder Umbanda – kongolesische Namen, die ursprünglich ein Musikinstrument benennen. Dem Wunsch des Fremden, daran teilnehmen zu wollen, Foto- oder Tonbandaufnahmen zu machen, wird bereits von den Verantwortlichen in einer Art entgegengekommen, die Teil des Rituals ist: Entweder er versteht es, eine Stelle in dem Ablauf einzunehmen, sich mit Geschenken, in Kleidung und Verhalten dem extrem geregelten Bedürfnissystem einzuordnen, oder er bleibt draußen. Er muß wissen, Zeit und Gespür haben. In jedem Fall lebt er gefährlich. Bei der Sekte der Eguns tragen beispielsweise die Totenpriester bei ihren Festen mit Kräuterabsuden getränkte Kleider, die bei Berührungen lepraartige Geschwüre verursachen.

Ein andermal verschafft sich Fichte zu einem Fest

Zugang, das für den Gott Orgum, der eine sogenannte »große Arbeit« fordert, gefeiert wird:

»Wollen Sie die Arbeit für Orgum sehen?« Er stößt die Tür auf. Da liegt die Leiche eines etwa 14jährigen Jungen. Das Gesicht unter einem Lappen. Von den Hüften abwärts alles voller Opfertiere. Nur die Brust ist unbedeckt. Rechts und links am Brustkorb tiefe Einschnitte. Wie haben sie den Jungen getötet? Vergiftet? Kastriert? Oder durch einen Schnitt an der Gurgel?

Der Polizeipräfekt und der katholische Pfarrer waren anwesend, der Junge wurde später auf der Straße gefunden, bedeckt von Blumen und Opfergaben. Die Opferzeremonie (unter der Leitung der 90jährigen Mãe Oya, von der gesagt wird, sie sei eine lebende Tote) hatte in einem Arrangement aus Kerzen, Blut, Trommeln, Kräutern und Tieren stattgefunden.

»Xango. Die afroamerikanischen Religionen. Bahia. Haiti. Trinidad.« Durch diese Titel und Namen ist der im weitesten Sinne brasilianische Kulturraum mit seinen vor allem afrikanischen und asiatischen Bezugspunkten sowie das Phänomen des Synkretismus, das heißt, der Verschmelzung der Religionen benannt. Die afrikanischen Götter und Heroen (der Yoruba, Fon, Ewe und andere) wurden gleichsam mit den Sklaven importiert; dazu kommen die unzähligen Vaudou-Heiligen, katholische Heilige, Generäle und so weiter, ritualistische Einflüsse durch Freimaurerei, Spiritismus, Anglikanismus und zum Teil auch durch die indianische Kultur.

Bahia, Haiti und Trinidad bezeichnen, als Inseln und Städte, den von Fichte beschriebenen und von Leonore Mau bildlich erfaßten Raum des afrobrasilianischen Synkretismus, der außer durch Vermischung durch die Welt des Hungers strukturiert ist. Religion meint hier eine unfaßbar gewordene, von etwa fünfzig Millionen Menschen getragene Bewegung, die sich längst schon auch auf Europa erstreckt. Sie ist zugleich ein starres Zwangssystem, das die Menschen knechtet, und ein System, das durch die Technik der Trance und andere Zeremonien Freiheit und Befreiung auf Zeit garantiert, durchaus vergleichbar modi-

schen psychotherapeutischen und psychedelischen Strömungen in Nordamerika und Europa.

In den *Anmerkungen zu Daniel Casper von Lohensteins Agrippina* skizziert Fichte solche Zusammenhänge.

Mit Vaudou bezeichnet man eine haitianische Volksreligion, eine Mischform aus afrikanischen Riten – vor allem des Stammes der ›Fon‹ – und Katholizismus; das Wort kommt von ›Vodun‹ und bedeutet auf Fon Gott.

Antonin Artaud kam auf seiner Reise nach Mexiko in Habanna mit der Kultur der Afroamerikaner in Berührung. Aristoteles' Katharsis – die Umkehr des Grauens und Schreckens der Tragoedie, des Bocksgesanges, in Mitleid und Heiterkeit – findet auch im Vaudou statt.

In der Trance begegnen sich Arme und Mysté, die Besessenen verwandeln sich in die Vodun.

Der Vaudou entstand zur Zeit der Sklaverei; er dauerte unter Kaisern und Koenigen an, unter der amerikanischen Besatzung und unter Tourismus und Neokolonialismus.

Die Schichten der haitianischen Geschichte werden in jeder Zeremonie deutlich: die Musikinstrumente und die Gesaenge Afrikas, die Trillerpfeifen und Peitschen der Sklaventreiber, die Macheten der Zuckerernte, amerikanisch naeselnde Goetter. In der Trance rechnen die Glaeubigen mit ihren Zwängen ab.

Das Théâtre de la Cruauté von Antonin Artaud versprach den Parisern etwas Gleiches.

Auch im Vaudou haeuft sich Grausamkeit: Bocksopfer, Schlachtrituale, Einweihungsproben, hierarchische Unterdrueckungen.

Primal Scream, Beruehrungstherapie, Traumdeutung versuchen, desinfiziert und in der Sitzecke, bei hoehren Gagen etwas Aehnliches.

Der Proafrikanismus hat auch bei uns eine forcierte Hinwendung zu den synkretistischen Ritualen und einen verstärkten Import von Condomblé, Santeria oder Vaudou durch Flüchtlinge und Emigranten nach London, Paris, Miami oder Caracas mit sich gebracht. Während weltweit neue Mischformen, Riten und Götter entstehen, verarmt gleichzeitig das traditionelle,

religiöse Leben in Afrika. Dennoch kann vereinzelt eine auch durch rassistische politische Gruppen gestützte, puristische Tendenz: eine versuchte Wiederaufnahme reiner afrikanischer Formen beobachtet werden – gleichsam ein Sichauflehnen gegen diese ›popartige Weltenumarmung der afroamerikanischen Religionen‹.

Die Religionsrichtungen begreift Fichte als im weitesten Sinne ästhetische Gegenbewegung zur Elendssituation, in der die Afrobrasilianer leben. Aus diesem Verständnis heraus entwirft er in ›*Xango*‹ Bilder einer zugleich poetischen und nackten Faktizität. Es ist ein Autor da, der das ganze Geschehen aus seiner subjektiven Einstellung heraus präsentiert, aber seine Subjektivität ist stark genug, um sich nicht aufdrängen zu müssen. Wo der Autor ›Ich‹ sagt, ist er tatsächlich mittendrin:

Ein erkletterter Urwald über weißem Schaum.
Da sind die dreißig Meter niederstürzenden Fälle.
Zu ihnen hoch ein Berg aus tausenden von schwarzen Besessenen.
An der Spitze winden sich einige in den Wasserstrahl hinein – einer beginnt auf einem steilen, algengrünen Abhang den Tanz des Schlangengottes vorzuführen.
Auch ich lasse das kalte Wasser auf mich niederschlagen.
Auch ich schreie auf vor Angst und Begeisterung.
Die Sucht, sich fallen zu lassen.
Auf die Fälle zu, von den Fällen wieder weg.
Das Sonnenlicht formt einige Gruppen heraus,
läßt andere zu Silhouetten erstarren.
Heilige Schamlosigkeit.

Fichte hat in *Xango* Kataloge von Pflanzen-, Völker- und Götternamen angelegt, die er, vergleichbar dem abgehandelten Synkretismus, mit Namen unserer Kultur vermischt: Lautréamont, C.G. Jung, Artaud und Burroughs, Genet, Janov und andere. Es ist eine Technik der Evokation, der Namen- und Assoziationsverwertung. Namen, statistische Zahlenreihen und plakativ vorgefundene Texte werden zum mystischen und sozialen Gedicht.

Für die Petrogötter werden benötigt:
Ein schwarzer Stier.
Zwei schwarze Zicklein.
Zwei Truthähne.
Zwei schwarze Tauben.
Ein Puter.
Ein Stier kostet dreißig Dollar.
Ein Zicklein kostet sechs Dollar.
Zwei Hühner einen Dollar.
Ein Schwein sechs Dollar.
Ein Truthahn zwei Dollar.
Ein Puter drei Dollar.

Wenn Dieusifort sich sehr einschränkt, hofft er mit 138 Dollar auszukommen. Wer gibt Dieusifort 138 Dollar?

Der auf diese Art gestaltete ethnopoetische Text vermittelt religiöses und magisches Geschehen in einer Breite der Darstellungsformen und in einer von Anschauung und Erfahrung gesättigten Weise, die selbst Statistik und bloße Namen zu notwendigen und poetischen Bestandteilen eines aufklärerischen Textes macht. »Panoptikum, Bilder, Fragmente, von meinen Fragen koloriert« (Benn) – daraus werden von Fichte auch Formen einer elementaren und humanistischen Soziologie und Religionssoziologie entwickelt.

Normale, Bisexuelle, Schwule, Transvestiten, Impotente.

Normale, Sonderliche, Entrückte, Verrückte, Eingelieferte.

Säuglinge, Entwöhnte, Schulkinder, Streunende, Pubertierende, Erwachsene, Ältere, Alte, Altersheiminsassen.

Normale, Entwöhnte, Raucher, Trinker, Hascher, Fixer, Junkies.

Indianer, Weiße, Neger, Inder, Chinesen, Araber.

Hindus, Buddhisten, Afros, Moslems, Protestanten, Anglikaner, englische Sektierer, nordamerikanische Sektierer, kanadische Sektierer, Katholiken.

Asoziale, Black Muslims, Black Panther, Sozialdemokraten, Tories, Apolitische.

Upper upper, upper, lower upper, upper middle, lower middle, upper lower, lower, lower lower.

Und Pflanzen will ich beobachten. Käfer, Nachtschmetterlinge. Amphibien weniger…

Ethnologie, Psychoanalyse, Psychiatrie und Reportagen verdächtigt Fichte der generalisierenden Vereinnahmung des Fremden und der zur Schau gestellten Siegerpose.* Auch wenn dieser Vorwurf der Erläuterung bedürfte, was Fichte hier nicht tut, so ist es ihm doch gelungen, Dichtung soziologisch und ethnographisch zu erweitern, eine Sprache auszuprobieren, die diesem erfahrungsmäßig und wissenschaftlich erschlossenen Wirklichkeitsspektrum gerecht wird, eine (aus entsprechender Lebenspraxis notwendig gebildete) Sprache der Widersprüche, der Heterogenität und der Komplexität, im Kampf gegen ›kolonisierende Ausdrucksweisen‹.

In der Sprache Haitis heißt ›Petersilie‹ ›Perejil‹; da die Haitianer angeblich kein »r« aussprechen konnten, sagten sie ›Pelejil‹ und verloren deswegen ihren Kopf: 1937 ließ der Staatschef der Dominikanischen Republik, Trujillo, 20000 haitianische Zuckerarbeiter ermorden. Aber sie sagten nur ›Pelejil‹, weil sie es als Kinder oder Einwanderer so gelernt hatten.

Ist wer lechts oder rinks velwechsert, ein Regastheniker, wer kein ›r‹ oder ›h‹ oder ›c‹ aussprechen kann ›Chinese‹ oder ›Türke‹?

Mechanismen der ›Ausschließung‹, des Verbots, des Tabus, der Zensur. Was nicht gezeigt werden darf, wird ›verworfen‹. Wie demonstriert sich dann erst die Macht, wenn sie nicht nur das Wort, das Verhalten, die Haltung beschneidet, sondern gar auf den ›Buchstaben‹ Jagd macht! »Die Macht lauert in jedem Diskurs« (Foucault, Barthes u. a.), und sie hat ein fast intellektuelles Gespür für den Buchstaben, das Morphem und Phonem. »Der Buchstabe verleiht dem Wunsch Stimme und Klang«, er ist »Stigma der Lust« – wie makaber, wenn man diese psychoanalytische Sichtweise des Lacan-Schülers Serge Leclaire auf ›Perejil‹/›Pelejil‹ anwendet.

In Santo Domingo 1974: Die Neger identifizieren

* Vgl. die Erörterung dieser Problematik im vorliegenden Band, S. 151ff. und 159ff.

sich mit David, der aber eines Tages, davon sind sie überzeugt, Goliath, oder wie sie in einer rituellen Inszenierung spöttisch sagen: ›Guloya‹, bezwingen wird. Bei den Wahlen geht es wie bei diesem Ritual zu. Das Militär (das über die Offiziere von den USA seine Weisungen erhält) ist das ›l‹ im Namen des offiziellen politischen Führers Balaguer: Man schreibt auf die Wahlplakate gleich Balaguel hinzu – der Buchstabentrick soll alle Unterdrückten, ›Verdrehten‹ an die Regierung binden.

Das Wort entziffern, der Spur des Buchstabens folgen – die Psychoanalyse ist diesen Weg von Freud bis Lacan gegangen: auf dem Königsweg (der Traumdeutung) zum Unbewußten. Ein Weg für Könige? Hubert Fichte sieht die Psychoanalytiker eher in der Nähe der Eichhörnchen, die Idee der Sprachforschung von allen Wissenschaftlern eher verraten.

»Wir brauchen eine vergleichende Studie zu Sprachverhalten, zu Aussageweisen... Die Unmenschlichkeit, die Verachtung des Sprachlichen gehen in den Wissenschaften vom Menschen so weit, daß es Forscher gibt, die, ohne Portugiesisch zu sprechen, über den brasilianischen Synkretismus arbeiten, die von afrikanischen Geisteskranken publizieren, ohne eine afrikanische Sprache zu beherrschen – oder gar zu verstehen. Da wird der wissenschaftliche Jargon zur Ausdrucksweise des blanken Neokolonialismus.«

Fichtes »Ketzerische Bemerkungen für eine neue Wissenschaft vom Menschen« in dem Band *Petersilie* demonstrieren die Programmatik seiner Schreibweise. Sie sind nicht »Appendix« (wie die Liste der rituellen Pflanzen zu dem vorangegangenen Band *Xango*), sie sind ein Manifest, gegen die Entmündigung von Menschen zu wissenschaftlichen ›Fällen‹ und ›Objekten‹, für die empirisch belegte, logisch strukturierte und poetisch komponierte Aussage.

Fichte studiert die Sprachen, die Haltungen, die Abhängigkeiten, die Rituale derjenigen, die als Figuren auftreten. Es gibt keinen poetischen Raum in seinen Texten, der nicht auch ein ethnographischer wäre. Traditionen, denen er sich verpflichtet fühlt, werden durch Namen benannt: von Hesiod bis Burroughs.

Subjektive Vorlieben? Gewiß, sonst wäre es ja nur Statistik, aber die Vorlieben tauchen nie anekdotisch auf, sondern bezeichnen Bezugspunkte einer poetischen Logik. Selbst poetische Evokation, sind sie wie eine Zeile in einem Gedicht, ein Satz in einem Traktat, die entscheidende Geste im Gespräch. Namen bezeichnen in Fichtes Texten Erfahrungen und Leidenschaften. Das Feature und das Interview sind die am meisten von ihm erprobten Spielräume. »Spätestens seit Lars Görlings ›491‹ und seit den Newsreels von Dos Passos werden zwei Gattungen aus Technik und News Media poetisch verarbeitet: Das Interview und das Feature - wissenschaftliche und poetische Techniken, formale Mittel und an die Erfahrung gebundene Formen. Grundsätzlich verhält sich Fichte – man muß es noch einmal betonen – wie jeder Ethnologe: fragend; wie jeder Dichter: die sprachliche Correspondance suchend.

Seine Texte vermitteln das Modell oder die Utopie nicht über das Bild oder die Idee, sondern über den Stoff und über Situationen, in denen Wirklichkeit ›eingefangen‹ ist. Anders als ein wissenschaftlich materialistisches Verfahren entscheidet bei ihm die ›Satzqualität‹ über die ›Erkenntnisqualität‹. Es gibt für Fichte keine von der Sprache losgelöste Erfahrung, Erkenntnis, Wahrheit, also keine Theorie-Wahrheit. Er stellt nie eine klassische Forschungssituation (in der der andere zum ›Fall‹, zum ›Material‹ wird) her. Das Situative, von dem seine Texte leben, habe nie den Charakter eines Settings, wie es jeder Wissenschaftler (ob Ethnologe, Soziologe, Psychoanalytiker oder Physiker) und jeder Praktiker (ob Entwicklungshelfer oder Brückenbauer) anstrebt. Das Situative in Fichtes Texten – das sind die Augenblicke der Begegnung, in Fragen und Antworten festgehalten, die die Miteinanderredenden in ihren Lebenszusammenhängen, in ihren Alltäglichkeiten, Wünschen und Idealen, in ihren Zugänglichkeiten und Begrenzungen zeigen. Orte dieser versuchten, geglückten und mißlungenen Begegnungen sind die Zeremonie, das Ritual und die Séance, das politische Büro, die Straße und das Hospital.

Fichtes Texte (und Leonore Maus Fotos) demon-

strieren Zusammenhänge zwischen den Gesten der Magie, der Manie und des Manierismus, des Wilden und des Gezierten, des Zauberers und des Rhetorikers, zwischen Religion, Gesellschaft und Politik. Die fotografisch-ästhetische Komposition von Geschehensverläufen (bei der Arbeit und im Ritual) und von Zuständen (der Nüchternheit oder der Trance), die Erschließung des ethnographischen Raums im Spielraum von Distanz und Nähe, Perspektive und Farbe bei Leonore Mau untersteht keiner anderen Programmatik als derjenigen der textästhetischen Komposition Fichtes; nur die verwendeten Mittel sind andere.

3.

Die Fundierung des Ästhetischen durch empirisches, ethnographisches und logisches Vorgehen, die Kombination von Logik und Politik in einer material- und erfahrungsintensiven Vorgehensweise – das zeichnet die Komplexität in Fichtes Textstruktur aus.

Würde das um 1974 begonnene und auf 19 Bände veranschlagte Romanwerk *Die Geschichte der Empfindlichkeit* diesen Maßstab bestätigen, gar noch höher setzen können oder aber unterlaufen?

»Geschichte der Empfindlichkeit«: Fichte entschied sich schließlich für diesen Titel, nachdem er die ebenso »mißverständlichen« Begriffe Empfindsamkeit und Zärtlichkeit verworfen hatte. Wollte er doch mit diesem monumentalen Lebenswerk an Prousts *Auf der Suche nach der verlorenen Zeit* und auch an die epischen und historischen Werke von Hans Henny Jahnn und Herodot anschließen. Den großen Wurf und auch die Übertreibung, Weltläufigkeit und dichterische Größe hat er in den letzten Jahren vor seinem Tod 1986 nicht mehr gescheut; er hatte sich zu ihnen hindurchgearbeitet, mit der Ausdauer des Autodidakten und im Wissen um seine Sicherheit im Beherrschen so vieler Sprachen und in der Kenntnis der unterschiedlichsten Kulturen. 1935 unehelich als Halbjude geboren und im Waisenhaus aufgewachsen, hatte er sich durchgebissen – Hans Mayer sprach einmal von der »Wunde Bildung« in

Fichtes Biographie – und am Ende einen Punkt erreicht, wo die Bitterkeit und das erfahrene Leid hinter einem eleganten, zuweilen schon etwas professoralen Gestus zurücktraten.

Nur den Toten gönnt man in der Regel die Werkausgaben, den Lebenden wird es als Überheblichkeit ausgelegt, wollen sie sich auch im Äußeren in die nach Bänden gezählten, in Leder, Leinen und Dünndruck verpackten Wortgebäude ihrem Publikum darstellen. Fichte schwankte zwischen der Zurückhaltung des Außenseiters und dem Wunsch, so wie sein Wahlverwandter Marcel Proust oder seine geliebten Autoren der französischen Pléiade-Ausgaben »herausgebracht« zu werden*; zwischen Einsiedlertum und dem Wunsch nach »gloire universelle« (nach Weltruhm), von dem Raymond Roussel gesprochen hatte.

Trotz seines Strebens nach »Weltruhm« dürfte es kaum Fichtes Intention entsprochen haben, die Orte der Geschichte der Empfindlichkeit in eine Weltkarte einzuzeichnen (wie es in einem Begleittext zu der Ausgabe geschehen ist). Denn wer möchte uns heute noch glauben machen, er habe als Reisender und als Dichter die reale Welt im Griff? Zudem ist es auch falsch; denn es geht Fichte nicht um die reale, sondern um eine »poetische Geographie«, wie auch bei Victor Segalen, den Fichte leider kaum kannte.

Die Größe in Fichtes Werk besteht nicht in dessen Voluminosität – er liefert keine Meterware à la Jack London –, und sein selbstgesteckter Anspruch, ein großer Autor sein zu wollen, hatte nichts von der im Grunde kümmerlichen Zurschaustellung einzelner Glanzstücke. Seine Größe besteht in der Strenge, mit der er an der Sprache und am Aufbau des Textes

---

* Nach seinem plötzlichen Tod – kurz nach seinem 50. Geburtstag, zu dem noch ihm zu Ehren die Bände *Hubert Fichte. Materialien zu Leben und Werk*, 1985, *Der Körper und seine Sprachen*, 1984 und Heft 25 (1985) der »Zeitschrift für Literatur« *Schreibheft* erschienen – haben ihm seine Herausgeber die Entscheidung abgenommen und sich, in Übereinstimmung mit der Fotografin, Co-Autorin und Lebensgefährtin Leonore Mau, für Fichtes Wunsch und damit für die große Lösung entschieden. Insgesamt sollen bis 1991 alle vorhandenen Manuskripte erschienen sein: Prosa und Essay, Hörspiel und Drama, Glosse, Polemik und Reisebericht.

gearbeitet und in der unbeirrten Kontinuität, in der er seine Konzeption entwickelt, sein »anthropologisches Aufzeichnen« verfolgt hat. Trotz seines unsteten Lebens – wie Herodot, Nerval, Rimbaud, Limbour oder Genet ein flanierender Bummler und Umhergetriebener – arbeitete er mit Ausschließlichkeit an seinem Werk, um herauszutreten aus der Provinzialität und der Enge des Lebens und der Literatur. Sein Ideal war die »Weltliteratur« oder der »kosmopolitische Stil«, von dem Baudelaire sprach. Aber in der Größe des Anspruchs idealisierte sich Fichte nicht zu einem poetischen Sprachrohr des Weltgeistes, sondern er zeigte offen seine Verstrickungen und Abhängigkeiten, entblößte sich in seiner Körperlichkeit und ›Unreinheit‹, in seiner Theatralik und in seinen Inszenierungen. Er hätte dem Dichter Georges Limbour zugestimmt, der davon gesprochen hatte, daß jeder auch ein Quacksalber sei: »Wer mischt nicht ein wenig Hokuspokus in den Ernst seiner Kunst?«

Der Ernst in Fichtes Kunst bestand in dem Versuch, als Dichter eine Anthropologie zu schreiben, das heißt, in der Beschreibung der Menschheitsgeschichte von einem bewußt subjektiven Standpunkt auszugehen und in der sprachlichen Erschließung das Erkannte, das Wissen und die Wahrnehmung neu zu strukturieren, auch zu verkürzen, zu verdrehen und umzulenken, Gelenkstellen und Umbrüche offenzulegen, Schroffheiten nicht zu glätten, Unpassendes nicht passend zu machen, das poetische Ereignis ebenso wie die Logik der Tatsachen zu wollen; entblößen, verhüllen, einen Text erproben, sich selbst wagen. Und dies hieß bei Fichte in erster Linie, die eigene Sexualität, die Homosexualität, als Antrieb seines Lebens und Schreibens offenzulegen.

Wenn die Sexualität eine derart große Rolle in seinem Werk spielt, dann ist es das Festhalten an der von Freud, Bataille u. a. herausgearbeiteten Triebhaftigkeit unserer Existenz und an dem Erotismus als dem Sich-Öffnen par excellence. So sind die Sexualität und das Begehren die Triebfedern des Reisens und Schreibens – die Bewegungen, in denen Fichte lebte

und aus denen heraus er seine poetische Anthropologie zu entwickeln versuchte.

Aber weder die Romane der *Geschichte der Empfindlichkeit* noch die Bände *Homosexualität und Literatur* verstehen sich als Literatur über Homosexualität (die immer dominiert ist von einem aufklärerischen und auch pädagogischen Impetus), schon gar nicht als homosexuelle Literatur. Fichte fragt nicht nach den (vermeintlich wissenschaftlich erforschbaren) Ursachen der Homosexualität. Schließlich ist sie ja auch eine Konstruktion, ein Begriff; ›real‹ sind die Menschen, die man als homosexuell bezeichnet, die man – jeden Einzelnen – diskriminiert und verfolgt. Und dennoch verbindet sie nicht nur diese Negativerfahrung, sondern auch die Essenz jeder Art von Sexualität: Überschreitung und Ekstase, virtuelle Transzendenz des Diesseitigen zu sein.

Gegen eine konkretistisch bekenntnishafte und aufklärerische »homosexuelle Literatur« wollen Fichtes Texte zuallererst Werke der Sprache, Kunst-Werke sein. Der Körper, von dem sie handeln, ist ein Kunst-Körper, eine Utopie oder ein Gegenentwurf zum alltäglichen Körper, bei Fichte auch auf die Gefahr hin, daß dieser Körper sich als autonom behaupten will, ohne die liebende Abhängigkeit vom anderen. Die harmonische Vorstellung von Homoerotik lehnte Fichte als »miesen Euphemismus« ab. Dieses Bild jedenfalls vermitteln uns seine Publikationen bis zur *Geschichte der Empfindlichkeit* (mit *Hotel Garni* als erstem Band) – ein Bild, das sich jetzt bestätigt oder das sich als korrekturbedürftig erweist?

»Interessieren dich eigentlich solche Details?« fragt Jäcki.

»– Ja, sagte Irma.«

Die Details, die Jäcki im Hotel Garni – einem anonymen Ort – Irma erzählt, verraten seine Homosexualität. Er spricht mit ihr schamlos, offen, direkt; unverkennbar die Sehnsucht nach Liebe und Zärtlichkeit, ohne die jede Sexualität nur an Gier und Befriedigung gebunden bleibt.

Interessieren die Details? – fragt sich auch der Leser. Sind sie nur Selbstzweck oder transportieren

sie eine Idee? Tragen sie dazu bei, einen Ort der Handlung zu situieren, Figuren zu konturieren – oder weist Fichte dieses Vorgehen als konventionell zurück? Aber ist *Hotel Garni* letztlich nicht konventionell aufgebaut, mit einem fixierbaren Raum, einer gut nachvollziehbaren Handlung, mit Personen, die einer Entwicklungs-Psychologie folgen, »wie im Leben«, die miteinander reden, sich austauschen, sich uns zuwenden und verständlich machen? Außer, daß der Text aus vornehmlich kurzen Sätzen besteht, die alle typographisch gegeneinander abgesetzt sind und dadurch den Charakter des Seriellen und Addierten erhalten (zuweilen auch wie Prosagedichte wirken), gibt es kaum sprachliche Besonderheiten, keine Experimente, höchstens programmatische Absagen an die Konvention. Die beiden Hauptpersonen Jäcki und Irma werden in ihrer Kindheit, ihrer Entwicklung und Gegenwart dargestellt; in ihre subjektive Lebensgeschichte spielt die historische Dimension fragmentarisch, zitathaft hinein. Die erotischen Details ziehen sich dabei wie ein roter Faden durch die Handlung – das ist gewollt, aber fügen sie sich wirklich zu so etwas wie einem roten Faden zusammen?

Die von Fichte in diesem Roman geoffenbarten Details sind kaum mehr als nur benannte Praktiken, oft mehrmals berichtet, ohne erzählerische Erfindung und Innovation. Sind nicht die reißerische Story oder andererseits der Dokumentarbericht interessanter? Die Erotik ist – um es etwas lax zu sagen – in *Hotel Garni* ein nur dünner und nicht gespannter roter Faden, mehr aus Knoten bestehend, in denen etwas verdichtet, zusammengefaßt werden soll, was aber der sprachlichen Raffinesse, der Präzision und dichterischen Leidenschaft entbehrt; Eigenschaften, die Fichte sonst auszeichnen. Der »unumstößliche Ständer« eines »unerhört Adeligen«, das »Rein oder nicht rein«-Einerlei wirkt hier überdies eigenartig verklemmt, wo es doch gerade unerhört frei und ungezwungen zugehen sollte. Das führt weg von dem Vorbild Genet.

Aber gibt es einen anderen, tragfähigen roten Faden in diesem Roman: Ist es ein konzeptuell dicht gewobener Text, auf der Grundlage einer Idee, die

gleichsam vor unseren Augen aufblitzt und uns erregt? Ein erster Passus in *Hotel Garni*, der dies erahnen läßt, lautet:

Der Dicke mit dem einen Bein – ein General.
Der kurze Lunatiker – Lulu, der berühmte Fallschirmspringer aus der Résistance.
Tubib, der milde Doktor wurde wegen Mordes gesucht.
Ein ehemaliger SS-Mann mit zerstücktem Ohr.
Gutes tun, heißt eine Kartei anlegen.
Ich las die Elendspost von Paris.
Die Klagen aus dem Nabel der Welt von Mongoloiden, Trinkern, Tripperkranken, Geschiedenen, Fürsorgezöglingen, Indochinakämpfern, Fremdenlegionären, von Übergangenen, Ungerechtfertigten, Veruntreuten.
Pickel, Mundgeruch, Ausfluß.
Karteikarte, Einweisung ins Männerheim, Einweisung ins Frauenlager.

Zum ersten Mal scheint in diesem Roman das auf, was Fichtes Literatur auszeichnet: die Kunst, in der Sprache einen Rhythmus zu finden, die die Literatur (und nicht die sogenannte Wirklichkeit) zum *Original*schauplatz, zum Ort des Geschehens macht. In der Figur des Jäcki stellt er sich vehement gegen die Verharmlosung des Elends, er buchstabiert gleichsam das Elend und nennt das »substantivische Prosa«. Die Wörter und ihr Rhythmus sagen, was wie ist. Hier beginnt sich Fichtes Sprache gleichsam einzuschwingen in eine Dynamik und Dialektik zwischen Liebe und Haß, Abscheu und Verehrung, Distanz und Besessenheit, zwischen Demaskierung, Selbstentblößung und Maskerade, Verlogenheit, Sich-Verbergen.

Das führt weiter, trägt die sinnlichen Eindrücke und Sensationen und ihre Aktionen – ganz anders als das aufdringliche Selbstbekennertum eines »Obsédé Sexuel«, weiter auch als einfältige Globetrottersprüche (»In der Provence gammelt man mit Weintrauben und Ziegenkäse – in der Norddeutschen Tiefebene ist es Krafts Velveta«) – oder die nachempfundene Alltäglichkeit und verkürzte Sprache (»Das mit dem

Dichter war also auch Essig.« »Ich nie.« »Ich nicht.« »Ich ihn.« »Er mich.« usw.).

Sein Text gewinnt immer da an Dichte, wo er ein Bild vom Nachkriegsdeutschland aus den Splittern der eigenen Verstrickung entwirft. Es mag überraschen, aber sein Nachdenken über die Landwirtschaft führt dabei erst einmal weiter als das Benennen sexueller Praktiken. Ihm gelingen über seine dargestellte Beziehung zur Agrikultur nicht nur Selbstdarstellungen als Erotomanen – »In mir waren ganze Lichtjahre Schwulenpubertät angestaut« –, sondern gerade auch als Dichter: »Meine Wörter schrumpften ein zwischen den endlosen Reihen Zuckerrüben, Saatkartoffeln, Winterkorn, unter der Egge und dem Pflug, unter dem Trecker hervor fräste ich winzige Platten wie Fragmente, die ich als Gedichte aufschrieb. Ich stellte mir vor, diese Fragmente müßten salzig schmecken, wie Queller auf den Halligwiesen.«

Sicher ist die Sexualität der treibende Impuls, die Triebkraft nicht nur in diesem Text von Fichte – er selbst hat dies viel drastischer ausgedrückt und dabei einen Satz von Genet »Ich schreibe, damit man mich liebt« konkretisiert: Ich schreibe mit dem Wunsch, damit der schönste Neger mich liebt (»...da man des Sex' wegen reist«). Dieser Wunsch wird in *Hotel Garni* schmucklos – für viele sicher geschmacklos – vorgebracht. Fichte gibt sich keine Mühe, Emotionen zu gestalten, fast als wollte er sagen, das hat doch längst schon der von mir verehrte Hans Henny Jahnn getan: Diese Dynamik in der emotionalen Konfrontation kann ich nicht noch einmal gestalten; nur nichts nachmachen oder wie Valéry in seinen *Cahiers* schreibt: »Meinen Sie, ich hätte alle diese Torturen auf mich genommen, nur um das zu wiederholen, was andere schon sagten.« Die Enthüllungen über seine Sexualität in dem Roman *Hotel Garni* haben nur einen Spannungspunkt: von den homosexuellen Praktiken über das Bekenntnis »Und ich war überhaupt nicht bisexuell« zu der ersten Nacht mit einer Frau. Hotel Garni oder ein Mann und eine Frau. Was Fichte dazu sagen will, gibt er als Programm vor:

Schreiben wie man spricht.
Ein Art Tagebuch – zehn Jahre nach den Daten.
Ein Interview mit mir selbst.
Kunstfertig das Spontane.
Nur keine Kunst.
Oberflächlich.
Keine psychologische Stimmigkeit.
Keine Entsprechungen.
Keine ästhetischen Fallen.
Chronik.

Das ließe sich im gleichen Duktus fortsetzen:
Die Verteilung der Wörter auf dem Papier.
Der einfache Satz.
Die Erinnerung. Kindheit.
Mit Versatzstücken und Verknappungen arbeiten.
Die Collage und die Interviewtechnik, das Zitat.
(Hier knüpfte ja auch Helmut Heißenbüttel an.)
Die Haut der Wörter – die Silben und Laute – sollen uns die der Personen erahnen und fühlen lassen.

Einige Aussagen Fichtes variierend, könnte man die Botschaft dieses Buches so zusammenfassen: »Gandhi – aber schwul«; Landwirtschaft – aber von hinten; Reisen – aber nur mit dicken Oymeln; »Haut und Haar. Immer und ewig.« Und wenn die Fotografin Irma im ersten Teil des Buches auftritt, dann fragend: »Wo kommt das Wort Oymel her?« Jäcki selbstgewiß: »Aus der ›Palette‹.« Identität von Autor, Held und Etymologie. Wenn es aber die Sexualität nicht ist, die den Text zusammenhält, auch wenn sie sicher Motor und Triebkraft ist, und wenn das durchgängige Thema – seine Arbeit als Landwirt und Hirte – letztlich doch vor allem eine lebensgeschichtliche und zudem zeitlich begrenzte Fixierung ist, was bleibt dann noch?

Für die Struktur dieses Textes schließlich entscheidend ist die Bewegung und Motorik des Reisens. Reisen als Aufbruch: dies war bereits in dem früheren Roman *Das Waisenhaus* als existentielles Motto vorgegeben. Erschien der Auf-Bruch damals metaphorisch und mystisch überhöht – als schamanistische Reise, als Aufsteigen und Himmelfahrt – und zugleich als entwicklungsgebundene Notwendigkeit (den Ort

des Schreckens fluchtartig verlassen zu wollen: »Ich will weg. Ich will weg...«), wird daraus jetzt ein mehr kollektives Erlebnis. »Wir wollen losziehen zusammen.« Das gibt die Dynamik des Textes vor: dieses »Unterwegs« der Beat-Generation und des Ethnologen, des Bummlers, Flaneurs und Außenseiters, des Rastlosen und Heimatlosen, der nur ein Zentrum kennt – halb Realität, halb Fiktion: die Provence; einmal mit Schafen, dann ohne Schafe. Schließlich will er nur noch schreiben.

Und hier gibt es die erste Pause in dem Roman. Der Autor setzt neu an, dialogischer; die Figur der Irma nimmt Konturen an. Das Reden mit Irma ist wie probeweises Schreiben. Im Dialog strukturiert sich der Text, auch wenn er sich zuweilen fast wie ein etwas zotiger Aufklärungsunterricht anhört: Ein Homosexueller teilt einer Frau seine Ängste mit und ›löchert‹ sie, das unbekannte Wesen, mit tausend Fragen darüber, was sie fühlt, wie sie es gerne hat, was sie nicht mag usw.

»– Du willst alles von mir wissen.

– Ich will alles von dir wissen.«

Die gehörten Wörter arbeiten in ihm, gehen mit eigenen Wörtern neue Verbindungen ein, verändern seinen Blick, provozieren einen neuen Blick beim Leser.

Mir scheint, als sei Fichte in *Hotel Garni* an der Form gescheitert. Ihm gelingt nicht die Transformation des autobiographischen Erzählens. Er bleibt auf halber Strecke stecken: die Fiktion, den Entwurf, den Text vor Augen, aber er kann die Etappen und Strapazen seines Lebens nicht loslassen, nicht mit ihnen jonglieren. Er muß sagen, welchem Verlag er welche Theaterstücke und welche Prosa anbietet, wie lächerlich sie reagieren, wie überhaupt der Kulturbetrieb sich als unerträglich provinziell erweist. Aber bedarf es dazu des ethnologischen Blicks, und wieviel an gekränkter Eitelkeit spielt auch da noch mit hinein! Er muß sagen, daß er aus dem Waisenhaus kommt, anstatt aus diesem in seinem Körper eingeschriebenen Wissen heraus seine späteren Erlebnisse zu sehen, im Sinne einer Vision, eines Entwurfs. Er teilt uns in

Ansätzen die Stimmung mit, in der er als Landwirtschaftslehrling im Nachkriegsdeutschland aufwächst. Es entsteht ein Geschichtsbild, in das die Bekenntnisse des »Ich – Hubert Fichte« wie Vorsatzstücke hineinragen. »Es ist schwer, die Mischung aus Häßlichkeit und Ekstase zu schildern, welche die Landwirtschaft für mich darstellte!« – »Mir blieb nichts anderes übrig, als alles zu lieben.«

Immerfort sagt er, teilt mit, informiert uns, rückt sein Ich zurecht, füllt die Lücken, die wir noch in seiner Biographie hatten. Er bleibt der Sklave seiner Erinnerung: »1953 hatte ich Schafe in den Alpen gehütet.« »In Schweden begann ich ein realistisches Theaterstück...«

Der »Wahnsinn« seiner Leidenschaft, den er doch zeigen möchte, muß gegen das autobiographische Detail ankämpfen. Zudem ist der Text, anders als sonst bei Fichte, nicht frei von stilistischen Schwächen, Füllseln, Albernheiten und Übertreibungen: als sei »nichts verwundbarer als ein Männerarsch«; als seien wir doch alle Besessene in der Sexualität; als würde es allein schon etwas aussagen, daß er jemanden »ungeheuer liebt«, daß seine Empfindung »groß« war.

Und ist der Satz »Hinter Rüschengardinen ein roter Frosch« als Witz gemeint? Glaubt Fichte seinen Sätzen eine neue Erkenntnisqualität zu entlocken, wenn er sie derart verkürzt: »Nach Auschwitz das Gedicht nicht mehr.« Oder: »Morgenthau. 1954«. Und ist der Satz »Ich komme immer mit der alten Rechnung durchhin« wirklich so gemeint? »Es erschien mir als eine Mischung aus Proust und Platt. Beides konnte ich.« Das eine konnte er, den anderen kannte er.

Anders als in *Xango*, *Petersilie* (und zum Teil in *Lazarus und die Waschmaschine*) werden in *Hotel Garni* die Grenzen zwischen Ethnologie und Literatur nicht aufgebrochen; der hohe *Erkenntnis*wert der dichterischen Sprache und ihre partielle Überlegenheit gegenüber der wissenschaftlichen Begrifflichkeit wird nur begrenzt einsehbar. Aus dieser Perspektive vermag die Lektüre von *Hotel Garni* beim Leser nur eine eingeschränktere Bewegung (oder gar Veränderung) zu initiieren – gerade auch angesichts des Reichtums

an Impulsen, den seine Bücher insgesamt geben: eine neue Lust auf das Reisen anzufachen oder den Wunsch stark zu machen, selbstentblößend von sich zu sprechen, einen radikaleren und experimentelleren Umgang mit der Sprache auszuprobieren, das Vertrauen in den Text, als dem wahren Original gegenüber der Wirklichkeits-Kopie, zu stärken.

4.

Ebenso wie *Hotel Garni* hat auch der Folgeband in der *Geschichte der Empfindlichkeit (Der kleine Hauptbahnhof oder Lob des Strichs)* als Schauplatz der Handlung einen Durchgangsort.

Bahnhöfe sind Passagen des Kommens und Gehens, bestimmt von den Tabellen der Ankunft- und Abfahrtzeiten. Die Zeit (und damit das Vergängliche) bestimmt die hier verkehrenden Menschen. Mit einigen Ausnahmen: den Obdachlosen, den Fixern, Prostituierten und Strichern. Für sie gelten die großen Zeittafeln nicht, und die Bahnsteige meiden sie. Sie halten sich mehr an den Rändern des Geschehens auf; wenn sie hektisch sind, dann ist es mehr der Hunger oder die Begierde; Triebhaftes, das sie unruhig macht.

Hubert Fichte wählt den Bahnhof als Metapher für Orte flüchtiger, triebbestimmter Begegnungen. Es ist kein realer Ort, an dem er seine Figuren auftreten läßt, ja der Bahnhof selbst ist überhaupt nicht wichtig, er ist ein Knotenpunkt für Phantasien und Assoziationen. Er ist nur eine räumliche Fixierung seines »Lobs des Strichs«. Aber der »Strich« – das ist bei ihm kein Signum asozialen Verhaltens; er diskriminiert ihn nicht, sieht darin vielmehr das Verwegene und Tänzerische; die Überschreitung, natürlich mit der dazugehörigen Gefahr des Stürzens, der Ausgrenzung, des Jenseitigen. Von hier ist der Weg nicht mehr weit zu der Bezugnahme auf die Engel. »Engel des Begehrens« nannte er die Stricher früher in Anlehnung an Genet und Pasolini; hier ist es die Figur des »Dunklen Engels«, die seine Phantasmagorien leitet. »Der Dunkle Engel streichelt Jäcki den Hals, die Brust, die Westentasche, die Schenkel, die Knie, die Gesäß-

taschen. / Soll er doch. / Der Schwanz des Dunklen Engels wirft einen Schatten wie der Schatten des Körpers des Kutschers.«

Der Dunkle Engel ist eine reale Figur, eine mythische und eine der Literatur – sie zeigt Spuren eines Hans Henny Jahnn und anderer Dichter. Fichte folgt diesen Spuren autobiographisch und poetologisch. Jeder Erzählstrang in diesem Roman hat eine analytische Entsprechung in seinen Essays, ohne daß es eine kategorische Aufteilung: hier Dichtung, dort Interpretation gäbe. Die Essays sind ebenso komponiert; und im *Kleinen Hauptbahnhof* gibt es durchaus einige sozialanalytische Einsichten, wenn etwa von einem Polizisten, der eine Toilette inspiziert, gesagt wird, daß er aus einem »unüberwindlichen Widerstand« und einer »tiefverwurzelten Scheu vor allem Analen und Gleichgeschlechtlichen« seinen Kopf nur andeutungsweise »ins Klo« hinein steckte. »Er wollte den Jungen gar nicht finden.« Die Personen des Romans beherrscht die Angst vor der Polizei, dem Über-Ich, das heißt: Überwachen und Strafen.

Das in der Sexualität beschlossene Unmögliche und Unaussprechbare, das Archaische und nicht zivilisatorisch Gebundene kann die Gesellschaft nicht zulassen (es sei denn in derart konsumindustriell verwerteten Formen wie es die Pornographie ist). Die Frage nach der eigenen sexuellen Besessenheit und wie sie in der Gesellschaft lebbar ist, durchzieht den Roman von Anfang an. Als Obsédé Sexuel glaubt er in Irma eine Geliebte gewonnen und eine Vertraute verloren zu haben.

Er kann es nicht mehr genießen, daß sie, Irma, hinter der sich seine Lebensgefährtin Leonore Mau (die auch als Frau Mai im Roman auftritt) verbirgt, sich fast totlacht, wenn er den Knattermimen nachmacht, er möchte »beiläufig und zart« mit ihr reden. Irma hört sich alles an, was Jäcki erzählt und findet alles gut, was Jäcki schreibt. Sie greift nicht in seine Texte ein. Mit ihr kommt der Erfolg. Jäcki schläft neben ihr. Wenn er sich dreht im Schlaf, dreht sie sich mit. Im Wachen und im Schlafen gibt sie ihm das Gefühl, so sein zu dürfen, wie er ist, von sich sprechen

zu können, seine Homosexualität immer wieder in allen möglichen Wendungen der Rede durchzuspielen und zu rekonstruieren; auszuprobieren, wie er sich selbst darin sehen und erkennen kann.

Ihr Dialog macht die Form des Romans aus. Gegenstand der Gespräche ist ausschließlich Jäckis Entwicklung und Sexualität: Das Leiden des Hubert Fichte, der sich entblößt und verbirgt, der sein Rollenspiel – vom Landwirt zum Schriftsteller – vorführt, es mit Bravour vorführen möchte. Er entwickelt ein unfehlbares Gespür für alles Epigonenhafte, für Masken und Verkleidungen; er möchte anders sein, als all die Schmarotzer im Kulturbetrieb, sich nicht vordrängeln, und doch steckt er mit allen seinen Nerven im Netz von Konkurrenz, Klüngelei, Angebot, Honorar und Ruhm. Da er aber weiß, wie kränkbar er ist, und daß er belesener ist und mehr Sprachen beherrscht als die meisten, bewahrt er sich Distanz, schaut immer auch von außen auf das Geschehen, genießt *seine* Maskeraden. Eine Kulturveranstaltung rückt dabei in den Mittelpunkt: eine Veranstaltung der »Gruppe 47«, die zeitweise im Nachkriegsdeutschland unser literarisches Leben formte. Hier gelingt ihm eine bissige und satirische Schilderung von Personen, Ritualen, Zeremonien der Einweihung, der Prüfung, der Exerzitien; wobei man sich fragen muß, was ihr Stellenwert in einem Roman sein kann, wenn zumal dessen Held Jäcki überhaupt keine Romanfigur mehr ist, sondern Hubert Fichte ist, so wie er war.

Als Jäcki kokettiert er, wie auch als Hubert Fichte, mit seiner Vergangenheit als Landwirt, Hirte, Schäfer und mit seiner Homosexualität. Er geht in die Kulturarena und läßt die Arrivierten auflaufen. Er ist ihnen überlegen, weil er die Perversion benennt, demonstriert, auch mit ihr spielt, während die anderen sich von ihr versklaven lassen. Warum aber sollen wir glauben, es sei Jäcki, wo wir ständig mit solcher Dringlichkeit darauf hingewiesen werden, daß es Hubert Fichte ist? Der Autor dieses und jenes Buches, dieses Verlages und nicht jenes Verlages, der Essayist, der über diesen Maler und jenen Schriftsteller schreibt, der einen Nachruf verfaßt, den nächsten sausen läßt? Es gibt Passagen, die den Ton dieses

Romans hätten bestimmen können. Da etwa, wo er zum Beispiel die Interviewtechnik verfremdet, in die Lautschrift übergeht und unsere Wahrnehmung neu schärft: die Rede des Indianers Amado als Kunstsprache produziert. Jäcki wollte »kein Blinzeln«, heißt es einmal. Das Ideal der Schärfe und des Artifiziellen, des Gekonnten wird hier einprägsam. Und es gibt die satirische Kurzform, die an die besten Prosastücke Gottfried Benns oder Carl Einsteins erinnert, wo er für Augenblicke mit seinem Ich spielt, sarkastisch, und die selbstauferlegte Enge in der Bezugsform Jäcki/Irma transparent macht.

Beim Arzt für Geschlechtskrankheiten:

Sie müssen mit einer ziemlich dicken Kanüle zwischen zwei Halswirbeln durchstechen. Es ist nicht sehr schwer. Man muß ein bißchen geschickt sein. Voller Hörsaal. Uns waren die Lebenlänglichen zur Übung bereitgestellt worden. Der erste. Hals frei. Der Professor stach vorbei. Der Kopf fiel zur Seite. Ausgebüßt. Exitus. Drei. – Sie machen es mit Männern. Warum lassen Sie sich nicht operieren? Das kann man heute tadellos, auch in Deutschland. Man braucht nicht mehr nach Casablanca. Eine schöne Vagina. Garantiert keine Versuppung. Ich bereite Sie hormonal auf die Operation vor. Nur Kinderkriegen, das kann man noch nicht. Ich mache Ihnen die schönsten Brüste.

– *Dann muß ich mir ja den Bart abschneiden lassen.*
Was meinen Sie, wie oft mir das schon geglückt ist.
Sie leben als erfüllte Frau.
– *Und meine Freundin?*
– *Hundertprozentig. Soll sofort kommen.*

Aus solchen Szenen aber entsteht noch kein Roman. Oder ist das zu konventionell gedacht? Ist Kurzprosa der ins Stocken geratene Atem des modernen Romanciers? Aber fehlt nicht doch die Transformation des Autors Fichte in eine Romanfigur Jäcki, und ist das Thema nicht zu eng gesteckt? Es scheint, als wolle Fichte alles immer nur aus einem Sujet, aus der Homosexualität, entwickeln. Als komme es ihm geradezu als eine Grenzüberschreitung und Tabuverletzung vor, einmal über etwas ganz anderes, aus einer anderen Perspektive, in einem anderen Kontext zu

sprechen. Die thematische Besessenheit hat etwas Mechanisches. Aber ist nicht gerade dies der Charakter des Sexuellen? Und ist nicht das, was man sich darüber hinaus wünscht: Projektion, Illusion?

Jäcki kommt. Jäcki geht. Alles ist um ihn zentriert. Der Narziß regiert. Die Erzählung gewinnt allein aus *seinen* Bewegungen Kontinuität und Dichte. Sie ist er. Aber mit noch einer Einschränkung. Da ist die geschichtliche Dimension: das Nachkriegsdeutschland, das in seiner Verklemmung und düsteren Vergangenheit, in der Art, wie es sich in den Gesten, Redewendungen und im Habitus der Menschen niedergeschlagen hat, aufblitzt, allein aus einer Beobachtung gewonnen, ohne soziologischen oder historischen Rekurs. »Ein sechzigjähriger Hitlerjunge, dem das blondgefärbte Haar grau nachschoß.«

Historie immer aus der Sicht eines sexuellen Outsiders; der bedrängt wird von der scheinbaren Normalität der anderen, hinter der aber Perversion und Verbrechen sich verbergen.

Fichte entfaltet Sozialgeschichte und Kulturgeschichte als Geschichte der Homosexualität. Reihenweise stehen Namen von Dichtern für ein Programm; er arbeitet darauf hin, daß er nur noch die Namen zu nennen braucht, und schon erfüllt sich der Raum um die Buchstaben herum mit Schwulheit: » – Gründgens. Klaus Mann, T. A. Odemann. Und dann, wie heißt er schnell, der Hormonforscher. Und der Fotograf List. – Hans Henny Jahnn meinen sie.«

Die Verknappung ist eines von Fichtes wichtigsten Stilmitteln, und er beherrscht sie meisterhaft. Ist sie zuweilen stereotyp und hat etwas Unbefriedigendes – man möchte mehr wissen – und gleitet sie manchmal ab auf ein Niveau von »Bunte-Blätter-Klatsch« in Kurzform, so ist sie doch konsequent eingesetzt und stellt dem anekdotischen Ausmalen einer Geschichte die prägnantere Form gegenüber.

Literatur aufs äußerste radikalisiert, Literatur als Alphabetisierung:

– A.
Zack, zack, fielen ihnen Wörter ein.
Das beste schrieb der eine auf den Bierdeckel.

Adenauer, zum Beispiel.
Oder: Bumsen.
Cäsar.
Dergl.
E 605.
Foltern.
Glök, glök.
Hokla Hübi.
Inder.
Juden.
Köminge.
Lockenprinz.
Mütze.
Nittribitt.
Oymel.
...

Hubert Fichte praktiziert eine Endlos-Literatur: synthetisierte und perfektionierte Sprech-Texte, Dialogreihen, Redefiguren. Immer nehmen sie ihren Ausgang bei sexuellen Situationen und Ritualen, entfalten die dem Situativen innewohnende Phantasie, erstrecken sich auf die nähere und weitere Umgebung und kommen wie Endlos-Schleifen wieder auf den Kern: auf den sexuellen Akt zurück. Jede Erzählung ist nur Vorbote für die dann folgende Verkürzung auf Namen, Fakten, Reihungen. Ordnung in den Labyrinthen der Libido.

Beschreibungen von Orten des Obszönen und des Heiligen, des in der Sprache benannten Triebhaften. Fichte exploriert jede Redewendung; er schöpft aus allen homosexuellen Traditionen. Manchmal verdichtet sich dabei auch sein Zorn, sein Autonomie- und Selbstbehauptungswille in einem mit sprachlicher Genialität ausgebreiteten Reigen aus Phantasmagorien, Anspielungen und Wahrnehmungen:
Ich lobe den Strich...
Der Strich ist die Kunst.
Der Strich ist das wahre Wahre.
– *Das Gretchen ist der Existentialismus.*
– *Der Dunkle Engel mit den veilchenfarbenen Augen ist der Sozialismus.*
– *Der Mitschnacker ist die Nächstenliebe.*

– *Fred ist der Nouveau Roman.*
– *Der Niedliche aus der Palette ist Art Brut.*
– *Psychoanalyse, Krankengymnastik, Weltgeist, Mehrwert, Aufklärung ist der Mitschnacker, das Gretchen die Quantentheorie, Fred ist die Entropie…*
– *O diese ganze abendländisch katholisch idealistische, die marxistische biologisch-dynamische, evangelisch-lutherische maoistische, treudeutsch islamische, national-sozialistisch internationale Züchtigkeit – adé, adé, für immer adé, dachte Jäcki, Sommer 62 am Fernfahrkartenschalter, und ging in die Götterstuben.*

Sexualität und Sprache hängen für Fichte eng zusammen. Beide wollen schön sein. Wenn es doch gelänge, die Anforderungen, die man an die Sprache hat (»geschliffen wie Sand«), auch in das homosexuelle Verhalten hineinzutragen!

Sein Text ist so angelegt, daß er dem Alltäglichen unendlich viel Raum gibt, ja zuweilen ist es eine Literatur als »Kibbel-Kabbel«, um ein Wort aufzunehmen, mit dem Jäcki bestimmte Situationen des kulturellen Leerlaufs beschreibt. Das Parlieren, das Hin und Her, die Conférence stehen im Mittelpunkt. Nicht die »Conférence« von Irrenwärtern, Straßenarbeitern, Gammlern, eher die »Conférence« aus Anlaß einer Ausstellung von Wunderlich. Allerdings bewahrt er sich seine Selbstironie, wenn er sich eine Modell-Welt baut, in der er die »Welt von unten« beschreibt und Irma sie »von oben« fotografiert: ein gemeinsames erotisch-künstlerisches Experiment.

Natürlich geht diese Harmonie – »Ich mache einen Dichter aus dir. – Ich mache eine Fotografin aus dir« – nicht immer gut. Am Ende bricht der Befreiungswille durch, nicht ohne Komik und bis ins letzte ritualisiert, gestylt: » – Trotz der Düfte. / – Trotz der Milde. / – Trotz allem« will er weg, raus, frei und einsam sein.

Aber natürlich, wo soll er denn hin, zum Theater oder zur Landwirtschaft zurück? Das alte Leben oder das neue? Schwul oder bi? Er kommt zum Schluß, bi sei doppelt so schlimm.

Der Roman ist zu Ende.

5.

Es beginnt – unter dem schillernden Titel des Folgebandes – »Eine glückliche Liebe«. Jäcki und Irma entdecken ihre Neugierde für die Antike und die afrikanischen bzw. afrobrasilianischen Riten und Religionen. Wir schreiben das Jahr 1964. Noch ist Fichte ein Nachwuchsschriftsteller, dessen Texte von der eigenen europäischen Kultur handeln; er veröffentlicht Erzählungen und reist nach Finnland und Portugal. Die ethnologischen Studien liegen vor ihm. Die Beziehungsform Irma-Jäcki wird zu einem Muster, das zwar noch autobiographisch gebunden, aber nicht mehr entwicklungsgeschichtlich und kulturindustriell begrenzt ist. Auch Jäckis Homosexualität löst sich aus den Fesseln des selbstherrlichen Obsédé Sexuel.

Ein anderer Schauplatz wird dominierend: Der Ausruf »Nach Lissabon hinüber« wirkt befreiend, die Ästhetik des Diversen in dieser Stadt öffnet die textuelle Struktur; zugleich verliert sie sich nicht in Impressionen, was allein schon Fichtes Blick für die politische Wirklichkeit im Portugal Salazars verbietet. Auch hier setzt sich wieder seine Fähigkeit durch, Soziologie poetisch zu betreiben, Geschichte und soziale Wirklichkeit als Textwirklichkeit neu zu organisieren. Dabei läßt er sich inhaltlich von seiner Außenseiterperspektive leiten: »Der Marquez de Pombal hatte Lissabon nach dem Großen Erdbeben so aufbauen lassen, daß es keine Verstecke für die Liebenden mehr gab.«

Geschichtliche Erfahrung, Daten und Fakten werden nie abstrakt vermittelt, sondern immer als Versatzstücke einer Wirklichkeit gezeigt, die ebenso (und nicht weniger bedeutsam!) geprägt ist von privaten Begegnungen und subjektiven Haltungen und Wahrnehmungen, Beiläufigkeiten, Erinnerungen – und schließlich auch Lautmalereien:

Jäcki buchstabierte sich an den Bahnhofsschildern des kerzenerhellten Landes in die französische Vergangenheit zurück.

Elne.

Das romantische Kloster.

Salz und Pfeffer in der Jugendherberge.

Languedoc.
Languedoeil.
Kunstsprachen.
Docdocdoc.
Oeiloeiloeil.

Es ist für Fichtes textuelles Verfahren und seine Anordnungsprinzipien kennzeichnend, daß er sie selbst in den Fällen durchhält, in denen das Satzbild nicht gesehen werden kann: im Hörspiel. Daß Fichte seine Hörspieltexte letztlich nicht anders schreibt als seine Romane und Essays, ist nicht nur darauf zurückzuführen, daß Gattungsgrenzen ohnehin längst fließend geworden waren und dies zum Teil auch pragmatischen Überlegungen entsprach,* sondern vielmehr auf sein Verständnis von Literatur als komponierter Aussage, als einer der Musik vergleichbaren Ausdrucksform. Seine Hörtexte sind Partituren, die der gleichen poetologischen Strenge und Stringenz unterworfen werden wie die Lese-Texte.

Liest man sie jetzt – unter dem vieldeutigen, auch ironischen Titel »Schulfunk« – als Teil der *Geschichte der Empfindlichkeit*, scheint es, als sei es Fichte hier leichter gefallen als im romanhaften Beginn *(Hotel Garni)*, mit den Figuren und Beziehungsmustern spielerisch umzugehen. Sieht man einmal von dem eher konventionellen Duktus in den ersten Stücken um 1968 ab – wobei sich aber auch hier die für ihn bestimmenden Sichtweisen und die Form ihrer Darstellung deutlich abzeichnen – spiegeln die Hörspiele geradezu Fichtes Werk *in nuce* wieder und gehen experimentell bis an die Grenzen der Literatur: exemplarisch in »Ich würde ein...« (1971 produziert und aufgrund seiner komplizierten Partitur bisher nicht gedruckt) und in seinem letzten Hörspiel »Ich bin ein Löwe / Und meine Eltern sind Eichen und Steine«, in dem er den Sprechtexten zwar noch »Personen« zuweist, was aber peripher wirkt angesichts ihrer Anordnung, die

* Auf diese Weise konnte Fichte seine Hörspiele besser in den Gesamtkorpus seines Werkes eingliedern und sie auch als Features realisieren, im Falle, daß sie den Rundfunkredakteuren nicht als hörspielgerecht erschienen.

eher die eines visuellen Gedichts ist. Zudem sind die »Personen« so disparat – »Der Löwe«, »Der Zauberer aus Abomey», »Der Herr aus Basel«, »Empedokles«, »Der Zauberer aus Merseburg«, »Daniel Casper von Lohenstein«, »Johannes Bobrowski« – und so wenig auf eine Identität angelegt, daß sie eher den Charakter einer evokativen Chiffre haben. Fichte jongliert in großer Freiheit und im Gefühl ästhetischer Sicherheit mit allen für ihn wichtigen Themen, durchstreift die ganze Breite der von ihm erfahrenen rituellen Wirklichkeiten (von Europa bis Afrika und bis zu den afrobrasilianischen Kulturen) und legt sich kaum Beschränkungen bei der syntaktischen und lautmalerischen Artikulation von Geschehensabläufen auf.

In allen Hörspielen (etwa dreißig sind von Fichte als solche bezeichnet bzw. konzipiert worden) entwirft er zu Anfang mit ein paar Strichen eine Szene, situiert einen Ort, verlebendigt europäische Zeitgeschichte oder Tradition und Moderne in außereuropäischen Gesellschaften. Er kommt dabei ohne psychologischen Aufwand, ohne das Erdichten von Charakteren aus. An keiner Stelle verliert er sich in naturalistischen Abschilderungen und scheinrealen Kommunikations- und Beziehungsformen; dominierend ist der reduzierte Sprachduktus. Rede und Gegenrede werden so gegeneinander gesetzt, daß sie nicht Wirklichkeit imitieren, sondern Wirklichkeit neu organisieren.

Der auf diese Weise entstehende Text ist nicht davon abhängig, daß er gesprochen, »realisiert« wird; er ist sprachlich bereits realisiert und kann in der radiophonen Umsetzung diese Wirklichkeit mehrstimmig ausbreiten. Es ist bei diesen Hörspielen eigentlich nicht so, daß Personen sprechen, sie treten vielmehr als Realisatoren zum Text hinzu: * ein Tableau an Sätzen, Satzgefügen und Zitaten, an Rede und Gegenrede, an Poesie und Alltagsgesprächen ist derart angeordnet, daß vom Hörer darin Personen ge-

* Einschränkend muß man allerdings sagen, daß die Priorität des Textes vor dem gesprochenen Wort Fichte dazu verführte, an manchen Stellen eine etwas sehr banale dialogische Belebung vorzunehmen, um die Illusion eines Gesprächs und einer Gesprächs-

ortet und zugeordnet werden können. Es ist eine »Offene Literatur«, die Helmut Heißenbüttel und andere Dichter programmatisch durchzusetzen gehofft hatten.

Auch ist die Bezeichnung »Personen« eher ein konventionelles Zugeständnis, das Fichte bereits in seinem ersten Hörspiel »Geschnetzeltes aus Westerland« selbst ad absurdum führt, indem er die erste Person schlicht als »Sprecher« bezeichnet. Es sind Sprecher, Sprachrohre. Kennzeichnend ist, daß die meisten »Personen« mit dem unbestimmten »Ein« vorgestellt werden: »Ein Erzähler«, »Ein Lehrer«, »Eine Sängerin«, »Ein Schüler« usw. In »Gesprochene Architektur der Angst« (1973) verzichtet er ganz auf jede Referenz an Personen und numeriert nur von I bis VIII durch. Auch die auftretenden Personen, die geschichtliche Vorbilder haben – Lohenstein, Hölderlin, Proust oder Bobrowski – sind *synthetische* Figuren, gleichsam nur Scheinidentitäten, die dazu dienen, Positionen zum Ausdruck zu bringen und sie gegeneinanderzusetzen. Eine Identität zwischen Hörspiel-Personen und geschichtlichen Personen scheint noch am ehesten in den beiden Hörspielen beabsichtigt zu sein, die von dem Jesuitenpater und Sklavenmissionar Pedro Claver handeln – wobei zugleich die Möglichkeiten des radiophonen Raums sehr freizügig ausprobiert werden – und in »Das Volk von Grenada«, wo er ebenfalls allein durch das Auftreten von neunzig Stimmen eine eigene Klangwelt erstellt.

In diesem 1984 entstandenen Hörspiel (das nicht ohne die ausgedehnten ethnologischen Forschungen Fichtes denkbar ist) greift der Autor als Hörspiel-Autor viel weitgehender als sonst in den literarischen Textaufbau ein, strukturiert und markiert seitenweise jedes einzelne Wort durch eine präzise Zuordnung zu einzelnen Sprechern. Wo er sonst nur Namen, Worte und Begriffe aneinanderreiht, scheinen sie hier tatsächlich als gesprochene Wörter gemeint zu sein.

---

situation zu erzeugen. So hat der 1. Sprecher in »Das Volk von Grenada« über weite Strecken nur die Funktion, Äußerungen des Erstaunens, Füllsel und Unartikuliertes vorzubringen: »Ach, ja! / Ja. / Das ist interessant. / Und so weiter ... / Hum, hum! / Ja – hum! / Ja – hum! / Jahm. / Jahm! Jahm! / Ja! ... «

Fichte hat sich in diesen Hörspielen die Rolle zugeschrieben, anzuklagen und zu provozieren, Geschichte abzufragen und Daten abzurufen.

Valtierra:
Pedro Claver tauft 300000 Negersklaven in Cartagena de Indias.
Fichte:
Jährlich 7500.
Täglich 20.
Stündlich mehr als zwei.
Sieben Tage die Woche.
40 Jahre lang.
...
Fichte:
Am 1. Oktober 1767 wird Henri Christoph auf Grenada geboren.
2. Sprecher:
Wer?
1. Sprecher:
Henri Christoph, der haitianische Revolutionär.
2. Sprecher:
Der haitianische König?
Fichte:
Der Herr der Zitadelle.

In seinem letzten Hörspiel erscheinen historische und ethnographische Bezüge nur noch als Zitate und Versatzstücke; an die Stelle der Anklage ist das satirische und zuweilen dadaistische Umspielen von Erfahrungen in der eigenen und der fremden Kultur getreten. Die Wörter und Sätze scheinen die Leichtigkeit von Radiowellen angenommen zu haben.

Der Löwe:
Als Schmied, als Jäger, als Koch, als Löwenmann bin ich dann ganz da.
In den Höhlen war es schon ganz schön toff!
Die Tierhaut an.
Die Affenhände baumelten neben meinen Händen her.
Die anderen mußten um mich herum hüpfen.
Und wenn sie nicht wollten, wie ich wollte, ins Moor, aufs Rad!

Jetzt habe ich Nägel und eiserne Krallen.
Ich bin die Nagelpuppe.
Ich bin die Eiserne Jungfrau aus Nürnberg.
...
Wind

Die zeitgeschichtliche Relevanz, die ethnographisch-historische Bestimmtheit und die ästhetische Sicherheit und Experimentierlust – das zeichnet diese Hörspiele insgesamt aus. Das Collagieren und Kokettieren mit Zitaten, Fundstücken und Gesprächsfetzen aus dem Kulturbetrieb und von den Spielwiesen bürgerlichen Lebens – vorherrschend in den ersten Hörspielen und zu Beginn der *Geschichte der Empfindlichkeit* – tritt demgegenüber ebenso zurück wie die autobiographisch gefärbte Erörterung der Homosexualität. Hätte Fichte da weiterschreiben können, wo »Pedro Claver«, »Das Volk von Grenada« und »Ich bin ein Löwe / Und meine Eltern sind Eichen und Steine« aufhören, wären die Möglichkeiten einer Literatur noch deutlicher geworden, die sich weder von einer Gattungspoetik noch von der provinziellen Enge nationaler Literatur leiten läßt.

6.

Ebenso wie die Hörspiele sind auch die beiden Essaybände *Homosexualität und Literatur* der *Geschichte der Empfindlichkeit* als »Paralipomena« zugeordnet. Die Mittel, die Fichte in seinen Romanen und Texten literarisch gekonnt einsetzt, die aber zu Anfang der *Geschichte der Empfindlichkeit* oft von der Enge des Sujets erdrückt werden, können ihre Wirkung an den Werken von Hans Henny Jahnn und Jean Genet, Sappho und Platen, an Villon, der Ilias und der Bibel entfalten, wie auch schon an de Sade, Proust, Herodot und anderen in den Texten des ersten Essay-Bandes.

Kernstück sind die Aufsätze über Genet und Platen: Autoren, die ihn immer beschäftigten, denen er sich verwandt fühlte, in deren Gedanken- und Gefühlswelt, in deren Sprache und Poetologie er sich zu

Hause fühlte, mit seiner Beschreibungskunst und seiner analytischen Schärfe. Und gerade in dem Fall von Genet sieht er in Jean-Paul Sartre und dessen großem Genet-Buch eine Bastion des Bürgerlichen und Heterosexuellen, gegen die er sich vehement zur Wehr setzen kann; die ihn zur Radikalisierung seiner Position zwingt. Er läßt sie reihenweise aufmarschieren, die schwulen Dichter und die heterosexuellen, ob immer gerecht oder ungerecht, sein Auge scheint jedenfalls unbestechlich.

»Genet hat, wie kaum ein anderer écrivain engagé, eine soziale und damit eine politische Dimension, sein Werk vermittelte den Homosexuellen in den literarischen Metropolen ein Selbstbewußtsein, einen Sittenkodex – es bereitete das Coming Out vor. / Wie? / Um es überspitzt auszudrücken: Indem er auf Psychologie und Engagement verzichtete. / Proust wiesen Adelsbeziehungen und eine gediegene Schulbildung in der Gesellschaft aus, in Gide wurde ein einflußreicher Außenseiter ans Kreuz seiner Veranlagung geschlagen – wenn er lieb litt, dann ließ man ihn auch mal, selbst Sartre meinte ja im Titel seiner Hommage mit Marter und Comédie Française fackeln zu müssen. / – Ach, diese gequälten Schwulis, sie treten sich ja doch nur in den Tüll. Die Frechheit, mit der Cocteau auftrat, haben ihm ernsthafte homosexuelle und heterosexuelle Schriftsteller nie verziehen, am wenigsten er sich selbst –...; schwul und heiter, das war zuviel! ... Genet ging es um die Darstellung eines Steins aus Stein – in Wörtern. / Es ist die Bedeutung der Oberfläche, die er mit hintergründigem Argot herausarbeitet. / Psychologisch erklärt Genet nichts – obgleich er präzise jede Ätiologie des dargestellten Verhaltens beherrscht; Genet bittet nie um Verzeihung, er biedert sich nie an – obgleich er natürlich das kaum ermeßliche Elend eines jeden Homosexuellen in der ersten Hälfte dieses Jahrhunderts erfahren hat.«

Hubert Fichte schreibt mit einer Unbedingtheit und Kompromißlosigkeit, mit einer Schärfe und polemischen Kraft, als habe er in sich die Verpflichtung, den Auftrag, ja die Mission gefühlt – und zwar zu einem

historisch entscheidenden Zeitpunkt im nachfaschistischen Deutschland –, alle im Denken, in der Ideologie und in der Wirklichkeit begangenen Verfehlungen gegen die Homosexuellen zu sühnen, endlich der Homosexualität zu ihrem Recht zu verhelfen. Als hätte sich in ihm die Enttäuschung und die Wut der Homosexuellen personifiziert, als sei er dazu bestimmt, die Brutalität und Gewalt der Heterosexuellen in einem poetischen und analytischen Akt zurückzuschleudern. So fließt ihm alles Wissen und alle Kraft zu, das Unrecht zu benennen, es historisch und kulturkritisch zu markieren.

In einem seiner großen Essays, »Patroklos und Achilles. Anmerkungen zur Ilias« hebt er den Dichter Homer mit ein paar Strichen aus der Versenkung und Verkennung hervor, erschließt er die im 8. Jahrhundert vor Christus geschriebene *Ilias* neu aus der Thematik der Männerliebe.

In großen Bögen sieht er dieses »psychoanalytische Protokoll« seiner Zeit in Beziehung zu den unverhüllten Darstellungen der Massenmorde bei Marquis de Sade; er vergleicht den Autor dieser »Archäologie der Seele« mit Daniel Casper von Lohenstein, aber auch mit Genet; dennoch sei die *Ilias* kein »schwules Buch«, »denn bei allem Lohenstein'schen, Sade'schen, Proust'schen, Genet'schen Rasen der Messer im Gedärm bleibt eine Trauer zurück über die Begegnung der Speere und der schönen Leiber, über das götterartige Ausbrechen des Achill aus der Themis, der menschlichen Ordnung«.

Fichte unterstreicht den Ton der Zärtlichkeit in der *Ilias* – anders als in den Preisungen der Folter in der *Odyssee* –, er bemerkt den Ton der Trauer in diesem »überströmend reichen Epos«, dem ersten der Weltliteratur, das uns ganz zugänglich ist; in Aufbau, Sprache und Silbe. Homer als Histor, Richter und Erforscher, ein Geograph wie Herodot und ein Kräuterheilkundiger wie Hesiod – das ist ein Ideal, an dem sich Fichte entwickelt und gemessen hat. In der Art, wie er Homer in überzeitliche Koordinatensysteme hineinstellt – ob in Anspielungen auf Comic-Strip oder Filmtechniken, auf Marlene Dietrichs Sprechgesang, auf eine Sprachform bei Hans Mayer oder Thomas

Mann –, erhebt er sich über die Enge historischen Denkens und befindet sich in Nachbarschaft der Strukturalisten, die er – wohl in unbewußter Nähe – so scharf angegriffen hat. Fichte ist fasziniert von Ähnlichkeitsmerkmalen, von Gleichheit und Andersheit. »Häresie und Homosexualität werden in der *Ilias* ein erstes Mal zusammengebracht – wie später in der Bibel und im Koran... Wenn Gott alles geschaffen hat, muß er doch auch die Männerliebe geschaffen haben. / Homer gibt uns den Hinweis: / Homosexualität ist das Privileg der Götter! / ... Die *Ilias* ist nicht das Epos des Frauenraubs, des doppelten Raubs der Helena. Die erste uns erhaltene Darstellung einer Liebe ist die Darstellung der Liebe, wenn man das so bezeichnen will, von Patroklos und Achill.«

Die Darstellung der gleichgeschlechtlichen Liebe in der Literatur – das ist Hubert Fichtes Interesse, aus dem er das Poetische zu erschließen vermag, gegen diejenigen, die es verschütteten oder verzerrten: so Goethe, der Platen Talent zubilligte, ihm aber die Liebe absprach – ein Vorurteil, daß auch die späteren Äußerungen eines Heine oder Thomas Mann prägte.

»Ging es um literarische Kriteria oder um psychische Reflexe?« fragt Fichte in seinem Essay »I can't get no satisfaction. Zur Geschichte der Empfindungen des Grafen August von Platen-Hallermünde« und verfolgt die Schreckensbilder, die Nichthomosexuelle – auch als Selbstschutz – aufgebaut haben, wenn sie, zum Teil gerade in großer Bewunderung, die Werke eines Platen oder Genet analysierten. Unversehens geraten die poetischen Revolutionäre zu Außenseitern, Mißlungenen, Gescheiterten – selbst Brecht schreckte nicht davor zurück, Homosexualität mit Fäulnis in Verbindung zu bringen. Und was wird aus Platen, durch die Diktion, die Goethe vorgab?: ein erbärmlicher, kranker, lächerlicher, herzenskalter Mensch. Seine Biographie widerlegt nicht nur diese Stereotypen; Platen war auch polyglott wie kaum ein anderer deutscher Schriftsteller, er war belesener als seine Kritiker. Er las die Werke der Weltliteratur im Original; die großen Sprachen waren ihm in seiner eigenen dichterischen Produktion geläufig wie seine

Muttersprache. Er war geprägt von der Zähigkeit des Autodidakten, wie Hubert Fichte auch. Geduldig war er auch im Erleiden von Schmerzen, wie Fichte es war, und dennoch hatte er eine große Todesfurcht. Bei einem Homosexuellen aber wird solch ein Zug schnell zu einem femininen Merkmal. Wie auch Gefühlsäußerungen und Tätigkeiten, die man eher Mädchen zubilligt – wie Maiglöckchen pflücken oder sich schmücken. Lächerlichkeit oder Unglücklichsein werden Platen fälschlicherweise zugeschrieben, um das Augenmerk auf den Schwulen zu richten und von dem Dichter abzulenken. Wie bei Genet betont Fichte ebenso bei Platen, daß man das Thema seiner Werke verkennt, wenn man es auf Gefühle und auf Taten reduziert. »Platens Lyrik handelt von Busento und Weltschmerz als von kurzen und langen Silben, von Hebungen und Senkungen des Tonfalls, von Oszillationen zwischen natürlicher Sprache und Kunst, von so schwierigen metrischen Gebilden, daß der Dichter sich gezwungen sah, das Schema der Strophen in Halbrunden und Gedankenstrichen vor manche Gedichte zu setzen.«

Platens Lyrik – Vorläufer der großen Werke von Mallarmé, Valéry, Benn – handelt von etwas, was im modernen lyrischen Ich nur noch reduziert vorkommt. Befriedigung als Frage des Verses und der Silbe – das ist für Fichte eine literaturkritische Klammer, die Weitauseinanderliegendes zusammenhält. Er vermag Platens Bedeutung als Tagebuchschreiber und seine Kühnheit als Lyriker zu zeigen: ein Dichter, der in seiner Sprachakrobatik die Selbstverständlichkeit der Homosexualität aufscheinen läßt, entgegen den Dämonisierungen, die selbst die Werke der großen homosexuellen Dichter bestimmen. »Platen war ein Revolutionär. / Platen hat zum ersten Mal in der Literatur die Geschichte der Empfindungen eines normalen Homosexuellen entworfen; er hat die kompliziertesten Metren der Lyrik – ähnlich wie Sappho – in den Ton natürlicher Sinnlichkeit verwandelt; hundertfünfzig Jahre nach seinem Tode wird er immer noch als lieblos, armselig, larmoyant, als Don Quijote und Tristan verdrängt und als krankhaft denunziert.«

Hubert Fichte ist ein Energieträger homosexuellen Selbstbewußtseins. Das ist viel mehr und qualitativ etwas anderes als ein bloß programmatischer Aufklärer, Verkünder und Ideologe der Homosexuellen, denn solche Figuren überheben sich immer, beziehen einen Wachposten außerhalb, auf der Kommandobrücke. Fichte aber war Homosexueller, lebte und schrieb aus dieser Energie heraus und reaktivierte die Energiepotentiale, die die Geschichte versucht hat auszurotten. Er durchschneidet die fein gesponnenen Fäden zwischen den Masken der Menschlichkeit, der Lüge und Barbarei, zwischen Klassenbewußtsein und Heterosexualität.

Er zitiert Genet, der meint, homosexuelles Verhalten sei klassenloses Verhalten, begehrt gegen Sartres Hochmut und Cocteaus Schickheit auf, gegen die Verkleisterungen und Beschönigungen in der Literatur, gegen jede Form von Zensurierung und Glättung gesellschaftlich nicht integrierbaren Verhaltens als pädophil, homophil und homoerotisch.

Er zeigt Genets revolutionären poetischen Zugriff auf das Sujet: Warum bearbeitet man als Bildhauer den Stein, bis er die Form eines Steins aufweist; warum wiederholt man als Dichter das Gefängnis, bis es wieder das Gefängnis ist, in dem man eingesperrt ist? Es kann nicht das Sujet – Blut, Samen, Mord, Matrosen – als Gegenstand, als Fakt sein, es muß etwas anderes sein: der Formwille, das Schöpferische und Gestaltende, das die menschlichen Verhaltensweisen in ihren Strukturen erfaßt und sie als Riten, als Bilder und Bildreihen, als *imagines* dichterisch erschließt.

Komposition, Grammatik und Zeilenbau – das ist die konstituierende Ebene von Genets Romanen, die Mord und Homosexualität mehr umspielen, als durch sie begründet zu werden. Genets Einbruch in ein Museum – ein Bilderraub – ist dafür die Metapher. Der archaische, rituelle Grund, das Lebensmuster Genets ist der Übergangsritus von seinem frühen Ausgestoßensein in seine poetische Existenzform. Diesem Impuls, diesem Ritus folgt die Spitze seiner Feder und führt zu einem »fast ethnologischen Vorgehen«. Homosexualität als poetischer Akt, als durch

Sprache erfahrbar gemachter Ritus menschlichen Verhaltens.

»Die Sprache der Liebe ist die Sprache dieses Dichters, wenn er von dem Samen schreibt, den ihm der zum Tode Verurteilte auf die Lippen schleudert.« Wenn dieser Dichter, Genet, sich selbst als Komödiant und Märtyrer beschriebe, wäre dies das durch sein Leben und sein Wort erworbene Recht und prinzipiell verschieden von den Zuweisungen, die Sartre ex cathedra vornimmt – Gauner, Ratte, Parasit, Aussätziger, Krätziges Schaf, Komödiant und Märtyrer –, darin nur unbewußten Vorurteilen und Verbannungs-, ja Todeswünschen und damit den Haltungen der Gesellschaft folgend. Zugleich aber hat Sartre, was Fichte nicht verschweigt, den poetischen Revolutionär Genet erkannt, seine Sprache philologisch erforscht, ohne allerdings, wie Fichte meint, die geniale Verbindung von Hochsprache und der Sprache des Untergrunds gewürdigt zu haben, was ihm vielleicht sein eigener Potenzwille versagt habe. »Sartres Arbeit erinnert mich an den Heilskodex des Jesuitenpaters Sandoval, der die Neger einige hundert Seiten als dumm und stinkend beschimpft, um sie sodann nur heftiger ans Herze und in die Sklaverei zu ziehen.«

Trifft Hubert Fichte mit seiner Art der Literaturbetrachtung den Lebensnerv der Dichtungen? Es scheint ja auf den ersten Blick, als gehe er biographisch, ja geradezu konventionell chronologisch vor. Dies ist aber nur ein Impuls, der ihn anstachelt und von ihm nur dann verfolgt wird, wenn das Werk als Wortkunst vom Leben des Dichters ablösbar ist und einer Textanalyse standhält.

Komposition, Satzbau, Wortkunst, Rhythmus und Silbe sind seine Kriterien, von denen er auch immer wieder zurückfindet zum Leben dessen, der sich dieser Mittel meisterhaft bediente. Der Ausgangspunkt scheint eng begrenzt: Welchen Sinn könnte eine um die Gattung »Homosexuelle Literaturkritik« erweiterte Literaturwissenschaft oder Literaturbetrachtung haben? Fichte aber stellt diese Frage nicht nur als Kritiker, sondern auch als Autor, und überwindet sie.

Dennoch entgeht er nicht der Tendenz zum Stereo-

typen und Kategorialen. Der Kontext, in dem ein Werk wie dasjenige Homers, Prousts, Hans Henny Jahnns oder Genets lesbar ist, ist doch weiter, paradoxer, vielfältiger, synkretistischer, als es Fichtes Einstieg zuläßt. Fichte ist auch selbst Teil einer Geschichte der Verdrängung. Er ist auch heterosexuell; Sartres Denken ist auch in ihm, sonst könnte er es nicht denken. Was er zum Ausdruck bringt, ist jeweils schon da im Reservoir unserer Kultur; ebenso wie das Gesagte der von ihm Angegriffenen. Sie sind nicht durch Welten getrennt; sie sind nur Partikel der *einen* Welt. Sie sind nicht nur Produzenten ihrer Werke, sondern auch Anhängsel, Ausführende. Großartigkeit ist immer auch Bla-Bla.

Man sollte nie die Relationen aus den Augen verlieren. Auch wenn Fichte den gängigen Provinzialismus in der Literaturkritik – nicht über die Grenzen der eigenen nationalen Kultur hinauszublicken und keinen Maßstab von Weltliteratur zu haben – sprengt und dies mit Bravour tut, so bleiben doch auch viele seiner Attacken und Auseinandersetzungen verstrickt in das Muster homo/hetero und überbewerten manche zeitbezogene Diskussion. Man muß ja nicht gerade so manchen Kraftakt von Literaten und Kritikern an der unendlichen Kraft des Kosmos messen, um ihren Charakter von Luftblasen, ihre Dünnheit und Kurzlebigkeit eines Furzes zu bemerken; es genügt schon das vergleichende Anschauen so großer Bücher, wie sie die alte asiatische Welt hervorgebracht hat, deren Lektüre – man denke nur an das Tao te king und I Ging, an Lu Hü Sins oder Buddhas Werke – ein Leben lang währt. Aber in Fichtes Aufsatzen ist diese Dimension gegenwärtig und für jeden selbst aufzunehmen und weiterzudenken.

Für mich hat Fichte in seinen literarischen und essayistischen Arbeiten über die afrobrasilianischen Kulturen die größere Weite, einen offeneren Blick und weiteren Spielraum poetischen und zugleich analytischen Schreibens entwickelt. Wenn er auch hier unverhüllt mit der Distinktion homosexuell/heterosexuell arbeitet, so hat er doch immer die andere Kultur als ganze im Auge, verlebendigt sie umfassend, läßt die Enge der eigenen Kulturindustrie hinter

sich, die ihn immer auch zurückwarf; an der freien Wahrnehmung, der Poesie und Logik des Hinschauens hinderte.

7.

Hubert Fichtes essayistische und poetische Textur ist das Ergebnis einer Forschungsarbeit und Ausdruck eines Bekenntnisses. Diese Gebundenheit schützt sie vor der Fetischisierung von Oberflächen. Das »Elegante« ist bei ihm auch »wie in Stein geritzte Rasierklingenschnitte«.

Ohne die Durchdringung der Dramaturgie menschlichen Verhaltens, ohne das abrupte Aufbrechen des in sich Geschlossenen und scheinbar Harmonischen und Gelungenen, bliebe manches nur Freude an Schnickschnack, Verfallenheit an Glanz und Gloria. Das Wissen um die *Bedingtheit* in jeder Szenerie und die *Radikalität* im Erkennenwollen erschließen hingegen bei Fichte einen Raum für die Oberfläche und die Struktur und – auf der Ebene der Beschreibung – für die Phänomenologie und die Analyse. Wie sie aufeinander bezogen werden, ist Teil der poetischen Schreibweise und nicht vorab festgelegt.

Fichte selbst thematisiert immer wieder diese Dynamik, er nimmt – aus einem intuitiven und kreativen, ganz elementaren psychoanalytischen und verhaltensanalytischen Verständnis heraus – das Proklamierte, das Manifeste als Fingerzeig für das Gegenteilige, das Latente und Begehrte: eigentlich karikiert Georg Grosz die Reichen aus einem geheimen Komplizentum mit ihnen, er beneidet den als hassenswert dargestellten Luxus, während Paul Wunderlich »in der sanften Eloge die Selbstentlarvung« male; unter dem Nerzkäppchen schimmert auch das Primatenohr und der Totenschädel hervor.

Was Fichte an Malern (wie Wunderlich), an Dichtern (wie Proust), an Fotografen (wie James van der Zee) interessiert, ist immer das *anthropologische Aufzeichnen.* Eigentlich ist Literatur gar nicht anders vorstellbar denn als anthropologische Tätigkeit, als eine Arbeit in der Dimension menschheits-, verhal-

tens-, sprachgeschichtlicher Organisation und Progression. Nur provinzielle Verkümmerung läßt sie auch als ein Plaudern über dieses und jenes möglich erscheinen. Nicht ›das Subjektive‹ ist die Schwäche solcher Literatur, sondern die Verschleuderung subjektiver Einstellungen.

Vergleichbar dem Wunsch (und der versuchten Einstellung) Michel Leiris' (in der Zeit um 1930) hat Fichte seine kulturspezifisch eingeengte Literatenrolle aufgegeben, um fremde Kultur in einer Weise zu vermitteln, die die wissenschaftlichen und skandalösen Berichte über ›Fremdartiges‹ und ›Wilde‹ hinter sich zurückläßt.

Auf den ersten Blick scheint die Tradition, in der Fichtes afroamerikanische Kulturbeschreibungen *Xango* und *Petersilie* von der Form her zu sehen sind, hinreichend durch die Namen Claude Lévi-Strauss und Michel Leiris gekennzeichnet. Aus Fichtes Sicht ist es falsch: Herodot und Frazer standen ihm unendlich viel näher. Niemanden hat er so persönlich angegriffen wie Lévi-Strauss. Der mit dem Tagebuch *Phantom Afrika* von Leiris, mit *Traurige Tropen* von Lévi-Strauss und Arbeiten von Segalen und Condominas umrissene Raum des Ethnopoetischen oder der ›poetischen Anthropologie‹ – ist er womöglich eine Fiktion, eine reine Hilfskonstruktion? Haben die genannten Autoren vielleicht nicht mehr miteinander gemein als Monologe verschiedener Theaterstücke, die von verschiedenen Autoren geschrieben, an verschiedenen Handlungsorten spielen und von nichtidentischen Schauspielern gesprochen werden? Die Dialektik von Selbst- und Fremdwahrnehmung und ihre Aussparung werden von diesen Reisenden von ganz anderen subjektiven Voraussetzungen aus und an ganz anderen Orten materialisiert. Die Bewegungen, die das erfahrende, wahrnehmende, erleidende Ich, die die Instanzen der unbewußten Ökonomie machen, schlagen Saiten an, die ähnlich klingen: ›subjektiv‹, ›poetisch‹, ›authentisch‹, ›selbstanalytisch‹.

Aber in diesem Verbindenden sind die trennenden Momente bereits impliziert: Jeder ›authentische‹,

›poetische‹, ›subjektive‹ Raum gestaltet die Beziehungen zwischen dem eigenen Körper, der eigenen Sprache und dem fremden Körper, der fremden Sprache auf eigene Weise.

Das Vorhaben, sich im Fremden und das Fremde in sich aufzuklären, das Fremde im Bild oder in der Schrift versuchsweise ganzheitlich, komplex und heterogen zu organisieren, sich in dieser Organisation zu Teilen zu verwirklichen und sich wieder zurückzunehmen, ist von Leiris und Delange mit dem Begriff »ethnoesthétique« belegt worden; Lévi-Strauss versuchte in *Traurige Tropen* ethnographische Modellbildung und Erfahrungsstruktur ›ursprünglich‹ aufeinander zu beziehen. Lassen sich Fichtes Texte in diesem Sinn als poetische Anthropologie und als Ethnopoesie bezeichnen?

Anders als in den Termini *Ethnomedizin* und *Ethnomusik* – in denen der erste Teil des Wortes das Authentische der Texte, Formen und Praktiken fremder Kulturen bezeichnen soll – impliziert »Ethno« in ›Ethnopoesie‹ auch den subjektiven Anteil des Weißen, des Ethnologen und Dichters westlicher Kultur. Es artikuliert eine beständige Mahnung, den längst verlorenen Träumen und Vorstellungen nicht blind nachzurennen, sondern sie zu erfassen: in ihrer Realität und Imagination. »Poesie« meint dann auch Erkenntnis, ein Mittel, die sprachliche Form für das Erkannte zu finden. Die Poesie als bedenkenlose und schamlose Form der Enthüllung.

Für den Dichter Michel Leiris bleibt die Wissenschaft die Möglichkeit, eine soziale Lebensform in seiner rückhaltlosen poetischen Praxis – »nur die totale Poesie ist große Poesie« – zu finden, auch einen Status, den er, als Schriftsteller, sich total ausschreibend, vollends verletzte und dem er, innerhalb seiner wissenschaftlichen Publikationen, immer genau entsprach. Während bei Leiris noch eine Arbeitsteilung von literarischer und ethnologischer Produktion besteht, hat Hubert Fichte sie bewußt aufgegeben. Die Authentizität seines Textes ist die einer endlichen authentischen Deskription. Leiris' Programm ist das einer unendlichen Analyse des Selbst *und* fortgesetzter Deskription des Fremden.

Eine andere Form ist die *Vermischung* beider Praxisbereiche, die auch stärker den Bereich der Fiktion einbezieht: exemplarisch Carlos Castañedas Feldforschungs-Romane über Existenz und Lehre des Don Juan. In keinem Fall sind die so hergestellten Texte nur auf Literatur zu reduzieren; immer handelt es sich auch um Anthropologie und ›Feld‹-Forschung, die wissenschaftlich verfestigte Standards aufbricht und den Beobachter als emotional Teilnehmenden und als Gestaltenden zeigt.

Die Selbsterfahrung des Körpers, der »Myriade von Selbsten«, Exerzitien mit dem eigenen Körper, die Faszination von Techniken zur Erlangung eines unbeschreiblichen Wissens, persönlicher Kraft und therapeutischer Heilkraft, die veränderte Wahrnehmung unserer Raum- und Zeitordnung, die Vertiefung in unsere Traumwelt – nach Nerval und Leiris »ein zweites Leben« –, die veränderte Stellung in der Natur- und Dingwelt und schließlich die Lust am theatralischen Geschehen und dessen Inszenierung – alles Wünsche, Vorstellungen, Erfahrungen und Assoziationen, die seit der Mitte dieses Jahrhunderts verstärkt Eingang in die Wissenschaft Ethnologie gefunden haben und auch Fichtes Selbstverständnis entscheidend prägten.

Jede Erfahrung und jede Schrift ist immer schon Über-Setzung; wir halten uns in Zwischenbereichen (des Imaginären, des Symbolischen und des Realen) auf. Eine *ethnologische Poetologie* umreißt die Dichtung des Fremden im Menschen in eigener und in anderer Kultur programmatisch. Dieses Programm – lebenspraktisch durch die Bewegung des Reisens erfüllt – nimmt Gestalt an in Umschreibungen der Annäherung an die phantasiegesättigten Bedeutungsknoten und in assoziativ verstärkten Buchstabenverschlingungen, in Umschreibungen der Annäherung an das Ich, die Welt des Traums und der Besessenheit, an die Strukturen der eigenen und der fremden Sprache. Diesem Programm sind aber die Inhalte, die wissenschaftliche Tradition und die Denkgeschichte, nicht gleichgültig.

Faßt man den Tenor von Claude Lévi-Strauss' *Trau-*

rige Tropen, Leiris' *Phantom Afrika* und anderer vergleichbarer ›Reiseberichte‹ zusammen, so ist es vor allem die Erfahrung, daß die Tage in der anderen, außereuropäischen Kultur zugleich tödlich langweilig und aufregend sind – immer über das Maß hinaus, das man sich wünscht, das man sich überhaupt vorstellen kann. Immer sprengt die reale Erfahrung auf Reisen die als erträglich eingeplanten Situationen, immer muß man und kann man über sich hinauswachsen, in einem Ausmaß, das einem zu Hause als übertriebenes Heldentum vorgekommen wäre. Auf jeden Sturm folgt eine Windstille, die nicht nur Erleichterung mit sich bringt, sondern auch den ganzen Unrat und das Zerstörte zeigt und wie eine mahnende Geste an das Zukünftige wirkt. Immer ist es der Wechsel von Zauber und Ernüchterung; das Exotische und das Banalste, die Reinheit und die Korruption liegen ganz nahe beieinander.

Der Reisende ist unlösbar in diese Widersprüche und Disharmonien verstrickt. Nur der völlig distanzierte, abstinente Reisende, der wie aus einer Loge dem Geschehen von außen und oben herab zuschaut – sofern das überhaupt möglich ist –, könnte sich eine ungetrübte Verzauberung erhalten und vor dem bitteren Geschmack der Desillusionierung bewahren.

Ethnologe sein wird in Zukunft immer mehr heißen: Sensibilitäten und Verstrickungen, Möglichkeiten und Differenzen, das Geschiedene und das Vermischte zu beschreiben und es in Momenten gelingender Introspektion und in der Strukturanalyse ein Stück weit zu erhellen.

Das Heterogene und Inkohärente muß Spuren hinterlassen. Inwieweit ist einerseits eine »Erweiterung der Wissenschaft durch poetische Kategorien« und andererseits eine »Fundierung des Poetischen durch empirisches und logisches Vorgehen verschiedenen Typus'« (Fichte) möglich?

Das ist der zentrale Impuls, der ethnopoetisches Schreiben leitet. Kunst und Wissenschaft, Poesie und Ethnologie sind zwei voneinander grundverschiedene Disziplinen, und in ihrer Institutionalisierung wird ihre Verschiedenheit noch weiter verfestigt. Gibt es nicht aber doch einen Punkt, an dem sie aufeinander

zulaufen oder von dem sie sich herleiten? Wenn, dann ist diese Annäherung am wenigsten in den Formen ihrer institutionalisierten, kulturellen und universitären Praxis zu suchen, als vielmehr auf der Ebene ihrer ungeschützteren, offeneren Praxis, und das ist die *Erfahrung*.

Überblickt man die Entwicklung der Ethnologie, so scheint es von diesem Gesichtspunkt aus geradezu notwendig, daß eine Infragestellung und Überschreitung des wissenschaftlichen Ideals (und damit des Ideal-Ich des Wissenschaftlers) eintreten mußte: nachdem die Ethnologen über Jahrzehnte hinweg die methodologische und systematische Strenge in die Ethnologie einzuführen versuchten, konnten sie sich in den letzten Jahren wieder der präethnologischen Erfahrungsvielfalt, der methodischen Naivität und unsystematischen Erörterung annähern.

Daß eine solche Entwicklung immer auch gleich inflationäre Züge hat – etwa in alternativen Scheinlösungen unter dem Motto »Zurück zu den Wilden« –, darf nicht über die progressiven Elemente hinwegtäuschen. In den Arbeiten einiger Ethnologen hat sich zudem diese Entwicklung in ihrer Komplexität vermittelt: bei Victor Segalen, Claude Lévi-Strauss, Michel Leiris – oder Hubert Fichte: in dem Versuch, die wissenschaftliche Erfahrung offen zu halten, beziehungsweise die Theoriebildung da zu unterlaufen, wo sie die Erfahrung in einer Struktur abschließen und ihrer Sinnlichkeit berauben will; wo sie eine Theorie-Wahrheit abstrakt, losgelöst vom Szenischen, von der »Einstellung« (auch in der cinematografischen Bedeutung) postuliert.

In dem, was sich unter dem Begriff *Ethnopoesie* entwickelt hat, setzt sich der Versuch durch, wissenschaftliche und poetische Schreibweisen nicht nur äußerlich miteinander zu verbinden, sondern sie im Sinne eines *Entwurfs von Wirklichkeit* zu erproben. In der Ethnopoesie ist die poetische Textur Ergebnis einer sehr weitgehenden Selbstreflexion, eines Eindringens in den Gegenstand, und sie steht zuweilen in engstem Zusammenhang einer ethnologischen Forschungsarbeit. Dabei ist der ethnologisch gebundene

Dichter viel mehr als der Ethnologe situativ und existentiell in die Situationen verstrickt, aus denen heraus er schreibt. Er ist unverstellter ein Akteur des menschlichen Verhaltens, das er erfaßt und dessen Dramaturgie den Aufbau seiner Poesie vorbestimmt.

Ethnopoesie trägt dazu bei, den wissenschaftlichen Jargon in der Ethnologie in seiner Nähe zum Neokolonialismus und zur Entmündigung der Menschen zu wissenschaftlichen »Fällen« und »Objekten« zu begreifen. Die poetisch komponierte Aussage entledigt sich dieser Implikationen nicht, sie unternimmt vielmehr zu einem Teil eine Fundierung des Poetischen durch ein weiter reflektiertes empirisches Vorgehen.

Inwieweit kann aber eine solche Praxis der selbstanalytischen, selbstethnographischen und poetischen Bezogenheit des Wissenschaftlers und Künstlers überhaupt überprüft und gelehrt werden? Die Überprüfung bleibt vor allem wieder an die eigene Erfahrung gebunden, und die Praxis ist nicht in einen universitären Rahmen integrierbar. Sicher ist also Ethnopoesie nicht lehrbar und lernbar im Sinne einer institutionalisierten Wissenschaft, und die Praxis ethnopoetischen Schreibens ist nicht kodifizierbar und klassifizierbar wie die der klassischen Feldforschung. Ist nicht auch die Wissenschaft, die die entscheidenden Veränderungen im Verstehen des Aufbaus und der Entwicklung menschlichen Geistes erbracht hat, kreativ, singulär und aus der Sicht der Institution *exzentrisch*?

Der Universitätsbetrieb muß es sich gefallen lassen, selbst Gegenstand der ethnologischen und sozialpsychologischen Forschungen zu werden. Dennoch ist es sinnvoll, den Wissenschaftlern die ästhetischen Möglichkeiten der Sprache – Redefiguren, Periphrasen, Spielformen, Concetti, Rhythmus, Timbre, Schärfe – als Erkenntnis*möglichkeiten* nahezubringen und den Dichtern die Wissenschaft als notwendige oder mögliche Form der Erfahrung, der Informationsverarbeitung und Ableitung zu erschließen, und zwar nur im Sinne einer *offenen Programmatik*, die man in dieser oder jener Form vorpraktiziert.

Die Schwierigkeit, dem Wissenschaftler gegenüber Ethnopoesie zu erklären, wird immer darin bestehen

zu zeigen, daß Dichtung selbst als Forschungsprojekt strukturiert sein kann, daß die Figuren, die in der Poesie auftreten, von ihren Sprachen, Haltungen und Abhängigkeiten her, weitgehend ethnologisch erfaßt sein können, ohne daß dies offen zutage tritt, und daß der poetische Raum im Text zugleich auch ein ethnographischer sein kann. Die Stärke der Ethnopoesie ist es, in einem elementaren Sinne materialistisch zu verfahren und die vermittelte Wirklichkeit nicht konzeptuell glätten zu müssen. Derjenige, der die ethnopoetische Schreibweise zumindest neben der wissenschaftlichen festhält und ausprobiert, hat sich auch ein stärkeres Gefühl für die Hoffnungen bewahrt, die er in das Reisen setzt; zugleich ist er eher bereit, die Nichtigkeit und Desillusionierung des Reisens zu offenbaren.

Ethnopoesie ist Phänomenologie, die ihren Kunstcharakter begriffen hat. Sie ist nicht Poetisierung der Wirklichkeit, sondern ›Dokumentation‹ der Wirklichkeit: ein wahrgenommener und entworfener, realer und imaginierter, festgestellter und fiktiver Entwurf von Wirklichkeit. Anders als die Wissenschaft hat sie ein ausgeprägtes Verständnis für die Organisation und Inszenierung in jedem Entwurf. Da Organisation und Inszenierung auch die bestimmenden Anteile des Rituals sind, muß die ethnopoetische Darstellung weniger als die wissenschaftliche Darstellung Unschärfen und Übergänge, Provisorisches und Peripheres verleugnen und aussparen. In diesem Sinn spürt die Kunst und speziell die Ethnopoesie der Wahrheit auf dem Weg ihrer unausweichlichen Verstrickungen mit der Lüge nach. Ethnopoesie kann auch das Ungeschiedene, das Vermischte – jenseits moralischer und wissenschaftlicher Unterscheidungskriterien – stehenlassen. Ethnopoesie ist intentionsloser in der Darstellung und deswegen potentiell ›objektiver‹ als Wissenschaft. Die Kunst kann wissenschaftliche Ideale erfüllen, ohne daß diese für sie verbindlich sind und ohne sie erfüllen zu wollen. Die individuellere Darstellung kann sich als die allgemeinere erweisen.

Wie Victor Segalen hat auch Hubert Fichte stets versucht, in der Erfahrung des Fremden sich selbst

festzuhalten, ohne das Nachzeichnen der Konturen seiner Begegnungen zu unterschlagen. In diesem Sinn trifft auf ihn auch die Formel vom »fast äußerlich werdenden Subjektivismus« zu, die Jean Jamin für Segalens Werk geprägt hat.

Hier wird die Ebene deutlich, die für Fichtes Schreiben entscheidend ist. Ein solcher »Subjektivismus« ist gerade nicht mit sprachloser »Innenschau« zu verwechseln (wie dies diejenigen meinen, die Fichte ganz aus der Tradition der Ethnopoesie herauslösen wollen), sondern ist aufs engste mit dem Willen zur Form verknüpft.

»Jede ethnologische Laufbahn findet ihr Prinzip in geschriebenen oder unausgesprochenen ›Bekenntnissen‹.« Lévi-Strauss hat mit dieser These Rousseau zum Vorbild und Begründer der Ethnologie gemacht. Er selbst sieht sich als »Archäologen des Raums«, der das Exotische nicht mehr zu rekonstruieren versteht, der das Reisen und die Forschungsreisenden verabscheut: aus Scham und Überdruß vermag er es nicht, noch einmal die unbeschreiblichen Entbehrungen und die tödliche Langeweile durchzustehen und auf dem Papier zu reproduzieren. Das sind die *realen* Hindernisse der Ethnopoesie gegenüber den *imaginären*, im Ankämpfen gegen ein Ideal-Ich und dessen sozialer Verfestigung.

8

Fichtes ethnopoetische Erforschung außereuropäischer Kulturen hat uns die afrobrasilianischen Riten und den spezifischen Synkretismus* dieser Religionen näher gebracht als es die klassischen Monographien und die ethnographische Forschung vermochten. Über diese *Erfahrungs*bereicherung hinaus hat er auch die Konturen der Ethnopoesie als eines *methodischen* Vorgehens, das die Ethnologie als Wissenschaft zu erweitern vermag, schärfer gezeichnet. In *Das Haus der Mina in São Luiz de Maranhão* und auch in *Der Platz der Gehenkten* und in *Forschungsbericht* geht er in der Reflexion seiner und der ethnographi-

schen Methode generell über die Darstellung in den früheren Bänden *Xango* und *Petersilie* hinaus.

Er kann seinen eigenen Standpunkt, von dem aus er die Riten beschreibt, ebenso verdeutlichen wie die Position des Forschers allgemein. Das ist von so großer Bedeutung, weil das Selbstverständnis des Forschers darüber entscheidet, wie er mit den eigenen Erfahrungen und mit den Informationen der Anderen umgeht, wie weit er in das ihm Übermittelte eingreift und es als seine Produktion ausgibt; ob er die Prozesse der Umgestaltung und Transformation offenlegt oder verschweigt, ob er die Übersetzung des gesprochenen und rituell inszenierten Wortes in seine Sprache und in den Aufbau seiner Forschung mitthematisiert oder ignoriert.

Wenn auch die »Materialien zum Studium des religiösen Verhaltens«, die Fichte in *Das Haus der Mina*... ausbreitet, im einzelnen nur für den ethnologisch interessierten Leser von Relevanz sein werden, so eröffnet dieser Band doch auch einen prinzipiellen Zugang zu der Problematik jeder Form künstlerischer und wissenschaftlicher Produktion als eines Prozesses der Selbst- und Fremderforschung, der Übersetzung von ›Daten‹ und ›Fakten‹ einer erlebten Wirklichkeit in die Sprache eines Textes.

Der textuellen Anordnung von Riten und Zeremonien, von Magie, Religionen und Mentalität geht die Beobachtung, die Erforschung und Fixierung von Geschehen voraus, eine Aktivität, die Fichte auch als »Archäologie« begreift. Der »Archäologe« geht auf das zurück, was in ihm und in der anderen Kultur als Erinnerungsspur verlebendigt werden kann. Mit dem Auge und dem Ohr des Ethnologen hört er auf die Selbstdarstellungen der Mitglieder einer ihm fremden Gesellschaft und verwandelt schon im Sehen und Hören das Andere in Eigenes, überlagert Informationen mit Erklärungen, verfertigt Deutungen. Er übersetzt

---

* »Für enge Räume und knappe Zeiten mag es sinnvoll sein, von der Vermischung religiöser Kodices zu sprechen. / Geht die Analyse weiter, wird der Begriff des Synkretismus zur Tautologie. / Welche Religion ist nicht synkretistisch?« (Fichte, *Das Haus*...)

Darstellungsweisen, Erzählungen, Redeformen und Diskurse in solche, die seinem Bild von Kunst oder Wissenschaft entsprechen, was immer mit Entmündigung und Ausbeutung, mit Verzerrung und Interpretation einhergeht.

In der Diskussion der Arbeiten von Clifford Geertz, James Clifford u.a. (in dem Kapitel »Der fremde Blick« in diesem Band) sollte herausgestellt werden, daß »der Balinese« oder »der Dogon«, »Maria Celeste Santos« und »Deni Prata Jardim« (in der Casa das Minas) ebenso *Autoren* sind und nicht als Material-Lieferanten diskriminiert werden dürfen.

Wie auch Ronald Kay richtig sagt, ist Fichte »bloß der Ordner, der Inszenierer des Gehörten, nicht sein Inhaber und noch weniger sein Evangelist«. Fichte kommt zu dieser Auffassung allerdings nicht über den Umweg der klassischen Ethnologie, die er nie betrieben oder vertreten hat. Sein Ideal und seine Forderung sind geradezu organisch aus seiner Einstellung als Schriftsteller erwachsen, der der Verfertigung des eigenen Textes, dem Gebrauch der Sprache sehr viel näher ist und professionell kritisch gegenüber steht. Auch braucht er sich keiner Institution, keinem Auftraggeber gegenüber zu rechtfertigen; keinem wissenschaftlichen Clan steht es an, ihn zur Rechenschaft zu ziehen. Er kann 4000 Karteikarten beschriften und sie anschließend vernichten, wenn sie ihren Charakter als »perfektes intellektuelles Folterinstrument« offenbaren; er kann mit Leidenschaft und exzessiv Fragen stellen und doch erkennen, wie sich das Verschweigen, das Nicht-sagen-wollen oder -können letztlich der Kompetenz des Forschers entzieht, wie seine Fragen, Querfragen und Probefragen leerlaufen, versanden. Er kann der Verstrickung von Wahrheit und Lüge, Geheimnis und Banalität, Tatsache und Interpretation, Empirie und Theorie in viel größerer Freiheit als der Wissenschaftler nachgehen, der sein Forschungsprojekt akademisch und universitär geplant und abgesichert hat. Er vermag vorbehaltloser als die konventionelle Ethnologie – wie dies zu Beginn dieses Jahrhunderts auch Bronislaw Malinowski, Michel Leiris und andere Ethnologen mithilfe des Tagebuchs versuchten – die Erforschungsgeschichte mit abzubil-

den. Sein »Strukturen-Schreiben«, wie es Fichte nennt, hat eine ethnographisch und poetisch präzise, eine offene und nachprüfbare Collage übermittelter Haltungen, Wörter und Sätze zum Ziel.

In Abwandlung eines Satzes von Claude Lévi-Strauss – der davon sprach, daß sein Werk über die Mythen selbst ein Mythos sei – kann man von Fichtes Buch über *Das Haus der Mina*... sagen, daß dieses Buch über die Riten in seiner Weise auch ein Ritus ist.

Nachbemerkung

Die Anfänge dieses Buches gehen auf meine Edition von J. J. Bachofens *Das Mutterrecht* (1975), von Michel Leiris' *Ethnologischen Schriften* (1977) sowie mehrerer psychoanalytischer Schriften zurück. Seit dieser Zeit haben mich diese Werke, ebenso wie diejenigen von Jacques Lacan, Victor Segalen, Bronislaw Malinowski und Hubert Fichte beschäftigt: als Herausgeber und als Kritiker. Die Auseinandersetzung mit Max Raphael, Hans Henny Jahnn, E. M. Cioran, Leonard Woolf und Saint-Pol-Roux schloß sich an. Tolkien interessierte mich, auch in der Weiterführung von Bachofens Neubesinnung auf den Mythos, im Zusammenhang der Diskussion um die Postmoderne und das ganzheitliche Denken. Weitere Texte – vor allem über Claude Lévi-Strauss und Carl Einstein – waren geplant, hätten jedoch den Rahmen gesprengt.

Die in diesem Band vorgestellten Autoren und Werke sind mir im Laufe der Jahre deutlicher und vertrauter geworden und haben immer wieder neue Seiten hervorgekehrt. Auch ihre Rezeption insgesamt hat den zu Anfang sichtbaren Kontext erweitert. Mit der Projektierung dieses Buches begann ich die Erweiterungen miteinzubeziehen und die Analysen neu aufzugreifen. So sind zwar viele der vorliegenden Texte nicht ohne die früheren Arbeiten denkbar, aber sie gehen doch weit darüber hinaus und wurden für diesen Band neu verfaßt und aufeinander bezogen. Einige Essays wurden für den Band geschrieben. Das Buch sollte keine bloße Nach-Schrift werden. An die Stelle des additiven Prinzips sollte das Prinzip der Komposition treten, auch wenn das Buch nicht – wie es ja auch heute kaum noch möglich ist – ›in einem Zug‹ geschrieben wurde.

Das alte und das neue Interesse am Ursprung. – Johann Jakob Bachofen
Dieser Text basiert auf den Einleitungen zu: J. J. Bachofen, *Das Mutterrecht,* Frankfurt/M. (Suhrkamp) 1975, *Materialien zu J. J. Bachofen ›Das Mutterrecht‹*, ebd. 1975, *Das Mutterrecht von J. J. Bachofen in der Diskussion,* Frankfurt/M. (Qumran) 1987.

Ohnmacht und Hoffnung. – J. R. R. Tolkien
Überarbeitete und erweiterte Fassung des in der »Zeit« (6.4.1979) erschienenen Essays unter dem gleichen Titel.

Die Lehre vom Zerfall. – E. M. Cioran
Unpubliziert.

Das Unbewußte und das Fremde. – Jacques Lacan und Michel Leiris
Überarbeitete und erweiterte Fassung des (unter gleichem Titel) in dem von Peter Kemper herausgegebenen Band *›Postmoderne‹ oder Der Kampf um die Zukunft,* Frankfurt/M. (Fischer) 1988 erschienenen Essays.

Der instinktverwirrte Mensch. – Harold Lincke
Überarbeitete Fassung meiner Einführung in den Band von Harold Lincke *Instinktverlust und Symbolbildung,* Berlin (Severin und Siedler) 1981.

Das Fremde verstehen. – Ethnopsychoanalyse, Ethnopsychiatrie und Antipsychiatrie
Dieser Text basiert auf dem Essay »Die Ethno-Disziplinen« in dem Band: H.-J. Heinrichs (Hrsg.), *Das Fremde verstehen,* Frankfurt/M. (Qumran) 1982 und Frankfurt/M. (Fischer) 1985.

Der fremde Blick oder Vom Hören und Sehen in Psychoanalyse, Ethnologie und Kunst
Unveröffentlicht.

Präzises Sehen oder Max Raphaels Empirische Kunstwissenschaft
Dieser Text basiert auf meinen Einleitungen in die Bände der Max Raphael-Ausgabe. Nähere Angaben S. 170.

Das neue Interesse an den Wilden oder Vom Primitivismus in der Kunst des zwanzigsten Jahrhunderts
Unpubliziert

Bronislaw Malinowski. – Chronist und Sprecher der Wilden
Frühere, auf einzelne Werke Malinowskis bezogene Aufsätze sind in der »Zeit« (29. 1. 1982) und in der »Basler Zeitung« (27. 3. 1982) erschienen.

Leonard Woolf. – Die kontinuierliche Zerstörung einer Illusion
Überarbeitete und erweiterte Fassung der Einleitung in den Band *Das Dorf im Dschungel* von Leonard Woolf, Frankfurt/M. (Qumran) 1982 und (Fischer) 1985.

Victor Segalen. – Die Anfänge der Ethnopoesie
Überarbeitete Fassung der Einführung in: Victor Segalen, *Kaiser von China oder Der Sohn des Himmels,* Frankfurt/M. (Fischer) 1989.

Saint-Pol-Roux. – Ein vergessener Vorläufer der modernen Literatur
Unpubliziert

Hans Henny Jahnn. – Der Antiheld und das pathetische Schreiben in der Moderne
Unpubliziert

Hubert Fichte. – Die unendliche Geschichte der Empfindlichkeit
Der Essay geht in einigen Teilen auf frühere Veröffentlichungen zurück, wurde aber für diesen Band neu geschrieben und berücksichtigt alle zugänglichen Arbeiten Hubert Fichtes.

Jedes Fenster, das man zur Welt zu öffnen versucht, will auch den Blick auf das »innere Ausland«, wie Freud die Seele nannte, freigeben.

Hans-Jürgen Heinrichs hat sich in das Leben und das Werk von Wissenschaftlern und Künstlern eingemischt, die unsere Epoche wesentlich geprägt haben. In Einzelporträts zeigt er, wie Ethnologen, Psychoanalytiker, Kulturkritiker, Reisende und Dichter mit Leidenschaft und im Banne persönlicher Gewißheiten dachten und fühlten, den Anteil ihrer Selbstdarstellung nicht verschleierten, sondern offenlegten. Deutlich wird dabei allerdings auch, für wen sie nicht schrieben: nicht für »kaltblütige Seelen«, die immer schon wissen, wie es »wirklich war«, nicht für die Feinde der Schönheit, der Imagination und des Imaginären, der Einbildungskraft und der Erfindungen.

Von der Moderne zur Postmoderne und *Künstlerisches und wissenschaftliches Schreiben* – so sind die beiden großen Kapitel überschrieben, in denen Heinrichs der Ethnopoesie, dem Primitivismus und dem fremden Blick nachforscht, das Unbewußte und das Fremde, Zivilisation und traditionale Gesellschaften erörtert. Ganzheitliches und Neues Denken, Wendezeit und Paradigmenwechsel sind letzte Stationen der hier nachgezeichneten Entwicklung, die vom Autor aber auch zurückbezogen werden auf Denkrichtungen, die am Anfang der Moderne stehen.

Hans-Jürgen Heinrichs, Jahrgang 1945, freier Schriftsteller und wissenschaftlicher Publizist, veröffentlichte vor allem ethnologische, psychoanalytische und kulturanalytische Arbeiten. 1980 gründete er den Qumran Verlag. Er ist Herausgeber der Schriften von Michel Leiris, Victor Segalen und Max Raphael sowie zahlreicher Einzelwerke (*Das Mutterrecht* von J. J. Bachofen, Studien von Fritz Morgenthaler u. a.) und Anthologien (*Afrika*, *Das Fremde verstehen*, *Abschiedsbriefe an Deutschland* u. a.), Autor von *Die katastrophale Moderne*, von *Ein Leben als Künstler und Ethnologe* und *Sprachkörper*.

Hans-Jürgen Heinrichs
Fenster zur Welt